KB210380

성찬의 신비로운 은혜

성품을 빚는 성찬

엘리노어 크라이더 지음

여정훈 황의무 박진성 옮김

성찬의 신비로운 은혜
성품을 빚는 성찬

지은이	엘리노어 크라이더
옮긴이	여정훈 황의무 박진성
초판발행	2020년 5월 12일

펴낸이	배용하
편집	배용하
등록	제364-2008-000013호
펴낸곳	**도서출판 대장간**
	www.daejanggan.org
등록한곳	충남 논산시 매죽헌로 1176번길 8-54, 101호
대표전화	전화 : 041-742-1424 전송 : 0303-0959-1424
분류	기독교	성찬	예배
ISBN	978-89-7071-522-3 03230
CIP제어번호	CIP2020017580

이 책은 저작권법은 Herald Press와 독점계약한 대장간에 있습니다.
기록된 형태의 허락 없이는 무단 전재와 복제를 금합니다.

 값 23,000원

차 례

서문

로버트 웨버 _ 휘튼대학 신학교수, 예배연구소장

오늘날 교회성장 전문가들은 넓은 공간, 많은 봉사자, 엔터테인먼트성 예배로 이루어진 메가처치 운동을 미래 교회의 지배적 모델로 제시합니다. 살아남기 위해 목회자들은 구도자 예배(열린예배), 목적이 이끄는 교회, 음악 중심의 교회를 발전시켜야 한다고 합니다. 교회 성장에 대한 어떤 글에서도 주님의 식탁을 중요하게 여기는 언급을 찾아볼 수 없습니다. 그들은 아마도 '뭐야 그거 귀찮아. 우리가 사는 세상과는 상관없잖아'라고 생각 하는 것 같습니다.

소수의 어떤 지도자들은 반대로 생각합니다. 이 쪽의 학자, 사역자, 예배인도자, 평신도들은 예배, 말씀, 성찬에 관한 성경적이며 오래된 길을 다시 발견하는 중입니다. 엘리노어 크라이더는 대중적 유행에 맞서 우리를 '성경이 이끄는 예배'로 돌아오도록 부르는 이러한 학자들 중 한 명입니다.

초기 교회의 식탁예배에 관한 크라이더의 연구는 우리 시대에 역사적 예배를 회복하는 데에 확고한 기여를 했습니다. 그녀는 성찬식에 관한 최근의 학술적 성과를 대중의 언어로 풀어냈습니다. 크라이더의 작업이 특별히 훌륭한 것은 초대교회 공동식사의 성경적 기원과 그리스적 기원을 함께 보여주기 때문입니다. 우리가 행하는 식탁예배 개혁은 반드시 성경과 초기교회의 실천을 참고해야 합니다.

예배의 역사에 대한 그녀의 통찰 또한 유용합니다. 역사 연구는 과거와 통하는 창을 열어 줍니다. 과거는 우리를 미래로 인도하는 길이기에, 우리의 예배가 어디서 왔는지 또 어떻게 지금과 같은 모습을 갖게 되었는지를 비평적으로 평가하지 않고서는 앞으로 나아갈 수 없습니다.

크라이더는 성찬식에 대한 현대의 연구를 소개한 다음, 책의 초점을 성찬식의 현대적 실천쪽으로 옮깁니다. 저는 성찬식의 이미지들에 대한 연구를 통해 그것의 의미를 논하는 그녀의 방식이 마음에 듭니다. 그녀는 "우리는 떡을 떼는 교회야", "우리는 성찬식을 하는 교회야", "우리는 주의 만찬을 행하는 교회야", "우리는 영성체를 하는 교회야"라고 주장하는 기존의 접근방식들을 거부합니다. 대신에, 신약성경의 다양한 이미지들로부터 끌어낸 식탁예배의 충만함에 대한 확고한 연구로 우리를 이끌어 줍니다.

식탁예배의 충만함에 대한 크라이더의 개방성은 이 책의 가장 창의적이고 깊이 있는 고찰인 어떻게 성찬식이 성품을 형성하는가라는 질문에 답하는 토대가 됩니다. 그녀는 초기 교회에서 상기되어 온 라틴어 격언 "기도의 법이 믿음의 법이다. *lex orandi lex credendi est*"를 강조합니다. 기도는 성품을 형성하며 믿음을 확고하게 합니다. 크라이더는 이 고대의 통찰을 재발견하여 우리로 하여금 성찬식을 새로운혹은 오래된! 방식으로 바라볼 수 있게 해 줍니다.

이 책을 읽는 것은 저에게 큰 기쁨이었습니다. 이 책은 우리의 이해가 성경에 뿌리 내리도록 도와주며, 성찬의 역사적 변천에 대해 명확하게 알려주고, 우리가 그것을 우리의 시대에 어떻게 행해야 하는지에 대한 훌륭한 인도자가 되어 줍니다.

이 책은 그냥 읽어서는 안됩니다. 이 책은 먹어야 합니다! 읽고 또 읽으시기 바랍니다. 그렇게 한다면 우리는 올바른 길 위에 서게 되고, 과거로부터 미래로 이어진 한 길 위를 걷게 될 것입니다.

저자 서문

지난 몇 년간 나는 성찬식과는 등지고 살았다. 우리 교회 사람들 사이에서, 나는 근엄한 엄숙주의에 압도당했었다. 성찬식을 뜸하게 거행하는 것은 양가적 효과를 불러온다. 예를 들어, 누군가 11월에 독감에 걸려 성찬식을 놓쳤다면, 그 사람은 다음 봄에 성찬식이 있을 때까지 기다려야만 한다. 다음 성찬식을 기다리는 동안은 그것에 대해 깡그리 잊기 십상이다. 그러다 봄이 와서 성찬식이 있는 주일이 되면 모두들 극도의 주의와 준비로 예배에 임한다. 그것이 중요한 일임은 확실하다. 내가 이해하기로는 청소년들도 어릴 때부터 지적 동의 이상의 참여적 자세를 가지도록 해야 한다. 그러나 성찬식은 나를 혼란스럽게 했을 뿐, 고무시키지는 못했다.

오랫동안 나는 사실 의도적으로 성찬식에 대해 생각하기를 꺼렸다. 우리 기독교회는 충분히 많은 문제들을 안고 있지 않은가? 우리 세대의 교회 안에도 충분히 많은 반대의견들과 딜레마들이 있지 않은가? 왜 지난 세대의 갈등과 쟁점들을 다시 꺼내들려 하는가? 누가 수세기동안 계속된 교리 전쟁을 다시 시작하려 하는가? 제대 울타리*, 출교, 화체설, 파문 등 이 모든 것들은 나쁜 어감을 가진 단어들이다.

그러나 나는 서서히 변해갔다. 무엇인가 나를 성찬식으로 이끌어, 정기적으로 또 자주 주의 식탁에 참여하는 이들 사이에 있는 그리스도의 사랑과 임재를 보게 했다. 성공회, 개혁주의, 침례교, 형제단 등에 속한 내가 아는 그리스도인들은 자주 성찬식을 거행함으로써 은혜와 성령의 부어주시는

---

* 성물이 있는 강단과 회중석을 구분하기 위해 세운 울타리

능력을 체험했다. 나는 주의 만찬으로 이끌려 왔다. 성찬식을 더 깊이 체험하면서 나는 그것을 더 친숙하게 여기고 싶었다. 이 책은 내 발견의 여로를 보여준다.

갑자기 나는 많은 것들이 궁금해 졌다. 나는 교회를 병들게 하고 그리스도인들을 갈라지게 만든 성찬식에 대한 논쟁의 기초를 이해하고 싶었다. 나는 역사를 배울 필요가 있었다.

또 나는 성찬식에 대해 신학적으로 사고하고 싶었고, 그것의 의미들을 더 알고 싶었다. 나는 구속, 대속, 정의, 희생, 치유에 대한 성경의 개념들을 주의 식탁과 관련지어 더 주의깊게 공부할 필요가 있었다.

나는 성찬식이 하나님의 다스리심에 대한 살아있는 표적으로, 또 그분의 사랑의 자석으로, 선교의 엔진으로 작동하게 하기 위해 교회가 어떻게 해야 할 지를 그려보고 싶었다. 그래서 나는 다른 그리스도인들을 살펴보았고, 성찬식을 풍부하게 해 줄 방법들을 모색했다.

나는 성찬식을 새로 창안하려는 것이 아니다. 온 교회는 이 예배를 그들의 가장 소중한 보물로, 또 전통으로 간직해 왔다. 그러나 나는 이 책을 통해 잊혀지거나 비주류적이었던 성찬식들을 조심스럽게 소개해 본다. 나는 우리가 그 식탁 앞으로 다시 돌아가게 하고싶다. 나는 우리가 주님의 초청을 듣고 그분의 식탁 친교 안에 있는 사랑, 치유, 기쁨에 응답하게 하고 싶다. 성찬은 그리스도가 교회에 주신 선물이다. 우리의 마음을 열어 그 것을 받아들이자.

더 깊은 성찬식으로 가는 나의 여정에서 나의 배우자 알란에 대해서도 더 많은 것을 알게 되었다. 얼마나 많은 시간동안 우리는 함께 걸으며 이 주제에 대해 이야기 했던가! 내가 속한 북미 메노나이트 가정교회에 많은 빚을 졌다. 지금 내 사역 현장에서 멀리 떨어져 있을 지라도, 추억들과 가치들은 나의 토대가 되었다. 또 나에게 특별한 성찬식 체험과 배움의 장소가 되어 준 우드그린 메노나이트 교회런던, 포스트그린 공동체도셋, 그랑샴 공동체스위스를 언급하고 싶다. 성찬식을 통해 주님은 그의 공동체들을 만나시고, 나는 그들 안에서 성장을 경험했다.

　　부디 이 책이 성찬식에 대한 새로운 관점으로 향하는 길에 도움이 되길 기도한다. 편견과 소음들을 젖혀 둔다면, 이 풍성한 감사의 예배는 우리 예배의 중심에 다시 자리잡을 것이다.

서론

성립 초기부터, 그리스도인들은 말씀과 식사를 통해 하나님을 예배했다. 곧 말씀예배와 식탁예배 두 부분으로 된 예배가 생겨났다. 주일 예배는 가르침, 기도, 경제적 나눔, 교회의 본질, 감사와 찬양의 제자도 같은 교회 생활의 모든 측면에 관심을 집중했다. 말씀과 식사를 통해 그리스도인들은 창조와 구원의 위대한 이야기를 다시 선포했으며, 십자가에 못박히시고 부활하신 주±와 친교했으며, 그의 다시 오심을 기다렸다.

그러나 오늘날 많은 그리스도인들의 예배는 다른 곳에 초점을 맞춘다. "성찬 예배가 당신이 속한 교회 예배의 중심인가요?" 하고 물으면 많은 사람들이 이렇게 대답할 것이다. "중심요? 그렇지는 않은데요. 근데 지키긴 해요. 주님께서 명하셨다잖아요. 그런데 우리 교회 예배나 영성, 실제 생활에서 우선순위는 아닌 것 같네요."

성찬식의 이해와 실천에 있어 중요하게 여겨지는 많은 요소들의 변화가 수 세기를 거치며 발생하고 있다. 어떤 곳에서 성찬식은 그 물리적 실재와 분리되어 개인적 신심행위로 변화되었다. 이 "영성화"된 성찬식은 아마도 모든 것이 물질적인 떡과 포도주에 달려있다는 소위 "과도한 성례전주의"에 대한 반작용일 것이다. 논란의 여지가 있기는 하지만, 개인주의 경건신심은 아마도 그것의 반대편인 그리스도의 행위에 대한 성례전적 이해와 성체와 보혈 안에 있는 그분의 임재로부터 자라났다. 최악의 경우, 개인적 느낌에 초점을 맞추는 것은 어떤 사람들로 하여금 순전히 감정적 체험을 하기 위해 성찬식 시행 횟수를 줄이도록 만들었다. 우리는 그것이 너무 주관주의화 되어간다고 말할 수 있다.

그러나 과도하게 객관주의적인 접근으로 인해서도 왜곡이 발생할 수 있다. 어떤 이들은 성찬식을 "인증된" 사람이 "물적 요소떡과 포도주" 위에 "절차를 따라" 말함으로써 개인들에게 은총을 전달하는 예전예식이라고 생각한다. 이런 이해는 절차적 예배, 말의 형식, 떡과 포도주의 물리적 실재와 같은 객관적 요소들에 지나치게 무게를 둔다.

18세기 동안에 이성에 젖은 서구 그리스도인들은 그리스도가 하신 일들의 빛 아래서 예배 참여자들로 하여금 선한 일을 하도록 독려하는 신심행위를 위해 성찬식 횟수를 줄였다. 그들에게 성찬은 순전히 정신적이고 도덕적인 행위가 되었다.

교회는 여전히 이 유산과 싸우고 있다. 이 혼란에 대해 생각할 때 우리는 강한 반작용과 좁혀진 관점의 유혹을 받는다. 반작용에다 또 다른 반작용으로 대응하는 것은 쉬운 일이다. 우리는 개인적 경험이나 감정적 느낌에로 도피할 수 있고, 회중 없이 홀로 성체와 보혈을 모실 수도 있으며, 성찬식에 참여하지 않고 그것을 선택문항 중 하나로 보거나 부적절한 것으로 볼 수도 있다. 우리에겐 더 넓은 관점이 필요하다.

성찬의 신심은 신비주의와 성례전적 이해의 상호작용으로 표현되었다. 그것은 또한 교회에 대한 그리스도인들의 이해, 또 그리스도와 그의 백성의 관계에 대한 표현이었고, 그것들을 형성했다.

성찬은 무엇을 위한 것인가? 예배드림을 통해, 성찬은 하나님께 영광을 돌린다. 성찬을 통해 성육신과 구원의 위대한 이야기가 지속적으로 선포되기에, 그것은 그리스도가 교회에 주신 선물이다. 창조자이자 구원자이신 하나님은 사랑 가득한 임재와 치유와 회복과 힘주심으로 역사 속에 들어오신다. 주의 식탁은 우리에게 집중과 만남과 친교의 자리이다. 그 곳에서 개인과 공동체들은 참 생명과 하나님의 찬란한 영광이 교차하는 비전을 얻게 된다. 그리스도의 십자가는 식탁위에 그 그림자와 빛을 드리우고, 길을 어둡게 하기도 하고 밝혀주기도 한다.

우리 중 대부분은 이런 말들을 사용하지 않는다. 그것들은 마치 공상속의 이야기 같다. 반복되는 주일들을 보내며 우리는 그저 생각 없이 교회에 갈 뿐이다. 더 좋은 건물, 더 나은 연주자들, 더 훌륭한 어린이 프로그램들이 사람들의 발길을 이끈다. 넘쳐나는 노하우 책들과 전도법들은 우리 교회를 양적 성장의 길로 재촉한다. 어떤 교회들은 성장하고, 또 어떤 교회들은 번창한다.

그런데, 교회에 가는 행위가 공동체의 삶이나 신자들의 기독교적 성품에 어떤 눈에 띄는 차이를 만들어 주는가? 새로 그리스도인이 된 사람들도 오래된 신자들처럼 남들과 똑같이 살아간다. 그들은 모두 겉으로만 친절하고, 재정 기부에 대해 침묵하고, 사랑함으로써 진실을 추구하기 보다는 가십 만들기에 관심이 있고, 불평등에 대해서는 관심이 없고, 기도에 익숙하지 않다. 이것들은 미성숙한 교회의 표지다.

이 책은 매 주일 거듭되고, 말씀예배와 주의 만찬을 연합시키며, 교회에 생명을 주고 성숙하게 하는 온전한 기독교 예배에 대한 것이고, 그것들의 눈에 보이는 특성들도 다룬다. 이 책은 공동체 성품 구축에 대한 책이지만, 그것은 예배의 부가효과로써 다룰 것이다. 예배는 성소 안에만 머물러서는 안 된다. 우리는 예배가 주는 힘으로 매일의 삶을 새롭게 모양지을 수 있다.

교회는 하나님의 임재와 말씀으로 충만한, 살아계신 주님에 의해 인도되고, 성령께서 능력을 부어주시는, 초대교회의 자리로 회복된 기독교 예배의 중심적이고 일반적 형태인 주의 만찬을 통해 새로워질 것이다.

예수 그리스도가 주신 은혜의 선물로, 그의 성품이 기독교 공동체들에 새겨질 것이다. 우리의 모임을 보는 이들마다 그의 사랑, 은혜로움, 자비, 용기, 신실함, 아버지의 뜻에 헌신함, 자신을 내어주는 겸손을 깨닫게 될 것이다. 베드로와 요한을 본 사람들처럼 우리를 보는 사람들도 우리가 "예수와 동행하는 것을 알게_{사도 4:13}" 될 것이다.

성찬식 거행은 수세기동안 어떻게 기독교 공동체를 형성해 왔는가? 좋은 쪽으로든 나쁜 쪽으로든, 그리스도인들의 성찬 이해와 거행 방식에 변화가 있었는가? 간혹 성찬 거행은 엇갈리는 성품들을 형성했고, 어떤 때는 뒤틀리고 상반된 결과들을 낳기도 했다. 우리는 그와 관련된 역사적 질문들을 탐구할 것이다.

성찬에서 실제로 무슨 일이 일어나는가? 그것은 어떤 의미인가? 성찬과 관련시킬 수 있는 많은 주제들이 성경에 있다. 그리스도의 십자가는 그 중심에 있다. 교회가 성찬의 자리에서 더 넓은 범위의 성경 자료들을 살핌으로써 탐구하고 기도할 때에 십자가의 의미와 그 길은 더 확실히 드러난 것이다.

우리의 관점, 우리의 행위, 우리의 체험만을 살펴보려는 유혹이 있을 수 있다. 감사하게도 우리는 주님을 기억하며, 서로를 묶는 끈을 확인하며, 다른 그리스도인들과 연대하고, 미래를 엿본다. 이것들은 모두 훌륭한 일이다. 그러나 성찬은 그보다 큰 무엇이다. 많은 질문들이 남아 있다: 성령의 역할은? 하나님께서 하시고자 하는 일은? 그리스도와 하나됨은 따스한 느낌 그 이상인가? 이러한 신학적 질문들이 고려되어야 한다.

교회는 어떻게 성찬예배를 풍성하게 할 것인가? 성찬의 전통을 지키며 동시에 풍성하게 할 수 있는, 그렇게 함으로써 주께서 오셔서 교회의 성품을 변화시키게 할, 실제적인 방법이 있는가? 예전, 기도, 구성, 노래를 어떻게 발전시키면 살아 있고 역동적인, 교회의 성품을 형성하는 성찬식을 드릴 수 있는가? 이런 실용적인 문제들이 고려되어야 한다.

나의 목적은 이런 역사적, 신학적, 실용적 질문을 다루는 것이다. 그리고 나는 적극적이고 희망적인 방향을 제시할 것이다. 그 노정은 책의 마지막 장에서 제시될 것이다. 주의 식탁에서 드리는 예배를 통해 하나님께서 우리 교회의 성품을 만지시도록 허락한다면, 우리는 그리스도인들이 일치하는 은혜를 맛보고, 기쁨으로 세상에 나아가 그리스도인의 사명을 다하게 될 것이다.

1부. 수 세기 동안의 변천

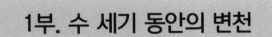

1. 최후의 만찬에서 교회의 만찬으로

간단히 말해 성찬식은 공동체가 함께 식탁에 둘러앉아 집주인이자 손님인 그들의 주를 기억하고 만나는 즐거운 공동체가 거행하는 축제이다. 의미의 층위들을 탐색하다 보면 우리는 항상 강력한 상징인 음식 나눔과 공동식사로 돌아가게 된다. 공동체가 자신의 상징들을 선택하여 예전rite를 발전시키고 나면, 그 예전은 공동체의 성품을 형성한다.

어느 곳, 어느 시대에 사는 그리스도인이든 간에, 그들은 모두 성찬예배가 예수의 생애중 특정한 밤에 있었던 특정한 사건들과 그가 한 특정한 말씀들 위에 서있다고 믿었다. 복음서들은 그 잊을 수 없는 식사에 함께한 예수의 친구들의 기억을 통해 그것을 상세히 또 생생하게 다시 들려준다.

우리는 그것을 그려볼 수 있다. 사람들은 우리에게 익숙한 몸짓을 하고 있다. 레오나르도 다빈치 그림이 우리 기억의 모니터에 찍혀 있다. 예수와 그의 친구들은 식탁에 둘러앉아 특정한 음식들과 정해진 기도문들로 유대 명절을 기념한다. 그런데 예수는 이상한 말들을 익숙한 기도문에 보탠다. 그는 자신의 죽음을 예고하는 것 같다. 그의 친구들은 서로의 낯을 살피고, 당황하며 놀란다. 유다는 가난한 이들에게 무언가 나눠주려는 척하며 나가고, 그들은 함께 시편을 노래하며 밤새 예수를 따라간다.

최후의 만찬-교회의 만찬의 원형?

최후의 만찬은 흔히 교회의 주일 성찬예배에서 원형으로 간주된다. 그것은 "모든 식탁의 모체"이다. 하지만 생각해 보자. 최후의 만찬은 주일 성찬

예배와 얼마나 비슷한가? 아래 요소들 중 어느 면에서 역사적 최후의 만찬과 교회의 성찬예배가 상응하는가?

집에서 있었던 일? 저녁식사 시간? 12명의 사람들? 정식의 진짜 식사? 믿었던 구성원이 갑자기 떠나자 벌어진 걱정스러운 분열? 죽음이 예고되는 분위기? 특정한 몸짓들과 예수가 한 것으로 되어 있는 짧고 혼란스러운 말들? 정해진 질문, 답변, 이야기들과 노래로 구성된 고대의 의식? 시편을 노래하는 것?

만약 비그리스도인이 나에게 현대의 성찬예배에 대해 설명해 달라고 한다면, 나는 저 위에 열거한 최후의 만찬의 요소나 행위 중 어느 것도 말하지 않을 것이다. 몇몇 단어들과 행동들 예를 들어 예수가 떡과 잔을 축복한 것 정도가 우리를 다락방에서의 최후의 만찬과 연결해 준다. 그러나 바로 그 말과 행동이 기독교 성찬 예배에서 필수적인 요소로 자리잡았다.

예전에 있어서 많은 차이들에도 불구하고, 모든 기독교 전통이 공유하는 것들이 있다: 그들은 성찬제정 이야기를 반복하고, 최후의 만찬 중앙에 있는 말들을 반복한다. 그것과 함께 대개의 교회들은 한 가지, 그러나 부정적인 점도 공유한다. 주의 만찬으로도 불리는 이 예배가 실제 식사와는 약간의 유사성만 가진다는 점이다.

초기 기독교의 공동식사와 감사기도

최후의 만찬에서 예수는 "이를 행하라눅 22:19, 고전 11:24-25" 라고 말한 것으로 간주된다. 신약성경은 그의 추종자들이 그 지시를 따랐다고 암시한다. 그러나 우리는 이렇게 물을 수 있다. 그들은 대체 무엇을 실제로 행했는가? 그들은 열두 명씩 집으로 흩어져 1년에 한 번씩 유대식 유월절 행사를 했나? 그들은 알아듣기 힘든 떡과 포도주에 대한 예수의 축복문들을 반복했나? 그들은 그 금요일밤의 슬픔, 두려움, 배신, 공포를 위로하고 있었나?

그들이 무엇을 했든 간에, 그들은 함께 먹었다. 신약성경의 근거는 첫 세대의 그리스도인들이 어떻게 모였는지에 대한 실마리를 제공해 준다. 그들은 집에 모여 음식을 나누었다. 그들은 예수가 그들과 함께 했던 일들을 계속 했다.

사도행전에서 우리는 초기 예수 공동체가 수적으로 성장하면서 독특한 예배 방식을 발전시키는 것을 본다. 그들은 정기적으로 만나 가정에서 식사를 나누고, 기도하며, 소유를 나눈다.^{행2} 그들은 성경을 연구하며 메시야 예수가 누구였는지 더 온전히 깨닫고, 그의 삶, 가르침, 죽음, 부활의 빛 아래서 어떻게 살아야 할지를 모색했다. 실로 흥미진진한 시간이었다.

이러한 그리스도인의 식사는 유월절 연례행사는 아니었지만, 유대 그리스도인들은 계속 유월절 절기 또한 지켰다. 자주 나누는 공동식사는 예수가 생전에 제자들과 모여 나누었던 것처럼 계속되었다. 그들은 그것을 "떡 나눔분병分餅: breaking bread"이라고 부른다. 일상적 식사를 "감자 나눔"라고 부르는 아일랜드 방언과 비슷한 유대식 표현이다.

유대인 가장은 식사 전에 떡을 떼며 예전문을 낭송한다. "송축하올 하나님, 우리의 주, 우주의 왕, 땅으로부터 떡을 내시는 이여!" 축복문을 마친 후 떡을 떼어 나눈다. 감사와 연회적 기쁨은 초기 그리스도인들의 모임에서 두드러지는 두 요소이다.

파티의 삶으로 예수를 기억하기

제자들이 예수와 함께했던 나날들을 소중한 기억으로 간직했으며, 계속 이야기했음은 의심의 여지가 없다. 누가복음 8장에서 우리는 예수와 그의 방랑자들을 위한 친절한 친구들의 섬김을 본다. 예수는 가정들을 돌아다니며, 때로는 열린 공간에서, 때로는 부유하든, 권세 있든, 멸시당하든 간에 다른 가장들의 집들을 돌아다니며 식사를 나눈 후에 가르침을 베풀었다.

비판자들은 예수를 조롱할 때에 예수가 식탁의 즐거움을 과도하게 즐기는 자라고 했다. 그는 축제와 연회, 잔치에 초대한 집주인과 손님들에 대해 이야기하기를 즐겼다. 먹보에 술꾼이라는 조롱은 식탁에 앉은 예수의 모습을 떠오르게 한다.

예수는 식사에서 가장의 역할과 손님의 역할을 모두 행했다. 양측 역할 모두에서 예수는 사람들을 놀라거나 화나게scandalize:혹은 걸려 넘어지게했다. 그는 죄인의 초대를 받아들였다. 그는 가난한 이들에게 식사를 제공했다. 그는 언제나 주변으로 밀려났다. "당신에게 되갚을 수 없는 이들을 초대하라", "동쪽과 서쪽 사람들이 그 나라의 식탁에 함께 앉을 것이다." 그는 먹는 것과 마시는 것에 관한 유대 율법들에 도전했다. "마음에서 만들어져 입으로 나오는 것들이 당신을 더럽힌다." 눅 14:12; 마 8:11; 15:18

식탁의 예수를 보고, 그의 말씀을 들으며 사람들은 하나님의 마음을 엿보았다. 함께 나누는 식사와 축제나 연회에 관한 이야기들을 통해 예수는 모든 사람을 향한 하나님의 자비를 보여 주었다. "하나님은 사람을 차별하시는 분이 아니다." 라고 예수는 말했다. 하나님은 모든 이들을 큰 연회에 초대하신다. 그러나 이에 응하는 것은 자유다. 강요는 없다. 예수는 그들의 상상력을 펼쳐주고, 그들의 마음에 충격을 주었다. 그는 사람들에게 무한히 매력적이지만, 미칠듯이 어려운 랍비였다.

공공의 삶

그들이 함께 식사하러 모였을 때 어떻게 예수를 기억하지 않을 수 있었을까? 식탁친교의 가장 단순한 층위에서, 그들은 "이를 행하라"라는 말씀에 순종함으로써 예수가 가장 원했던 것을 성취하였다. 예수는 작은 공동체를 불러모으고 양육하였다. 그는 그들이 계속 공공의 삶을 살고 양식을 나눔으로써 제자의 사명을 공유하기 원했다. 열린 식사는 공공의 삶에서 가장 중요한 물리적·상징적 요소이다. 그들은 자신들의 집에서 만나 함께 "떡을 떼고", 기쁨과 관대함으로 음식을 나누었다.행 2:46

기억 그 이상 – 예수가 거기에 계셨다

예수 제자들의 식사 기억 중 가장 강력한 것은 부활 이후의 식사 때 일어난 예수의 갑작스런 왕래이다. 제자들이 느낀 감정이 불신, 놀라움, 진실한 기쁨 중 어느 것이었든 간에, 그들은 예수가 그 자리에 계셨다고 계속해서 증언했다. 아주 이른 시기부터 그리스도인들은 "이를 행하여 나예수를 기억"하기 위해 모일 때에 기억 이상의 것인 부활하신 그리스도가 정말로 그들과 함께 있다고 확신했다.

성찬에 그리스도가 임재하신다는 생각은 우리 중 다수에게는 너무나 자주 교리적 문제이거나 논쟁적인 선택사항의 문제이다. 우리는 이성적 설명이 있기 전까지는 성찬식을 기대하거나 누리기를 주저할 것이다. 그러나 우리가 초대교회 형제 자매들을 따른다면, 식탁에서 예수를 만남으로써 오는 담대한 기쁨과 정결케 하심을 체험할 것이다. "이를 행하라" 라는 예수의 말씀은 명령이기 보다는 그와 나누는 우정으로의 초대이고, 그 식탁에서 이루어지는, 연약한 공동체로의 초대이다. 우리와 함께 하시는 주의 식탁에 거듭 참여할 때에 우리는 스스로에 대해 더 알게 되고, 그분을 더 많이 받아들이는 법을 배우고, 진정으로 기쁜 타자와의 연대를 배운다.

이를 행하는 것은 어려울 수 있다. 그러나 우리가 이 이야기를 더 읽어 나가면, 최후의 만찬에서 부활 이후의 식사를 지나 초대교회의 공동식사에서도 "이를 행하라"는 다음과 같은 초대의 말씀이 수반됨을 알 수 있다: "나의 제자들이여, 함께 먹기를 계속 즐기세요. 계속 하나님을 찬미하고 음식을 나누세요. 특별히 당신들의 스승인 나를 기억하세요. 내 삶, 가르침, 긍휼, 투쟁, 하나님의 뜻에 대한 신실함을, 또 여러분을 향한 사랑을 기억하

세요." 이 메시지를 통해 제자들은 "영원히, 세상 끝 날까지" 그들과 함께
하시겠다는 약속을 기억해 냈다. 그는 식탁에서 그들과 함께 계셨고, 그들
이 나가서 주의 제자삼는 사명을 감당할 때에도 함께 계셨다. 마 28:19

진짜 식사 – 그러나 다양한 전통

초기 그리스도인들의 예배 식사는 진짜 식사였다. 다락방의 유월절 식
사처럼, 예수가 비천한 이들과 함께 했던 소풍이나 연회에서처럼 그것은 얼
굴과 얼굴을 맞대는 친밀한 상황에서 이루어 졌다. 그들은 종종 다시 만난
가족과도 같았을 것이다.

공동식사들에 대해 더 자세히 살피고, 성경의 다양한 설명들을 본다면,
우리는 다양한 식사 전통이 있었음을 알 수 있다. 복음서와 서신의 배후에
는 분명히 다양한 예수 전승들이 자리잡고 있다. 하나의 "옳은" 말씀 형식
과 행동이 담긴, 주의 만찬의 진짜 기원이 되는 원형을 찾으려 한다면 우리
는 좌절할 수밖에 없다.[1] 다양한 기독교 공동체들은 그들 자신의 투쟁 가
운데 있었다. 독립된 복음서들의 각각의 강조점들은 이러한 사실을 분명히
보여준다. 이 강조점들은 제자도, 계약언약, 예배, 겸손함, 경제적 정의, 가
난하고 약한 자들에 대한 배려이다.

각각의 복음서들이 예수 이야기와 그 의미에 대한 각각의 강조점들을 가
진다면, 특정한 투쟁, 가치, 각 공동체의 체험으로부터 온 열망 같은 특정
한 측면들을 드러내는 주의 만찬 거행 방식이 있었다고 생각해 봄직하다.[2]

하나님의 사랑이 비추어 온다

그들이 자신들의 공동식사를 "아가페"라고 불렀던 사실은 최초의 그리
스도인들이 "내가 너희를 사랑한 것처럼 서로 사랑하라" 라는 예수의 초청
에 헌신했음을 보여준다. 그들의 공동식사는 사랑의 현실적 표현이 되었

다. 이 식사를 통해 그들은 그 날에 필요한 물건들을 분배했다. "오늘은 이 집에서, 내일은 다른 집에서" 나누는 식사를 통해 이루어지는 매일의 상호부조를 통해 그들은 의심할 여지없이 영적·물적 측면의 강한 결속을 느꼈다. 음식보다 더 의미 있는 것은, 아가페 식사가 그들에 대한 하나님의 사랑을 표현했다는 것이다. 유 12; 요 15:12; 행 6:11ff.; 2:46

교회에 대한 모독

모든 것이 좋은 방향으로 변한 것만은 아니다. 바울은 아가페가 끔찍할 정도로 잘못되어 버린 상황을 생생한 삽화로 보여준다. 고린도 교회의 주의 식탁에서 문제가 발생했다. 바울은 그것의 소문을 듣고 낌새를 챘다. 신약에서 가장 날카로운 표현들이 바울의 비난에 나타난다. 고린도 그리스도인들의 예배는 "유익이 되기보다는 해가 될 뿐 … 주의 만찬도 … 아니고전 11:17, 20"었다. 그들의 예배는 모작에 불과했고, 유익하기 보다는 해로운 것이었다. 세상에, 대체 무슨 일이 일어난 것일까?

그럴듯한 재구성에 의하면, 문제는 사람들이 각자 음식을 가져와 나누던 친교식사가 두 단계로 된 친교행사로 변한 것이었다. 부유한 회중은 목욕탕에 들렀다가 이른 저녁에 도착했다. 그들은 일하는 이들아마도 그 중 일부는 노예였을을 기다리지 않고 먼저 식사를 했다. 늦게 온 이들이 도착했을 때 먹을 것은 조금 남아 있을 뿐이었다. 좋은 자리는 이미 차 있었기 때문에 그들은 앞뜰로 나가 식사를 해야 했다.3) 바울은 부자들의 이러한 인내심 없는 행동을 "하나님의 교회에 대한 모독"이며, 전적으로 가난한 이들에게 "수치를 안겨주는"일이라고 했다. 그것은 그들이 그 이름으로 모이는 "주님" 께서 거부하신 일이었다.

식탁에 문제가 발생했을 때, 바울은 주의 식탁으로부터 해법을 찾았다. 고린도인들은 예수의 참 기억이 그들 속에 살아 있게 하는 방법과 내면의 힘을 유월절 식탁의 예수에 관한 오래된 이야기로부터 찾을 수 있었다. 예수는 생명을 내어주는 사랑의 비유를 말하고, 그렇게 행동하고, 떡과 포도주처럼 찢기고 부어졌다. 예수는 "새 언약은 이와 같다."고 말했다. 바울은 예수를 기억하며 이를 행해야 한다는 것을 고린도인들에게 상기시킨다.

바울은 그리스도를 기억하며, 그들에게 몸에 대해 생각하라고 말한다. 그는 주의를 식탁 위의 떡으로 향하게 하지 않는다. 그는 그가 좋아하는 교회를 그리스도의 몸으로 보는 은유를 사용하여 이것을 상기 시킨다. "몸은 하나이지만 많은 지체가 있고, 몸의 지체는 많지만 그들이 모두 한 몸이듯이, 그리스도도 그러하십니다." 바울은 고린도의 그리스도인들이 서로의 필요를 알고, 서로를 돌보는 데에 책임감을 갖도록 하기 위해 부른다. 이것은 "서로 잘 해주세요" 정도가 아니다. 바울이 말하는 것은 그리스도 안에서 맺은 그들의 관계가 얼마나 신비로운가를 알고, 그들의 행위가 어떤 의미인지 깨닫고, 그들의 관습이 가진 함의를 알게 하려는 것이다. 이것이 몸에 대해 생각하는 것의 의미이다.

바울은 먼저 온 이들을 위한 실질적 제안을 한다. "당신들이 너무 배가 고플 것 같으면 모임에 나오기 전, 집에서 간식을 좀 드세요. 그리고 나서 모든 사람들이 도착해 친교 식사가 시작될 때까지 기다리세요고전 11:20-22 참조" 많은 초기 기독교 저작들에서 교회의 성품은 하나됨으로 나타난다. 교회를 이루는 것은 함께 모이는 것을 의미한다. 그것이 교회의 이름 – 에클레시아집회 – 이 의미하는 바이다. 이것은 목욕탕에 가거나 쇼핑하러 시장에 가는 것과는 다른 차원의 이야기다. 교회의 모든 구성원은 함께 모여야 하며, 그 때에야 예배가 시작될 수 있었다.

고린도 교회의 부유한 구성원들에 의해 자행된 교회와 가난한 이들에 대한 모독은 바울이 27절에서 책망한 "합당하지 않은" 참여라에 해당한다. 이것은 단순히 자신 내면의 경건으로 받아들인 예민한 그리스도인들은 '내가 성찬에 참석해도 되는 걸까? 하는 정죄감으로 고통 받았다.

우리는 용서받은 죄인으로서의 정체성을 자각하고 성찬의 식탁에 나오라는 촉구를 존중하는 한편 이 문장의 다른 강조점을 보아야 한다. 합당하지 않은 참여라는 것은 부사적 용법으로 사용되었다. 그것은 주의 식탁에서 먹고 마시는 행동을 수식한다. 또한 이것은 주의 만찬을 행하는 온 교회의 태도와 관련 되어 있다. 이것은 복수형으로 사용되었다. 바울은 교회 전체의 행동에 대해 말하는 것이다. "당신들 스스로를 살펴보세요", "몸에 대해 생각 하세요." 바울은 이렇게 말하고 있다. 주께 합당한 자세로 주의 만찬을 행하라. 서로의 명예를 높여주고, 모두가 모일 때까지 기다리며, 관대한 자세로 먹을 것과 마실 것을 나누라. 주는 그 식탁의 머리가 되신다. 고전 11:27-29 참조

바울은 말하기를, 만약 당신의 공동체가 "몸을 생각하지" 않고 합당치 않은 자세로 주의 만찬을 행한다면, 마땅한 결과가 나타날 것이다. "먹고 마시는 것이 당신들을 심판합니다." 그리고 당신들의 불의로 인해 "몸이 약한 사람과 병든 사람이 많고, 죽은 사람도 적지 않습니다.고전 11:30"

2세기 초 로마에서 활동한 그리스도인 예언자 헤르마스 또한 정의를 행하는 것과 그리스도인 공동체 구성원들의 건강 사이에 관계가 있음을 알았다. 나눔을 거부하는 것은 부자와 가난한자 양측에 무서운 결과를 가져왔다.

그는 몇 가지를 보며 놀랐다. "어떤 이들의 육체는 과식으로 인해 병들거나 고통받고 있습니다. 그런데 어떤 이들은 먹을 것이 없어 고통 받고 있습니다. 그들의 몸이 망가지고 있습니다."4)

상상해 보자. 바울이 고린도 교회의 주의 만찬에 대해 칭찬하려 했다면, 그는 뭐라 말했을까? 예전을 포함하는 그들의 모임을 훌륭하게 만드는 것은 무엇인가? 하나의 표지가 있다면, 그것은 오직 한 분 예수가 영광을 받

으시는 것이다. 관대한 나눔은 하나님의 자비와 친절을 보여준다. 주의 식탁에서 떡과 포도주를 나눌 때에, 그들은 그가 진실로 임재하신다는 것을 알았다. 모든 이들에게 친절하신 하나님, 결코 거절하지 않으시며 오직 초대하는 분이신 그분이 가장 중요하게 여겨지고, 찬미되어야 한다. 신자들의 몸에 대해 생각하는 것은 그들의 관계를 바로잡고 영적·물적 소유를 나누게 한다.

앞 장인 고린도전서 10:16-17에서 바울은 고린도 교회에 대해 이런 찬사를 보냈다. "여러분이 축복하는 그 잔은 진정으로 그리스도의 보혈을 나누는 것입니다. 여러분이 떼는 그 떡은 진정으로 그리스도의 몸을 나누는 것입니다. 이것은 진실로 여러분이 축하하는 주의 만찬입니다!"

강한 경고의 이야기로부터 우리는 긍정적 가치들을 도출해낼 수 있다. 교회 안에서 경제적 정의를 실현하는 것, 영적·물적 부분에서 관대하게 행하는 것 - 이것들이 우리의 성찬예배에서 예수의 기억들을 영광스럽게 한다. 그리고 이것들은 또한 우리를 정의와 해방의 축제인 고대 히브리 유월절의 기억에로 이끈다.

우리는 위에서 이야기 한 것을 초기 교회가 떡을 떼며 메시야 예수를 기억하고 찬양했던 공동식사를 지칭하는데 사용한 성경 그리스어 단어들로 요약할 수 있다. 어떤 그리스어 단어들은 교회의 성찬을 부르는 단어가 되었다.

ευχαριστειν(유카리스테인) - 감사드림 - the eucharist(유카리스트, 감사
　　성찬식)
κοινωνια(코이노니아) - 삶과 재물을 공유함 - (라틴어: communio) -
　　communion(교제, 성찬예배)
αγαπη(아가페) - 하나님의 사랑, 인간의 구체적 사랑행위 - 애찬

$αναμνησις$(아남네시스) - 예수를 기억함. 이것은 성찬식을 기념하는 현장에서 예수의 임재와 그의 구원하시는 능력이 단지 과거의 것이 아니라 현재적으로 임하기를 청하는, 감사기도의 일부가 되었다.

주의 식탁에서 교회의 식탁으로

우리의 식탁예배는 얼마나 초기 공동체들의 식탁예배로부터 멀어져 왔던가! 우리의 "주의 식탁"은 모순적이거나, 기껏해야 오용일 뿐인가? "교회의 식탁"이라 부른 것이 더 정확한 이름일 수도 있겠다. 누가 이 식탁에 대한 접근권을 가졌는가? 누가 집주인 역할을 하고, 그 역할이 의미하는 바는 무엇인가?

이런 질문들을 붙들고 씨름하다 보면, 예수와 그의 친구들의 공동 식사로 향했던 초기 그리스도인의 확실한 초점은 흐려진다. 음식은 최소화 되고 그것의 의미는 영적인 것으로 변했다. 바라보는 시선은 내면으로 돌려졌고, 동시에 앞에 선 사람의 몸짓에 고정되었다. 특수한 말들, 특정한 행동 패턴, 사역자 임명의 합법성 같은 것들이 합당한 예배를 평가하는 척도가 되었다. 우리의 성찬은 변화되어야 한다.

성찬의 갱신은 새롭고, 잘못될 위험을 갖고 있으며, 실천에 있어 다양한 방법들을 시도할 용기를 필요로 한다. 그렇다고 해서 옛 방법들을 다 내던질 필요는 없다. 비록 그것들이 연약하거나 닳아빠진 것 같아 보이더라도 말이다. 내가 바라기는 이 책이 실제의 식사와, 그리고 그리스도인 공동체의 공동식사에 가까운 성찬식을 실천하는 데에 도움이 되었으면 한다.

주의 만찬을 특별한 것으로 만드는 신비는 그것이 인간의 공동식탁이지만, 그리스도의 임재와 사랑의 기억을 재현함으로써 변화된 식탁이라는 점이다.

교회가 실제 식사를 성찬식의 배경으로 만든다면, 그들이 의식적 식탁을 만찬의 식탁으로 바꾼다면혹은 함께 제공한다면 놀라운 일들이 일어날 것이다. 식탁의 거대한 상징적 힘이 돌봄, 연회, 축복, 음식 나눔의 예식을 통해 회중들이 다시 한 번 함께, 주저하지 않고 그리스도를 닮게 하고, 그들을 그리스도의 친 백성으로서 매력 있는 모습으로 드러낼 것이다.

교회가 몇 가지 분위기*ethos*나 영적 특징들뿐만 아니라 경제적 실천 또한 초기 그리스도인 공동체처럼 바꾼다면 무슨 일이 일어날까? 성찬예배는 즐거운 감사, 꾸밈없는 집안의 편안함, 열림, 관대한 돌봄으로 특징지워질 것이다.

우리 교회의 투쟁은 초기 기독교 공동체의 그것과 크게 다르지 않다. 그들도 경제적 차원에 무관심했고, 인색한 기부 때문에 여러 시도들을 했고, 공동식사의 주인Host이신 예수를 적절히 기억하는 것이 무엇인지를 배워야 했다. 주의 만찬에서, 더 깊은 성찬을 경험함으로써 우리는 개인적으로 뿐 아니라 회중으로서 더 많이 그리스도의 성품을 닮을 수 있고, 공동 생활에 있어서 더욱더 그분을 닮아갈 것이다. 식탁에서 기쁨으로 그분을 만날 때에 우리는 우리가 떡을 뗌으로써 얻은 것이 우리가 알려 했던 것 이상임을 발견할 것이다. 감사, 기쁨, 고백, 기도, 나눔. 이 모든 공동체적 삶의 요소들을 통해 주의 성품이 우리에서 새겨질 것이다.

2. 유대식 축복과 로마식 연회

초기 그리스도인들은 유대적 신심의 방향과 종교적 형태와 함께 그리스-로마의 연회 전통을 결합시킴으로써 독특한 예배형태를 만들었다. 선교현장의 긴장과 도전 사이에서 그들은 독특하고 적절한 예전들을 만들어내는 창조적 작업을 수행해냈다. 우리 시대의 교회 역시 우리의 선교를 위하여, 우리의 공적 삶 가운데서 즐겁고, 건강하고, 유동적인 예전들을 발전시키기 위해 그들이 했던 것처럼 물려받은 예배 전통들을 사용할 수 있다.

유대적 축복 – 기독교 성찬식의 배경

초기 기독교 기념식사의 기도들을 관통해 흐르는 거대한 찬송의 강줄기가 있다. 그 강은 유대식 식사의 틀을 형성했던 강복축도관습과 형식들이었다. 기독교 식탁 친교의 기원이 유대인들의 식사예전특별히 유월절 식사에 있었다는 것을 기억해 보면 그것에 사용된 예전과 기도문 형태에 대해 무언가 깨닫게 된다. 그 기도문들은 모든 영적·물적 필요를 채우시는 하나님에 대한 깊은 의지와 감사를 보여준다.

브라카복수형은 브라코트라 불리는 하루 일과를 위한 강복기도가 있었다. 그것과 함께 호다야 라는 이름의 강복기도는 유대 예배에서 중요한 형식들이었다. 브라카는 찬양으로의 부름, 찬양할 주제들에 대한 선포, 하나님의 자비에 대한 선언을 내용으로 한다. 하나님의 행하심은 "송축하올 하나님, 여러분을 구원하신 …"과 같이 간접적으로 표현된다. 호다야는 하나님을 부르는 말로 유명한데, 그것은 다음과 같은 송영으로 표현되었다. "오 주님, 나의 하나님, 당신께 영원토록 감사를 드립니다."

　다른 유대 기도문들은 하나님을 직접 부르는 대신, 그가 행하신 위대한 일들을 낭송하는 것으로 시작된다.[1] 유대인들의 모든 행동은 그들을 하나님을 기억하고 그분께 감사하도록 부르는 것들이었다. 그들은 은혜에 감사하는 기도나 축도 없이는 먹거나 마실 생각도 하지 않았다. 이것은 진정 감사의 훈련이었다. 유대식 기도는 구약의 이야기와 시편들을 다양한 형태로 엮어놓은 것이었다. 시편 31:21-24의 예를 보자.

　　　주님, 내가 주님을 찬양합니다.

　　　내가 포위당했을 때에, 주님께서 나에게 놀라운 은총을 베푸셨기에,

　　　내가 주님을 찬양합니다. 내가 포위되었을 그 때,

　　　나는 놀란 나머지

　　　"내가 이제 주님의 눈 밖에 났구나"

　　　생각하며 좌절도 했지만,

　　　주님께서는 내가 주님께 부르짖을 때에는,

　　　내 간구를 들어주셨습니다. 주님을 믿는 성도들아,

　　　너희 모두 주님을 사랑하여라.

　　　주님께서 신실한 사람은 지켜 주시나,

　　　거만한 사람은 가차없이 벌하신다. 주님을 기다리는 사람들아,

　　　힘을 내어라. 용기를 내어라.

　누가복음 10:21-22에 기록된 예수의 말씀은 하나님을 직접 부르는 유대적 기도문의 전형적 형태와 어조를 보여준다.

　"하늘과 땅의 주님이신 아버지, 이 일을 지혜 있는 사람들과 똑똑한 사람

들에게는 감추시고, 철부지 어린 아이들에게는 드러내 주셨으니, 감사합니다. 그렇습니다, 아버지! 이것이 아버지의 은혜로우신 뜻입니다. 아버지께서 모든 것을 내게 맡겨 주셨습니다. 아버지 밖에는 아들이 누구인지 아는 사람이 없습니다. 또 아들 밖에는, 그리고 아버지를 계시하여 주려고 아들이 택한 사람 밖에는, 아버지가 누구인지 아는 사람이 없습니다."

신약 전체에서 브라카와 호다야의 영향을 받은 많은 구절들을 찾아볼 수 있다. 예수는 어린이들을 축복했다.막 10:16 정확한 문장이 무엇이었는지는 알 수 없지만, 아마 예수는 우리가 "아론의 축복"으로 부르는 것을 사용했으리라 상상해 볼 수 있다.

'주님께서 당신들에게 복을 주시고,
당신들을 지켜 주시며,
주님께서 당신들을 밝은 얼굴로 대하시고,
당신들에게 은혜를 베푸시며,
주님께서 당신들을 고이 보시어서,
당신들에게 평화를 주시기를 빕니다.'
민수기 6:24-26

유대적 기도의 신심은 신약 서신들에서도 빛을 발하고 있다. "그리고 말이든 행동이든 무엇을 하든지, 모든 것을 주 예수의 이름으로 하고, 그분에게서 힘을 얻어서, 하나님 아버지께 감사를 드리십시오.골 3:17" 가장 잘 알려진 유대적 감사기도는 예수가 "떡을 떼실 때에" 떡과 잔 위에다 행한 최후의 만찬 강복기도이다.

초기 기독교 기념만찬의 배후에 있던 유대전통은 찬양과 감사를 강조했다. 모든 행동, 하루의 모든 순간들은 그에게 속한 공동체를 보호하시고 공급하시는 은혜로우신 하나님과 관련되어 있었다.

최후의 만찬에서 예수는 어떤 감사기도를 드렸나

"이를 행하라"라는 말은 제자들에게 계속 친교의 식사를 나누게 하기 위한 것 이상의 특별한 의미를 가진 말일 수 있다. 어떤 학자는 예수가 의미했던 것은 떡을 떼는 유대식 예전으로 식탁에서 행해지는 감사기도 예전이었다고 주장했다.[2] 그 독특한 감사기도 혹은 축복문은 이렇게 시작된다. "찬양 받으소서, 오 주님, 오 하나님, 세상의 왕이여, 땅으로부터 떡을 내게 하시는 이여." 그런데 왜 예수는 제자들에게 관습적 기도를 반복하라고 가르쳐야 했을까?

그는 아마도 메시야적 공동체의 식탁친교로 인하여, 하나님의 구원이 찬양받고 있음으로 인하여, 그리고 그것의 성취를 위하여 특별한 감사기도를 했을 것이다. 이것은 주기도문의 메아리가 아닌가? 떡을 뗄 때 예수가 올린 그 감사기도는 그의 제자들의 기억 속에서 불타올랐다. 우리는 엠마오로 가던 제자들에 대해 말하는 것이다. 식사를 시작하며 "떡을 뗄 때에" 그가 떡을 들어 올리며 축복기도를 하자 그들은 예수를 알아보았다. 예수는 아마도, 혹은 어쩌면 그만의 독특하고 명백한 식탁 감사기도를 갖고 있지 않았을까?

최후의 만찬에 대한 복음서의 기술은 식사를 시작할 때에 예수가 떡에 대한 축복을 행했다고 분명히 묘사하고 있다. 이것은 세 단어로 되어 있다. 그는 떡을 들고, 축복하고, 떼었다. 많은 문헌들에서 이것들은 식탁에서의 감사기도를 의미하는 기술적 표현이다. 유월절 식사에서, 감사기도는 메인 코스 앞에 나온다. 메인 코스 이전에, 상징적 음식들과 유월절 예전으로 된

"에피타이저" 코스가 있었다.

최후의 만찬의 예전을 생각해 보자. 기대어 앉은식사자세-역자주 자리에서 일어나 예수는 가장의 자리에 앉아 떡을 집어 들고 축복예식을 행했다.

송축하올 하나님, 우리의 주, 우주의 왕,

땅으로부터 떡을 내시는 이여

아마도 이것은, 특수한 유월절용 형태를 가진, 일상적 양식이었을 것이다. 그리고 아마도, 예레미아스에 의하면[3], 예수는 이 축복문을 그만의 특별히 변형된 형태로 만들었다. 그는 아마 그만의 방식으로 떡을 들거나 고개를 숙였을 것이다. 또한 그는 아마도 문장을 추가하거나 특수한 강조점을 두었을 것이다.

최후의 만찬의 가장으로서, 예수가 축복의식을 행하면 모든 이들이 "아멘"으로 대답했다. 그러고 나면 그는 적어도 올리브 열매만한 크기로 떡을 찢어 각각의 참여자들에게 주었다. 떡조각은 참여자들의 손을 거쳐 가장 멀리 앉은 사람에까지 도달했다. 모두 그것을 받으면, 그는 자기 몫의 떡을 떼고, 모두가 한 번에 먹었다. 보통 이 과정은 침묵 속에서 이루어 졌다. 그런데 우리는 성경에서 이렇게 읽었다. "그는 … 모두에게 나눠주고 말했다. 받아먹으라, 이것은 나의 몸이다.막 14:22" 이 말이 얼마나 제자들을 놀라게 했겠는가! 그것은 관습화된 침묵을 깨고 들어온 혼란스러운 말이었다.

만찬메인 식사이후에는 예식용 잔을 축복하는 순서가 온다. 예수, 최후의 만찬의 가장인 그는 일어나 포도주를 부은 잔을 들고 말했다.

우리가 받은 모든 것이 주께로 부터 왔으니,

우리 주 하나님께 감사합시다.

그리고 제자들이 응답했다.

우리가 먹은 것으로 말미암아 하나님, 찬양 받으소서.

그 다음 예수는 잔을 들고축복의 잔, 고전 10:16, 손을 식탁 위로 넓게 펼친 후, 참여자 모두의 이름으로 유월절 식사를 위한 감사기도를 외었다.

찬미 받으소서, 오 우리 하나님, 온 세상의 임금이여,
좋은 것과 은혜와 자비로 온 세상을 먹이시는 분이시여.
우리에게 좋고 풍요로운 땅을 주셨으니 감사하나이다.
오 주 하나님, 이스라엘과, 당신의 백성들과,
도성 예루살렘과, 당신이 거하시는 시온과,
당신의 제단과 성전을 불쌍히 여기소서.
찬미받으소서 오 주여, 당신은 예루살렘을 세우셨나이다. 4)

제자들이 "아멘"으로 응답한 이후 잔은 손에서 손으로 건네졌다. 그리고 "그들이 모두 마셨다." 관습화된 침묵 사이로 예수는 침묵을 깨는 한 마디를 던졌다. "이것은 많은 사람을 위하여 흘리는 나의 피, 곧 언약의 피다."막 14:23-24

때는 유월절 이었다

예수의 마지막 만찬에서 이후의 불길한 일에 대한 전조가 느껴진다 해도, 그것의 배후에 있는 의미는 유월절, 유대 전통에 깊이 뿌리내린 바로 그것이었다. 유월절은 하나님과 그의 백성이 맺은 계약을 축하하는 축제였다. 5) 하나님은 은혜로, 또 선물로써 그들을 억압에서 풀어 자유케 하셨다.

하나님은 광야에서 그들을 먹이시고, 토라라 하는 율법을 주셨다. 하나님은 그들에게 신실하실 것이고, 그들은 하나님께 신실해야 했다.

그들 자신이 노예로부터 풀려난 것이라면, 유월절 축제는 자신들과 전혀 상관 없는 일을 위한 것이 아니다. 유월절 축제세데르의 의식들과 축제들은 하나님의 은혜롭고 기적적인 구원행위를 상징화하고, 극화한다. 유대인들은 매년 유월절의 의미를 자신들을 위해 스스로, 새롭게 적용했다.

성경 시대에 할렐 시편이라 불린 시편 113-118편의 시들은 유월절 축제와 밀접한 관계를 맺고 있었다. 어떤 것들은 유월절 식사 전에, 어떤 것들은 이후에 불렀다. 성경구절 "그들은 찬송을 부르며, 올리브 산으로 올라갔다.막 14:26"는 아마도 할렐 시편의 후반부인 115-118편을 의미하는 것이지 싶다.[6] 그것의 성립과 모든 예전적 회상에 있어서, 유월절 축제는 미래를 내다보고 있었다.

> "이 날은 너희가 기념해야 할 날이니, 너희는 이 날을 주 앞에서 지키는 절기로 삼아서 영원한 규례로 대대로 지켜야 한다."출 12:14

과거의 종살이로부터 건지신 하나님의 구원에 대한 찬양은 메시야적 구원과 하나님의 통치의 완성에 대한 예언자적 열망과 합쳐졌다. 그 안에서 메시야의 새 시대가 동터오고 있었기에 예수는 유월절의 의향을 새롭게 만들었다. 이 책의 다음 부분에서 우리는 계약, 메시야의 시대, 하나님 나라의 만찬이라는 주제들에 대해 다룰 것이다.

최후의 만찬은 유대 축제 전통에 뿌리내리고 있었다

이제 우리는 주의 만찬이 유대적 신심, 기도양식, 축제 전통에 든든히 뿌리내리고 있다는 사실을 알았다. 하나님의 창조와 그의 백성을 위한 끊임

없는 은혜로운 손길에 대한 감사와 찬양은 이것의 분위기이다. 예수 부활 이후의 재회에서 제자들의 기념 식사가 감사축제 분위기 였던 것은 당연한 일이다. 그들은 계속해서 메시야 시대의 참된 개막을 축하했다.

기독교 역사가 계속되는 동안, 불행하게도 다른 분위기가 찬양 가득한 감사 분위기를 가렸다. 그리스도의 수난과 죽음에 맞춘 어두운 초점이 우주적 구원에 대한 축하를 대체했다. "이는 내 몸이다. … 이는 내 피다." 라는 떡과 포도주에 대한 예수의 수수께끼같은 말씀에 세심한 주의를 기울이는 것은 물론 전적으로 옳은 일이다. 그러나 그 무엇도 하나님의 통치가 임함으로써 오는 그분의 구원에 대한 감사와 찬양의 표현이라는 가장 중요한 강조점을 가릴 수는 없다.

기독교의 친교식사가 처음에는 유대 전통으로부터 자라났지만, 거기에는 다른 배경 또한 존재한다. 그것은 로마 문화의 축제 모임과 예식적 연회들이다.

로마의 축제 연회

기독교 신앙이 온 로마에 펴졌을 때, 유대적 형식과 풍습들은 점점 줄어들었다. 그리스–로마식 모임과의 접촉에서 중요한 것은 로마식 축제 연회였다. 우리가 아는 초청, 적절한 복장, 정해진 식탁 세팅, 예식의 주최자, 의미 없는 농담, 계속되는 건배 등 우리 시대의 예식적 식사들처럼 1세기 사람들도 연회에 대한 특정한 형식들을 예상 하고 있었다.

축제 연회는 유동적 형태를 가지고 있었는데, 모든 종류의 사회 집단에서 받아들여진 형식이었다. 그 집단들은 아마 가족 잔치 모임, 장례식 만찬, 철학자 동호회나 상인조합의 저녁식사 등이었을 것이다. 유대교와 기독교 모임들은 필요할 때마다 그들의 종교적 식사의 세부사항들을 축제 연회와 비슷하게 조정했다.

이러한 로마적 식사는 무엇과 같은가? 그리스도인들은 어떤 방식으로 그것을 받아들였는가? 종교시설 같은 공공 건물들에 연회실이 있었지만, 연회의 중요한 현장은 가정집이었다. 손님을 받아야 했고, 그들에 의해 주최자의 환대가 평가되었기 때문에, 식사 공간은 특별하게 장식되고 세심하게 꾸며졌다.

모든 연회들은 공통의 요소를 공유했다. 예를 들어 초청장이 나가고, 사람들은 도착하는 대로 침상에 기대어 눕고이들은 사회적 지위에 따라 등급 매겨진 자리에 둘러앉았다, 식사 전에 노예들이 손님들의 발을 씻었다. 식사는 두 부분으로 구성되었다. 첫 번째 코스데이폰는 만찬 혹은 연회로 불리는 식사였고, 술을 마시는 파티로 알려진 두 번째 코스심포시온는 둘 사이를 연결하는 예전이 있은 후에 시작되었다.

간혹 주 식사 이전에 예비 코스가 있었다. 이 코스의 마지막에는 특수한 예전이 있었다. 노예들이 식탁을 치우고 큰 그릇을 가져와 포도주와 물을 섞었다.1:3-5의 비율

신들에게 바치는 헌주나 다른 종교의식이 연회의 두 번째 주요한 부분이 시작됨을 알렸다. 유대식 축제 식사에서, 의식적 잔 나눔축복의 잔이 독특한 강복기도와 함께 이 자리에 있었다.

로마식 연회의 나머지 시간 동안은 토론이나 유흥과 함께 포도주를 마셨다. 우리는 다양한 동호회들이나 단체들이 행한 다양한 로마식 연회를 상상해 볼 수 있다. 그들의 향연심포지움에서 철학자들은 포도주를 마시며 궤변들을 늘어놓았다. 부유한 시민들은 사업 파트너들에게 중요한 손님을 소개했다. 단체들은 육체의 쾌락에 충실했고, 전형적인 로마인들의 무절제를 따라 술을 마셨다. 가족의 뒷이야기와 조롱하는 말들이 결혼식이나 생일잔치에서 있었다.

로마식 연회 전통과 신약성경

신약 이야기들 안에서 우리는 이러한 공동식사 전통을 쉽게 찾아볼 수 있다. 바울은 어떤 그리스도인들이 특별한 이유로 대관되었을 공공 건물인 신전에서 식사를 했다고 전한다.고전 8:10 예수와 그의 제자들이 마지막 식사를 나눈 다락방에도 침상들과 발 씻는 물그릇이 갖춰져 있었다.

다음의 말씀들에서, 우리는 연회의 두 코스를 떠올릴 수 있다. "드신 후에[첫째 코스] 그는 잔을 들고고전 11:25" 2인용 침상에 함께 있던 한 제자는 "예수의 가슴팍 가까이에 기대어 누워 있었다.요 13:23" 축제 식사 자리의 예수에 관한 복음서 이야기들은 그가 주최자로서 손님들에게 가르치고마 22:1-14, 그들과 토론했음을 보여준다.향연 예수의 비유에서 큰 결혼잔치는 중심적 주제이다.

사회적 코드, 에티켓, 서열

그러나, 연회의 외적 부분보다 더 깊은 곳을 살펴볼 필요가 있다. 이 식사는 사회적 코드와 사회적 관계의 패턴을 드러낸다. 함께하는 식사는 사회적 연대와 책임을 만들어 낸다. 공동 식사는 사회적 서열을 드러내 보이는 장소가 된다. 손님들에 대한 예수의 충고는 식탁에서 주제넘게 높은 자리에 앉으려고 한 사람의 굴욕을 보여준다. 낮은 서열의 자리에 앉았다가 주인에 의해 높은 자리로 초청되는 것이 더 명예로운 일이다.

많은 단체나 동호회 등에서 공동식사는 가장 중요하거나 유일한 공동활동이다. 개인의 가정이나 대여한 장소에서의 연회는 집단의 경계를 규정한다. 우정은 특히 그런 경우였다. 예수는 그들과 함께 식사했기 때문에 세리와 죄인들의 "친구"로 불렸다. 경건한 유대인들에게 예수의 행위는 스캔들이었다. 그는 기존의 사회적 경계에 도전한 것이다.

연회와 관련된 사회적 에티켓은 공손한 말과 행동 이상의 것이었다. 에

티켓은 우정, 오락, 사랑과 함께 사회적 도덕의 범주였다. 이것들은 단지 개인들만을 위한 코드가 아니라, 전체 집단의 지향점을 지시하는 것이었다. 조화와 좋은 분위기는 중요한 것이었다. 이것은 기독교 집회에서의 바른 질서와 평화에 대한 바울의 고려를 사회적 맥락에 가져다 놓는다. 참여자들은 말할 차례를 기다려야 한다. 그들은 공동체에 덕을 세우는 방식으로 행동해야 한다. 고전 11:17-34; 14:26-33

사회적 서열이라는 것은 그리스-로마 시대의 어느 때에나 있었다. 그것은 특별히 방을 비잉 둘러 서열이 매겨진 자리들을 배치한 연회 자리에서 명백히 드러난다. 식탁에 기대어 앉는 것은 그 자체로 높은 서열의 표지였다. 후기 고대 이방인들의 로마식 연회에서 여성들이 기대어 앉는 손님들 중에 포함되었다 할지라도, 연회는 전통적으로 여성, 어린이, 노예를 배제한 남성 시민들을 위한 것이었다.[7]

사회적 서열은 항상 연회의 중요한 요소인 사회적 유대와 긴장관계에 있었다. 그러나 아무리 이상적인 평등한 모임이라도 연장자나 손님에게 특별한 명예를 돌리는 사회적 서열의 흔적은 남아 있었다. 함께하는 식사는 사회적 차이를 감소시키는 경향이 있었다.

아가페 식사에 나타난 로마식 연회

다양한 단체와 동호회들이 자신들만의 축제식사 형식과 의미들을 가졌던 것을 볼 때에, 그리스도인들 또한 자신들의 연회 형식을 갖췄던 것은 놀라운 일이 아니다. 그 연회의 형식과 이상을 이해할 때에 우리는 신약성경에 나타난 그리스도인들의 식사를 더 잘 이해할 수 있다. 매혹적인 질문은 이것이다. "그리스도인들은 그들의 믿음과 공동생활을 표현하기 위해 그 공동식사 전통을 어떻게 변형하거나 수용했을까?"

기독교의 친교식사는 교회의 정체성을 위한 강력한 초점이었다. 이것은 누구이방인, 여성, 노예를 포함시켜야 할지에 대한 논쟁이 벌어지는 격투장이었다. 친교식사는 예수의 기억을 계속 살아있게 만드는 행사였다. 그것은 가르침, 경제적 나눔, 양육이 일어나는 삶의 현장이었다.

그 기원이 최후의 만찬으로 간주되지 않으며 예수의 죽음을 기념하지 않는 기독교 식사가 존재했다. 그러나 식탁을 결정적으로 풍성하게 한 계기는 최후의 만찬 전통이 그것의 신학적 주제들과 특화된 예전언어들과 축복기도들을 소개한 데서 왔다. 최후의 만찬이 참고했던 행사유월절 만찬는 상당한 복잡성과 넓은 의미의 폭을 가진 일종의 축제 연회였다.

갈라디아서 2:11-14는 야고보 그룹과 베드로 그룹 사이에 있었던 공동식사에 대한 해석 차이로 빚어진 논쟁에 대한 흥미로운 통찰을 보여준다. 야고보의 유대 기독교는 그리스도인임과 동시에 언약에 속한 온전한 유대인임을 자랑스럽게 여겼다. 그들에게 음식에 대한 유대적 거부감이나 할례는 여전히 유효한 것이었다. 바울은 유대 풍습을 모두 받아들이지 않은, 이류 구성원으로 취급받던 이방인 그리스도인에 대해 생각했다. 베드로는 겉보기에는 이방인과 식사를 하는 데에 어느 정도 유연한 자세를 가진 것 같았다. 바울은 그들의 공동식사에서 발생하는 공동체 정체성과 연대를 공적인 이슈로 만들고 싶어 했다.

우리는 기독교의 공동체 식사가 강력한 사회적 관습 – 연회전통에 기초를 두고 있음을 보았다. 그리스도인들이 그것을 자신들의 이상적 형태로 수용할 때에, 그들은 연회의 형식과 근본적 이념에 대한 고민과 갈등을 경험했다. 비록 그들의 식사와 예배 형태가 다양했을 지라도, 초기 그리스도인들은 공동식사의 의미가 경계를 정하고, 공동체를 하나로 묶는 것이라는 생각을 공유했다.[8] 우리는 혹시 그들이 예수의 급진적 관점과, 낙인찍힌 이들과 함께한 급진적 식사와, 다가올 왕국 연회의 표지인 식탁의 개방성을 잃어버린 것은 아닐까 하고 물을 수 있다. 이런 개념들은 아마 로마식 연회의 이데올로기를 그것 너머로까지 확장시켰을 것이다.

초기 그리스도인들이 로마와 유대 유산들로부터 그들의 예배 형식을 만들었다는 것을 살펴봄으로써 우리는 무엇을 얻을 수 있을까? 우리의 문화적 환경은 그들과는 전혀 다르기에, 우리가 그들을 그대로 따라할 수는 없다. 그러나 우리는 동시대의 연회 형식과 분위기를 취하면서 동시에 그것의 사회·신학적 의미를 확장해낸 그들의 솜씨로부터 배울 수 있다. 우리의 시대에도 예배의 표현에 깊이를 더하면서 비그리스도인들과의 소통을 효과적으로 만들기 위해 수용할 수 있는 사회적 형식이 있을까?

유대적 축복기도와 유대 유월절 전통

하루의 모든 순간들에 대한 감사기도라는 유대적 신심은 성경을 통해 우리에게 전해졌다. 우리는 이 영성을 더 온전히 탐구할 수도 있고, 유대인들이 유월절 예전에서 그렇게 했던 것처럼 우리의 성찬기도에 시편을 삽입하여 사용할 수도 있다. 우리가 그것의 심오한 이야기와 히브리·기독교 의식을 형성하는 능력을 이해하는 데까지 자랄 수 있을까?

어떤 공동체가 유대 공동체가 유월절의 해방을 상세히 이야기한 것처럼 그들의 이야기를 말한다면, 그 공동체는 그들의 역사로 하여금 스스로의 정체성을 형성하게 하는 것이다. 세데르의 상징적 음식, 독특한 노래, 질문과 대답, 전승으로부터의 인용구, 기도, 축복 등 다양한 매체들을 통해 공동체는 풍성한 상상력을 가지고 그들의 과거로 들어가게 된다. 매년 이것을 반복할 때에, 해방과 언약의 이야기는 그들의 정체성을 형성하고 유대인들은 미래로 가는 길을 다시 설정하게 된다.

이것은 기독교 공동체를 위한 풍요로운 모범이다. 우리는 하나님이 이스라엘과 함께하신 위대한 이야기, 그리고 예수 안에서 그분이 당신의 백성들과 함께 하신 이야기가 온전히 우리 공동체를 형성하게 할 수 있다. 자기 역사를 무시하는 공동체는 황폐해진다. 그래서 우리 그리스도인들은 예수의 백성으로서의 정체성을 탐구하고 그의 길로 가는 방향을 재설정하기 위해 성찬식에 상징적 음식, 특수한 노래, 질문, 독서, 기도, 축복문들을 도입한다.

과거의 전통들을 거부해서는 안된다. 거기에는 성찬 거행의 창의성을 위한 방대한 영역이 있다. 그 안에 있는 의미들을 더 온전히 알게 된다면 우리는 더 자유롭고 창의적일 수 있다. 이것은 어떤 의미에서 예전과 함께 놀도록 부르는 초청이다. 우리는 적절한 이야기로 그것을 옷입히고, 몸짓과 음악을 통해 눈에 보이는 방식으로 번역하는 방법을 찾게 될 것이다. 우리는 성찬식을 향해 질문하고, 우리 문화 안에서 그것을 어떻게 독특한 언어로 표현할 지를 배울 것이다. 더 많은 주의, 장인정신, 사랑을 예전에 쏟아 붓는다면 예수의 표식은 더 크게 우리 위에, 또 우리가 타인들과 우리를 둘러싼 세상과 관계 맺는 방식 위에 새겨질 것이다. 예수의 자유로운 정신과 창조적 사랑은 우리 공적 삶의 표지가 될 것이다.

3. 애찬

    이른 시기에 행해졌던 애찬은 신약시대 교회들에서 계속되었던 기독교 예배의 배경이었다. 그리스도의 재림에 대한 기대와 하나님 나라의 즐거운 연회는 역사에 대한 하나님의 계획을 폭넓고 포괄적으로 나타내는 것이었다. 반복적인 애찬은 성령의 영감에 따른 자유로운 예배와 훈련된 경제적 나눔이 일어나는 자리이기도 했다.

    자주, 비정형적 방식의 아가페 식사를 시도했다면 현대의 기독교 공동체는 많이 달려져 있었을 것이다. 이것을 행함으로써 그들은 경제적 나눔과, 자유로우며 연약함을 가진 예배를 향한 의지의 실제적 표현을 찾게 될 것이다. 그리고 선교적 긍휼을 심화하고, 매력적인 환대를 베푸는 사람들이 될 것이다. 그들의 온 공동체는 관대함, 자유로운 예배, 외부자들에 대한 환대로 특징지워질 것이다.

즐거운 메시야적 연회

    신약의 패턴을 완전히 파악할 수는 없더라도, 한 가지 두드러지는 특징을 찾을 수는 있다. 예수 자신이 유대 유월절 식사 전통을 변형시켰다. 그는 특수한 형식의 떡 축복기도를 제자들에게 전수했다. 하나님 나라에 대한 가르침에서, 예수는 유월절의 해방 이미지와 모든 민족에게 열린 하나님의 구원의 메시야적 만찬 이미지를 섞어 하나로 만들었다.

    공동식사는 하나님 나라의 강력한 상징이 되었다. 그것은 메시야적 만찬을 미리 맛보는 것이었다. 예수는 이 왕국 만찬의 이미지를 갖고 사역했다. 그는 버림받은 이들과 죄인들과 함께 식탁의 친교를 나누었다. 그는 만찬이 이미 시작되었음을 보여주었으며 그 나라는 "여기 있다." 아브라함, 이삭, 야곱의 식탁에 이방인들이 함께할 것이라는 예수의 예언자적 말은 이사야 25:6-8 "이 산에서 만군의 주께서 모든 사람을 위한 연회를 여실 것이다."의 성취에 대한 예수의 기대를 반영한다.[1]

초기 그리스도인들은 식탁에서 만났다. 그들은 예수의 진지한 가르침, 기도들, 예전들을 연회의 즐거움과 결합했다. 그들의 식사는 발전하는 사회적, 회중적 요구들을 위해 받아들인 일반적 연회 만찬 양식을 따랐다. "떡 나눔"라고 불린 이 만찬은, 제자들이 예수와 함께 기념한 부활절 축제의 연장이었다. 그것들은 즐거운 메시야적 연회였다. 하나님 나라는 진실로 여기 임했다. 예수의 임재를 상기시키는 다양한 식사들을 통해 매우 다양한 신학들이 발생했음을 신약과 후대 문헌들을 통해 알 수 있다.

신약의 애찬

유다서 12절에서 아가페는 그리스도인들의 공동식사 이름이었다. 이것은 그들의 주가 그들에게 했던 대로 서로, 자기를 내어주는 사랑을 실천하는 표지로 행하는 애찬이었다. 고린도전서 11장에서 바울이 교정하려고 했던 정기적 공동식사가 고린도 교회에도 있었다. 사도행전 2:42 또한 그리스도인 공동체가 정기적으로 식탁에 둘러앉았다고 증언한다. 학자들은 여기의 4개의 진술을 가지고 씨름한다. 예레미아스의 재구성은 다음과 같다.[2]

그들은 전념했다 　　　　사도들의 가르침
과 친교코이노니아에.
떡을 떼는 것
과 기도에.

두개씩 짝지워진 네 활동들은 "그들은 전념했다."에 종속되어 있다. 이것은 예배의 두 부분─첫 번째는 가르침과 친교식사아가페, 두 번째는 떡을 떼는 행위와 기도─을 의미하는 것일 수 있다. 사도행전 20:7이하는 가르침과 대화가 그리스도인들의 집회 앞부분에 있었다고 서술한다. 사도들의 편지를 서두 부분에 읽을 수 있었다. 다섯 군데의 서신 자료들이 사도들의 편지를 읽은 후 거룩한 입맞춤이 있었다고 전한다.3) 이것은 친교 식사를 위한 환영 인사일 수 있다. 그리고 시편과 기도들이 기독교 축제의 마지막 부분에 있었다.

이런 설명에 모든 학자들이 동의하지는 않는다. 초기 교회가 진짜 식사아가페와 축성된 떡과 잔성찬을 분리했는지에 대해서는 논쟁이 있다. 예레미아스 같은 학자들은 신약에서 이미 분리가 존재했다고 본다. 고린도전서 11장은 식사가 성찬의 예전 앞에 있었다는 설명을 가능하게 한다. 예레미아스는 다른 학자들이 다양한 식사전통의 신학적 증거라고 보았던 것을 하나로 묶어내려 했다.4)

한 학자는 예수가 지상사역 동안에 제자들과 함께했던 식사를 상기시키는 예루살렘형 식사를 가정했다. 그는 이 유형의 식사들이 최후의 만찬을 모델로 하고 예수의 죽음을 기억하는 일에 강조점을 두는 바울 공동체의 식사들과 대조된다고 주장한다. 다른 논쟁점도 있다. 최후의 만찬은 정말로 유월절 식사였을까? 그랬다면 예수는 어떤 식으로 유대적 의미를 변경하려 했을까? 아마 갈릴리의 그리스도인 공동체들에서도 다른 방식의 식사가 거행되었을 것이다.

예수가 제자들과 함께한 부활 이후의 식사는 어떤가? 그들은 기독교의 식사 예배에 아무 인상도 남기지 않았을까? 아마도 두개의 큰 전통인 떡과 물고기를 나누는 축제 전통과 조금 더 장엄한 떡과 잔의 전통이 있었을 것이다. 이것만 해도 우리의 머릿속을 복잡하게 만든다.5)

차이들에도 불구하고 이 관점들과 추측들에서 공통점은 초기 그리스도인 공동체의 공동식사라는 주제이다. 자주 모여 떡을 떼면서, 그리스도인들은 그들의 주를 기억하고 만났다. 이것이 그들의 예배의 심장heart이었다.

신약시대 혹은 그보다 조금 늦은 시점에 비정형적 예배 형태의 아가페와 특수한 예식과 떡과 포도주에 대한 축복문을 갖는 성찬예식인 두개의 분할된 예배형태가 고안되었다. 주목할 만한 것은, 두 형식 모두가 경제적 재분배를 강조한다는 점이다. 아가페 식사는 가난한 구성원들을 환대하는 식탁을 통해 이를 행했다.

이와 유사하게 성찬에서도, 선물과 금전이 봉헌이라고 불리게 된 순서를 형성했다. 이것은 성직자를 지원하는 것뿐만 아니라 어려운 이들을 돕는 것이었다. 하지만 우선적으로, 두 형식의 예배는 모두 그리스도인 공동체의 친교식사였다.

지중해 연안에서의 아가페 식사

애찬인 아가페 식사는 유다서 12절에 처음으로 나타난다. 당시 협회나 동호회 등에서 식사가 했던 역할을 생각해 보면, 기독교의 아가페 식사는 공동체의 경계를 정하는 것이었다. 바울과 베드로가 유대 그리스도인들이 할례받지 않은 형제들과 식사하는 것에 대해 대립했다고 안디옥 교회는 증언한다. 이 대립은 바울과 바나바의 분열로부터 시작되었을 것이고, 장차 바울과 안디옥 교회 사이를 멀게 했을 것이다. 6) 갈라디아서 2:11-14

고린도에서, 몇몇 지극히 비도덕적인 이들이 교회 모임에서 방출되었다. 구성원들은 이렇게 경고했다: "그 같은 사람과는 함께 먹지도 마시오" 고전 5:11 주의 식탁에 참여하는 것은 훈련과 도덕적 삶을 지속하겠다는 의미였다. 아가페 식사는 공동체의 경계선을 제시했다. 가시적인 방식으로 공동체 내부와 외부에 속한 이들이 구분되었다.

기독교 역사의 최초 몇 세기 동안 아가페 식사가 계속되었다는 증거가 있다. 112년, 소아시아의 그리스도인들은 로마 총독인 비시니아의 플리니우스의 압력에 의해 공동식사를 중단해야 했다. 이런 유의 모임은 위협적인 정치집회로 보일 수 있었다. 그러나 아침예배를 중단하라는 압박은 없었다.[7] 비슷한 시기에 이그나티우스는 아가페 식사가 교회의 활동중 매우 중요한 것이라고 썼다.[8]

터툴리안에 의하면[9], 3세기 초 북아프리카 공동체들에서 아가페는 음식과 마실 것을 나누는 것 이상이었다. 그들은 등불을 켜는 예식을 행했다. 그들은 또한 저녁의 처음과 끝에 축복과 기도를 행했다. "자유로운 예배"를 위한 시간도 있었다. 이 행사의 목적은 음식을 나눔으로써 어려운 구성원들을 돕고, 자유로운 기도와 교훈의 말들을 통해 비정형적 예배에 참여시키는 것이었다.

같은 시기, 지중해에 걸쳐있는 다른 회중들도 아가페 식사를 행했다. 『사도전승』이라 불리는 주교를 위한 핸드북은 그것을 공동만찬, 공동식사, 주의만찬25-29 이라 부른다. 교회의 한 가정이 식사를 제공하면, "신실한 이들과 예비자들"교회의 구성원들과 세례 후보자들이 질서있게 서 있는 동안에 지역의 사역자는 앞에 서서 축복을 행했다.

이런 방식의 아가페 식사는 아마 주중에 열렸을 것이다. 일요일의 공동식사는 예수의 잔과 떡에 대한 말들과 그의 삶, 죽음, 부활을 상기시키는 감사기도들을 포함했을 것이다. 그들의 주가 부활한 날이며, 새 창조의 첫날로 상징화된 일요일은 그리스도인들에게 특별한 날이었다. 그러나 기억하자, 일요일은 이들에게 일하는 날이었다. 유대인들과는 달리, 당시의 그리스도인들은 예배를 위한 정부의 승인을 받지 못했다. 그들의 예배를 자신들의 사정에 맞춰야 했기에, 예배는 일과시간 전이나 후에 이루어졌다.

아가페와 성찬의 변화

기독교 운동이 온 제국에 확산되면서, 변화는 피할 수 없는 것이 되었다. 회중들은 수적으로 증가했고, 기독교 예배와 모임은 더이상 진짜 식탁에 중심을 둘 수 없었다. 운동은 점점 비유대적 형태를 띠었다. 사역의 특화된 형태들이 발전했으며 아가페와 성찬은 모두 변화를 겪었다.

앞에서 총독 비시니아의 플리니우스에 대해 읽은 것처럼, 어떤 곳에서는 로마법에 의해 모든 친목단체의 식사가 금지되었다. 이런 분위기와, 정치·상업 모임들이 그리스도인들의 아가페 식사에 영향을 미쳤을 것이다.[10) 3세기의 그리스도인 저술가들은 아가페 식사에서 축제 분위기를 절제하고 검소함을 증거할 것을 권하는데, 이것은 비그리스도인 관찰자들을 위한 것이었다.

수적 증가로 인해 아가페는 더이상 온 공동체에 초점을 맞출 수 없었다. 대신에 그것은 부유한 구성원들이 초청된 손님들을 위해 마련한 이벤트가 되었다. 사역자들은 축복문들을 읊었고, 모임은 가난한 이들을 위해 준비되었다. 그러나 아가페의 특징은 변화하고 있었다. 그것은 부유한 구성원들에 의해 주최된 개인적 이벤트로 변했다.

애찬의 쇠퇴

법적 지위를 얻으면서, 그리스도인들은 스스로를 장례식 공동체로 구성했다. 이것은 공동식사를 장례만찬으로 특징짓게 만들었다. 이런 만찬에는 빈곤층을 위한 기부, 순교자의 삶에 대한 찬미, 임할 하나님 나라의 만찬이라는 초점이 있었다.

그러나 불행하게도 아우구스티누스에 의하면, 5세기에 만찬은 종종 "공동묘지에서 벌어지는 사치스러운 연회"[11)로 퇴보했다. 4세기의 공의회들은 무분별한 아가페 시행을 정죄했었다. 성찬식의 떡과 잔 예식과 분리되면서, 아가페는 외관상 방향타를 잃은 것처럼 보였다.

이른 시기에는 성찬과 아가페 식사가 공존했다. 두 유형이 의미하는 것은 유사했으며 명백했다: 아가페의 사랑, 경제적 나눔, 감사함으로 예수를 기념하기. 그러나 3세기를 지나며 아가페에 대한 언급은 줄어들고, 무절제에 대한 비판이 증가한다. 알렉산드리아의 클레멘스는 떠들썩한 분위기와 사치스러운 상차림을 우려했다. 터툴리안은 성적인 무절제가 있었다고 언급한다.[12]

결국 몇몇 장소에서 아가페 식사는 절제와 훈육의 성격을 완전히 잃었다. 아가페 식사가 쇠퇴해 버리고 교회는 돌이킬 수 없는 두 가지 손실을 입었다. 그들은 친교의 친밀함과 애찬을 특징지은 자유로운 비정형적 예배를 잃어버렸다.

고대의 애찬으로부터 무엇을 배울 것인가?

앞에서 아가페 식사에 대해 많이 인용했는데, 그것들 대부분은 신약 외의 자료들로부터 온 것이다. 이것들은 어떤 곳에서는 회중 활동의 좋은 면을, 어떤 곳에서는 그것의 덜 좋은 면을 보여준다. 이 자료들이 성경적 권위를 갖는 것은 아니다. 그러나 그것들은 예수와 시대적·문화적으로 근접해 있기에 큰 가치를 갖는다. 그들은 주의 식탁이 경제정의의 식탁이라고 주장했다. 그들은 집단 내부와 외부의 사람들을 위한 관대한 나눔과 재분배 메카니즘을 개발했다. 이것이 성찬예배의 중심적 의미라고 생각할 수 있을까? 그렇다면, 우리는 이것을 어떻게 표현할 수 있을까?

그들은 매주 기념과 성찬적 애찬을 행했다. 우리가 이와 같이 했다면? 자주 성찬예배를 행하는 교회들이 그것의 유익을 증언해 준다. 초기 교회의 아가페 식사는 정형적인 예배와 비정형적 예배를 한데 묶어 놓았다. 우리 또한 그렇게 하는 창조적 방식을 찾을 수 있을 것이다.

성찬 실행에 있어서의 변화가 교회의 성품에 어떤 변화를 가져왔을까? 식탁에서 정기적으로, 자주 행하는 경제적 나눔의 예전 훈련은 서로에게, 그리고 타인들에게 관대한 책임감을 갖도록 했다.

초기 교회의 아가페 식사는 정형적인 예배와 자유로운 예배를 함께 제공했고, 그로 인해 사람들은 예언적인 말을 하고, 기도를 하고, 노래를 하고, 시편을 낭송할 수 있었다. 이것은 꽤 규칙적인 패턴 안에서 이루어진 일이었다. 오늘날에도 규칙적인 요소와 즉흥적 요소를 적절히 결합함으로써 과도하게 형식화된 성찬예배에 활력을 불어넣을 수 있다.

교회에는 정형적 예배와 자유로운 예배가 모두 필요하다. 익숙하고 반복되는 패턴의 예배는 편안함과 익숙한 공간을 제공하고, 사람들은 집에 있는 듯한 느낌을 받는다. 그러나 그리스도의 임재가 다른 방식으로 체험되는 것을 기대하고 그것에 대해 개방적인 공간 또한 필요하다. 강력하지만 유동적인 성찬식 양식을 가진 교회는 균형잡히고, 담대하며, 개방적이고, 믿음을 신선한 방식으로 표현할 준비가 된 이들을 길러낸다. 그들은 엄숙하지 않고, 소심하지 않고, 소통할 수 없는 화석화된 언어 패턴이나 코드에 매이지 않을 것이다.

4. 초기 교회의 성찬식

신약시대와 이후 얼마의 시간 동안 아가페와 성찬식 형태의 예배는 구분되었다. 일요일 아침은 성찬식을 위한 시간이었다. 성찬식의 두드러지는 요소는 예수가 최후의 만찬에서 시작한 잔과 떡의 의식이었다. 초기 성찬식의 지배적인 분위기는 즐거운 감사였다. 즐거운 분위기는 기독교 공동체 생활 전반의 표지였고, 우리의 성찬 예배에서도 마찬가지다.

앞에서 우리는 초기 기독교 공동체들이 아마도 일과 후의 저녁시간에 아가페 식사를 위해 식탁에 둘러앉았을 것이라고 상상해 보았다. 가족 구성원들에 의해 주최되는 이런 식사들은 자유로운 예배였고, 또한 사회적 친교와 경제적 배분의 자리였다. 출근 때문에 시간적 제약이 있었던 아침예배와는 달리, 아가페 식사는 조금 더 편안한 분위기에서 진행되었을 것이다. 그러나 아침, 특히 일요일 아침의 모임이 지속되면서, 두 형식은 모두 두드러지는 특징들을 발전시켰다.

그래서 우리는 저녁의 아가페 식사와, 성찬이라 불리게 된 주일 아침 모임이라는 두 가지 분리된 예배형태가 진화하는 모습을 볼 수 있다.[1] 두 형태는 첫 세대 그리스도인들의 식사친교라는 같은 뿌리에서 나왔고 여전히 공유하는 특성들이 있었다. 두 양식은 모두 성경독서, 기도, 설교, 어려운 이들을 위한 봉헌을 포함했다. 2세기 중반에 아가페는 자유로운 예배와 함께 더욱 비정형적 분위기를 갖게 되었고, 형식적 시간은 줄어들었다. 성찬은 더 이상 식사가 아니었고, 예수에 의해 시작된 떡과 잔 예식이었다.

대담한 감사

극히 소량의 단서와 기도문의 파편들, 간략한 인용구들만이 2세기 초반의 아가페와 성찬식에 대한 증거로서 남아있다. 두 형태의 구분은 분명치 않다. 2세기 시리아에서 유래한 문서인 디다케9의 예에서 그렇다. 그러나 예배의 분위기는 선명하게 알 수 있다. 잔과 떡에 대한 감사기도는 대담한 감사로 가득차 있다.

> 감사드립니다.유카리스투맨 우리 아버지, 당신의 아들 다윗의 거룩한 포도나무로 인하여, 당신의 아들 예수를 통해 계시하신 것으로 인하여. 당신께 영광이 영원히 있나이다.
> 감사드립니다.유카리스투맨 우리 아버지, 당신의 아들 예수를 통해 나타내신 생명과 지식으로 인하여. 당신께 영광이 영원히 있나이다.

하나님께 대한 감사는 그들초기 그리스도인들의 신심에서 특징적인 요소였다. "따스한 숨결과도 같이 그것은 초기 문헌들에 스며 있다."2) 알렉산드리아의 클레멘스는 혼자 있을 때나 다른 신자들과 함께 있을 때나 "성숙한 그리스도인들은 생명의 길을 알게 된 것에 대해 감사함으로써 하나님을 영화롭게 한다."고 말했다. 그리스도인들은 하나님께 외형적인 예물을 드리지 않는다. 그리스도인들은 "그가 자신을 우리에게 내어주신 것처럼, 우리 자신을 그에게 내어드림"으로써 하나님을 영화롭게 한다.3)

순교자 유스티누스저스틴는 2세기 로마에서 이렇게 썼다: "우리는 영으로 [하나님께] 장엄한 기도를 드리고, 우리를 지으신 것에 대해, 온갖 풍요로움에 대해, 만물의 다양성과 계절의 변화에 대해 감사를 드린다."4)

3세기의 주교 오리게네스는 이렇게 요약한다. 그리스도인들은 감사하는 마음을 가진 사람들이다. 그리스도인들은 하나님께 감사한다. "우리에게 온갖 좋은 것을 주시고 … 우리는 감사하지 않게 되는 것을 두려워한다. 하나님을 향한 우리의 감사의 표지는 성찬유카리스트이라 불리는 떡이다."[5]

그리스도인들은 하나님께서 메시야 예수 안에 그의 나라를 창설하셨다는 것과, 그것이 우주적이라는 것과, 그들이 그 안에 살고 있다는 것을 확신했다. 이것이 기쁨과 놀라움의 기반이다! 그들의 시대에, 하나님은 구약의 예언들을 성취하셨다. 그들은 평화와 화해의 하나님 백성으로 불렸다. "칼을 쳐서 보습을, 창을 쳐서 낫을" -전쟁을 영원히 없애버리는 이사야와 미가의 인도주의적 비전은 그들의 공동생활에서 이루어졌다. 평화의 수단 없이 그들이 "신심을 기르고, 정의, 형제애, 믿음, 희망을 경작할 수 있었을까?"[6]

박해 당하고 죽임 당할 때에도 그들 중 다수는 저 너머에 있는 기쁨과 희망을 알았다. 그들은 죽음을 두려워하지 않았다. 그들은 두려움에 지배당하지도, 과거에 매이지도 않았다. 그들은 활기와 힘을 가지고 하나님을 경배했다. 그들은 자신들의 예배를 유카리스트감사 라고 불렀다. 이 이름은 그들의 삶의 정신과 기도의 내용을 표현하기에 매우 적절했다.

자료가 빈약하기는 하지만, 기도의 범위와 분위기는 우리에게 전해 내려왔다. 그들의 예배가 유카리스트 라고 불린 것은 전혀 놀라운 일이 아니다. 하나님께 대한 감사의 표지인 감사기도, 유카리스테인이 빛을 발하고 있기 때문이다.

순교자 유스티누스저스틴는 로마에서 있었던 주일아침예배의 세부사항과 관련되어 있다. 이것은 기독교 성찬식의 순서와 내용에 관한 가장 오래된 상세한 기록이다.

기독교 예배 − A.D. 150년 로마에서

태양을 따라 이름붙인 날에 도시와 촌락에 사는 이들이 공동의 축제를 위해 모인다. 그들은 사도들의 회고록이나 예언자들의 글을 시간이 허락하는 대로 읽는다. 독서가 끝난 후 인도자는 설교를 하는데, 이것은 그의 청중들이 이 아름다운 가르침들을 실천하도록 강력히 재촉하기 위한 것이다. 그러고 나면 모두 일어나 기도를 한다. 기도가 끝나면 떡과 함께 물을 섞은 포도주가 나오고, 인도자는 할 수 있는 한 최선의 간구와 감사기도를 드린다. 회중은 아멘으로 화답한다. 그런 다음 모든 참석자들에게, 감사기도가 행해진 떡과 포도주를 나누어 주고, 집사부제는 참석하지 못한 이들의 몫을 챙겨둔다.

부유한 이들이나 자원하는 이들이 각각 원하는 만큼 기부를 한다. 모인 것은 인도자에게 가져가고, 인도자는 고아들과 과부들, 병이나 다른 이유로 가난해진 이들, 감옥에 갇힌 이들과 우리 가운데 있는 나그네들인 이방인들을 돌본다. 간단히 말해 그는 모든 어려운 이들의 보호자이다. 유스티누스, 『제1변증』, 1.67

기독교 예배의 초기 주제들은 지금도 빛을 발하고 있다. 이 공동체는 로마에서는 일요일이라 불리던 주일마다 삶에 적용하기 위해 말씀을 듣고, 기도하고, 나누어진 떡과 잔에 대해 감사하고, 그들 가운데 있는 어려운 이들을 돌보기 위해 모였다. 예배는 허용범위 안에서 자유를 포함했다. 의심할 나위 없이 로마 교회는 이른 아침 출근 하기 전 아침기도는 물론 평일 저녁이나 주일에는 애찬모임을 가졌다. 초기 그리스도인 공동체들에서 일주일 주기의 모임은 전형적인 것이 되었기 때문이다.

감사기도의 넓은 범위

초기 기독교 식탁 기도의 세부사항을 살펴보는 것은 유익하면서도 감격적인 일이다. 앞에서 인용한 기도문에 이어지는 디다케의 기도문은, 삽입

된 강조구문^{고딕}이 보여주듯이 감사제의 추수 이미지를 나타내고 있다:

> 감사드립니다. 거룩하신 아버지, 우리 마음에 좌정하신 당신의 **거룩하신 이름**으로 인하여, 그리고 당신의 아들 예수를 통해 우리에게 보이신 **지식과 믿음과 영생**으로 인하여; 당신께 영광이 영원히 있나이다.
> 전능하신 주여, 당신 이름의 영광을 위하여 **만물을 창조** 하시고, 만민에게 **먹을 것과 마실 것**을 즐기도록 주시나니, 그들이 감사를 드리다; 그러나 주여, 저희에게는 당신의 아들 예수를 통하여 **영생을 위한 영적 음식과 음료**를 주셨나이다.
> 무엇보다, 당신은 **전능하신 분** 이시기에 저희가 감사를 드립니다; 당신께 영광이 영원히 있나이다.[7] 순교자 유스티누스^{저스틴}는 하나님께 감사드리는 기독교 성찬기도를 언급한다.

> 세상과 그 안에 속한 모든 것을 만드시고 … 악—우리가 그 안에서 태어난—에서 건지심으로 인하여, 또 고난당하신 이를 통해 나라들과 권세들을 멸하시고 완전한 승리를 거두심으로 인하여 … .[8]

순교자 유스티누스^{저스틴}는 그가 속했던 로마 공동체의 성찬기도를 다음과 같이 서술한다.

> 그러고 나면 떡과 물을 섞은 포도주 잔이 인도자에게 건네진다. 그리고 그는 성자와 성령의 이름으로 모든 이들의 아버지께 찬양과 영광을 올려드리고, 우리를 그분께로 온 것들을 받기 합당하게 여기신 것에 대한 짧은 감사기도를 드린다. 그가 간구와 감사기도를 끝내면 모든 참석자들은 "아멘"으로 동의를 표한다.[9]

적어도 215년에 저술된 『사도전승』[10]에서 성찬예배의 감사기도는 구속사의 틀을 가진 신앙고백적 이야기 형태를 갖췄다. 인도자가 대본대로 정확히 말해야 하는 것은 아니었지만, 즉흥기도의 요소들은 대체로 정해진 틀을 따랐다. 다른 참여자들도 인도자의 기도에 다른 것을 덧붙일 수 있었다. 그리스도의 성육신, 수난, 죽음, 신원vindication을 통한 구원 이야기라는 감사기도의 순서에 주목하라. 자기를 비하하지 않는, 하나님 앞에 용서받고 "존귀한" 모습으로 선 이들의 감사기도 이후에 제정사words of institution가 이어졌다. 성령 안에서의 일치를 구하는 기도가 송영을 통해 정점에 이르렀다. 이것이 전체 예배의 고귀한 목적이었다.

> 오 하나님, 말세에 우리에게 구원자와 대속자와 사자로 보내신 당신의 사랑하는 아들 예수 그리스도로 인하여 감사를 드리나이다.
>
> 예수 그리스도께서는 당신의 온전한 말씀이시며 당신께서는 그를 통하여 모든 것을 창조하시고 그의 안에서 기뻐하셨나이다.
>
> 당신께서는 그를 하늘로부터 동정녀의 태중으로 보내시고, 태중에 잉태되게 하셨으며, 그는 육이 되시고, 당신의 아들로 확증되셨고, 성령과 동정녀에 의해 탄생하셨나이다.
>
> 당신의 뜻을 이루고 거룩한 백성을 당신께로 모으기 위하여 그는 고통받을 때에 손을 길게 펼쳐 당신을 믿는 이들을 고통에서 구하셨나이다.
>
> 폭력적인 고통에 넘겨질 때에 그는 죽음을 파하시고, 악마의 결박을 푸시고, 지옥을 정복하시고, 의인들을 비추시고, 언약을 세우시고, 떡을 들어 당신께 감사를 드리고서 이렇게 말씀하셨나이다. "받아먹으라; 이는 너희를 위해 부서질 나의 몸이다." 또 같은 모양으로 잔을 들고 말씀하시기를 "이것은 너희를 위해 흘리는 나의 피다. 이를 행할 때마다 나를 기억하라." 하셨나이다.

그의 죽음과 부활을 기억하며, 저희는 떡과 잔을 당신께 드리나이다. 저희를 존귀하게 하시고 당신 앞에 서서 섬기게 하셨으니, 감사를 드리나이다.

구하오니, 당신의 거룩한 교회가 드리는 예물 위에 성령을 보내시어, 이것을 받는 모든 이들이 하나 되게 하소서. 진리 안에서 믿음을 견고하게 하시는 성령으로 그들이 충만하게 하소서.

당신의 아들 예수 그리스도를 통하여 찬양과 영광을 드리며, 그를 통하여 영광과 영예가 성부와 성자와 성령께, 당신의 거룩한 교회 안에서, 지금도 그리고 영원히 있나이다. 아멘.[11]

하나님께 드리는 감사는 "[초기 그리스도인의] 특징적 요소"였다. [3세기에] 알렉산드리아의 클레멘스는 다음과 같이 썼다. "[우리가] 평생 하나님께 드릴 것은 감사이다; 언제 어디서나, 특정 축일이나 거룩한 장소에서만 아니라, 온 삶을 다하여 … [우리는] 감사 드림으로 하나님을 영화롭게 한다."[12] 유스티누스저스틴는 그리스도인의 감사기도에 대해 상세히 설명한다. 우리는 하나님께 감사한다:

그가 세계와 그 속한 것을 세우셨고 … 우리를 사악함에서 자유케 하시고 … [그리스도를 통하여] 모든 권세와 나라들을 무력하게 하심으로 인하여, 우리는 영으로 [하나님께] 장엄한 기도를 드리고, 우리를 지으신 것에 대해, 온갖 풍요로움에 대해, 만물의 다양성과 계절의 변화에 대해 감사를 드린다."[13]

유스티누스저스틴가 언급한 초기 기독교 성찬 감사기도의 넓은 범위 – 창조, 구원, 그리스도의 악에 대한 승리, 자연에 대한 감사 – 를 보라. 박해 중에도 예배와 기도에 대한 그리스도인들의 표현은 감사였다. "감사유카리스테인"라는 예배의 이름은 그리스도인들이 행하는 예배의 내적 의미에도 명확히 남아 있었다.

초기 교회의 성찬식에 대해 쓰는 것이 오늘의 성찬예배에 어떤 힌트를 줄까? 아가페 식사를 살펴봄으로써 우리는 정규적이고 자주 행하는 주의 식탁의 가치에 대해 생각해 보았다. 아가페와 성찬 두 형식 모두에서 경제적 요소가 중요했다. 경제적 평등과 관대한 나눔은 그들 예배의 특징이었다. 확고한 양식과 즉흥적 혹은 유동적 형식의 균형, 예수의 이야기와 그의 가르침을 예배의 중심으로서 반복하는 것 등은 우리에게 도전을 던져 주는 초기 성찬식의 두드러지는 요소들이다. 그러나 가장 중요한 것은 일관된 감사 분위기이다.

부모들은 아이들에게 조심스레 "수 이모에게 가서 감사하다고 말해드려"라고 말하도록 하듯이 "감사합니다."라는 기도 또한 가르친다. 부모들이 책임감 있는 자세로 자녀들의 성품을 형성하면, 아이들은 예절과 감사를 표하는 법과 그것을 표현하는 능력에 있어 진전을 보인다. 같은 방식으로 교회 또한 하나님께 감사하는 법을 상기시켜줄 계기와 기회를 필요로 한다. 어린아이처럼 그리스도인 공동체들은 감사를 배우는 과정에 있다. 교회 또한 예절과 감사를 표하는 법을 배울 것이다. 또한 그것을 쉽게 표현하는 법을 배울 것이다. 전체 성찬예배는 그의 백성에게 주신 하나님의 은혜로운 선물과, 우리가 그 은혜를 즐거움으로 받는 것에 중심을 두고 있다. 형식적이거나 자유로운 표현들은 감사의 말, 그리고 노래들과 함께 울려 퍼질 것이다.

감사의 정신을 계발하는 중요한 방법은 찬송가와 찬양과 감사로 가득한 시편을 함께 섞어넣는 것이다. 다양한 시간과 장소에서 온 많은 예들이 있다. 멜로디 없이 찬송가 가사나 시를 읽어볼 수도 있다. 아주 오래된, 요한

프랭크가 17세기에 쓴 놀라운 기쁨으로 가득한 시를 읽어보자.

내 영혼아, 기쁨으로 치장하고
어둠의 동굴에서 나오라.
찬란한 태양빛으로 나아오라,
기쁨으로 찬송을 불러드리려
그 은혜가 한이 없는 분께
그가 이 놀라운 만찬을 여셨으니
하늘 높은 곳을 그분이 다스리시고,
지금 그대와 함께 거하려 하신다.[14]

5. 중세의 미사와 성찬예배Divine Liturgy

중세는 즐겁고 감사로 넘치며, 관대한 정신을 가진 초기 기독교 성찬식에 변화를 가져온 시기였다. 많은 사람들이 이 시기 기독교 신앙의 미적 표현들인 대성당, 스테인드글라스, 음악을 좋아한다. 그러나 신조에 대한 논쟁, 권력 투쟁, 성직자와 평신도의 분리, 경외심을 유발하는 예전, 고해성사 체제의 엄격함 같은 것들은 예배 공동체라는 개념에 막대한 손실을 가져왔다.

이른 시기 기독교의 공동체적 성격은 다른 모델을 찾았다. 이제 그리스도인들은 엄격히 통제된 도구들을 통해 복을 나누어주는 거대한 위계질서 속에서 모인 개인들이 되었다. 이 개인들의 성품은 자신들의 합당함에 대한 불확실함과 심판에 대한 두려움을 반영했다. 무엇보다, 눈에 띄는 차이들이 동방과 서방의 교회 전통들을 특징짓고 있었다.

이른 시기의 예배는 기쁨으로 가득한 감사제였지만, 4세기를 지나며 분위기에 있어 본질적 변화의 징조가 있었다. 젊고 말끔하게 면도한 선한 목자 예수의 초상화는 후광으로 번쩍이는 황제나 재판관으로 묘사된 그리스도 초상화로 변했다. 그리스도의 인성과 신성에 관한 심각한 논쟁의 결과로 하늘의 보좌에 좌정한 위엄 있는 모습의 그리스도가 지나치게 강조되었다. 이것은 더 이상 신약의 예수인 스승, 목자, 중보자, 변호자가 아니었다.

육중한 건물에서, 운집한 군중에 의해 드려지는 일요일 성찬식은 거리감을 느끼게 하고, 호화롭고, 신비로운 것이 되었다. 위압감을 느끼고 두려워하게 된 사람들은 점차 성찬의 식탁에서 멀어져 갔다. 주교 요한 크리소스톰요하네스 크리소스토모스은 성찬식을 "전율의 시간"으로 부르며 이렇게 한탄했다. "우리는 의미 없이 제대 앞에 서 있다. 아무도 참여하지를 않는다." 1) 죽음에 대한 두려움에 사람들은 겁에 질린 채 머리 위에 그려진 하늘의 심판좌를 응시했다. 그는 제대 앞에서 그의 몸과 피가 경배를 받던 이와 같은 그리스도가 아니었던가? 사람들은 기괴할 정도로 스스로를 비천하게 여겼다.

이제, 두려움과 경외심이라는 예전의 초점은 제대를 성직자만의 공간으로 봉쇄했다. 일상적 가구였던 식탁은 신비롭고 거룩한 목적을 이루고 유지하려는 의도로 추가된 요소들로 둘러싸인 제대가 되었다. 제대와 경외감을 불러일으키는 예배는 모두 두려운 신비mysterium tredendum라 불렸다.2)

서품에 대한 신학이 발전되어 평신도들라오스은 사제계급으로부터 분리되었다. 세금과 병역의 면제 같은 사회적 특권들이 성경 해석의 오류와 결합되어 성직의 위계는 계속 증대되었다. 정교화된 서품예식, 특별한 옷, 복잡한 위계질서 구조가 성직자들의 삶을 특징지웠고, 이것은 그들을 더욱더 평신도들과 구별되게 만들었다.

정교화된 고해성사 체제는 계속적으로 화해하는 공동체로부터 하나님 앞에 선 개인의 상태로 초점을 옮겨버렸다. 성직자들과 평신도들 모두 두려움에 사로잡혀 "나는 합당한가?" 하고 물었다. 교회는 부활하시고 다시 오시는 주 예수와 친교communion하는 가운데 산 소망을 경축하던 즐거운, 구원받은 공동체의 분위기를 잃었다.

기독교 성찬식 - A.D. 385년 시리아에서

385년경 시리아에서 유래한 교회 질서에 대한 주교 핸드북인 『사도헌장』에는 초기 성찬식과 대조되는 분위기들이 보인다. 저자는 교회에 다니는 이들을 배의 승객이나 울타리 안의 양이나 염소에 빗대는 비유를 사용하고, 교회 안의 두 영역인 성직자와 평신도에 대한 심리적, 문자적 거리를 보여준다. 집사부제들은 언제나 바빴는데, 그들은 예배시간 내내 긴 작대기를 들고 돌아다니며 조는 사람들, 킥킥 웃는 사람들, 속삭이는 사람들을 훈계해야 했다. 회중석을 배에 비유했던 최초의 사람은, 빈 건물에서 울리는 소리만 듣다시피 했다. 몇 년 후에 콘스탄티노폴리스의 주교 요한 크리소스톰은 사람들이 더 이상 성찬의 테이블에 오지 않는다고 한탄해야 했다.

> 회중들을 교회로 모을 때는 대형 선박의 선장처럼 하고, 집사부제들은 선원의 역할을 하여 승객들을 위해 준비하게 하라. 건물은 길게 짓고, 머리를 동쪽으로 향하게 하고, 예복실은 동쪽 끝에 있게 하여 배처럼 보이게 하라. 가운데에는 주교좌를 놓고 양쪽에 원로들이 앉게 하라; 집사부제들은 근처에 서는데, 선원들이나 배의 관리인처럼 보이도록 작은 띠 옷을 입게 하라. 평신도들은 [울타리의] 건너편에 앉게 하는데, 모두 침묵 가운데 질서를 지키게 하라. 여성들도 앉아서 침묵을 지키게 하라. 만일 누군가 다른 곳에 앉으면 배의 관리인인 집사부제로 하여금 그를 꾸짖게 하고, 그가 적절한 자리로 옮겨 앉게 하라. 교회는 단지 배 같기만 한 것은 아니고, 양 우리 같기도 하다. 목자들이 야수들을 구분해서 옮겨 놓듯이, 나는 염소와 양에 대해 말하는 것인데, 그들의 종류와 연령에 따라 그렇게 해야 한다. 집사부제들이 회중을 감시하게 하여서 아무도 속삭이거나, 자거나, 웃거나, 졸지 않게 하라. 모두는 사려 깊고, 착실하고, 경청하는 자세를 가져야 한다. … 기도가 끝나면, 그들 중 몇 명은 [제대]로 올라오게 하여 회중을 감시하여 침묵을 유지하게 하라. 사도현장 2.7

죄-고해성사 체제

처음 몇 세기동안, 교회 지도자들 사이에서 세례 이후의 죄를 어떻게 할 것인가에 대한 논쟁이 있었다. 어떤 이들은 세례 후에 죄를 지은 그리스도인들을 용납하지 않으려 했다. 어떤 이들은 세 가지 대죄인 배교, 간음, 살인을 회개하는 이들에 대한 조항을 만들었다. 이런 사람들은 주교에게 죄를 고백하고 회개를 위한 훈육을 받거나 "고해"를 해야 했다. 고해는 오랜 시간, 아마도 평생 지속되어야 했다.

점차 적은 죄의 목록이 특정한 기간 및 고해 행위와 함께 계발되었다. 고해는 종종 교회 문 밖에 서서 베옷을 입고 재를 뒤집어 쓰고 기도하거나, 예배가 끝날 때까지 교회 바닥에 엎드린다든지 하는 공개적 굴욕을 요구했다. 짧은 기간이라 해도 고해는 일반적인 그리스도인들의 삶을 곤란하게 만드는 것이었다.

고해성사 체제의 엄격한 현실은 직접적으로 보통 사람들의 삶에 영향을 미쳤다. 사도들의 시대에 성경구절 "자신을 살핀 후 떡을 먹고 잔을 드십시오.고전11:28"가 요구하는 것은 모든 공동체 구성원들에게 요구된 "자유로운 행위"였다. 시간이 흘러 훈육은 성찬을 받기 전 범죄에 대한 고해성사를 요구함으로써 강화되었다. 10세기가 되었을 때, 성찬을 받기 전 하는 고해성사는 의무사항이 되었다.[3]

추가적으로, 구약의 다양한 정결법들이 늘어나는 규제 조항들에 적용되었다. 식사규정뿐 아니라 성행위, 월경, 출산 등에 대한 규정들이 사람들의 참여를 어렵게 했다. 급기야 12세기의 신학자 블루아의 베드로는 이 상황에대해 그럴듯 하게 얼버무렸다: "성찬식을 가끔 행하는 것은, 성사성례전에 대한 존경심을 키워준다."[4]

경외감을 불러일으키는 예전들이 두려움을 자아내다

4세기 후반을 살필 때, 우리는 국가의 법령에 의해 보편화된 기독교가 주의 식탁을 두려워하고, 지옥을 염려하는 이들로 가득 찬 것을 보게 된다.

전에는 이방인들이 신을 두려워했는데, 이제는 그리스도인들이 하나님의 정죄 앞에서 두려워 떨게 되었다. 농부의 옷과 신발이 아닌, 자색과 금색으로 묘사된 심판자 그리스도 앞에서 그들은 기가 죽었다. 그리스도가 아닌 베드로!가 이제 양을 어깨에 들쳐 멘 선한 목자로 묘사되었다. 경외감을 불러일으키는 예전은 경외심을 자아내는 것 이상의 역할을 했다. 이 예전들은 사람들을 뼛속까지 겁에 질리게 했다. 심판은 더 이상 하나님에게 도전하는 이방인들이 아니라 그들 위에 내려진 것이었다. 속죄를 위해 그들이 무엇을 할 수 있었을까? 어떻게 다시 하나님의 호의를 입을 수 있었을까? 정교한 고해 체제는 그들이 선택할 수 있는 유일한 길이었다.

상황은 어쩌다 이리도 바닥으로 내닫았을까? "그리고 어떻게 그것이 우리가 교회의 전성기라고 여기는 중세의 한복판에서 계속되었을까?" 훌륭한 천주교 예전학자 조세프 융만이 질문한다. 융만은 믿음의 냉담이 나타났다는 사실을 믿을 수 없는 것일까? 그렇다면 그 시기에 나타난 열정적인 수도원 운동은 어떻게 설명할 수 있을까? [5] 융만은 게르만족 복음화는 명백히 표면적인 것이었을 뿐이었으며, 제국 변방에 사는 이들의 성례전에 대한 이해는 "아주 천천히 개진되었다."고 단언한다. 문제의 핵심은, 아리우스주의와의 그리스도의 신성에 대한 과도한 논쟁이었다고 융만은 말한다. "우리를 그분께로 이끄는 그리스도의 인간성, 중보자 되심 같은 것들은 그림자 속으로 사라졌다." 사람들의 종교적 상상력은 전통적 가르침에도 불구하고 성인들에게로 옮겨갔다. [6]

12세기를 지나오면서 성례전적 경외심의 큰 물결이 중세 서방 교회를 뒤덮었다. 회중은 성찬의 떡과 포도주를 받아먹는 대신 다만 바라볼 뿐이었다. "삼성송sanctus-거룩하시다의 종"이 울리면 그들은 사제가 들어 올리는 축성된 떡을 바라보며 경배했다. 16세기쯤 되자 사람들은 떡과 포도주를 축성하는 동안에 굳은 자세로 무릎을 꿇었다. 거룩하고 신비로운 그것들을 차마 바라볼 수 없었기 때문이다. 성찬은 영적 친교가 되었고, 성례전에 참여하는 것만큼이나 가치 있고 효과 있는 것으로 설명되었다. 나아가 사제가 나머지 공동체를 대표해서 먹고 마신다는 가르침도 생겨났다.

개인 미사

매일 행하는 개인 미사라는 현상이 성찬 신학을 더욱 침식해 왔다. 사제 서품을 받은 수사들이 증가함에 따라, 매일 행하는 미사는 수도원 공동체의 특징이 되었다. 성직자들은 서약에 의해 미사를 거행할 의무를 지게 되었기에 수도원에서는 매일 수많은 미사가 행해졌다. 몇몇 신학자들의 반대에도 불구하고 이것은 지역교회들에서 확산되었다. 이것은 "평미사"라는 이름으로 알려졌다. 평미사는 부제대에서 들리지 않는 소리로, 화답하거나 노래하는 회중 없이 행해졌다. 사실, 회중은 필요가 없었다. 평미사는 사제의 개인적 신심행위로 이해되었다.

은혜의 역사로서의 미사

개인미사의 왜곡에 덧붙여진 교활한 관념이 있었다. 이것은 미사가 그자체로써 효력 있는 은혜를 불러오는 행위이고, 이 세계를 넘어 내세의 유익 또한 가져다준다는 생각이었다. 부유한 이들이나 장인 길드에서 수도원이나 교회에 매일의 미사를 위한 봉헌을 하는 일이 있었는데, 이것은 영원한 저주로부터의 구원을 확실시하려는 것이었다.

15세기를 거치며 서방교회는 원래의 성찬 이해로부터 상당히 멀리 이동했다. 하늘의 떡을 "일용할 양식"으로 여기던 세례 받은 그리스도인은 이제 막대한 양의 비축한 식량과 두려움을 가진 이들이 되었다. 이제는 경건한 사람마저도 "은혜에 의해 형성되는 그리스도인의 존귀함보다 인간의 약함에 주목하게 되었다."

또 다른 눈에 띄는 중세의 특징은 성찬을 받는 개인의 지위에 강조점을 두었다는 점이다. 더 이상 몸으로서의 그리스도인 공동체가 행하는 성찬은 없었다. 기껏해야 1년에 한번 고해 후에 성찬을 받을 수 있었다. 중세 유럽 그리스도인들은 더 이상 능동적 참여자가 아니라 구경꾼이었다. 미사는 사제의 일이었다. 보통의 사람들은 단지 바라봄으로써 참여했다.

미사 전문Canon of the Mass

축성기도라고 알려진 로마 미사의 성찬기도는 '미사전문'이라고 불리는 짧은 기도들로 이루어진다. 이 이름은 더 이른 시기, 성찬예배의 요소들이 조금 더 유동적이었던 때로부터 유래했으나, 이 핵심적 부분은 책자에 고정되었다. "고정된 전문canon이 여기서부터 시작된다." 카논은 "규범" 혹은 "척도"라는 의미인데, 이것은 규정된 기도들의 이름이 되었다.[7]

미사전문-기도의 개요

1. 초청의 말– 수르숨 코르다: "마음을 드높이 … "
2. 삼성송*에서 정점에 이르는 예비기도: "거룩하시다, 거룩하시다, 거룩하시다 … 주의 이름으로 오시는 이여 찬미 받으소서"
3. 봉헌된 떡과 포도주를 받아주시기를 청하는 기도
4. 산자와 죽은 자를 위한 기도
5. 떡과 포도주를 봉헌하는 기도
6. 주의 만찬 제정 이야기
7. 아남네시스 – 성찬 예물 봉헌기념, 기억
8. 열납을 구하는 기도와 풍성한 응답을 구하는 기도

---

* 동방정교회와 동방 가톨릭의 성찬예배에서 부르는 성가이다. 하나님을 거룩하다고 세 번 찬양한다는 의미로서 삼성송이라고 표기한다. 라틴어로는 테르상투스(Tersanctus)라고 하는데, 이는 서방 기독교의 미사에서 "거룩하시다."로 세 번 외치는 상투스(Sanctus)라고 하는 성가를 이르기도 한다.(편집자주)

9. 두개의 송영

희생 – 미사의 강조점

또다른 눈에 띄는 특징이 동방정교회와 서방천주교교회 예전에서 모두 나타났다. 희생을 의미하는 관용구들이 서방의 성찬기도에서 지배적이었다:

이 예물들, 이 거룩하고 흠 없는 희생 제물들 전문2

저희가 드리는 이 제사를 받으시고 전문4

저희가 순결하고, 거룩하고, 흠 없는 희생제물을 드리나이다 전문6

이 예물을 아벨과 멜기세덱의 예물과 같이 받으소서 전문7

한편으로 동방의 정교회 전통에서는 희생과 예물의 주제 외에도 다양한 주제들이 성찬기도에서 중요해졌다. 이 주제들은 하나님 나라, 구속사, 성령을 청원하는 기도, 대도 등이었다. 서방교회는 지속적으로 희생언어와 개인미사에 대한 강조, 확장된 봉헌기도들을 발전시켰다. 종교개혁 시기에 희생주제는 미사를 완전히 지배했다. 조세프 융만은 이렇게 말한다.

중세 후반에 희생적 관점은 과도하게 강조되었고, 산자와 죽은 자를 위한 하나님의 은총을 얻기 위한 형식과 방법들이 과중해졌기 때문에, 종교개혁자들의 극단적 분위기의 원인을 제공했을뿐 아니라 교회 당국도 폭풍종교개혁의 전후에 변화의 이유들을 모색했었다.[8]

희생 신학이 명확해짐에 따라, 트리엔트 공의회는 미사는 단지 식사도, 먼 과거의 희생하는 추도예배도 아니라고 주장했다. 진정 미사는 그 자체로 "구원과 청원의 능력을 가진 희생제사였다. 미사는 그리스도와 교회의 희생제사 두 가지로 동시에 이해되었다."9)

미사 – 형성하는 힘

중세 초기의 예전이 유럽의 이방인들을 기독교화 하는 데에 어떤 기여를 했을까? 목회적 관점에서, 그것은 그들에게 그리스도인의 가치와 덕을 각인시키는 데 효과적이었을까? 융만은 기독교 신앙의 문화적응이라는 매우 긍정적 관점에서 말한다. "대답은 명쾌하다. 예전의 형성적 힘은 깊고도 방대하게 나타났다. 굉장한 속도의 변화가 … 일어났다: 이교 사회가 기독교 사회로 변화했다." 이것은 낙관적 관점이다. 이것이 의미하는 바는 동양에서 유래한 한 가지 핵심, "신적 제도"라는 부분과 함께 초대교회의 형식만을 남긴 채로 지역사회의 문화적 주도권을 갖게 되었다는 것이다.10)

이것의 이면을 찾는 것은 어렵지 않은 일이다. 기쁨과 감사의 특징을 가진 초기 성찬식들에 무슨 일이 일어난 것인가? 초기 애찬에서 있었던 회중의 자유로운 참여와 경제적 나눔은 어디로 갔을까? 개인적 용서의 세기들이 지난 후에, 용서의 공동체를 이루는 법을 배웠던 과거의 유산은 사라져 버렸다. 십자가와 예수의 희생에 대한 애착은 있었지만, 교회는 그의 제자들이 자기 스승의 발걸음을 따르는 삶을 살아야 한다고 했던 예수의 도전은 강조하지 않았다. 교회는 구조, 권력, 관심사, 위압과 힘으로 추방하는 일 등에서 국가와 깊은 관계를 가졌다. 무엇보다 상황을 황폐하게 한 예전적 요소는, 윌리엄 윌리몬에 의하면, 진정 "예배하는 공동체의 해체"였다.11) 중세 천주교 성찬예배의 형태와 강조점들을 생각해 볼 때, 득보다는 실이 많아 보인다.

많은 것을 잃는 와중에서 얻은 것들

그러나 그 시대에 건축된 대성당, 교회, 개인 예배당 등의 위엄을 부정할 수는 없다. 셀 수 없는 그림과 음악작품들은 실로 손에 땀을 쥐게 한다. 그것들은 깊은 종교적 믿음과 헌신에 대해 말해준다. 여전히 자비의 공동체, 거룩한 공동체, 하나님의 사랑을 나타내는 공동체가 있었고, 그들은 라틴 미사에 뿌리내리고 있었다. 하나님의 성령은 역사하신다.

중요한 사실은, 믿음과 배반이 뒤섞인 이 이야기는 우리의 이야기라는 것이다. 이것은 서방교회의 이야기이고, 우리 개신교인들이 이 천주교의 후예인 것은 분명하다. 예배에 있어서의 성경적 순결을 주장하기 위해 "기독교 세기"들을 무시하는 것은 비현실적이고 무책임한 일이다. 그렇다면 우리의 유산인 서방교회의 이야기들로부터 무엇을 배울 수 있는 걸까?

첫째로, 다양한 배경의 서방 그리스도인들은 함께 연구하고 있다. 우리는 성경적 근원과 초기 교회의 근원으로 함께 돌아가고 있다. 이것은 우위를 점하거나 남을 비하하는 경쟁의 귀환을 의미하지 않는다. 새로 시작된 것은 재평가와 정화를 위한 모색이다. 이 과제는 더 큰 전통 안에서 여러 주제를 강조하는 다양한 사람이 참여하면서 크게 향상되었다. 하나님은 우리 각각의 역사 속에 특정한 가치, 이해, 실천을 보존하셨다. 이러한 통찰들은 단지 우리 자신만의 즐거움을 위해 있는 것이 아니다. 여기에는 목적이 있다. 우리는 예배 갱신을 통해 서로를 일깨우고, 더 풍성하게 만들 수 있다.

이후에 더 살펴볼 내용인데, 다양한 전통에 속한 학자들은 초기 교회를 연구해 왔다.53쪽을 보라 그들은 한 목소리로 이후 몇 세기동안 문제─공동체의 능동적 참여 상실, 성직자 지배, 죽음과 희생에 대한 과도한 애착, 음침한 분위기─가 발생했다고 말한다. 신학자, 역사가, 예배 인도자들의 작업들 덕분에 예배는 마침내 '감사eucharist'라는 적절한 이름을 되찾을 수 있었다.

초기 교회 연구는 이제 많은 교회들이 만나는 장이 되었으며 입문, 양육, 전도에 관한 신학과 실천에 지대한 영향을 미쳤다. 이 연구는 그리스도인들이 성령 안에서 일치할 수 있도록 이끌었다. 이는 공동의 과제이다. 이 과제를 함께 수행하며 우리는 놀라운 식별의 은사를 발견한다. 우리는 그리스도 안에서 서로에게 속해있다는 사실을 알게 되는 것이다!

두 번째, 이것은 진지한 역사적 재평가 과정이다. 이 작업을 수행하며 이상적인 것을 되찾기 위해서는 왜곡을 인정해야 한다. 예를 들어, 중세 고해체제의 남용은 정당화될 수 없는 것이지만 그럼에도 불구하고 고백과 용서의 중요성에 대한 기억은 계속 이어진 것이다.

어떤 개신교인들은 공동체적인 것이든 개인적인 것이든 예전적으로 행하는 죄 고백을 내던져 버렸으나, 우리는 그보다 신중해야 한다. 종교개혁 전통을 거슬러 올라가 보면 각각의 개혁 전통이 이 주제를 중요하게 생각했음을 알 수 있다. 루터교인들은 하나님의 은혜와, 노력으로 그분의 용서를 얻을 수 없음을 기억했다. 칼뱅주의자들은 성찬의 식탁으로 나아가기 위한 준비의 필요성을 매우 중요하게 여겼다. 그들은 특별한 회중 집회와 시편 찬송이 특별히 여기에 도움을 준다는 사실을 발견했다. 아나뱁티스트들은 공동체적 정결을 강조했고, 평화의 입맞춤을 나누었으며, 애찬을 행하고, 함께 모인 교회의 생명에 깊이를 더하는 예전적 수단으로 세족 예식을 사용했다.

서로를 가까이서, 공감하는 자세로 듣는다면, 천주교와 개신교 모두 고백과 용서의 실천에 깊이를 더할 수 있다. 중세 천주교만이 신실하지 못했다고 말할 수 없다. 은혜와 용서의 왜곡은 우리 모두의 전통 속에 있다. 우리는 함께 우리 공통의 기원점인 초대교회와 하나님의 은혜, 자비, 용서가 어떤 것인지 보여주신 그리스도 자신에게로 돌아갈 수 있다. 그리스도께서는 우리가 성숙하고 성장하기를 원하시며, 우리의 은혜로운 자비가 하나님을 닮기 원하신다. 우리 분열의 역사는 물론, 우리가 공유하는 서방 공교회 Western Catholic 역사를 진지하게 살펴본다면, 우리는 이것을 위한 최선의 관점을 얻을 수 있다.

세 번째, 우리는 교회의 긴 이야기를 우리의 것으로 껴안을 필요가 있다. 그 중의 일부를 배제하고, 상대를 비난하고 정죄하는 일은 우리의 믿음이 자라는 데에 아무 도움도 되지 않는다. 하나님은 끝없이 우리의 인간성을 다루시고, 지속적으로 그의 사랑을 상기시키신다. 우리 죄가 셀 수 없이 다양하다면, 하나님의 진리에 신실하게 응답하는 방식 역시 다양하다. 우리는 그 식탁에서 역사와 지역을 넘어 나타난 하나님의 신실하심을 헤아려 볼 필요가 있다. 이렇게 한다면 우리는 "오래되고 오래된 예수와 그의 사랑 이야기"가 어떻게 우리를 둘러싼 상처 입은 세상을 변화시키는지를 알게 될 것이다. 그리스도인들은 지구적 하나님의 백성이며, 우리의 체험들은 시간을 넘어 영원으로 울려 퍼진다. 우리가 연대의 의미를 더 깊이 이해한다면, 그것은 우리를 광대한 비전의 사람들로 특징짓고, 실로 그렇게 되게 할 것이다.

동방과 서방 – 차이점과 쟁점들

지금까지 서방 유럽 교회의 성찬 실행을 추적해 보았다. 이제 짧게나마 동방 교회에서는 무슨 일이 일어났는지 살펴보자. 시리아의 대형교회에서 있었던 4세기 일요일 성찬예배에 대한 묘사는, 사실 동방교회에서 온 것이다.35페이지를 보자 그 때는 동서방의 교회가 정신적으로 분리되어 있지 않았다. 교회는 우주적이고 보편적인 "공교회"였다. 교회는 지역 회중 이상의 것이었다. 모든 그리스도인들은 그들이 하나의 몸에 속했다고 믿었다. 그러나 그들이 매우 보편적인 상태orthodoxy였기는 하지만, 그리스도인들은 그들의 신앙 안에서 다양한 설명과 예배 양식을 발전시켰다.

한 가지 중요한 차이는 동방에서는 그리스어가, 서방 제국에서는 라틴어가 사용되었다는 점이다. 다른 두 언어를 물려받음으로써 믿음과 예배 형식의 차이가 생겼다. 그러나 그보다, 동방과 서방 기독교의 심리적 성향의 차이가 두드러졌다. 서방 예전 언어는 정밀하고 간결했다. 동방에 비해 상대적으로 더 문자화된 마음을 가지고 있었던 그들은 떡과 포도주의 물질적 요소와, 축성시에 그것에 무슨 일이 일어나는지에 더 관심을 기울였다. 동방 사람들은 상징주의를 좋아했는데, 그들의 신학과 기도에서 시각적이고 알레고리적인 접근이 나타났다. 시간이 흘러, 그들의 예전 기도는 더욱더 유동적인 것이 되었다. 그들은 온 예전을 통해 그리스도의 삶과 사역을 상징적인 형태로 번역해 냈다.

제국이 끼어들면서 교회는 종교적 논쟁을 정치적 투쟁으로 만들었다; 기질과 신학의 차이는 주교들, 황제들, 수도자들 사이의 권력다툼과 뒤섞였다. 그때부터 동방과 서방의 그리스도인들은 스스로가 상대방과 다르다고 생각했고10, 11세기, 조금의 차이는 거의 불합리한 것으로 여겨졌다. 그들은 성찬에 사용하는 떡의 종류를 다르게 하고, 사용하는 니케아 신경의 버전에 차이를 두고, 성상에 관한 견해를 다르게 하고, 특정한 예식과 문장에 있어 차이를 만들었다. 동방교회는 서방교회의 특정 가르침들, 예를 들어 성모 마리아의 원죄 없는 수태와 교황의 "무류"같은 것들이 그리스도교 진리와 모순된다고 보았다.

동방의 정교회와 로마 사이에 있었던 논쟁 중 가장 유명한 것은 신경의 작은 단락, "필리오케 조항"에 대한 것이다. 그리스 교부들은 "성령은 성부로부터 성자를 통하여 나오시며"라고 가르친 반면, 서방 교회는 "성령은 성부와 성자로부터filioque나오시며"라고 가르쳤다.

정교회는 천주교와 많은 부분을 공유하면서도 오늘날 개신교나 성공회와 더 많은 접촉을 갖는다. 동방의 입장에서 서방의 16세기 종교개혁으로 인한 분열은 서방의 지역 내 문제이다. 만약 서방 그리스도인들이 화합할 수 있다면, 동방의 관점에서, 교회 일치는 심각하게 고려해 볼 문제가 된다. 동과 서는 다시 하나 될 수 있다. 양측의 교회 지도자들이 이것에 대해 신경 쓰고 있다. 사실 요한 바오로 2세는 이렇게 말했었다. "만약 2000년까지 동방과 서방의 교회가 분열된 채로 남아 있다면, 나는 나의 교황직을 실패한 것으로 여기겠다."[12]

동방 교회로부터 배우기

우리 서방 그리스도인들은 "동방 그리스도인 형제자매들이 살아있는 유골처럼 보이지만 실상은 그리스도의 몸을 함께 이루는 이들임을 재발견하는"[13] 시기에 살고 있다. 우리는 이 고대의 형식과 신심 행동으로부터 새롭게 하는 샘을 찾을 수 있다. 정교회 이콘은 서방 그리스도인들에게 장식이나 구식 그림이 아니라 더 깊은 기도와 묵상으로 이끄는 수단이다. 동방 예전 참석자들 사이의 "가정적" 분위기는 서방 출신의 참석자들에게 충격을 주었다. 사람들은 돌아다니고, 어떤 이들은 무릎을 꿇고, 어떤 이들은 일어서고, 아이들은 왔다갔다 한다. 이것은 교회 의자에 강의실에서처럼 포커페이스로 앉아 있어야 하는 대다수 개신교 예배와는 대조되는 것이었다.

15세기 동안 변화가 없었던 성찬예배의 예문을 살펴보면, 우리는 황홀한 놀라움을 발견한다. 다음의 세 가지 예시는 오늘의 우리에게도 유용한 고대 기독교로부터 이어온 주제들을 상기시켜 준다.

첫째는 예전의 이목을 끄는 시작이다. 개회사는 이렇다: "나라가 … 찬미되나이다." 저명한 정교회 신학자 알렉산더 슈메만은 성찬 예전을 여행, 곧 교회가 하나님 나라의 차원으로 들어가는 여정에 비유한다. 이것은 일종의 사차원인데, 궁극적 가치들과 그리스도의 임재가 생생한 색채로 우리에게 다가오는 그런 차원이다. 이것은 탈출이 아니다. 이것은 그리스도인들이 세상의 진실을 이해하게 하는 유리한 고지이다. 성찬이라는 여정의 시작에서부터 목적지는 분명하다: 하나님 통치의 온전한 실재화. 슈메만은 그 나라를 송축하는 말 이면에 있는 의미를 상기시켜 준다. 그것의 의미는 하나님 나라의 온전한 실재화가 "우리 온 삶의 갈망과 관심"의 목적이 된다는 것이다.[14)]

슈메만의 말은 마가 복음에 나오는 예수의 사역 취임식 말씀을 기억나게 한다. "때가 찼고, 하나님 나라가 가까이 왔다."막 1:15 예수의 사역과 그의 삶의 목적을 명확히 표현한 이 말이 언젠가 다른 기독교 전통들에게도 성찬 예배를 열어주게 될까?

살펴볼 두 번째 지점은, 모든 예배에서 구복단진복팔단, 팔복을 반복한다는 점이다. 이 간결한 구절들은 예수가 지금 가까이 왔고, 우리를 그 곳으로 부르시는 그 나라의 비전을 그리는 데에 사용하는 물감들이 담긴 팔레트이다. 구복단은 예수의 삶과 가르침의 핵심을 증류시켜 정제해 준다. 정교회 예전에서, 구복단은 예배로 들어가는 초입에 서 있다. 그것들은 복음서 독서 이전에 읽힌다. 랍비 예수를 따른다고 고백하는 그리스도인이라면, 그의 말씀들을 정기적으로, 또 충분히 노래하며 되새기는 것이 합당해 보인다.

동방 예전에서 세 번째로 살펴 볼 것은, 그리스도의 부활에 대한 강조이다. 아래에 인용한 기도들은 그리스도의 의인 받으심, 부활, 승천을 기뻐하고 감사하고 있다. "죽음으로 죽음을 멸하셨도다!" 개신교 교회들은 중세 천주교 전통의 심심을 따라 그리스도의 못박힘과 죽음에 대한 애착을 보일 때가 많다. 우리가 이 신심의 뿌리를 인식하고, 성찬기도의 주의를 그리스도의 부활과 그 나라의 임재에 둠으로써 그 불균형을 해소하려 한다면 앞으로는 더 나아질 수 있지 않을까?

성찬예배 동방 정교회의 요한 크리소스톰 예전

시작

성부와 성자와 성령의 나라가 이제와 항상 대대로 찬미되나이다. 아멘.

회중이 떡과 포도주를 받은 후

그리스도의 부활을 본 후에, 거룩하신 주 예수를 경배하오니, 주 홀로 죄가 없으시나이다. 그리스도여, 주의 십자가를 경배하며, 주의 거룩한 부활을 찬송하고 찬미하오니 … .

믿는 이들이여, 모두와 그리스도의 거룩한 부활을 경배할지어다. 그로 말미암아 십자가가 온 세상에 기쁨을 가져왔도다. 언제나 주를 찬미하고, 주의 부활을 찬송할지니, 우리를 위해 십자가를 지심으로써, 죽음으로 죽음을 멸하셨음이로다! 아멘.

빛나라, 빛나라 새 예루살렘이여, 주의 영광이 그대위에 솟아났도다. 시온아 기뻐하고 즐거워하여라. …

오 그리스도시여! 위대하시고 가장 거룩한 유월절이시여!

하나님의 말씀이시고 지혜이시고 전능하신 이여! 영원의 빛이 비치는 날 당신의 왕국에서 영원히 살기에 합당한 자 되게 하소서!

6. 종교개혁 - 성찬의 혁명

종교개혁이라는 대격변은 성찬예배에 긍정적 변화와 부정적 변화를 모두 가져왔다. 모든 개신교 종교개혁의 관심사는 회중의 폭넓은 참여, 지역 언어 사용, 예배 순서를 단순화 하면서 상징적으로 만드는 것, 강력한 설교, 더 .잦은 성찬식 등이었다. 그러나 성직자의 권력은 도전 받지 않았고, 과도한 고해의 분위기는 종교개혁의 성찬식에서도 지속되었다.

고대의 유산: 성찬예배의 패턴

16세기 종교개혁에서 미사에 어떤 변화가 일어났는지를 보려면, 먼저 고대 기독교 성찬식의 기본 패턴을 상기해 볼 필요가 있다. 서방교회 미사의 전반적인 틀은 성찬예배Divine liturgy라 불리는 동방 정교회의 성찬식과 같았다. 거기에는 두 큰 부분이 있는데, 첫 부분은 성경독서, 기도, 설교를 포함하고 두 번째 부분은 떡과 포도주의 성례전이었다.

말씀예배유대 배경에서 온 것

  독서

  설교

  기도

떡과 잔의 예배기독교의 독특한 형태

  감사기도

제정사

떡을 떼고, 잔을 나눔

  동방 정교회 전통에서, 첫 부분은 예비자들의 기도이다. 이 부분은 세례 준비자들을 위한 예배를 포함한다. 두 번째 부분은 신자들의 기도인데, 오직 세례 받은 이들만을 위한 것이다.

  천주교 예전에서는 첫 부분을 말씀 예전, 두 번째를 성찬 예전으로 부른다.

전승의 왜곡 - 패턴과 참여에서

  앞의 목록이 보여주듯, 기독교 성찬식은 두 뿌리를 갖고 있다. 첫째는 회당 예배에 포함된 독서, 설교, 기도라는 유대 전통이다. 두 번째는 오직 기독교에만 있는, 주의 식탁에서 이루어지는 떡과 잔의 예배이다.

  서방과 동방의 성찬식은 모두 이 간단한 패턴을 따랐다. 중세 동안에 미사의 우선적 주의는 두 번째 부분인 성찬의 예배를 어떻게 행하고 이해 할지에 맞춰졌다. 첫 번째 부분인 말씀예배는 여전히 존재 하기는 했다. 그러나 설교를 하는 교회를 제외하면 모든 것을 라틴어로 말하거나 노래했고 알아 듣는 사람은 없었다. 시편과 성경 독서는 전혀 이해 할 수 없는 것이었다. 사람들은 말씀을 들었으나 이해 할 수는 없었다.

  미사의 언어인 라틴어는 대개의 사람들에게는 낯선 것 이었고, 설교는 불합리했고, 회중의 참여는 거의 몸동작으로만 지속되었다. 회중은 거의 1년에 한 번 정도만 성찬을 받도록 초대 되었다. 이때에 먼저 사제에게 죄를 고백하고, 필요한 고행을 행하고, 사죄선언을 받아야 했다. 미사에서는 떡만이 제공되었고, 사제만이 모두를 대표하여 잔을 마실 수 있었다.

  미사는 하나님의 은혜와 사랑을 파는 시장에서 죽음 대신 생명을 얻기 위해 살 수 있는 일용품처럼 간주되었다. 희생의 신학이 전면적으로 퍼졌고, 수척한 고상 십자가들이 드리워졌고, 파렴치한 일부 사제들은 지옥의 공포에 대한 해독제를 팔았으며 더욱 더 많은 미사가 시행되었다. 종교개혁의 폭풍이 그리도 격렬하게 불었던 것은 하나도 이상한 일이 아니다.

개혁자들의 공통 관심사

16세기 종교개혁자들의 열정은 성경적 예배를 회복하는 것이었다. 공적인 독서와 해설 모두에서 성경이 다시 강조되었다는 의미이다. 그들은 의식적 행동들과 그림, 성상, 몸짓, 제의, 언어 형식 같은 "미신적" 요소들을 싹 쓸어 버렸다.

종교개혁자들은 형식화된 미사와 그것을 통제하는 위계적 성직 질서에 반기를 들었다. 그들은 회중에게 성찬식을 다시 돌려주고, 믿음으로 참여하도록 독려하기 원했다. 눈에 띄는 갈등이 몇 가지 있었음에도 불구하고 개혁자들은 주의 만찬에 대해 많은 부분을 동의하고 있었다.

1. 그들은 개혁이 성경의 예를 따르는 것이어야 하고 무분별하게 증대된 교회 전통을 버려야 한다는 원칙을 천명했다.[1]
2. 그들은 자주 행하는 성찬 예배에 가치를 두었다.
3. 그들은 모든 참여자가 떡과 포도주 두 가지를 다 받기 원했다.
4. 그들은 자신의 언어, 찬송, 시편, 성령의 영감을 받은 기부를 통한 더 온전한 참여를 원했다.
5. 그들은 더 온전한 성경 독서를 하고, 성찬 예배에서 더 광범위한 설교를 행했다.

이러한 공통의 목표는 있었지만, 아직 논쟁적인 주제들이 있었고, 신학과 주의 만찬 실천에 있어서 검증되지 않은 부분들이 있었다. 천주교와의 관계에서, 또 그들 사이에서, 그리스도가 어떤 식으로 성찬에 임재하는가에 대한 열띤 논쟁이 있었다. 스위스와 독일 서부의 이른 시기 개혁 전통에서는 조금 더 상징적인 관점이 나타났다. 그들은 떡과 포도주를 믿음으로 받는 참여자들의 마음에 임하시는 그리스도를 강조했다.

한가지 예를 들면, 울리히 쯔빙글리는 이렇게 말했다. "진정한 그리스도의 몸은 진정한 묵상을 통해 임하게 된다."[2] 어떤 아나뱁티스트들은 성령을 통한 그리스도의 임재가 신실한 제자들이 주의 식탁에 모임으로써 일어난다고 말했다. 마틴 루터는 여전히 그리스도가 진정으로 떡과 포도주에 임재한다고 생각했으나, 다른 방식으로 설명했다. 그는 이것을 철이 불에 달구어질 때 불과 철이 하나되는 방식에 비유했다: "모든 부분이 철이며 동시에 불이다." 쟝 칼뱅은 승천 때로부터 그리스도의 인성은 하늘로 옮겨져 있고, 성찬에서 영이 "그리스도의 육체로부터 우리에게 생명을 불어 넣는다."고 가르쳤다.[3]

개혁자들은 어떤 식으로 개혁을 행했을까?

종교개혁자들이 천명한 목표는 오직 성경에 근거한 개혁이었다. 솔라 스크립투라! 이 개신교의 구호는 모든 교리와 신앙이 교회 전통이 아닌 성경에 근거해야 한다는 의미이다. 그런데, 이것이 예배의 패턴에는 어떤 의미를 가질까? 신약은 이에 대한 두드러지는 예시나 가르침을 주지는 않는다. 개혁자들은 할 수 있는 한 최선을 다했지만 천주교에 대한 반동이나 적응에 근거하고 있었다.

루터: 보수주의자이며 급진주의자

루터는 1520년에 출판한 『교회의 바빌론 유수』에서 중세 성례전 시스템을 전체적으로 고발했다. 그는 그것이 교활하며, 하나님의 말씀에 어긋난다고 선언했다. 『교회의 바빌론 유수』는 루터에게 뿐 아니라 뒤이어 등장한 개신교 예배들의 근간을 이루는 문서였다. 이 문서는 서방 기독교 예배의 첫 분기점이 되었고, "서방 전통의 구별되는 두 계승자를 만들어 냈다: 바로 개신교인들과 천주교인들."**4)**

루터의 모든 행동과 아이디어가 실현되지는 못했다. 중세 그리스도인들은 자주 성찬을 받는 데에 익숙하지 않았다. 회중이 저항했다. 루터는 그들에게 주도권을 줌으로써 순응했다: 그들은 성찬에 참여하고 싶은 주일에 목사에게 말할 수 있었다. 아무도 말하지 않으면, 목사는 말씀의 예배를 계속 진행했다. 요청이 적었기에 축약된 예배가 곧 규범이 되었다. 이 형식은 솔라 스크립투라의 원칙이 아니라 회중의 의향에 순응함으로써 만들어진 것이다.

루터의 예배 개혁 방식은 보수적이며 급진적이었다. 그는 할 수 있는 한 오래된 예배 형식을 보존했다. 성경이 특별히 금하지 않는 것이라면, 교회는 이전처럼 행동 할 수 있었다. 그래서 루터는 이전의 예식에서처럼 성체 거양을 계속 행했다.

그러나 어떤 부분에서는 급진적 수술을 단행했다. 그는 1526년의 「독일 미사」에서 미사의 중심에 있는 짧은 기도들의 집합체56쪽을 보자인 미사전문을 제거해 버렸다. 그는 그 자리를 성경에서 따온 제정사로 대체했다. 루터는 미사전문을 "그 지긋지긋한 조합물을 모든 이들의 하수도와 시궁창이었던 곳으로부터 건져 냈다."고 말한 방식으로 정화했고, 희생에 대한 언급은 빼 버렸다. 또 「독일 미사」에서 루터는 로마 미사의 주요 부분인 대영광송 Gloria in exelsis: 하늘 높은 곳에는 하나님께 영광과 니케아 신경 또한 없앴다. 동시에 말씀, 특별히 설교에서의 말씀이 예배의 초점이 되었다.

루터의 예배는, 이제 민중의 언어로 된, 예배음악과 새 찬송가들로 회중들이 참여하는 예배가 되었다. 이것은 일종의 "무지렁이를 교육하는 국민 미사"[5]를 창조했다. 급진적으로 축소한 성찬 기도와, 다른 전통적 부분들의 삭제로 인해 설교는 중심이 되었고, 루터는 주의 만찬을 예배의 후기처럼 보이게 만들었다.

쯔빙글리와 칼뱅

루터와 동시대 인물이었던 울리히 쯔빙글리는 예배와 성례전에 관해 루터보다 더 급진적인 견해를 갖고 있었다. 그는 솔라 스크립투라에 기초해서, 세례와 주의 만찬은 반드시 행해야 하나, 우리를 위한 하나님의 구원 행위의 표지 혹은 보증으로써 행해야 한다고 가르쳤다. 이러한 표현은 그로 하여금 비평주의자가 되게 했다. 많은 사람들이 말하기를, 그의 선언으로 주의 만찬은 "하나님의 은혜와 용서를 상기시키는 시각적 도구"이나, 그것 자체가 은혜와 용서를 가져오지는 않는 것이 되었다고 한다.[6]

쯔빙글리는 그리스도가 어떤 방식으로든 주의 만찬의 떡과 포도주에 임재한다는 당시의 일반적 생각에 반대했다. 이 때문에 쯔빙글리는 "성례전을 헛되게 하며", 성찬의 떡과 포도주를 단순히 오래전 갈보리에서 성취된 구원을 상기시키는 것으로 강등시켰다고 비난 받았다.[7]

쯔빙글리는 극단적 이성주의자로 간주되었다. 그의 성찬 교리는 종종 "순전한 기념주의"로 후퇴했다. 루이 부이예에 의하면, 쯔빙글리에게서 성례전들은 "이미 말씀에 의해 알려진 하나님께서 예수 그리스도 안에서 보이신 사랑을 단순히 확증하고, 상기시키는 생생한 이미지일 뿐이었다."[8] C. W. 더그모어는 쯔빙글리의 성례전 이해를 실제적 임재설이 아닌, 실제적 부재설 이라고 묘사했다.[9]

웨인 피프킨은 다른 측면에서, 이런 견해들이 쯔빙글리를 공정치 못하게 다루고 있다고 주장한다. "쯔빙글리 주의자가 주장하는 것이 단순한 기념주의라면, 쯔빙글리는 쯔빙글리 주의자가 아니었다."[10] 피프킨은 쯔빙글리를 고도로 발전된 종류의 성찬 영성을 가진 목회적 개혁자로 제시했다. 그에게 있어 기념이라는 것은 현재에서 그리스도와 만남으로써 과거를 돌아보는 것 이상이 아니었다. 여기에서의 강조점은 신자들이 다른 신자들의 모임 가운데 임재하시는 그리스도와 만나는 관계적 차원이다. 쯔빙글리는 그리스도의 임재가 식탁에 참여한 이들을 통해 알려질 수 있다고 믿었다.

쯔빙글리의 예배는 민중의 언어로 되어 있어서 그들이 듣고 이해할 수 있었다. 그러나 그는 회중의 화답송과 음악을 금지했기 때문에, 회중의 참여는 거의 듣는 것으로 제한되었다. 교회 내부의 눈에 보이는 것들과 예식적 요소를 절제한 가운데 회중은 가르침, 설득, 교화의 대상이 되었다. 쯔빙글리는 다른 개신교 영역들, 개혁주의 전통을 따르는 교회들을 위해 엄숙하고 설교적인 예배 형태를 만들었다. 그러나 그의 저술들을 되짚어 보면, 우리는 열정적이고도 아름다운 기도 언어들과 강력한 목회적 마음을 읽을 수 있다. 개혁주의 전통을 따르는 현재의 교회들이 성찬 예배에 있어 "순전한 기념주의"를 보인다면, 그들은 쯔빙글리라는 뿌리를 다시 검토해 봄으로써 유익을 얻을 수 있고, 기대했던 것 이상을 얻게 될 것이다.

제네바의 장 칼뱅은 개신교 종교개혁의 2세대이며, 예배보다는 교회 정치와 교리에 많은 문제제기를 한 사람이다. "고도로" 성례전적인 관점에서, 그는 주의 만찬이 진정 은총의 수단이라고 보았다. 그리스도는 만찬에 성령을 통하여 온전히 임재하는데, 이것은 체험하는 것이지 설명의 대상이 아니다. 그리스도의 임재는 영적 실재로서 실제적이다. 칼뱅은 주의 만찬이 일반적 일요일 예배가 되기 원했지만, 강력한 반대에 부딪혀 제네바에서는 한 달에 한 번 성찬 예배가 있었다.

루터, 쯔빙글리, 칼뱅은 국가에 의해 지지되는 사회 질서와, 특정한 지리적 사법권 안에서의 교회의 통일성에 대한 이해를 가지고 예배를 개혁했

다. 그들은 오직 성경을 주장했지만, 전통적 기독교 국가의 힘과 교회론에
대한 권위적 관점을 수용했다.

아나뱁티스트의 주의 만찬 이해

같은 시기에, 유럽 전역에서 나타난, 종종 아나뱁티스트라고 불리던 작
은 집단들도 주의 만찬을 지키고 있었다. 이들은 최초의 "자유교회" 였다.
그들은 지역 공동체 밖의 국가나 교권에 의해 통제 받기를 거부했다. 그들
은 성경의 예에 대한 나름의 이해에 기반하여, 예배를 다시 주조해 냈다. 그
들은 마음에서 즉흥적으로 나오는 기도와 "성령이 이끄시는" 예배 형식을
지지했다. 그들 중 대다수는 천주교든, 루터교든, 개혁주의든 간에 모든 방
식의 외적 형식과 예식을 모두 거부했다. 이 집단들은 가능한 한 가장 단순
한 예전을 만들고 거기에 적절한 성경 독서와 즉흥적 기도들을 더했다.

「독일 미사」의 매혹적인 삽입구에서 루터는 그리스도인들이 규정된 외
적 형식과 구조를 필요치 않게 되는 "진정 복음적인 질서"를 추구했다는데,
아나뱁티스트는 작은 집단으로 모여 가장 유용한 것으로 생각되는 패턴들
을 고안했다.[11]

존 렘펠이 최근에 썼듯이[12], 아나뱁티스트들은 독특한 조합의 성찬신학
을 갖고 있었다. 렘펠은 아나뱁티스트 세 명의 저술을 연구했다: 직업적 수
질 관리사였던 필그람 마펙, 다작의 법률 편찬자 였으며 재세례 신앙의 변
증자였던 더크 필립스, 학술적 신학자이며 설교자였던 발타자르 후브마이
어.

이 남성들은 어떤 점에서는 달랐다. 그러나 그들이 공유하는 점은 당시
아나뱁티스트의 주의 만찬 신학과 시행의 특징을 보여준다. 신자들의 공동
체는 주의 식탁에 둘러앉아 떡과 포도주를 나누고, 진정으로 그리스도의
임재를 안다. 성령은 그들 공동체의 삶이 그리스도의 십자가와 그의 사랑

으로 인한 희생적 삶에 합치하게 한다.

마펙과 더크의 이해는 많은 사람들이 환원주의라고 지적한, 몇몇 종교 개혁 그룹들이 주의 만찬을 단순한 인간의 기념행위로 제한한 이해를 교정하도록 돕는다. 신앙, 화해, 공동체, 선교에 대한 깊이 있는 통합이 후브마이어의 신학으로부터 나온다.

이들 아나뱁티스트는 그리스도는 승천하셨으므로 그는 땅에 몸으로 임재할 수 없고, 따라서 성찬의 떡과 포도주에도 문자적으로 임재할 수 없다고 주장한다. 그들은 요한복음에 강력히 이끌려 그리스도의 신성을 성령과 융합했다. 승천한 그리스도의 지상 활동이 제한된다는 그들의 이해 때문에, 강조점은 주의 만찬에서의 성령의 활동에 맞춰졌다. 신실한 공동체는 그들이 형제들, 이웃들, 적들과 관계 맺는 방식에서 성육신한 그리스도의 사랑을 나타내야 했다. 그들은 윤리적 삶으로 표현되는 신앙이 인간으로부터 촉발된 반응이 아니라 성령의 은사gift라고 믿었다.

아나뱁티스트들은 지역 기반의 개혁자들과 오직 성경에 기반한 예배 형식, 자국어 사용, 찬송가, 확장된 독서와 성경해설 등에 대한 관심을 공유했다. 그렇다고 할지라도 이 "자유교회"의 사람들은 분명히 주의 만찬 시행에 있어 두드러지는 강조점들을 제시했다.

아나뱁티스트의 주의 만찬 실천

아나뱁티스트들은 자발적으로 믿음을 고백한, 예수의 길을 따라 거룩한 삶을 사는 자발적 신자들의 공동체로 구성된 "순수한" 교회를 원했다. 아나뱁티스트 주의 만찬 거행에 대한 서술들은 제자 양육, 책임감 있는 관계, 공동체적 화해와 일치를 반영하고 세우는 예전을 만드는 일, 믿음으로 타인을 격려하고 대가를 지불하며 '그리스도를 따르는 일'Nachfolge-역자주: 본회퍼의 책 『나를 따르라』의 원제에 대한 그들의 관심을 보여준다. 아나뱁티스트의 저술들로부터 온 주의 만찬에 대한 세 인용구들은 이러한 관심사들을 특별히 떡과 포도주를 나누는 방식과, 그 나눔의 결과에 초점을 두어 묘사한다.

> 주의 만찬은 형제자매들이 함께 모일 때마다 있어야 한다. 이것은 주의 죽으심을 선포하는 것이고, 그리스도가 어떻게 우리에게 생명을 주셨으며 우리를 위해 피 흘리셨는지를 함께 기념 하도록 권하기 위함이다. 그러므로 우리 몸과 생명을 그리스도를 위해 바치려 한다면, 그것은 모든 형제자매를 위해 그렇게 한다는 의미이다.[13]

대개의 아나뱁티스트 집단은, 조금 더 이른 시기의 잦은 성찬 시행에 대한 초기의 갈망에서 멀어졌다. 1520년 스위스 아나뱁티스트 회중 규율에서 인용한 이 문장은 여전히 전형적인 아나뱁티스트적 주제들을 보여준다. 그들 중 한 가지는 교회를 얼굴과 얼굴을 맞대는, 친밀한 분위기의, 그들을 둘러싼 천주교나 종교개혁자들처럼 사회에 소속된 교회들과는 대비되는 의미에서 "형제들"로 부르는 관습이다.

다른 한 가지는 성찬 언어인데, 여기에는 주의 만찬을 기념식으로 이해하는 쯔빙글리파의 영향이 있다. 그러나 그것은 마지막 문장이 말 하는 것처럼, 순전한 기념식만은 아니다. 그리스도의 고난을 함께 기념하는 것의 의미는 "형제들"이 그리스도를 위하여 몸과 삶을 내어 놓겠다는 의지의 선언이고, 이것의 의미는 서로를 위해서도 그렇게 하겠다는 의지이다. 이런 기념식은 단순히 경건한 정신적 과정 이상의 것이다. 이 기억을 살아 내려면 대가를 치러야 한다. 아나뱁티스트 성찬 영성은 공동체적인 것이었고, 개인적이며 주관적인 국가교회 신심에 대한 직접적 도전이었다.

> 한 믿음, 한 세례, 한 영, 하나님의 자녀들과 함께 이루는 한 몸으로 부르

시는 하나님의 소명을 공유하지 않는다면, 그들과 한 덩어리를 이룰 수 없으니, 누구든 진정으로 그리스도의 명령을 따라 떡을 떼기 원한다면 진실해야만 한다.[14]

슐라이트하임 신앙고백에서 인용한 이 문장은 "이는 나의 몸이니"라고 한 예수의 말에 대한 급진적 해석을 담고 있다. 그리스도는 믿음, 세계, 영의 일치로 부름 받은 하나님의 자녀들을 한 덩어리로 만든다. 그리스도는 당신의 소유 안에 임재하고, 그들의 친교communion를 통해 화해하며 화해하게 하는 공동체를 창조한다.

사랑의 선서The Pledge of Love는 발타자르 후브마이어의 「그리스도의 만찬을 위한 형식」에서 찾아낸 독특한 예전이다.

집전자: 이제 주님의 만찬에 떡과 포도주를 먹고자하는 이는, 모두 일어나 마음과 입으로 사랑의 선서에 대답합시다.(모두 일어선다)
　　　　형제자매 여러분, 모든 것에 대해, 그분의 거룩하고 살아계신 말씀의 능력 안에 하나님을 사랑하고자 한다면, 하나님을 섬기고 영예롭게 하며 사모하며, 그의 이름을 거룩하게 하고 싶다면, 그리고 하나님의 살아 있는 말씀을 여러분 안에 일하게 하는 하나님의 신성한 의지에 죄로 물든 여러분들의 의지를 복종시키고자 한다면, 각자 대답하십시오. "제가 그것을 원합니다."
회중: 제가 그것을 원합니다.
집전자: 여러분들이 각자의 삶을 내려 놓고 당신의 이웃을 사랑의 행실로 아끼고 섬기기 원한다면, 여러분이 우리를 위해 당신의 살과 피를 내어 주신 그리스도의 우리 주 그리스도의 권능에 힘입어, 하나님의 뜻에 따라 부여된 아버지와 어머니 그리고 모든 권세에 대해 순종하기

를 원한다면, 각자 대답하십시오.

회중: 참으로 원하나이다.

집전자: 여러분들이 형제 자매들을 경고하고, 그들 사이에 평화와 일치를 가져오며, 여러분들이 잘못한 이들과 화해하기 원한다면, 여러분들이 다른 이들을 향한 모든 질투, 증오 그리고 악을 버리고, 기꺼이 이웃에게 해와 불이익과 공격을 멈추기를 원한다면, 여러분들이 원수를 사랑하고 선을 베풀기 원한다면, 각자 이렇게 대답하십시오. "제가 그것을 원합니다."

회중: 제가 그것을 원합니다.

집전자: 여러분들이 지금 사랑의 선서를 하고 있는 바를, 떡과 포도주를 먹는 주님의 만찬을 행함으로써 교회 앞에 공적으로 증명하고 우리 주 예수 그리스도의 수난과 죽음을 생생히 기억하는 권능 안에 증거 하고자 한다면, 각자 이렇게 대답하십시오. "저는 하나님의 능력으로 그렇게 하기를 원합니다."

회중: 하나님의 능력으로 그렇게 하기를 원합니다.

집전자: 그리하여 함께 성부와 성자와 성령의 이름으로 먹고 마십시다. 하나님께서 힘과 강건함을 주사 우리가 합당하게 이 선서를 행하고 생명을 살리는 결말을 맞게 하소서. 주 예수께서 당신 은총을 저희에게 주시기를 바라나이다. 아멘..[15]

　　모라비아의 미쿨로프니콜스부르크에 있는 후브마이어의 지역교회를 위해 준비되었던 이 예배는 아나뱁티스트의 중요한 강조점을 보여준다. 성찬에서 공동체의 분병과 분잔 준비를 위한 예식으로 사용된 사랑의 서약은, 개인 신자와 공동체의 삶에서 사랑이 구체적으로 의미하는 바에 관심을 두고 있다. 후브마이어에게 성찬의 의미는 그리스도의 사랑이 구체적 방식으로 입증되는 것이었다. 말 뿐이라거나 내면의 느낌만으로는 충분치 않다. 만찬의 의미는 사랑이었다. 각각의 참여자들에게 주어진 부르심은 그리스도의 희생적 사랑 방식에 합한 자가 되는 것이었다. 그리스도를 따르는 삶 – 이것은 아나뱁티스트의 독특한 강조점이고, 이 성찬 예식의 결론이 던지는 특유의 도전이다.

도전 받지 않은 성직 권력

모든 개신교 종교개혁자들은 여전히 성직자의 역할을 강조했다. 그들은 평신도와 성직자들의 구분을 지속시켰다. 1678년의 개혁교회 교리에서, 사역자는 설교의 권한을 가지고, 성례전을 집행하며, 교회를 다스리는 것으로 분명히 묘사되었다.

> 그리스도의 제정과 초대교회의 실행을 따라, 하나님의 말씀이 바르게 설교되고, 성례전이 진실로 집행되는 곳: 하나님의 지명을 받고, 교회에 의해 선출된 사역자 혹은 목사에 의해 권징되고 바르게 감독되는 교회가, 바르게 설립된 교회이다.[16]

이 선언문에 함축된 의미를 보자. 무엇이 진정한 교회인가? 이 교회는 거기에 속한 말씀, 성례전, 권징의 권한을 가진 소수 – 성직자 – 에 종속된다. 이러한 양상은 국교적 성향이 상대적으로 적었던 독립교회들에서도 나타났다. 종교개혁자들은 중세교회의 권력 이해를 개혁하지는 않았다. 그들은 가장 민감한 지점이었던 성직 권력은 건드리지 않았다.

종교개혁자들이 성취한 것은?

종교개혁자들은 그들 시대의 사람들이었다. 어떤 부분에서 그들은 그들이 원했던 대로 중세적 고정관념을 순수하게 성경적인 예배로 대체하지는 못했다. 그들은 여전히 개인의 죄성과 주의 식탁에 나오기 전 개인적으로 용서받아야 함을 강조했다. 고해의 분위기가 그들의 성찬 예배를 감싸고 있었다. 서방 기독교 전통 전체가 그리스도의 십자가와 희생에 초점을 맞추었던 것만큼, 슬픔과 무거운 죄책감은 주의 식탁에 나오는 이들의 초점이었다.

그러나 종교개혁 그룹은 성례전적 예배에 있어 많은 것을 성취했다. 그들은 예전을 간소화 하고, 일반적 언어를 사용하고, 회중의 참여를 늘리고, 함께 부르는 노래를 개발하고, 설교에 새로운 강조점을 두었다. 하지만 모든 개혁 전통에서 보통의 사람들은 더 자주 성찬식을 행하는 것을 거부했다. 그것은 너무 큰 기대였다. 종교개혁이라는 대격변의 비극적이고 의도치 않은 결과물은 주의 만찬을 회중의 예배생활에서 극히 변두리로 옮겨 버린 일이다.

놀랍지 않은가! 그들은 꽤 심각하게 성찬에 대해 질문 했었다. 제정사의 순간에 무슨 일이 일어나는 지에 대한 의견 차이로, 그들은 경건한 마음으로 서로를 고문하고, 익사시키고, 파문했다. 주의 만찬을 둘러싼 종교개혁의 논쟁은 말 그대로 불타오르는 이슈였다. 모든 개혁자들이 성찬의 중요성에 대해 동의했다. 이 모든 공포와 비극이 지난 후, 그들은 어디에 이르렀는가? 천주교 교회에서는, 매일의 미사에도 불구하고 보통의 사람들은 1년에 한 번 성찬에 참여 했다. 개혁교회에서도 같은 경향이 있었다. 어떤 곳에서는 성찬이, 일 년에 몇 번 없기 때문에 중요한 것으로 여겨졌다. 성찬을 위한 준비 의식은 위압적이고, 엄격하고, 소모적이었다. 성찬식은 회중의 예배생활 중심에서 살아있는 초점을 제공할 기회를 얻지 못했다.

이 얼마나 주의 만찬에 대한 "입맛 떨어지는" 접근인가? 음식에 대한 생각은 우리 마음속에서 떼어 버릴 수 없는 것인데, 이제 이것은 먹을 수 없게 된 것 같다. 성경 독서를 읽는 것이 즐거워서, 아니면 가르침이 너무도 훌륭해서 식탁에 울타리를 쳐 놓은 것일까? 이유가 무엇이든 간에, 주의 식탁은 다가갈 수 없고, 금지된 것이 되었다.

변두리로 밀려난 아나뱁티스트나 자유교회 밖에서는 성찬식이 예배하는 공동체를 생성한다는 인식이 거의 사라졌다. 공동체는 주어진 것이었다. 그것은 지역교회의 사회학에 의해 특징지어졌다. 요한의 표현을 빌리자면, 중세 기독교제국Christendome 공동체는 혈육의 의지를 따라 존재했다. 이러한 기독교제국 공동체들이, 그 같은 종류의 공동체를 창조하고 양육하기 위해 성찬식을 필요로 하지는 않았다.

7. 근대의 발전 - 쇄신과 회복

앞의 여섯 단원에서는 16세기 서방의 주의 만찬 신앙과 실행에 관한 유산에 대해 이야기 했다. 이 단원에서 우리는 계몽주의가 성찬 신심 형성에 어떤 영향을 주었는지를 살펴보자. 16세기 종교개혁의 후손인 다수의 기독교 교회들은 이제 두 번째 혁명인 근대성의 도전을 받는다. 그들은 이성에 우선순위를 두는 계몽주의 신심에 어떤 식으로 반응 했을까?

마틴 루터가 근대 독일 교회의 성찬 예배에서 편안함을 느낄까? 쟝 칼뱅은 오늘날의 제네바에서 어떤 설교를 할까? 토마스 크랜머는 근대의 성공회 기도서에 익숙함을 느낄까? 16세기의 아나뱁티스트들이 20세기 암스테르담이나 위니펙에서 행해지는 메노나이트 성찬 예배를 본다면 뭐라고 할까? 아마도 개혁자들은 후손들의 신심을 알아보고 기쁘게 포용 할 것이다. 그러나 약간의 곤란함을 느낄 수도 있다.

개신교인들은 종교개혁을 선한 것, 거대한 분수령으로 생각한다. 많은 부분에서 그것은 좋은 것이었다. 이제 지역 언어로 된 알아들을 수 있는 예배, 회중의 조금 더 온전한 참여, 성경과 교회에 대한 진전된 가르침이 생겨났다. 그러나 내가 믿기에 종교개혁은 미완의 기획이었고, 비평적으로 봤을 때에 불완전한 것이었다.

예를 들어, 루터의 예전 개혁은 반작용적인 것이었다. 그는 자신의 성찬 예문 「독일 미사」1526에서 제정사를 제외한 모든 부분을 삭제했다. 왜 그는 제정사를 남겨 두었을까? 그것은 바로 그가 그 말이 일종의 성례전적 "순간"을 만들어 낸다고 믿는 중세 서구 그리스도인 이었기 때문이다. 루터의 개정은 *Hoc est corpus meum*, "이는 내 몸이니"마 26:26에서 절정에 이르는 4세기 전승의 분위기를 낸다. 루터가 좀 더 과거의 자료를 사용했다면, 그는 좀 더 완전하고 만족스러운 판본을 만들 수 있었을 것이다.

세례를 통한 입문 또한 종교개혁자들의 영역이었는데, 그들은 자신들이 미신과 의식적 행위들에 대해 어떻게 생각하는지를 많은 말로 쏟아 냈지만, 여전히 견진성사를 시행하기 오래전에 시행하는 유아세례라는 개혁 되지 않은 패턴을 유지하고, 견진성사의 연령 때문에 분열했다. 이것은 초대교회로부터 유래한 것이 아닌데, 개혁자들은 깨닫지 못했던 것 같다. 그들은 이 역사적으로 "불완전한" 행동을 지탱하기 위한 신학적 설명들을 개발했다.

이런 부분들에서 종교개혁은 불완전하고 반작용적이었다. 그러나 이것이 16세기에 로마로부터 떨어져 나와 발전한 네 전통루터란, 개혁주의, 아나뱁티스트, 성공회의 돌이킬 수 없는 변화에 있어 강력한 엔진이었음은 부정할 수 없다.

두 번째 혁명

더욱 커다란 변화가 준비되고 있었다. "과거와의 불화"를 만드는 운동이라는, 중요한 전환이 일어났다. 제임스 화이트는 이것을 종교개혁자들의 시대와 우리 시대 사이에 있는 "메울 수 없는 틈"이라 부른다. 이 "두 번째 혁명"은 철저히 비성례전화된 예배이다.[1]

계몽주의로 알려진 18세기 동안에 서구 기독교 예배는 변화했다. 개혁자들이 고대로부터 성례전적 예배의 개혁에 대한 자료들을 찾았다면, 계몽주의 교회 지도자들은 성찬 예배를 당시의 일반적 세계관과 조화시키거나 그에 적응시키려 했다.

이 시기에 사람들은 그들의 신앙과 신심을 닫힌 이성주의·도덕주의적 개념에서 이해하려 했다. 어떤 사람들은 하나님을 바깥에서 그의 작품을 살펴보는 시계공에 비유했다. 하나님은 개입하지 않고 인간들이 그들의 능력을 향상시키는 데에 최선을 다 하기를 기대 할 뿐이었다.

예를 들어 독일 교회들은, 성찬을 비정기적으로 행하기는 했지만, 그것이 성경의 명령이기 때문에 그렇게 했다. 성례전에 대한 강조는 줄어들고 예배형식은 더 간소해지고, 말씀 중심이 되었다. 교회 건물은 발코니와 높아진 설교단이 있는 강당으로 변했다. 모든 예배의 목적은 인간의 행동을 계발하는 것이었다. "착하게 살아라" 하는 것이 메시지였다. K. R. 랭은 성찬의 떡과 포도주를 나눌 때에 이러한 권고를 덧붙였다.

이 떡을 즐기십시오. 헌신의 성령이 그분의 충만한 복과 함께 여러분 위에 임하실 것입니다. 이 적은 포도주를 즐기십시오. 덕의 힘은 이 안에 있지 않고, 여러분 안에, 종교적 가르침 안에, 하나님 안에 있습니다.[2]

빌리엄 나아겔William Nagel에 의하면, 이 시기에 적절한 대림절 설교 주제로 "나무를 훔치는 것에 대하여"마 21:1-11 "어떤 이들은 나뭇가지를 꺾어"나 "선한 의지에 대한 인간 표현의 가치에 대하여호산나!"같은 것들이 제안되었다. 성탄절에 누군가는 "목자들의 연단과 털모자를 쓰는 것에 대한 경고"눅 2:1-10에 대해 설교했다. 부활절 후에, 엠마오 이야기는 "산책"에 대한 설교에 영감을 불어 넣었다.[3]

이러한 극히 이성주의적인 정신은 믿음과 신심의 온 영역에 해당되었고, 우리와 종교개혁자들의 종교적 감각 사이에 더 큰 간격을 만들었다. 상징적 성찬식 이해는 익숙한 비난을 연상시킨다. 바로 쯔빙글리 주의! 그러나 쯔빙글리의 세계관과 예배하는 회중 사이에서 하나님이 활동적으로 임재하신다는 확신은 단순한 기념주의와는 먼 것이었다. 반예전주의적 성찬식에서 행해지는 도덕적 권고는, 우리 시대에도 일반적인 것인데, 이것은 쯔빙글리로부터 끌어 낼 수 있는 것이기 보다는, 계몽주의의 이성주의로 알려진 것의 유산이다.

우리는 이제부터 다섯 교파의 증거로부터 당대의 계몽주의 세계관이 그들의 성찬 신심과 실행에 어떤 변화를 주었는지 생각해 볼 것이다.

1. 잉글랜드 성공회

17세기 말에, 잉글랜드 그리스도인들은 두 개의 구별되는 집단으로 나누어졌다 – "교회성당"의 사람들과 "예배당"의 사람들. 잉글랜드 성공회와 비국교도 그룹은 서로 다른 방식으로 예배했다. 비국교도는 회중교회, 침례교회, 장로교회를 포함하는 집단이었다. 비국교도들은 그들의 칼뱅주의 선배들처럼 예배는 오직 성경의 요소들로만 이루어져야 한다고 보았다.

잉글랜드 성공회의 주교들은 성경의 권위뿐만 아니라 고대 교회의 예배 전통 또한 존중했다. 성공회 종교개혁의 특징은 매우 독특한 혼합인데, 이 것은 "칼뱅주의와 그들이 혐오하던 것bete noire, 천주교"4)의 혼합이었다. 개혁의 시기에 대주교 크랜머는 공동기도서의 준비 작업에 양측의 자료를 풍부하게 사용했고, 이것은 주목할 만하고 놀라울 정도로 앵글로–가톨릭으로부터 복음주의에 이르는 모든 집단에서 사용 되었다.

예배당과 교회성당는 많은 것을 공유했다. 첫 혁명인 종교개혁의 표지는 양 측에 모두 새겨졌다. 그러나 예배당과 교회성당는 교회의 본질과 그것의 국가와의 관계에 대한 정의를 반영하는 이름 붙이기였다. 두 단어는 건축, 음악사용, 말씀과 성례전 중 어디에 강조점을 두느냐에 대한 차이를 의미했다. 두 번째 혁명인 계몽주의의 이성주의는 특히 교회에 그 흔적을 남겼다.

18세기에, 성찬 준수는 쇠퇴기에 들어섰고, 지적 분위기에 의해 개인을 향한 섭리에 대한 생각은 거부되고, 신적 간섭에 대한 믿음은 부인 되었다. 주교 벤자민 호들리-1761는 그리스도에 대해 이렇게 말했다. "과거에 제자들과 함께 계셨지만, 지금은 부재하는 분."5) 과학적 이성주의의 위험을 이해한 다른 주교들은 자기 교구의 성직자들에게 "계시를 이성으로, 신앙을 철학으로, 그리스도인의 윤리를 신중한 도덕으로 축소"하는 것에 맞서라고 경고했다.6)

그러나 근대성의 시대는 만개했다. 성찬은 지역교회에서 법적으로 1년에 3번만 요구되었고, 이제 단순한 기념식, 훈계, 도덕적 가치만 남았다. 성찬의 목적은 오직 사회의 조화인 것 같았다. 당연히, 모든 주의가 좋은 조언과 신중한 권고의 근원인 설교대에 모아졌다. 설교는 도덕과 자선에 대한 구두시험이 되었다. 거기에 신비와 기적, 예시와 예언의 자리는 없었다. 영감과 감성은 비웃음거리였다. 모든 것이 이성적 틀로 짜여진 곳에 그것들을 위한 공간은 없었다.

이에 대한 반작용은 피할 수 없었다. 18세기에 전통과 은사주의, 초기 기독교의 형식적 요소들과 즉흥적 요소들을 다양한 방식으로 접목하는 부흥운동들이 탄생했다. 그 중 하나가 메소디즘Methodism: 감리교회의 모태가 된 운동-역자주이다.

2. 메소디즘, 일종의 반문화 운동

18세기 계몽주의 성공회의 냉랭한 도가니로부터 웨슬리 형제가 나타났다: 전도자이며 조직가였던 존과 찬송가 작가 찰스. 그들은 도식적 운동을 만들려 하지 않았다; 그들이 원했던 것은 자신들이 성직자로 속한 잉글랜드 성공회의 갱신과 재활성화였다. 존과 찰스는 18세기 잉글랜드 교회 내에서 최악의 형용사인 "열광주의자"라는 낙인을 받았다. 어떤 비평자는 메소디즘을 "영적 독감"으로 명명했다.7)

웨슬리 형제의 성령 충만한 열광주의는 그들을 가난한 이들에게로 이끌었다. 이 열정으로 존은 그칠 줄 모르는 선교여행을 했다. 그는 사계절 내내 말 등에 앉아 전국을 돌아다녔다. 열광주의는 그에게 초기 기독교 자료들을 돌려 주었다. 존은 철야예배, 밤기도, 찬송가를 소개했다. 또 그는 성무일과와 자주 드리는 성찬식을 강조했다.

모라비안이라 불리던 독일 루터교 사제단의 영향을 받아 초기 그리스도교 신심에 이끌린 요한 웨슬리는 애찬을 재발견 했다.[8] 그는 이 고대의 공동예전을 새로운 그리스도인들을 위한 종교적 예식으로 소개했다. 개인들에게 선해지기 위해 노력하라고 설교할 뿐이었던 지배적 분위기에서, 애찬은 급진적 쇄신 이었다. 이것은 성체성사는 아니었다. 그러나 이것은 삶을 내어놓는 차원의 예배 혁신이었다. 여기서 오래되고도 새로운 진짜 음식을 나누고, 가난한 이들과 나누고, 죄의 고백을 나누고, 간증과 감사를 나누는 나눔 이해가 있다. 애찬에서 회중들은 다시 한 번, 그들의 공동체적 삶을 축하하고 상호적 돌봄을 실천하게 되었다. 하나님은 역동적으로 활동하셨고, 이 오래되고 새로운 예배 형식 안에서 그들에게 임재 하셨다.

웨슬리 형제는 애찬을 위한 특별한 찬송가를 만들었다. "식사 전 감사기도"라고 불리는 이 노래는 식탁 감사기도로 여전히 사랑받고 있다:

우리 식탁에 오소서, 주여.
여기 오셔서 모든 곳으로부터 경배를 받으소서.
당신의 피조물들이 찬미하고 감사를 드림은
우리가 낙원에서 당신과 함께 만찬을 즐길 것이기 때문입니다.

웨슬리 시대의 일반적 애찬 예배 순서는 이렇다: 찬송가, 기도, 감사기도 노래, 떡을 나눔, 가난한 이들을 위한 기부, 사랑의 잔을 돌려 마심, 설교, 간증과 몇 절의 찬송가, 사역자에 의한 마지막 교훈, 찬송가, 축도. 떡은 약간 달콤한 비스켓 이거나 덩어리로 된 시드 브래드깨나 해바라기씨 씨앗을 넣어 만든 떡를 얇게 자른 것이었다. 물가끔은 차은 손잡이가 두개 달린 잔에 담겨 손에서 손으로 건네졌다.

애찬 예배의 한가지 장점은 간증과 감사기도의 자유였다. 돌아가며 시행한 간증은 참석자들을 더 깊은 신앙으로 이끌었다. 윌리엄 클로버라는 청년은 누이의 티켓을 "빌려"서 애찬에 참석했다. 이유는 단지 호기심 이었다. 윌리엄은 다른 사람들이 하는 것을 흉내 냈다. 그들이 서면 일어서고, 무릎 꿇을 때는 무릎을 꿇었다. 가사는 알지 못했으므로, 찬송을 부르는 척 입만 벙긋거렸다. 떡과 물 – 애찬의 물리적 요소들 – 이 나오자 그는 당황했다. 이것을 어떻게 거부할 수 있었겠는가? 윌리엄은 불신자인 그가 거짓으로 이 성례전를 받았으므로, 영원한 저주를 받을 것이라고 믿었다. 그러나 간증이 그의 마음과 상상력을 사로잡았다. 애찬은 윌리엄의 회심에 있어 첫 계단이었다.[9]

훈련된 이들을 위해 애찬을 응용하고 결합시킴으로써, 요한 웨슬리는 코이노니아나눔 혹은 친교와 아가페사랑라는 고대 그리스도인들의 식탁 실천을 되살려 냈다. 우리는 존과 찰스 웨슬리가 많은 목회적, 선교적 조력자들과 함께 개인이나 공동체의 신앙생활을 위한 "방법method"들을 개발한 것 또한 알고 있다. 그것들은 진정 반문화적인 역동적 신앙쇄신을 가져 왔다. 하나님은 더이상 부재하는 시계공이 아니었다! 하나님의 영이 성경에 불을 붙이고, "메소디스트"들의 매일의 체험을 통해 강력한 바람처럼 불어오고 있었다. 그들을 열광주의자라고 부르라. 그들을 얼간이나 미친놈들이라고 부르라. 이 사람들은 이성주의의 통치에 종속되지 않았다.

3. 환원 그룹들

개인주의와 자유주의를 동반하는 이성주의의 통치도 당시 유럽의 세계관 안에서마저 역사하시는 하나님의 창조적 성령을 막을 수 없었다. 이 시대에, 사람들은 직접적으로 성경에 접근해야 했고 거기서부터 당연한 것으로 여겨지던 모든 권위인 신조, 믿음, 교회 회의들에 도전할 수 있는 자료들을 찾아야 했다. 모든 것은 재검토되어야 했다.

재검토로부터 온 자극과 전통에 대한 새로운 가치부여로 인해 새로운 그룹의 그리스도인들이 형성되었다. 그리스도의 교회그리스도의 제자들과 플리머스형제단은 영국과 북미 모두에서 역동적인 운동이었다. 이들은 기독교 사상을 신약의 그것으로 환원시키기 원했다.

제자들과 그리스도인들

먼저, 우리는 세 명의 정직한 장로교 목사의 이야기를 만나게 된다.[10] 이들은 독립적으로, 정밀하게 신약 교회의 실천을 조사했고, 거기서 성찬 신심을 찾아냈으며, 성찬 준수에 불을 붙였다. 홀데인 형제들에 의해 설립된 글라스고 선교사 학교에서[11], 두 학생이 "두 번째 종교개혁"의 비전을 품었다. 19세기에 이루어진, 성찬의 역사를 새로 쓴 예배 회복의 세가지 이상은 다음과 같다:

1. 모든 그리스도인에게 열린 주의 식탁
2. 매 주일 실시되는 성찬예배
3. 평신도에 의한 주의 만찬 인도

성실한 연구와 숙고의 과정을 통해, 이 세 명의 19세기 장로교 목사들[12]은 성찬의 신앙, 실행, 패턴에 근거한 일치에 대한 꿈으로 불타올랐다. 그들 중 하나였던 토마스 캠벨은 "그리스도인들의 분열은 무시무시한 악이다." 라고 말했다.

토마스와 그의 아들 알렉산더는, 스코틀랜드 개혁교회의 분열적이고 비생산적인 신앙생활에 대해 걱정했고, 스코틀랜드와 아일랜드에서 일어난 초기 기독교 환원 운동의 지도자가 되었다. 그들은 16세기 종교개혁의 방식으로는 이루거나 꿈꿀 수도 없던 것을 하려 했다. 그들은 그리스도인들이 계속 길을 찾아 가는 사람들라 믿었고, 그들에게 성경은 더 진리에 가까이 이르게 하는 변함 없는 근원이었다. 그러나 칼뱅주의자들은 "그 위대한 아직 모든 것을 다 보지도 못한 하나님의 사람이 떠난 자리"를 고수했다.[13]

후에 북미에 선교사로 간 캠벨 부자는 방방곡곡을 다니며 자신들의 신념을 설파했고, 신자들을 모아 그들을 "제자들"이라 불렀다. 캠벨 형제들은 그들과 비슷한 생각을 가진, 이전에 장로교 사역자였던 바턴 스톤과 연대했다. 스톤과 그의 추종자들은 스스로를 그냥 "그리스도인"으로 불렀다.

1832년, 교파주의는 그른 것이고 신조들은 필수적이지 않다는 확신에 이른 제자들과 그리스도인들은 협력하게 되었다. 그들의 성경적 환원주의 형식은 그리스도의 교회의 근간이 되었다. 예배 형식을 만드는 데에 있어, 이 환원주의는 이렇게 말했다. "교회의 예배로부터 전수 받거나, 성찬을 위한 어구를 만들 필요가 없다. 이것들은 신약 만큼 오래 되지는 않았다."[14] 사랑은 언제나 그리스도인들의 일치에서 근본적인 것이었다. 주의 만찬에 참여하는 것은 언제나 개인의 양심신념에 의해 정해졌다.

예배 실행을 위해 신약의 증거들을 살펴보고서, 환원주의자들은 매 주일 행하는 성찬예배라는 개념을 소개했다. 그들에게 이것은 명확한 것이었다: 매 주일 정기적으로 행하는 주의 식탁이 초기 그리스도인들에게 옳은 것이었다면, 그것은 모든 시대의 그리스도인들에게 옳은 것이다! 그래서 그들은 매 주일마다 주의 만찬을 거행했다.

그리스도의 교회가 이렇게 할 수 있었던 이유 중 한 가지는, 다른 기독교 전통들과는 달리 평신도가 식탁의 인도자로 세워졌다는 점 때문이다. 신약에 익숙한 독자에게도 이런 형식은 낯선 것 아닌가? 하지만 신약 어디에도 공동체에서 떡을 떼는 사역을 할 수 있는 계급의 조건 같은 것은 없다. 그리스도의 교회는 "안수受品 받은 사람"이 없다는 이유로 성찬을 뒤로 미루지 않았다. 인도자는 특정한 서식 없이 자기가 할 수 있는 간단한 말로 인도했다. 그리스도인들에게는, 이것이 신약 예배 모델에 가능한 가장 근접할 수 있는 유일한 방식이었다. 이것환원운동은 특별히 전통에 의해 더해진 불합리한 것들과 기독교 역사에서 갈등과 싸움을 불러온 잘못된 권력관계를 척결하는 일에 민감했다.

환원주의자들은 메소디스트들이 그랬던 것처럼, 오래된 뿌리로부터 새 생명을 발견했다. 두 경우에서 모두, 성찬 쇄신은 고대의 형식이나 예전을 버리는 것 이상을 의미했다. 성령에 의해 인도되는 역동성은 비전과, 비전을 실행하는 구체적 방식 모두를 가져다 주었다.

형제단

1830년에 외부인들로부터 "플리머스 형제단"이라고 불리던 집단이 있었다. 그러나 그들은 단순히 형제단으로 불리는 것을 좋아했고, 제자들과 미국의 "그리스도인"들과 같은 질문을 했다. 그리스도 안에서 일치하는 것의 의미는? 우리가 성찬을 거행할 수 있는가? 누가 참여할 수 있는가? 반드시 안수 받은 성직자가 인도해야 하는가? 그들은 성공회로부터 분리되기는 했지만 여전히 정당하고 적절한 성찬식 인도자를 요구했던 이른 시기의 청교도 분리주의자들과는 상당히 다른 대답을 내놓았다.

이 운동의 초기 지도자 중 한 사람은 안토니 그로브스 였다 햄프셔에서 1795년에 태어난 그는 엑스터에서 일했던 고학력의 유능한 치과의사였다.

플리머스에 있던 그의 친구들은 고학력의 경건한 남성들이었는데, 그들의 영적 영향력 아래서 그로브스는 선교사의 소명을 깨달았고, 그리스도인의 삶에 대한 급진적 비전을 발전시켰다. 그는 부의 축적이 단순한 믿음과 신심을 갖는 데에 방해가 된다고 생각하는 데에 이르렀다. 선교사의 소명을 가지고 기다리며, 그로브스와 그의 아내 메리는 마음을 열어 그들의 여생을 타인을 위한 관대한 섬김에 바치기로 했다. 이 시기 동안 그로브스는 더욱더 교회 일치에 대한 확신에 이끌렸다.

그로브스는 강직한 성공회 신자였지만, 그에게는 비국교도 친구들도 있었다. 성경을 공부하면서 그는 신약 교회들의 명백한 자유와 관대한 친교에 탄복했다. 그는 초기 교회의 신자들이 주의 제자들로서, 그들의 주가 가르쳤던 것처럼, 자유롭게 떡을 떼었을 것이라고 보았다. 성경을 따라 생각하면, 그리스도의 제자들이 매 주일마다 이런 식으로 그를 기억하기 위해 모였다는 것은 확실하다. 그로브스는 공동의 참여를 위하여 비주류에 대한 정죄 대신에 단순한 일치 원칙, 즉 예수의 사랑을 제시했다.[15]

점점 더 성경에 깊이 헌신 할수록, 그로브스는 폭력, 경제, 성직주의에 대한 일반적 관점으로부터 멀어졌다. 결국 그는 해외 선교를 위해 필요로 했던 사제서품을 받을 수 없었다.

자신의 직관과 철저한 성경 연구에 충실하면서, 그로브스는 교회 일치에 대한 모색을 지속했다. 그는 성공회 사제였던 친구에게 이렇게 썼다.

나는 배타적으로 [오직 자네의 성찬식에만] 참여하지는 않겠네. [왜냐 하면, 내 생각에] 이 배타적 정신은 사도가 그렇게도 질책했던 분열주의의 핵심이니까 … 나는 주님을 사랑하고 그 이름을 경솔하게 모욕하지 않는 모든 이들과 함께 떡을 떼고, 거룩한 기쁨의 잔을 나눌 준비가 되어 있어. 그리스도께서 그 안에 사시고, 그가 예배하는 데에서 그리스도가 나타나시는 사람[은 거룩한 사람이야]. [나는]내 주님과 함께, 신비로운 그리스도의 몸에 그와 함께 동참하고, 성찬에 참여하고, 그가 관여된 어떤 주님의 일이든 함께[할 거야] … 아! 그 날이 오면, 하나님의 가족을 분열시켜 왔던 우리의 어리석은 잣대가 아닌 그리스도의 사랑이 더 큰 힘을 발하는 그 날이 오면.16) 1828년 12월 16일

그로브스와 친구들은 직관적으로 그리스도인 일치를 위해 움직였고, 존 넬슨 다비는 정면에서 이 일치를 설파했다. 그는 초기 형제단의 역동적이고 카리스마 있는 지도자였다. 그는 명쾌한 질문과 그에 대한 성경적 설명을 가지고 있었지만, 결국 자신의 통찰에 대한 구체적 적용은 해 내지 못했다.

다비는 1800년 부유한 아일랜드 성공회 가정에서 태어나 괜찮은 법학 교육을 받았다. 하지만 1825년에 그는 자신의 경력을 내던지고 성공회에서 서품을 받았다. 다비의 첫 사역지는 위클로우 산맥 지역의 보좌사제였다. 지칠 줄 모르는 선교사로서, 다비는 그를 만나는 모든 사람들에게 잊을 수 없는 감명을 주었다.

매일 저녁 다비는 움막들을 돌아다니며 설교 했고, 산과 습지 여기저기를 유랑했으며, 자정까지는 좀처럼 집에 들어오지 않았다 … [다비는]오직 [사람들이] 하나님께, 성경에, [다비의] 해석에 따르는 것만을 원했다!17)

명석하고 고집스러운 주석가였던 다비는 그리스도 안에서 일치하는 것의 신학적 의미를 붙들고 씨름했다. 그는 그리스도인의 일치는 오직 그리스도 안에만 있다고 강력히 주장했다. 성경은 분명히 말한다: 그리스도가, 그의 죽음으로, 모든 [사람들을] 그에게로 이끌 것이다.요 12:32-33 그리스도의 죽음은 "그가 다시 오실 때 까지" 성찬식의 중심이다. 그리고 주의 만찬이

야 말로 그리스도 몸의 일치의 외적 상징이며 그것을 눈에 보이게 나타내는 도구 아닌가? "우리는 여럿이나 한 몸을 이룬다. 그것은 우리가 모두 한 떡을 나누기 때문"고전 10:17이다. 일치는 그리스도 안에 있는 구원의 선물이 아니며, 그리스도인들이 그렇게도 거절했던 선물이 아닌가?

다비는 그 질문의 핵심heart을 드러내고, 성경적이며 신학적인 대답을 제시했다. 그러나 비극적이게도 다비의 가르침은 영적 거리낌과 함께, 점점 더 큰 대립을 불러온 한 운동을 발생시켰다. 싹트고 있던 형제단 운동의 다른 구성원들은 그의 대답을 어떻게 구체적으로 적용할 지를 놓고 싸웠다. 제자화된 교회는 가능한가? 성찬에 "무차별적으로 참여"시키는 것은 교회의 증언을 망쳐놓지 않았나? 오늘날에도 이 질문들의 어떤 확장된 형태가 함께 떡을 떼는 공동체들의 실천을 모양짓고 있다.

그리스도의 몸 안에서의 일치를 깨닫는 것 – 이것이 오늘날 개방적인 형제단에서 주의 만찬이 알려진 방식 배후에 있는 그것이다. "그리스도인들의 회중과 바른 관계를 맺고 있는 모든 사람에게 식탁은 열려있다." 그러나 그 깨달음은 떡을 떼고 잔을 마시는 공동체에 방문한 개인의 즉흥적 욕구 이상을 요구한다. 지역의 그리스도의 몸에 소속될 것이 강력하게 요구된다. 형제단 사람들은 여행 할 때에 그들의 모공동체로부터 추천의 편지를 받아 지니고 다님으로써, 어디에서든 다른 그리스도인들과 함께 떡을 뗄 수 있음을 보증한다.

형제단은 성경의 패턴을 따르려는 시도를 통해 비정형적이고 성령에 의해 인도 받는 성찬예배 방식을 발전시켰다. 이것은 대개 구성원들의 은사에 의해 진행되는 조용한 예배형식을 가진다. 성경 구절, 기도, 영감 받은 사람을 따라 부르는 노래. 시간이 되면, 한 구성원이 떡을 들고, 감사를 드리고, 뗀다. 여기에는 구성원들만 있고, 성직자는 없다. 그러고 나면 봉사자들이 앉아 있는 구성원들에게 나누어 준다. 이후 잠깐의 침묵과 성경구절이나 노래, 감사기도와 분잔이 이루어진다. 이 예배의 이상적 형태는 열리고, 형식이 없으며, 자유로운 예배이다. 떡을 뗄 때의 표준, 그들 가운데 활동하는 것, 그들 가운데 알려지는 것, 그리고 그들이 받는 것은 오직 주의 영이다.

형제단이 주의 만찬에서 성경의 표준을 엄격히 적용한 것은 초기 기독교 예배의 성격을 환기시켰다. 우리가 앞에서 보았듯이 그리스도인들은 처음 몇 세기동안 형식, 말, 진행 방법에 있어 대단한 자유를 유지했다. 그들은 예언적이며 즉흥적인 표현을 위한 자리를 마련했다. 형제단은 자신들의 자유로운 식탁예배를 통해 이 요소를 되살리고, 다른 그리스도인 그룹 또한 이것을 본받기 원했다.

그래서 우리는 엄격하고 끈질긴 성경 연구의 열매인 성찬예배의 깊이와 생명력을 보고 있다. 비록 그들의 이상대로 항상 살지는 못했을 지라도 이 환원 그룹들은 초기 기독교 주의 만찬의 어떤 요소들이 가진 힘을 증거 했다. 그들은 어떤 때는 제자화된 교회, 그리스도인의 일치에 대한 열린 깨달음, 성찬에서의 자유로운 표현이라는 대립되는 열망들을 가지고 씨름하기도 했다. 그들은 위계적 계급이 없는 단순하고 자연스러운 그리스도인 공동체를 항상 주장해 왔다. 그들 중 다수가 즉흥적 예배와 성령에 의해 생명을 얻고 다양한 은사를 가진 지역교회 구성원들에 의해 인도되는 예배라는 이상을 여전히 붙들고 있다.

이 전통에 속한 교회들은 그들의 기원점에 놓여있는 이상을 실천하며 발전시킨다. 구성원들은 각자가 성경 연구에 대한 진중한 책임을 갖는다. 그들은 성령 안에서의 일치를 모색한다. 그들은 주의 식탁에서의 열린 예배에 기여하기를 원한다. 책임감 있고 얼굴과 얼굴을 맞대는 인간관계는 모두가 동등하고 모두가 서로에게 사역자인 교회 안에서 무성하게 자라날 수 있다.

4. 앵글로 가톨릭 운동

19세기 초 이성주의 세계관의 도가니로부터 잉글랜드 성공회의 부흥을 위한 강력한 운동이 나타났다. 이 운동은 소책자 부흥 혹은 옥스포드 운동이라 불렸다. 이 운동들은 서품의 "사도계승"을 주장하며, 최초 4세기 교회 전통의 권위를 강조했다.

이것은 종종 복음주의에 대한 가톨릭적 반명제로 간주되는데, 새로운 관점에서, 그것을 보충하는 힘으로 볼 수도 있다. 복음주의 운동은 잉글랜드에서 개인적 종교를 되살려 놓았으며 여전히 말씀과 성례전를 강조했다. 그리고 옥스포드 운동은 초기교회에는 있었으나 당대에는 거의 사라지다시피 한 생각과 실천을 회복했다.[18] 예를 들어, 이 운동은 보편 교회의 공동체적 거룩에 대한 감각과 역사적 전통 안에서 신실함을 추구하려는 의지를 되살렸다. 예배는 그 자체로써 가치있는 것이지, 선한 행동을 위한 전주곡 같은 것이 아니다.

이 운동의 영향은 예배의 분위기와 영성 영역에 주로 남아 있다. 조용하고 공손한 이 신심은 공동 예배에 대한 존중감을 회복시켰다. 많은 사람들을 위한 심화된 영성이 수도 공동체를 세우고, 피정을 제공하고, 성지순례를 조직하고, 신앙서적 읽기를 권하고, 정기적 성찬식 참여를 독려하는 가운데 자라났다.

그들의 경건한 성례전적 신심과 나란히 놓인 것이 바로 성공회 내부에서 옥스포드 운동을 계승한 이들의 사회적 비전이었다. 후에 이들은 앵글로 가톨릭으로 불리게 된다. 예를 들어, 수도 공동체들은 그들의 소명을 고통받는 이들을 돕는 방식으로 표현했다. 그들은 병자들, 가난한 이들, 병원, 작업장, 감옥을 방문했다. 또 그들은 어린이들을 가르쳤다. 그리고 노숙인들에게 쉼터를 제공하고 죽은 이들을 매장해 주었다. 이런 자선사업들은 직접적으로 그들의 성례전적 삶의 신심과 연결되어 있었다.

모든 부흥운동에서 음악은 눈에 띄는 역할을 했다. 메소디스트 부흥에는 웨슬리 형제의 음악이 있었다. 옥스포드 운동에는 위대한 찬송 작가이자 훌륭한 고대 기독교 문헌 번역가인 J. M. 닐과 에드워드 카스월이 있었다. 이들의 찬송가는 운동의 특징인 경건한 신심을 알리고 발전시키는 데에 크게 공헌했다.

5. 오순절주의

많은 사람들이 오순절 운동의 기원을 20세기 초로 설정하지만, 이것은 웨슬리의 증손자쯤으로 생각하는 것이 더 나아 보인다. 성결운동의 계보는 19세기를 관통하여 이어지고, 여러 지점에서 드러난다. 이것은 성화의 "두 번째 축복"이라는, 개인적 성령체험을 강조했다. 그들의 예배에서 하나님은 역동적으로 성령을 통해 나타나셨다. 신유, 예언, 방언들은 기도를 듣고 응답하시는 살아계신 하나님의 현현이었다. 18세기 이성주의로부터 이보다 더 멀리 나아간 운동이 있을까?

간단히 말해 오순절주의는 "최초의 계몽주의 이후 전통"이다.[19] 하나님이 직접적으로 응답 하신다거나, 모임 중에 개입 하신다거나 하는 것들은 전혀 놀라운 일이 아니다. 그들은 하나님이 자신들을 치유하시고, 만지시고, 불과 성령의 세례를 주시기를 구하고, 또 그것을 기대한다. 오순절 주의의 예배는 하나님의 구원 행위와 치유를 찬양하고 간증하는 것에 강조점을 둔다. 예배의 모든 행동은 감성적이고 개인적이다. "우리가 성령께서 자유롭게 역사하시도록 허락하고 있는가?" 라는 질문이 그들의 예배에 있어 단 하나의 척도이다.

오순절주의자들의 성찬식은 어떤 식으로 이 신학을 반영하고 있을까? 예수는 그것을 명하셨고, 그들은 그 말씀을 따른다. 이들에게 주의 만찬은 다양한 예배 방식 중 하나이다. 그러나 다양한 방식으로 나타나는 성령의 임재에 대한 기대와 체험 때문에 주의 만찬에 우선적으로 초점이 맞춰지지는 않는다. 주의 만찬과 함께 세족식, 신유, 세례는 공동체를 교화하는 성경적 예식들이다.

20세기의 갱신

이제 우리는 계몽의 불길로부터 두 세기 하고도 반이 지난 시대에 있다. 우리가 살펴 본 바와 같이, 그리스도인들은 그들의 믿음과 신심에 가해졌던 이성주의의 압력에 다양한 방식으로 반응했다. 그것의 긍정적 효과는 성경과 전통에 대한 세밀한 이성적 연구에 의해 나타났다. 성찬식에 대한 교훈적, 도덕주의적 관점같은 부정적 효과들은 많은 교파의 신심 근저에 깊이 새겨져 있다.

이 문제는 여전히 우리에게도 존재한다. 성찬에 대한 개인적이고, 협소하고, 미약한 이해는 아주 일반적이다. 이 질문은 여전히 유효하다: 어떻게 우리가 그의 식탁에 있던 부활하신 주의 임재 안에서 개인, 사회, 물질적으로 공동체의 온 삶과 관계되었던 초기 기독교의 신심을 되살릴 수 있을까?

우리 세기에 모든 교파의 그리스도인들이 이 질문을 가지고 숙고했다. 우리 시대는 역동적인 예배 갱신의 시대이다. 많은 집단들이 앞으로 가는 길의 실마리를 찾았고, 다양한 층위에서 자료들을 접목시킴으로써 그리스도인들은 주일예배의 새 균형, 새 힘, 새 생명을 모색하고 있다.

예전 운동

예전운동은 모든 교회의 사람들이 이끌렸던 운동은 아니다. 어떤 이들은 다시는 눈길을 주지 않았다. 그러나 아마 이것을 적극적으로 받아들이지 않았던 이들에게도 예전의 갱신은 어떤 변화를 가져다주었을 것이다.

모든 갱신운동에는 역사적 뿌리가 있다. 19세기 교회사 학자들의 작업이 20세기 초기 기독교 예배문서 연구 열풍의 배후에 있다. 이 결과물들의 특징은 서로 다른 전통을 대표하는 이들의 협력이었다. 그리스도인들은 점점 그들이 공유한 한 뿌리를 깨닫게 되었고, 그들로부터 어떤 종류의 나무가 자라나고 있는지 배우는 것을 즐기게 되었다.

우리 세기에 천주교인들과 개신교인들학자와 교사 뿐 아니라 목사와 사제들도은 열정적으로 갱신의 재료로 제시된 초기 기독교 자료들을 탐구했다. 이것은 성령의 운동으로 부를 수도 있다. "이 운동의 결과로 거룩함, 자애, 사회적 증거, 일치ecumenicity가 극도로 분열적인 우리 세계에 사는 그리스도인들 가운데서 증대되었기"[20] 때문이다. 이전에 대립되는 전통에 속했던 이들이 서로에게 영향을 미쳤다.

개신교 교파들에서 일어난 가장 중요한 변화는 그들이 주의 식탁을 정규적인 주일 예배로 다시 인식하고 복구한 것이다. 고대 예배의 두 부분말씀과 식탁이 보여주는 상호작용과 균형이 회복되었다. 동시에 천주교 예전 개혁은 성경 독서와 설교를 위한 자리와 중요도에 대한 인식의 변화를 가져왔다.

종교개혁자들이 주장했던 많은 변화들은 개신교인들 사이에서 공통적인 부분이었는데, 이제 그것들은 천주교 성찬 신학에도 통합되었다. 라틴어는 지역 언어로 대체되고, 성찬에서 떡과 포도주를 함께 받고, 공동체 전체가 능동적으로 예배에 참여하며, 앞에서 말 하는 사제만이 아닌 온 공동체가 주의 만찬의 집전자라는 주장이 대두된 것 등이 그 변화이다.

물론 모든 그리스도인들이 성공회, 천주교, 루터교 같은 큰 예전 전통에 속한 것은 아니다. 거기에 속하지 않은 이들은 예전적 예배의 갱신에서 어떤 영향을 받았는가? 교회의 무료 잡지나 계간지, 사역자 지침서 등에서 이 논쟁이 활발하다. 장로교, 감리교, 침례교 지도자들은 그들의 예배 전통에서 전통적 형식과 즉흥성이 상호작용하는 새로운 도전을 마주했다.

그들 중 가장 사려 깊은 이들은 자신들의 교파적 관습인 유동성을 포기하지 않았다. 그러나 그들은 더 탄탄한 신학과 성경적 근거로 자신들을 떠받쳤다. 좋은 사례가 『교회 예배 순서와 기도』부록 1의 "2.잉글랜드 침례교 형식"에 발췌이다. 저자는 예배의 필수적 요소에 대해 고민했고, 성령의 영감에 따른 즉흥적이고 예언적 요소에 개방된 형식을 만들려 했다. 우리는 그들의 역사적 자원-그들만의 고유한 것과 다른 전통과 공유하는 요소들-을 살핌으로써 갱신의 길을 찾는 기독교 주류 그룹들을 본다.

종교개혁기 중 반 세기동안 다섯 가지 독특한 전통이 빠르게 진화했고, 각각은 고유한 관심을 가진 구획이 되었다. 루터교, 개혁주의, 성공회, 아나뱁티스트, 청교도가 그들이다. 이어지는 세기동안 퀘이커, 감리교, 부흥회, 오순절 주의 등의 새로운 예배 전통이 빅뱅처럼 나타났다.

오래된 것이든 새로운 것이든 각각의 전통은 계속 변화되었으며, 필요와 상황에 적응했으나, 각각의 전통은 여전히 변별 가능한 형태이다. 이들이 서로에게서 배우고 자원을 빌려 쓴다고 해서 하나가 통합된 것은 아니다. 다양한 전통들은 여전히 각각의 고유한 강조점과 방식들을 유지하고 있다. 이것은 좋은 일이다. 건강한 상호작용은 자원하여 배우는 것이고, 온전한 교류는 자신의 정체성을 확실히 한 그룹들 사이에서 이루어진다.

그러나 이런 교파 단위의 기획 밖에도 많은 그리스도인 집단과 네트워크들이 존재한다. 그들은 자신들의 방식과 체험만을 안다. 자부심이 다른 그리스도인들과의 상호작용을 막는 요소가 된다. 지배적 지도자들은 자신의 권력을 보존해 주는 신학을 선택한다. 그들 내부의 권력에 대한 좀 더 넓은 관점의 기독교적 비판은 용납되지 않는다. 근원이 불분명하거나 자기 정체성이 확실하지 않은 집단들은 타자로부터 배우기를 거부한다. 고립 가운데서 탄생한 그룹들은 종종 자신을 지키기 위해 그 자리에 머무른다. 그들의 갱신을 위한 재료는 어디에 있는가?

모든 기독교 전통, 특히 미약하거나 뒤틀린 전통이라 해도, 성례전적 생활을 풍성하게 만든다면 그들은 새롭게 번영할 수 있다. 우리는 공통의 자료집으로 성경을 공유한다. 우리에게는 우리를 그의 식탁으로 부르시는 부활하신 그리스도가 있다. 우리에게는 변함없이 새롭게 하시고 치유하시는 성령이 있다. 우리가 그리스도로부터 받을 수 있는 선물 중 주의 식탁보다 더 큰 것이 있을까. 우리는 말이나 형용할 수 없는 체험에만 의지해서는 안 된다. 우리는 서로로부터 배울 수 있다.

우리 모두가 앵글로 가톨릭 신자들과 함께 공손한 기대를 가지고 식탁으로 나아갈 수 있다. 자유 전통에 속한 이들과 함께 개혁주의자들은 기도와 찬양에서 성령이 이끄시는 즉흥성의 여지를 줄 수 있다. 개혁주의자들과 오순절주의자들은 함께 시편을 노래하고, 훈련된 자세로 설교에 귀 기울일 수 있다. 아나뱁티스트들과 함께 성공회 신자들은 세족식을 행함으로써 요한복음 13장에 나타난 종이 되어 섬기는 자세와 겸양의 전통을 존중할 수 있다. 성공회 신자들과 루터란들과 함께 침례교인들은 순수하고 열정적인 고대 교회의 본기도collect들을 올려드릴 수 있다. 앵글로 가톨릭이든, 감리교든, 현대 작곡가 그 누구의 것이든 찬송가는 우리 모두가 보편 교회와 함께하시는 그리스도를 찬양할 수 있게 해 준다. 각각의 전통들은 줄 수 있는 것이 너무나 많고, 배워야 할 것도 너무나 많다.

수렴 운동

"수렴 운동"은 로버트 웨버가 다수의 기독교 교파와 전통들 안에서 나타나고 있는emerge 새로운 축제적 예배 스타일에 붙인 이름이다. 예전갱신의 주창자들은 기독교 신앙의 예전적, 성례전적, 은사주의적, 복음주의적 양상들을 활용하고 있다. 이 자료들로부터 성경에 기반하고 기독교 역사를 의식하며, 적절한 형태의 일요일 예배가 등장했다.[21]

예전운동은 동시대의 신오순절운동1950년대, 은사주의 운동1960년대 근처과 함께 진행되었다. 이 운동들은 모든 교파들에 실제적 영향을 미치지는 않았고, 대신에 독립적 공동체들과 네트워크들을 낳았다. 이 파급효과는 우선 음악을 통해 미쳤다. 재능 있는 인도자와 찬양팀, 새로운 타입의 합창과 노래들, 춤과 몸동작 – 이 모든 것들이 예배에 새로운 자유와 기쁨, 억제되지 않은 분위기를 불어넣는 데에 기여했다. 사람들은 예언적 말이나 노래, 즉흥적 기도를 하게 되었다.

이러한 은사주의적 경향이 모든 예전적 전통에 영향을 미치거나 스며들었다. 옛 예전들의 전형적 구조 안에 주입된 즉흥적 요소들은 거기에 에너지, 생명력, 격렬함, 열정을 가져다주었다.

영향력은 다른 방향으로도 미쳤다. 많은 은사주의적 공동체의 지도자들은 수십년 간의 "자유로운 예배"의 시기가 지난 후에 즉흥성은 관례화 되고, 소진과 지루함마저 나타남을 보았다. 새로운 것에 대한 추구, 신선한 것에 대한 모색, 전혀 새로운 음악에 대한 요구 – 이것들은 과도한 요구였으며, 그들의 예배를 오직 한 인도자의 필터를 통해 구성하게 한다는 것이 드러났다. 초창기에 다양한 목소리로 불렸던 찬송은 예배의 방향을 틀짓고 규정하는, 숙련된 찬양팀 리더에게 자리를 내 주었다. 예능의 유혹은 이따금씩 견디기 힘들 정도로 강하게 다가왔다.

예배 신학의 깊이를 찾는 중에 많은 은사주의 공동체들이 오래된 전통으로 돌아왔다. 그들은 전통적인 사도신경, 화답송이 있는 시편, 고대의 연도 litany같은 고정된 형식을 사용하는 경향이 있다. 그들은 또한 더 자주, 열정적으로 주의 만찬을 지키는 데로 돌아오고 있다. 그들은 이런 예배에서 풍성한 성경 전통과 역사적 기독교 예배 형식들에 더하여 즐거운 찬송과 음악의 힘을 봉헌할 자리를 모색하고 있다.

1980년대부터 다양한 교회의 지도자들은 다른 이들의 신앙 여정 가운데서 주목할 만한 요소들을 찾아냈다. 복음주의자들은 예전주의자들과, 은사주의자들은 복음주의자들과, 예전주의자들은 은사주의자들과 함께. 이러한 창조적 모방과 수렴의 경향을 만들어 낸 이들은 성공회 주교 조지 캐리와 오순절주의자들을 "형식과 능력을 융합"하는 일로 불러내는 오순절 지도자 얼 픽Earl Paulk 같은 이들을 포함하는 매우 다양한 사람들이다. 픽은 그리스도인들이 교회의 성례전들 안에서 "하나님의 임재와 은총에서 오는 초자연적 능력"[22]을 재발견한다고 주장했다.

로버트 웨버는 복음주의자들이 예전적 예배에 이끌리는 경로를 설명하는 많은 책을 썼다. 복음주의자들은 경외심과 성경적 신앙의 온기를 되찾았다. 웨버는 수렴운동의 공통적 요소들을 이렇게 묘사했다:

1. 성례전, 특히 주의 식탁에 대한 헌신이 회복됨
2. 초기 교회를 더 알고자 하는 동기가 증가함
3. 온 교회를 향한 사랑의 증대, 하나된 교회를 보고 싶어 하는 열망
4. 실천[복음주의, 예전주의, 은사주의]의 혼합.
   그러나 [여전히] 특유의 관점을 유지함
5. 즉흥성을 가진, 통합된 구조에 대한 관심
6. 예배에서 표식과 상징 사용이 증대됨
7. 개인적 구원, 성경적 가르침, 성령의 역사와 성령사역에 대한 지속적 헌신[23]

웨버는 이전에 교단들과 전통들 사이에 있던 장벽이 이제는 열어젖힐 수 있는 베일이 되어, 서로의 믿음을 인식할 기회를 제공하고, 그리스도안에서의 근원적 연대를 느끼게 한다고 믿는다. 다가오는 세기에 많은 전통에 속한 그리스도인들은 더 창조적인 방식으로, 조화 속에서, 오고 있는 하나

님의 나라를 증거할 것이다. 주의 식탁은 이러한 증거의 핵심이 될 것이다.

특별한 기도의 은사가 있는 예전적 교회

기도가 필요했던 한 사람의 이야기를 들어보자. 루이스는 경건한 그리스도인이지만, 성공회의 지역 공동체에는 속하지 않았다. 그녀의 교회는 나름의 전통적 예배에 충실하다. 사람들은 친근하지만 내성적이다. 루이스는 자신의 교회가 어려움에 처한 친구의 안전과 생존에 대한 고민을 갖고 나아갈 곳이 아니라고 느꼈다. 지난번에 성공회 교회에 갔을 때, 거기서 중보기도에 대한 특별한 헌신과 깊이를 느낀 적이 있다. 그래서 친구에 대한 부담 때문에, 그녀는 저녁 감사성찬례에 갔다. 그녀는 다른 이들에게 친구를 위한 기도를 부탁할 자리가 그 곳에 있기를 바랐다. 루이스는 그 곳에서 수렴적 예배가 매력적으로 현실화된 모습과 마주쳤다.

관할사제는 공동기도서로 예배를 인도했다. 거기에는 성경 독서와 정해진 기도문이 포함되어 있었다. 다양한 노래와 연주곡으로 된 전통적 성가들과 현대적 찬송가들이 예배의 언어적 요소들과 어우러졌다. 설교에서 관할사제는 치유기도에 대한 성경적 설명을 하고, 회중들이 그것에 스스로를 개방하도록 독려했다. 잠시 묵상의 시간이 있은 후에 몇 사람이 앞에 나가 이번 주 동안의 개인적 체험을 간증했다.

평화의 인사는 성찬기도, 감사기도, 노래로 이어졌다. 짧은 연도 형태의 대도중보기도는 회중들에게 그리스도의 선물인 은혜와, 평화와, 성찬이 그들만이 아니라 많은 사람들을 위한 것임을 상기시켰다. 십자가에 달린 예수의 품은 그에게 돌아오는 이들을 환영하기 위해 넓게 열려 있다. 영성체 이후에 회중석에는 뜨거운 고요함이 감돌았다.

관할사제가 말했다. "집으로 돌아가지 않으셔도 됩니다. 여기에서 더 기도하셔도 괜찮습니다. 자신이나 다른 이들을 위한 특별한 기도 제목이 있다면 앞으로 나오세요. 우리가 함께 무릎 꿇고 기도 하겠습니다." 이것이 바로 루이스가 원하던 것이었다. 루이스는 앞으로 나가서, 친구의 이름을 물어본 두 사람과 함께 기도했다. 그들은 사랑에 감싸였고, 루이스와 그녀의 친구를 위해 기도했다. 이 기도가 "효과적"이었는지는 오직 성령만이 아신다.

루이스는 감사성찬례를 평가하는 일에는 관심 없었다. 그들의 감사성찬례에 참여한 것만으로 그녀는 만족했다. 여기서 그녀는 말씀, 몸짓, 노래, 침묵, 기도들의 조합이 각각의 요소들을 단순히 더하는 것 이상임을 알았다. 그녀는 친구를 돕고 싶었던 열망을 해결할 수 있었다.

이 예배는 단지 예전적이기만 한 예배가 아니었다. 이 예배는 침묵과, 자유로운 기도와 응답을 위해 열린 공간이 결합된, 규정된 말과 성례전으로 된 예배였다. 이것은 누가 봐도 성공회 감사성찬례이지만 많은 자극들예전적, 관상적, 은사주의적을 받아들임으로써 열정과 깊이를 더한 예배였다.

성공회 교회에서 얻은 루이스의 체험이 그녀의 교회 성찬예배와 접목되는 것도 가능하다. 이런 방식으로 그리스도인들은 계속 서로의 경험으로부터 배워가고, 예배는 계속 갱신된다.

집으로

마지막으로 수렴의 다른 국면을 보여주는 현대 예배갱신의 작은 운동을 하나 살펴보자. 이것은 가정교회 운동이라 불리는, 기독교 운동의 초기 형태까지 거슬러 올라가는 새로운 경향이다. 가정교회의 이야기를 요약해서 아래에 다시 써 보았다.

일요일 아침 9시 30분쯤이 되면, 여러분은 몇 대의 차가 가로수 길로 돌아 들어와 큰 2층짜리 건물로 들어가는 것을 볼 수 있을 거예요. 사람들이 차에서 내리고, 아이들은 자전거를 타고 도착해요. 모이는 곳은 우리가 보통 주일 모임 장소로 사용하는 와이팅씨 가족의 주방과 거실이에요. 나오미와 존은 주방을 정리하구요, 사람들은 조리대 위에서 음식을 나누면서 서로를 환영하고, 대화를 하고 크게 웃곤 해요. 9시 45분쯤 되면 사람들이 거실로 들어가고, 찬양팀이 모임을 재촉하기 위해 악기 연주를 해요. 아이들은 노래책을 들고 있구요. 우리는 모두 올 때까지 6-12곡 정도의 노래를 불러요. 그러고서 성경 이야기를 읽거나, 아이들이 성경의 어느 부분을 연기하거나, 질문을 하죠. 어떨 때는 지도와 그림이 펼쳐져 있기도 해요.

그러고 나면 우리는 기도를 해요. 기도 양식은 다양해요. 우리는 보통 기도 제목에 대해 이야기를 나누고 나서 몇몇씩 모여 주방, 방, 마당 같은 곳으로 흩어져요. 이 그룹은 그때그때 달라져요. 모든 그룹에는 어린이와 어른들이 다 들어가 있구요. 기도가 끝나면 차를 마시러 주방으로 모여요. 식탁은 미리 차려놓고, 음식과 음료도 미리 준비해 둬요. 여기서는 대개 수다를 떨죠. 날씨가 좋으면 아이들은 막 뛰어다니면서 에너지를 발산하기도 하구요. 준비가 끝나면 차를 내기 전에 다 같이 식탁에 둘러앉아요. 그리고 성찬을 시작해요. 여러 사람들이 돌아가면서 인도하는데요, 몇 명이서 성경을 읽거나 짧은 메시지를 전하거나 간단히 기도를 하고 나면 떡과 잔을 옆 사람에게 건네요. 이게 조금 형식적인 방식의 성찬식이예요. 조금 덜 형식적으로 할 때도 있구요.

성찬이 끝나면 차를 따르고 음식을 나눠요. 모닝티는 여유 있게 마셔요. 11시나 11시 반쯤 되면 어른 한둘이 실내나 실외활동을 하기 위해 아이들을 데리고 나가요. 더 큰 아이들은 보드게임을 하구요. 어른들은 성경 공부를 하거나 아까 아이들과 나누기에는 부적절했던 기도제목들을 나누기 위해 거실로 모여요. 정오가 되면 우리는 떠날 준비를 하고, 몇 명

정도는 남아서 계속 이야기를 나누죠.[24]

가정교회 모임의 형식은 신약교회의 가정모임과 본질적으로 동일하다. 신약의 교회들은 친밀한 분위기와 온전함을 그 특징으로 했다. 이 분위기와 성품은 구성원들의 영적, 사회적, 경제적 삶 전체와 관련되어 있다. 이 교회들은 참여적이었고, 예측하지 못한 요소들에 개방되어 있었고, 영적 은사들의 다양성을 발견하게 해 준다. 그들은 추진력 있는 선교사들이었으며, 갈등의 자리에 있기도 했다. 바울은 가정교회의 문화적, 사회적, 개인적 갈등이라는 도가니 안에서 그의 화해의 복음 신학을 정교화 했다.

신약의 어떤 부분들은 특정한 문화적 배경을 반영한다. 예를 들어 가정은 개인가족이나 핵가족이 아니라 확장된 인간관계이다. 권위의 전통적 계승은 가정으로부터 집에서 갖는 교회모임으로 이어졌다. 그리스도인들의 모임에서 가졌던 공동식사는 일반적인 가정식이었으나, 특별한 의미를 부여받은 것이었다. 모이는 시간은 다양했을 텐데, 아마 일하는 시간 이전이나 이후였을 것이다. 그러나 그리스도인들의 예배는 다른 시대에도 지속되었고, 이 가운데 몇 요소들은 현대 그리스도인 가정에서는 거의 행해지지 않는다.

사실상 현대의 가정교회들은 초기 그리스도인들의 모임과 많은 부분을 공유한다. 각각의 가정교회들은 온전한 교회이다. 이것은 "충분한" 구성원이 모일 때까지 특수한 건물에 모였다가 수가 차면 "보통의" 교회 단계로 건너가는 디딤돌이 아니다. 가정교회는 친교만을 위한 것이거나 전도만을 위한 것도 아니다. 이것은 온전한 교회이다. 가정교회는 이미 다른 기독교적 활동에 깊이 참여하고 있는 그리스도인들을 위한 첨가물 같은 것이 아니다. 이것은 온전한 교회로, 그리스도인의 양육, 예배, 선교, 친교, 도움의 기본 단위이다.

가정교회의 모든 국면은 그 공동체에 은사를 주시는 성령에 기대어 있다. 다양한 리더십이 있지만, 가정교회를 세우는 최고의 은사는 환대이다. 특별히 이런 은사를 받은 두세 사람이 가정을 제공하고, 환영하고, 서로를 위한 안전지대를 만든다. 가정교회는 오직 이것을 배경으로 해야만 성공할 수 있다.

가정교회에는 세대 차별이 존재하지 않는다. 역할의 차이를 두기는 하지만, 아이들과 어른들은 함께 예배하는 방법을 배운다. 가정교회는 긴장뿐만 아니라 안정감 또한 제공하는, 얼굴과 얼굴을 맞대는 관계이다. 이런 모습의 공동체야말로 파편화되고 외로운 우리 시대 사람들이 원하는 것 아닌가. 여기는 사람들이 믿음 안에서 자라나고, 서로를 알고, 서로에게 알려지는 곳이다.

가정교회는 성찬식을 하는 교회이다. 공동체의 식탁인 주의 식탁은 이 공동체의 으뜸가는 상징이다. 그들은 매일 떡을 떼고, 함께하는 제자도의 잔을 건넨다. 그의 이름으로 모인 공동체에 주는 함께 하시고, 또한 그 안에 계신다. 그는 말씀하셨다. "이는 내 몸이니", "이는 새 언약의 잔이니."

최초의 그리스도인들은 이런 모임에서 익숙한 요소들을 인식했다. 그곳에는 가정적 분위기, 나이를 넘어선 참여, 자유롭게 주어진 성령의 은사, 하나님께 드리는 노래와 찬양, 세상을 위한 기도, 환대, 즐거움, 음식 등이 있었다. 부활하신 주의 식탁에서 이 모든 것들이 공유되었다. 가정교회의 분위기 안에서, 교회는 가정이 된다!

결론

지금까지 우리는 서방교회가 종교개혁 시기부터 지금까지 걸어온 500년의 여정을 살펴 보았다. 우리는 지금 발전된 형태의 신심과 실천 패턴을 만들기 위해 무엇을 하고 있는가?

환원주의자들이 성경으로부터 다함이 없는 갱신의 자료를 찾은 일은 전적으로 옳았던 것 같다. 모든 세대는 신약 교회로부터 새로운 통찰력을 얻는다. 모라비안, 형제단, 메소디스트, 앵글로 가톨릭 신자들은 모두 성찬예배라는 기독교의 뿌리로부터 생명을 찾았다. 성령은 주의 식탁을 통해 각각의 세대에 끊임없이 용서와 치유와 희망을 불어넣으신다. 다양한 배경을 가진 그리스도인들은 함께 공부하고 기도하며 그들의 일치를 재발견하는 일을 기뻐하고 있다. 이러한 공동 작업으로부터 성찬 이해, 기도법, 식탁 친교의 접목이 이루어져 풍성한 열매를 맺는다.

성령에 대한 기대와 개방, 그리고 겸손히 듣는 자세 – 성찬예배에서 계속 생명력을 체험하기 위해서는 이것들이 빠져서는 안 된다.

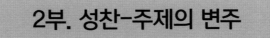

2부. 성찬-주제의 변주

변주에 대한 서론

우리는 언제 성찬의 자리에 모이며, 우리가 무엇을 하고 있다고 생각하는가? 우리는 성찬의 동작과 언어를 어떻게 이해하는가? 우리는 예배의 결과물이 어떤 것이기를 기대하는가? 우리는 종교적 상상력이 십자가, 연회, 순례, 도시, 수건과 대야, 잔과 떡 안에서 예배와 일상 연결시키도록 허용하고 있는가? 이런 연결들은 우리 정서와 의지에 깊은 영향을 미친다.

앞에서 말한 연결점들이 우리 일상을 눈에 띄게 바꿔 줄 수 있을까? 회중으로 모인 우리는 스스로가 변화하고, 더 자비로워지고, 더 감사하는 이들이 되며, 정의를 향한 열정을 더 가지게 될 것이라고 상상할 수 있을까? 이 일은 아마도 성찬에 대한 우리의 이해를 심화시키고, 온 감각으로 성찬에 더 온전히 참여하며, 성찬을 더 활기차게 실행할 때 일어날 것이다.

이 책의 2부는 우리가 성찬 예배에서 사용하는 신학과 성경 자료를 확장하는데 도움이 될 것이다. 우리의 이해가 풍성해지고, 식탁에서 더 넓은 범위의 성경 본문과 이미지들을 도입할 때 비로소 우리는 변화를 체험할 것이다. 우리 교회들은 달라질 것이다. 교회는 더욱더 식탁의 주인이신 그리스도를 통해 중재된 하나님의 인격person과 은혜로 특징지어진 공동체가 되어갈 것이다.

우리는 성찬에 담긴 주제의 범위를 생각해 볼 것이다. 어떤 것들은 모든 기독교 전통에서 핵심적이다. 다른 것들은 특정한 전통들과 더 강하게 연결되어 있다. 영이신 하나님께서 성찬의 떡과 포도주를 통해 우리와 교제하신다는 기독교적 주장이 이것들을 관통하여 흐르고 있다. 육체적 생명을 지탱해주는 물질적 요소들을 섭취할 때처럼, 우리는 성찬에서 기대한 것 이상을 받는다는 사실을 발견한다. 우리는 은혜로운 용서, 기쁨, 치유, 화해를 받고, 이것들은 하나님을 의지하고 사랑하는 관계의 열매다. 우리는 그의 몸인 교회 안에 참으로 임재하시는 그리스도와의 관계를 통해 받는 신비한 선물이다. 하지만 이것으로 다가 아니다.

무엇이 "더" 있을까. 그것은 마음, 정서, 삶이 변화하는 신비다. 우리는 더더욱 예수의 생동과 방법이 새겨진, 그분께 속한 사람들로 알려진다. 그리고 다른 사람들은 예수께로, 그를 따라 삶으로써 생동감과 긍휼이 있는 공동체로 이끌릴 것이다.

8. 역사적 주제들이 살아나다

감사드림

이 주제는 모든 성찬 예배에서 첫째가고 가장 중요한 것이다. 예수의 사람들은 감사로 가득찬 이들이다. 우리는 "감사적eucharistic, 성찬적" 사람들이다. 지금, 20세기의 끝자락에서 '유카리스트'감사라는 단어는 기독교 전통들 사이에 널리 사용되고 있다. 이 새로운 이름은 사실 가장 오래된 이름이다. 역사적으로 정교회들이 사용해온 유카리스트라는 단어는 이제 그리스도인이 주의 식탁에서 이루는 더 깊은 일치를 가능성을 위한 초점이 되고 있다. 최근에는 천주교에서도 라틴어 "끝났으니 돌아가십시오"를 의미하는 라틴어 *Missa est*에서 유래한 이름인 미사 대신 "유카리스트"라는 표현을 사용한다. 모든 그리스도인들은 초대 기독교 공동체가 친교 식사를 나누던 자리에 있던 기쁨을 상기시키는 단어인 유카리스트가 성경의 강한 지지를 받는다고 주장할 수 있다.

그리스어 유카리스테인의 기본적 의미는 감사드림이다. 신약에서 이 단어는 율로게인eulogein이라는 단어의 동의어인데, 율로게인은 영어 성경에서 "감사하다." 혹은 "축복하다."로 번역되었다.

신약성경의 네 군데서 찾을 수 있는 주의 만찬 제정 말씀마 26, 막 14, 눅 22, 고전 11에서 "감사를 드리시고"로 번역된 단어는 마가의 떡과 관련된 말씀 외에는 모두 유카리스테인이다. 이 차이를 드러내기 위해 어떤 번역본들은 "떡을 들어 축복하시고 떼시며"막 14:22로 번역한다. 유카리스테인은 주의 만찬 제정 말씀과 함께 나타나기 때문에 이 단어는 떡과 잔의 예배를 부르는 이름이 되었다. 이것은 언제나 떡과 잔으로 드리는 감사 예배를 부르는 으뜸가는 이름이었다.

첫 그리스도인들의 공동체 식사기도는 찬양과 감사로 가득 차 있었다. 그들은 하나님이 통치자로서 그들 삶에 구원을 가져다주신 거룩한 역사의 넓이와 깊이를 표현했다. 그들의 예배는 그 위대한 역사의 일부였다. 지금의 성찬 예배도 정확히 그렇다고 말 할 수 있다. 조용하게 표현되든 외향적으로 표출되든 간에 기쁜 찬양과 감사의 정서는 오늘날에도 지속된다.

진정한 성찬 예배를 확립하는 방법은 그것을 '유카리스트'라는 이름으로 부르는 것이다. 이 이름은 예배에 임하는 사람들의 자세에 영향을 미친다. 그렇게 할 때 나는 심리적 변화를 느낀다. 마치 내가 앞둔 상황을 측정, 퀴즈, 평가, 프로파일 작성 등의 단어를 쓸 때 느끼는 차이처럼 말이다. 이것이 이름의 중요성이다. 어떤 교회에서는 주의 만찬을 유카리스트로 부르는 것이 어색할 수도 있는데, 그럴 때는 주의 만찬이 "감사의 예배"임을 계속 언급해 주는 것도 도움이 될 것이다.

부록과 3부 "성품을 빚는 성찬"에는 감사기도 샘플들을 수록해 놓았다. 이 부분을 주목해 보면 실제 예배에 사용하거나 우리의 기도를 위한 더 넓고 강력한 지침을 찾는 데에 도움을 얻을 수 있을 것이다. 우리는 적절한 음악과 시각적 요소들로 감사의 느낌을 드높일 수 있다. 이를 위한 구체적 적용방법은 이후에 다룰 것이다.

예수를 기억하기

많은 그리스도인들이 성찬 예배를 기념 식사로 간주한다. 예수의 대속적 행동에 대한 기억이라는 주제는 그리스도인들이 그 기억을 개인적으로나 신앙공동체 차원의 삶으로 가져오는 데에 필수적인 요소이다. 예수의 사람들은 활력 있고, 진실하게 기억을 지켜가는 사람들이다. 예수를 기억하라!

그가 우리를 위해 하신 일들을 기억하라! 우리가 그에게 속했음을 기억하라! 우리의 정체성을 알게 될 때 우리 삶이 바뀔 것이다.

누가복음 22장 19절은 떡을 뗀 다음 "나를 기억하며 이를 행하라" 라고 한 예수의 말을 기록하고 있다. 이 문장은 잔 뒤에는 나타나지 않는다. 고린도인들에게 보낸 첫 번째 편지 11장 24절과 25절에는 "나를 기억하며 이를 행하라"가 떡과 잔 모두에 관련되어 있다. 이 절에는 "마실 때마다."11:25가 잔에 대한 말씀에 추가된다. 여기에 나오는 "-마다."는 성찬 제정 이야기 중에서 예수가 이 식사의 반복적 거행을 의도했음을 나타내는 유일한 단어다. 다른 복음서의 서술들은 특정한 밤에 일어난 일을 말하고 있지만 반복되는 실행에 대한 근거는 제공하지 않는다.

고린도인들에게 보낸 첫째 편지 11:26에서, 바울은 편집자로서 이렇게 덧붙인다. "이 떡을 먹고 이 잔을 마실 때마다 .." 바울은 잔과 떡의 예식을 반복적으로 행하는 전통을 반영하고 있다. 그는 이 전통을 신학적으로 해석하며 이것이 예식을 계속 행하게 할 근거를 제공한다고 보았다. 복음서에는 예수가 이 예식을 반복하라고 명한 구절이 없다. 그러나 적어도 소수의 공동체에서라도, 초기부터 이 전통은 공고히 자리 잡고 있었다. 요한복음의 공동체는 다른 식으로 실행한 것처럼 보이는데, 그들은 예수의 마지막 담화와 세족식을 연결시켰다.

그러나 공동체들 사이에 다양성이 있다 하더라도, 모든 신자들은 예수의 기억을 영속시키는데 관심을 가졌다. 우리가 1장 "최후의 만찬에서 교회의 만찬으로"에서 보았듯이 그들은 다양한 식탁으로 예수를 기억했고, 다가올 나라의 성대한 만찬에 대한 그의 가르침을 기억했다. 그들은 예수의 우정, 궁휼, 습관, 기도, 비유, 가르침들을 기억했다. 그들이 어떻게 그것을 잊을 수 있었을까? 그들이 알았던 예수는, 자신이 가르치고 보여준 경건과 삶의 방법이 통합된 형태를 제자들이 잊지는 않을까 깊이 염려하는 사람이었다. 그들은 계속 "주여, 주여" 하고 부르면서도 아버지의 뜻은 행하지 않을 수도 있기 때문이다. 마태 7:21, 25:11-12

성찬 예배에서의 기억은 반드시 예수의 삶 전체, 즉 수난과 죽음만이 아니라 구속을 위한 하나님의 전체 계획을 포함해야 한다. 여기에는 성육신과 예수의 사역 전체가 포함된다. 이것이 그의 배반당함, 체포, 재판, 십자가형, 매장, 부활, 부활 후 현현, 승천을 기억하는 것이다. 전통적인 신조는 동정녀 마리아의 자궁에서 바로 본티오 빌라도 치하의 수난으로 건너뛰고 있지만, 이야기는 온전해야 한다. 우리는 그 사이에 있었던 일들을 기억하고 다시 말해야 한다. 그리고 우리는 이 위대한 이야기—세상이 자유를 얻어 생명으로 향하게 하는, 세상에 대한 하나님의 위대한 사랑 이야기—가 가진 의미를 묵상해야 한다.

우리도 온전한 기억을 가졌던 초기 제자들을 따르자. 그렇다. 이 기억은 마지막 만찬의 사건들과 관련되어 있었다. 그러나 우리가 보존하는 기억은 예수 사역 중의 사건, 이야기, 말씀들로 가득 차 있다. 그래서 우리는 이 이야기에 대한 신학적 묵상을 통해 계속해서 기도를 발전시켜야 한다. 우리의 신앙은 현실 세계에서 말하고 행동했던 진짜 사람에게 뿌리 내리고 있다. 우리가 행하는 것은 단지 이야기하는 것 이상이다. 우리는 하나님을 우리에게 계시하고 오늘날 어떻게 살아야하는지를 보여 주는 데 있어 이야기 외 요소들의 중요성을 알 수 있다.

성찬식에서 예수를 기억하기 위해서는 그에 대한 정신적 회상과 그가 하신 일들을 반복해서 말하는 것 이상이 필요하다. 예수의 사람들이 성령 안에서 모여 식탁에 앉을 때, 우리는 그가 역동적으로 임재하셔서 우리를 그분자신과, 또 서로와 하나 되게 하신다고 믿는다. 이 신비에 대해서는 책의 뒷부분에서 더 생각해 볼 것이다.

아무튼, 성찬은 우리 공동체의 기억 안에 예수가 계속 살아 계시도록 만드는 자리이기도 하다. 이것은 좋은 기억-만들기의 좋은 예다. 우리는 그 이야기를 말하고, 묵상하고, 기억을 행동으로 실천한다. 우리는 일을 통해, 또 관계를 통해 그 기억을 살아낸다. 그의 기억을 실천하기 위해서는 예수의 길을 따르고, 하나님 나라의 도래를 갈망하며 하나님께 온전히 의지하고, 하나님의 자비로운 사랑을 일상의 삶으로 실천해야 한다. 이렇게 함으로써 역사는 살아있는 기억이 된다.

성찬 예배는 우리가 이 모든 것을 실행할 수 있게 도와준다. 이것은 물질적 요소와 특별한 말들을 사용하고, 우리 자신을 내면의 비전에 내맡기고, 하나님이 사랑하시는 자녀들을 이해하고, 예수의 길을 따르기로 결정하는 강력한 의례 "12장 예전의 언어" 부분을 보라이다. 예수의 "그 기억을 행하는" 사람들은 변화된 사람들이며, 점점 더 예수를 닮아가는 사람들이다.

그 나라의 축제

기독교인들은 언제나 그들의 두 발을 두 세계에 걸쳐 놓고 있다. 그들은 예수가 메시야 였으며, 그가 다시 오실 것이고, 미래의 시간이 이미 시작되었다고 믿는다. 그들은 여전히 일상의 시간을 살고 있음에도 불구하고 말이다. 이것은 우리 역시 지켜야 하는 미묘한 균형이다. 우리는 이미 하나님의 통치를 맛보았고 하나님의 정의와 샬롬이 완전히 이루어질 날을 기다린다. 우리는 바울이 로마서 8장 22절에서 말한 것과 같은 신음과 기다림 사이의 시간을 살고 있다. 모든 피조물은 수고하며, 애타게 구속을 갈망한다. 이 긴장감 속에 살면서 우리는 희망을 기다리는 사람들이 된다. 우리는 성찬 예배에 참여함으로써 현재의 자신감과 미래의 희망을 극적으로 표현하고, 새로운 힘을 가지고 매일 의무를 다하는 삶으로 나아가며, 변화를 위해, 하나님 나라를 위해 일하고 기도하기를 열망하는 이들로 드러날 것이다.

주기도문으로 기도할 때, 우리는 하나님의 이름이 거룩하게 되고, 하나님의 뜻이 이뤄지며, 하나님의 통치가 현재와 미래에, 온 지구와 전 우주 cosmos에서 성취되기를 원하는 예수의 갈망을 반복한다. 아주 이른 시기부터 그 나라를 위한 기도는 교회의 식탁과 밀접하게 연결되어 있었으며 현재적이며 미래적인 하나님의 통치라는 주제를 중심에 두게 만들었다. 교회의 기념 식사는 모든 민족들이 하나님의 임재 앞에 나와 먹고 마실 성대한 천상 잔치의 예표이다.

최후의 만찬에서, 예수는 새로운 의미를 가진 의례를 발명해 내지 않았다. 그는 자신이 가지고 있었던 풍성한 유대 전통과, 자신의 메시야 사역으로부터 온 통찰력으로부터 그것을 구체화했다. 시내산에서의 근본적인 언약-맺기 이야기에서 예수는 산 위로 올라간 모세, 아론, 이스라엘 백성의 장로들을 기억했다. 그들은 "하나님을 보고, 먹고, 마셨다."출 24:9-11 모세는 이 즐거운 식사를 하기 직전 피를 가져다가 그것의 반은 제단에, 반은 백성들에게 뿌렸다. 이것이 언약계약의 피, 예수가 마지막 만찬에서 잔에 대해 '내 피로 맺는 새 언약'이라고 한 말의 생생한 배경이다.[1]

구약은 거룩한 식사에 관한 많은 이야기를 들려준다. 특히 신명기에 식사와 관련된 내용이 많다.[2] 시편 23편은 위험을 직면한 상황에서도 베푸시는 하나님의 관대한 돌봄을 경축하기 위해 잔치상 은유를 사용한다. "당신은 원수들 앞에서 내게 상을 차려 주시고, 내 머리에 기름을 바르시니, 내 잔이 넘칩니다."시편 23:5 예언자들은 그들의 땅을 되찾고 다시 집으로 돌아갈 때 있을 식사와 축제의 비전으로 포로기 백성들을 위로한다.사 49:9ff; 겔 43:13ff

예언자 이사야는 더 큰 비전을 선포한다. 이 비전은 이스라엘만이 아닌 모든 백성을 포함한다. 그들은 영원한 언약의 축복을 공유할 것이다.사 55:5

너희 모든 목마른 사람들아,

어서 물로 나오너라. 돈이 없는 사람도 오너라.

너희는 와서 사서 먹되,

돈도 내지 말고 값도 지불하지 말고

포도주와 젖을 사거라.

어찌하여 너희는 양식을 얻지도 못하면서 돈을 지불하며,

배부르게 하여 주지도 못하는데, 그것 때문에 수고하느냐?

"들어라, 내가 하는 말을 들어라. 그리하면 너희가 좋은 것을 먹으며,

기름진 것으로 너희 마음이 즐거울 것이다.

너희는 귀를 기울이고, 나에게 와서 들어라.

그러면 너희 영혼이 살 것이다. 내가 너희와 영원한 언약을 맺겠으니,

이것은 곧 다윗에게 베푼 나의 확실한 은혜다. 사 55:1-3

이사야는 주님의 날에 대해 다음과 같이 예언한다.

기름진 것들과 오래된 포도주,

제일 좋은 살코기와 잘 익은 포도주로

잔치를 베푸실 것이다.

또 주님께서 이 산에서

모든 백성이 걸친 수의를 찢어서 벗기시고,

모든 민족이 입은 수의를 벗겨서 없애실 것이다.

주님께서 죽음을 영원히 멸하신다.

주 하나님께서 모든 사람의 얼굴에서 눈물을 말끔히 닦아 주신다.

그의 백성이 온 세상에서 당한 수치를 없애 주신다.

이것은 주님께서 하신 말씀이다. 사 25:6-8

이사야의 언어가 "당신의 나라가 오며, 당신의 뜻이 하늘에서와 같이 땅에서도 이루어지게 하소서"라는 예수의 기도가 가진 내적 전망을 형성했다는 점에 대해서는 의심의 여지가 없다.

거대한 비전을 가진 예수의 기도는 식사 때 그가 했던 행동과 그의 식사 이야기와 잘 맞아떨어진다. 그는 많은 이방인들, 비유대인들이 "아브라함과 야곱과 함께 하늘나라에서 먹고 마실 것"마 8:11이라고 주장하여 적대를 샀다. 예수는 부유하고 영향력 있는 사람들 외에도 뜻밖의 사람들인 부역자, 죄인, 부정한 이들과 함께 식사를 했다. 특별히 사회적으로 주변화된 이들 사이에서 예수는 이미 하나님 나라의 연회를 즐기고 있었다.

성찬의 기원은 유월절 축제 식사이다. 식사와 함께하는 예전은 하나님의 해방하시는 통치가 이루어지게 하기 위해 메시야가 올 것이라는 희망을 표현한다. 예수는 자신의 통합적 비전을 강력한 유월절 이미지와 결합시켰다. 그는 제자들에게 자신을 기억하며 계속 축제를 즐기라고 하였으나, 그 자신은 하나님의 나라가 이루어질 때까지 거기에 참여하지 않겠다고 말했다.막 14:25 부활 이후에, 그리스도가 그들의 즐거운 공동 식사 자리에 나타나셨기에, 초기 그리스도인들은 그 나라가 참으로 그들 안에서 세워지고 있다고 생각했다.

그리스도를 초청하는 고대 아람어 단어 마라나타!고전 16:22는 "우리 주여 오소서!" 라는 뜻이다. 이것은 "아멘, 주 예수여 오소서!"계 22:20와 동의어이며, 아마도 초기 성찬 예배 예문의 일부였을 것이다. 이 단어는 2세기 초 시리아 기독교 공동체가 사용한 디다케에서 식사기도 마지막 부분에 나타난다.[3] 같은 기도문에는 또 다른 인상적인 문장이 등장한다. "은혜그리스도의 호칭가 임하시고, 세상은 지나가게 하소서!" 이것은 확고히 자리 잡은 기쁨으로 찬 기대의 증거이다. 이 표현들은 아마도 유대인들의 축복기도 뒤에 이어지는, 이스라엘의 구속을 바라는 기쁜 희망의 말에서 유래했을 것이다.

바울은 그가 전해 받은 전승을 다음과 같은 권고로 끝맺는다. "주께서 오실 때까지 그의 죽음을 선포합니다." 이것은 과거의 사건을 가르치는 것만을 의미하지 않는다. 이 식사의 종말론적 선포는 처음에 그랬던 것처럼 새 계약언약의 시작 신호다. 현재와 하나님의 통치가 완전히 실현되는 시간, 이 두 시간이 여기에서 겹쳐진다.[4]

초기 기독교인들은 그리스도가 영광중에 나타나실 것을 기다렸는데, 이 기다림은 두 차원으로 표현되었다. 그리스도는 성찬의 식사 안에 진실로 계신다. 그러나 그는 여전히 기다림의 대상이다.[5] 성찬은 언제나 재림에 대한 희망의 시간 속에서 집전되었는데, 그 희망의 약속은 그리스도의 초림이었다. 교회는 그 약속이 성취되기를 열망한다. 모든 성찬에서 파루시아그리스도의 돌아옴를 위한 기도는 "교회가 미래를 맛볼 때에 부분적으로 성취된다."[6]

주 안에서 나눔

식탁에서 그리스도는 피 흘리고, 부서지고, 제자들에게 떡을 나누었다. 그렇게 함으로써 그리스도인들을 위한 기억의 핏줄이 되는 중요한 기초가 놓였다. 예수는 기꺼이 "그의 삶을 내려놓았다." 그는 떡과, 그의 삶과, 가르침을 나누었다. 그의 관대한 모범을 따라, 우리도 우리 삶을 내려놓고 관대하게 나누는 법을 배운다. 이것이 주의 식탁에서 가장 중요한 주제 중 하나인 코이노니아의 가르침이다. 주님의 떡과 그의 삶을 나눌 때에, 우리는 서로, 그리고 어려운 이웃들과 나눌 힘을 얻는다. 우리의 교회 공동체들은 관대하고 생명을 주는 공동체로 알려질 것이다. 바울이 고린도의 그리스도인들에게 전해 준 전승의 배경에 이 역학관계가 자리 잡고 있다.

"우리가 그 떡을 떼는 것은 그리스도의 몸을 나누어[코이노니아] 먹는 것이 아니겠습니까? 떡은 하나이고 우리 모두가 그 한 덩어리의 떡을 나누어 먹는 사람들이니 비록 우리가 여럿이지만 모두 한 몸인 것입니다."고전 10:16b-17

바울은 여기서 교회를 그리스도의 몸으로 보는, 그가 가장 선호하는 도식을 사용한다. 영양분을 공급하는 떡을 함께 먹음으로써, 우리는 살아 숨쉬는 그리스도의 몸의 구성원이 되고, 그의 영으로 생기를 얻는다. 한 떡을 나눔으로써 우리는 서로간의 신비로운 일치를 알게 된다.

바울이 떡과 나눔을 동일시한 점에 주목하자.고전 10:16b 강조점은 물리적 떡 그 자체에 있지 않고, 떼고 나누는 행위에 있다. '이것을' 이라는 단어가 의미하는 것은 떡을 축복하고 나누는 행동이다. 이 동작은 '너희를 위해 상한 내 몸'을 의미한다. 이것은 나눔 혹은 자기를 내어주심 만큼이나, 그리스도의 십자가 죽음을 지시한다.[7]

잔과 관련된 의식도 마찬가지다. 이 의식의 강조점은 운명의 잔을 나누는 행동에 있다. "우리가 감사를 드리면서 그 축복의 잔을 마시는 것은 우리가 그리스도의 피를 나누어[코이노니아] 마시는 것이 아니겠습니까?" 고전 10:16a 떡에서와 같이 잔에서도 강조점은 잔이나 그 내용물이 아닌, 그리스도의 피에 참여하는 코이노니아에 있다. 잔 자체가 그리스도의 피와 동등한 것은 아니다. 그것은 그리스도의 피로 인해 가능해진 새 언약을 상징한다.[8]

유대 그리스도인들에게, 나누어 마시는 잔은 강력한 상징이었다. 축제 식사를 마감하며 둘러앉은 식탁에서 돌리는 잔은, 그들의 문화에서는 주최자와 참여자들 간의 결속, 즉 신성한 관계를 의미한다. 제자들과 함께한 예수의 마지막 과월절 식사에는 랍비와 그의 헌신된 제자들 사이에 형성된 강한 결속이 있었다. 제자들은 문자 그대로 지식으로, 영으로, 몸으로 그들의 랍비를 따라갔다. 그들은 랍비가 이끄시는 곳은 어디든 갔다.

예수는 그의 제자들에게 "여러분은 내가 마시는 잔을 마시겠습니까?" 막 10:38 하고 물었다. "그들은 '네 할 수 있습니다.'" 하고 대답했다. 예수가 그들에게 물은 것은 이런 것이었다. "여러분은 내 운명을 공유할 수 있습니까? 여러분은 내 소명으로 인해 치러야 할 몫에 동참할 수 있습니까?" 예수의 잔을 나눔은 어떤 일이 따르더라도 같은 길에 참여함을 의미할 것이다. 예수는 그들의 가벼운 대답을 수정해 주었다. 그들은 자신들이 하는 말의 의미를 모른 채 쉽게 "할 수 있습니다." 라고 대답했다. 그들의 대답은 그들이 생각한 것 이상의 의미를 담고 있었다. 예수가 그에게 다가올 어두운 미래를 예상하며 각 사람을 골똘히 바라보는 장면을 상상해 보자. 그는 "내가 마실 잔을 여러분도 마실 것입니다."10:39라고 말하며 고개를 끄덕였다. 예수는 함께 나누는 운명의 잔에 대해, 거절할 수 없는 고통에 대해 말한 것이다.

바울은 주의 수난을 나누는 코이노니아라는 주제와 그의 죽음에 참여함으로써 우리가 그의 생명을 참으로 살아내게 되었다는 주제를 발전시킨다. "우리가 그리스도와 함께 죽었으니 또한 그리스도와 함께 살리라고 믿습니다."롬 6:8 우리가 "그리스도 안에"고후 5:17 있을 때 새 창조가 시작된다. 바울이 묘사한 것보다 더 친밀한 결합을 상상할 수 있을까?

나는 이미 율법의 손에 죽어서 율법의 지배에서 벗어나 하나님을 위하여 살게 되었습니다. 나는 그리스도와 함께 십자가에 달려 죽었습니다. 이제는 내가 사는 것이 아니라 그리스도가 내 안에서 사시는 것입니다. 지금 내가 살고 있는 것은 나를 사랑하시고 또 나를 위해서 당신의 몸을 내어주신 하나님의 아들을 믿는 믿음으로 사는 것입니다. 갈 2:19-20

물론 그리스도의 수난의 길을 함께함이 그 배경에 있다 하더라도, 그것이 예수가 축복한 잔의 첫째가는 의미는 아니다. 예수는 아마도 제자들과 함께 나눈 잔을 그들이 함께 받을 유익, 즉 자신의 죽음이 가진 속죄의 능력과 연결시키려 했을 것이다.

잔의 의미에 대한 바울의 생각을 보자. 그는 고린도의 그리스도인들에게 그들의 친교 식사에서 나누는 축복의 잔이 랍비 예수와 제자들의 유대에 대한 기억 이상을 의미함을 상기시킨다. 바울은 "이 잔은 내 피로 맺는 새 언약"고전 11:25b이라는 예수의 말을 상기시킨다.

완전히 똑같지는 않지만, 모든 복음서 구절들은 잔과 연관된 말들에서 예수가 포도주를 자신의 피와 병행시키고 있다는 점에 동의한다. 이 개념의 출처는 분명히 시내산의 계약이다. 이제, 예수의 피를 통해 새 언약이 수립되었다. 언약이라는 주제에 대해서는 이후에 더 다루겠다.

화해, 평화 만들기

평화의 사람들! 초기 그리스도인들은 자신들을 그렇게 생각했다. 아주 이른 시기부터 다양한 계급, 언어, 문화에서 온 신자들이 이루는 연합은 성찬의 중요한 주제였다. 우리의 평화이신 그리스도는 적개심의 벽을 무너뜨려 우리를 하나로 만드셨다. 그리스도는 새로운 사람됨이 가능하게 했고, 사람들을 자신과, 또 서로와 화해하게 했다. 이것이 에베소인들에게 보낸 편지 2:11-22의 위대한 선언이다.

화해는 복음의 심장이다. 복음과 평화가 서로 떨어져 있을 때 끔찍한 일이 일어나는데, 우리는 그리스도인들이 개인화된 구원을 설교하고, 복음이 국가나 무리의 정체성을 살아내는 방법과 관련됨을 강조하지 않은 나라들의 사례를 통해 이를 목격했다.

신약의 그리스도인들은 사랑의 입맞춤벧전 5:14이라고도 불린 거룩한 입맞춤[9]과 같은 특별한 행동으로 성령의 영감으로 인해 이루어지는 하나됨의 기적과 기쁨을 표현했다. 이것이 정교한 신학으로 정리된 "예배 순서"의 일부였는지는 분명하지 않다. 그러나 평화라는 주제가 신약 서신에 나타난 입맞춤이 언급된 다섯 구절 중 세 군데서 이 행위와 밀접하게 결합되어 있다는 점은 주목할 만하다. 교회들은 화해된 관계를 촉진하기 위해 주의를 기울였다. 사랑과 연합은 함께 사는 삶의 가장 중요한 기초였다.

초기 기독교 예전 예문에서 입맞춤은 독서와 기도 이후, 떡과 잔의 예식이 시작되는 자리에서 나타난다. 이 위치에 대한 설명은 나쁜 관계가 있다면, 제단에 제물을 남겨두고 관계를 바로잡은 후 다시 예배를 드리라는^마 5:23-24 예수의 권고였다. 입맞춤은 "평화의 입맞춤", 혹은 짧게 "평화"로도 불렸고, 그 기능은 다양했다. 이것은 예배 중 기도와 성찬 사이를 이어주는 경첩이며, 사람들 사이의 일치와 사랑을 표현하는 것이었다. 이 순서를 통해 사람들은 그 자리에서 잘못을 바로잡을 수 있는 기회를 얻었다.

평화의 입맞춤은 결국 형식화 되고 성직화 되었다. 어떤 곳에서는 그 핵심적 의미가 오용되었다. 중세 잉글랜드에서 평화의 입맞춤은 사제에게서 귀족, 젠트리, 마지막에 일반 민중에게로 수직적 위계를 따라 전달되었다. 가난한 여성은 마지막이었다.[10]

20세기 상찬 예배에서 평화의 입맞춤이 다시 등장한 것은 기쁜 소식이다. 왜 아니겠는가! 평화로의 초대는 기독교 예배의 독특한 "원시적" 구성요소 중 하나이다. 물론 오래 되었다는 사실이 그것의 좋음이나 필수성을 보증하지는 않는다. 평화의 입맞춤^{인사}는 기독교 신앙의 중심적 진리, 샬롬을 위한 예수가 한 일들을 상기시키고 극화시켜준다. 예수는 평화의 왕이다. 우리는 그의 평화의 백성이 되어야 한다.

기도, 평화의 입맞춤, 상징적인 기념식사를 가진 성찬예배는 우리가 교회의 "일치 예식"*unitive rites*이라고 부르는 것을 구성한다. 예배는 하나님과, 그리고 서로와 이루는 화해와 일치에 대한 것이다. 예배의 목적, 과정, 효과는 바로 하나됨이다.

우리 성찬 예배는 죄를 용서받고, 그 용서를 전달하는 과정을 통해 잘못을 바로잡을 시간과 공간을 제공해 준다. 하나님의 자비를 막을 둑은 없다. 하나님의 백성이 그 자비를 받아들인다면, 그 은혜로운 용서는 넘치고, 그 나라의 자비로 들판을 적실 것이다. 하나님의 사랑은 온 세상을 위한 것이며, 그것을 깨닫고 받은 우리는 가는 곳마다 그 사랑을 흘려보내고, 나르고, 보내는 이들이다. 식탁의 예전은 터져 나온 샘물을 담는 우물과 같아서, 그곳으로부터 솟아나온 성령의 생수가 우리가 가진 물병과 잔을 채운다. 이 물은 세상 모든 사람들이 가진 화해에 대한 목마름을 채운다. 우리의 사명은 목마르고 갈급한 세상에 생명의 물을 공급하는 "워터보이"가 되는 것이다.

9. 그리스도가 여기 계시니, 신비가 드러났다

신앙의 신비

이 천 년 동안, 동방의 그리스도인들은 성찬을 "신비" 혹은 "신비들"로 불렀다. 초기 기독교에서, 신앙은 침입자나 박해자로부터 안전하게 보존되는 신비였다. 몇 세기가 지난 후 모든 인구가 기독교에 편입되었을 때, 국가 종교가 된 기독교에서 신비의 의미는 바뀌었다. 예전은 기독교 신앙을 극적으로 계시하는 기능을 하기 위해 필수요소가 되었다. 그것은 신앙의 신비를 정확하게 전달하는 복잡한 "신비극" 같았다. 예전은 이방 문화 배경에서 기독교로 유입되는 이들을 위해 색, 말, 음악—모든 감각—을 사용했다.

초기 예전은 전체 백성의 공동 행동이었다. 중세에, 신비를 보호하기 위해 성직자와 회중은 급격히 멀어졌다. 성직자에 의해 알려지고 다뤄지는 신비는 엄청나고 두려운 것이라는 메시지가 이 상황에 암시되어 있다. 성체를 뜬 숟가락이 영성체자의 입 안에 존귀한 성례전을 넣어 주었고, 손으로 직접 받는 것은 금지되었다. 사제는 정교하게 만든 가림막과 종교적 이콘그림들로 보호되었다. 성례전의 놀랍고 신비로운 성격은 "사제의 나타남과 사라짐[성상 벽 뒤에서 나타나고 들어감], 성물을 가림과 드러냄, 문을 열고 닫음[성상 벽의 문], 성례전과 관련된 다양한 행동들"[1]로 보강되었다.

20세기의 위대한 정교회 신학자 알렉산더 슈메만은 하나님 나라의 큰 신비는 하나님의 전적 타자성과 신비한 임재를 "이성적 종합이 아닌, 신비적이고 실존적인 방식으로" 결합한다고 가르쳤다.[2] 예전은 하나님의 초월성과 타자성이 궁극적으로 알려지는 사건이다. 교회는 성령의 기쁨과 평화 안에서, 하나님 나라가 성취될 때에 완전히 알려질 그것을 지금 체험한다. 이 것이 신앙의 신비에 대한 슈메만의 설명이다.

동방 정교회 예전 신학은 특히 마리아 라흐나 19세기 독일 베네딕도회 수도회들에서 천주교의 예전 갱신과 연결점을 가졌다. 이 접촉을 통해 신비 신학으로 알려진 것이 서방에 전해졌다. 이 만남은 2차 바티칸 공의회의 예전 문헌인 「거룩한 예전에 관한 헌장」1963에 큰 영향을 미쳤다.[3]

예수가 여기 계시다!

성찬에서 일어나는 그리스도의 임재현존는 중요한 논쟁거리였다. 우리가 그의 이름으로 그의 식탁에 모일 때, 예수가 참으로 우리와 함께하신다는 그리스도인들의 일반적 주장의 신비한 실체가 위치하고 있는 바탕인 신약 성경 구절로부터 이에 대한 논의를 시작하려 한다.

그리스도인들은 예수가 부활 이후에 나타나신 이야기들을 벅찬 기쁨으로 다시 말한다. 우리가 기억하는 첫 장면에서, 제자들은 두렵고 떨리는 상태로 모여 있었다. 그들은 예수의 "샬롬!"을 듣고 아무 말도 하지 못했으며, 상한 손과 옆구리를 보고 두려움에 사로잡혔다. 그러나 그들은 곧 그를 다시 만나기 원했다. 사도행전 1:1-5절은 이렇게 전한다. "당신이 여전히 살아 계시다는 것을 보여주시며…. 사십 일 동안 …. 하나님 나라에 관한 말씀을 들려주셨다. 함께 계신 자리에서 이렇게 말씀하셨다. … '아버지의 약속을 기다려라.'"

이 체험은 초기 그리스도인들의 기억에 "내가 너희와 함께 하겠다."는 약속이 신실하다는 사실을 깊이 새겼다. 그는 제자들과 함께할 것이라고 말했고, 진정으로 그들과 함께 있었다! 이것이 어떻게 가능한지 그들은 다 이해하지 못했다. 그들은 예수의 죽음을 보았고, 그를 무덤에 뉘었다. 그러나 그는 부활의 현실 안에서 그들과 함께했다. 그는 제자들과 이야기했고,

함께 머물렀고, 함께 식사했다. 그리고, 제자들은 새로운 국면을 맞이한다. 그들은 "아버지가 약속하신 것"눅 24:49을 받을 것이다. 그들은 그가 "하늘로 올라가시던 그 모양으로 다시 오실" 것이라고 기대했다.행 1:11

부활 후 40일 동안 그들은 기다렸고, 놀랐고, 서로에게 예수의 계명과 약속을 상기시켜주었다. 오순절에 그들은 그 약속—낯선 힘을 주시고 거룩한 불로 나타난 성령—에 대해 처음으로 이해하게 되었다. 성령의 임재와 힘 안에서 그들은 사는 법을 배웠고, 성령 안에서 그들은 그들의 주인인 예수의 살아있는 임재와 연합했다. 그들은 함께 식사를 나누며 예수를, 그의 가르침을, 제자들과 함께했던 그의 삶을 기억했다. 이제 그들은 예수의 육체를 눈으로 볼 수 없을지라도 그가 신비한 방식으로 함께하심을 깨달았다.

요한복음 15장에 담긴 포도나무와 가지라는 놀라운 심상은 그리스도 안에서의 "동행"에 대해 잘 알려준다. 우리는 아버지를 포도원 농부로 그리는 짧은 알레고리적 비유에서 성찬과 관련된 인기 있는 상징을 만난다. 포도나무는 예수이고, 가지는 신자들이. 요한복음 6장에서 예수가 하늘에서 내려온 생명의 떡이고, 생명수의 샘인 것처럼 여기서 예수는 참 생명의 근원이다. 포도나무의 수액인 사랑으로 양육되기 위해서 신자들은 포도나무에 연결되어 있어야 한다. 하늘의 떡과 생명수를 나누는 행위는 예수 안에 있는 살아있는 신앙의 상징이었다. 포도나무와 가지의 그림에서, 신자들은 생명의 근원—하나님의 사랑—과 친밀하게 연결된다.

문자적으로 특정되지는 않지만, 요한복음의 공동체에서 포도나무 심상이 성찬과 연결되어 있었다는 점에는 의심의 여지가 없다. 모든 초기 그리스도인들은 최후의 만찬과 함께 만찬 제정사를 알고 있었다. 마가와 마태에서 "포도나무에서 난 것"이라는 명칭이 만찬의 잔과 연결되어 있다는 사실을 통해 이를 유추할 수 있다.

레이먼드 브라운은 요한복음 15장에서 성찬의 소리가 공명하고 있다고 지적한다. 열매 맺음에 대한 다섯 번의 가르침이 처음 여덟 절에서 나타나는데, 이것은 요한복음의 다른 곳에서는 단 한 번만 나타나는 표현이다. 땅에 떨어진 밀알이 "열매를 맺"12:24는다. 예수의 죽음이라는 모티프가 최후의 만찬과 만찬 제정 이야기에 내재되어 있다. 덧붙여, 요한복음 6장과 15장의 "나는 생명의 떡이다."5:51, "나는 참 포도나무이다."15:1 사이에는 '내 몸'과 '내 피'의 병행구조가 존재한다. 브라운은 포도나무 알레고리가 성찬에서 그리스도와 연합하는 신자들이 반드시 삶에서 열매를 맺고, 그들 사이에 사랑의 띠를 견고하게 하고, 그들의 주와도 사랑으로 하나 되어야 함을 의미한다고 주장한다.[4]

바울은 그리스도와 신자들 사이의 친밀한 연합에 대한 나름의 표현을 발전시킨다. 그는 그것을 "그리스도 안에 있음"이라고 부른다. 그는 신자의 정체성이 그리스도와의 친밀한 영적 일치에서 온다고 말한다. 이 관계는 그리스도의 몸인 교회의 삶을 통해, 그리고 교회의 기념 친교식사를 통해 깊어지고 표현된다. 교회가 나누는 축복의 잔과 떡은 그들을 모두 "한 몸"으로 만든다.고전 10:16-17

초기 그리스도인들이 그리스도의 이름으로 모였을 때 깨달았던 그의 친밀한 임재를 서술한 세 사례가 있다. 초기에 신자들은 이 일이 어떻게 일어나는지를 설명하려 하지 않았다. 그들은 그저 그리스도가 거기 계심을 알았다.

4세기에 신자들은 그리스도의 임재가 언제 일어나는지를 궁금해 하기 시작했다. 사제가 축성하는 "순간"에 그 일이 일어나는가? 9세기에, 그리스도가 어떻게 임재하시는가에 대한 논쟁이 대두되었다. 떡과 포도주가 기적적으로 변화됨으로써 일어나는가? 떡에 대한 관심이 높아질수록 이제 이 떡은 더 이상 일상적 식사에 쓰이는 것이 아니었고, 희고 순수한, 거룩한 면병이었다. 사람들은 성례전 안에 임재하는 그리스도를 경배했다. 이 경배는 "개인적이고, 사적이고, 주관적이고, 개별화된 행동이었으며, 더 이상 예배의 말, 행동과 연결된 공동체적 활동이 아니었다." 미사 집전은 "사람들이 그리스도와 친교를 나누기보다는 그를 경배할 수 있도록, 예수 그리스도의 참된 임재를 만들어 내는 행위"가 되었다.[5]

우리가 다 설명할 수 없고 그럴 필요도 없는 실재를 경험하고 받아들일 수 있다면, 우리는 초기 그리스도인 형제, 자매들과 함께 그리스도의 식탁에서 그의 임재를 기뻐할 수 있을 것이다. 어쩌면 그 자리에는 이상한 간증 "예수의 얼굴이 잔에 비친 것을 보았어!", 괴상한 소리불의 혀와 바람소리, 치유기도의 증거"예수가 만져 주셨어요!"들이 있을지도 모른다. 우리는 예수가 그의 식탁에서 진실로 우리와 교제하실 것이라는 열망과 기대 안에서, 부활 이후의 초기 제자들을 만난다. 주 예수가 성령을 통해, 하나님의 사랑으로 그의 몸인 교회에 임재하신다는 사실을 알게 된다면, 우리는 앞으로 그리스도인이 될 무수한 세대에 동참할 수 있을 것이다.

상징과 성례전

그리스도와 함께함, 혹은 그리스도와의 상통에는 신비적 특징이 있다. 그리스도인들은 여러 가지 다른 방법으로 이것을 설명하려고 시도했다. 이 중 가장 잘 발전된 방식이 성례전의 언어이다. 성례전의 언어는 기호, 상징, 의례와 관련되어 있고, 이것들은 서로 얽혀있다. 이해를 위해 각각의 단어를 일단 따로 살펴보기로 하자.

여러분은 아마 "기호는 그 자체 너머에 있는 것을 지시한다." "언어 너머에 있는 것에 대해 말하기 위해 상징을 사용한다." "의례는 때때로 유용한 습관적 행동이다." "성례전은 인간의 믿음을 통해 유효성을 가진다." "성례전은 보이지 않는 은혜의 보이는 기호다." 같은 문구를 들어 보았을 것이다.

우리가 예배에서 행하고 말하는 것들은 합리적 방식으로 표현할 수 있는 것 너머에 있다. 우리는 암시적인 요소들과 종교적 상상력에 자신을 열어두어야 한다. 이것은 은유, 상징, 성례전, 의례를 통해서 가능하다. 우리가 방금 이야기한 차원을 배제한다면, 우리는 경직된 합리주의나 불완전한 감정에 휘둘릴 것이다.[6]

어떤 신학자들은 그리스도만이 성례전이라고 말한다. 그는 우리의 인간 실존 안으로 들어와 우리와 하나님 사이를 이어주었다. 영이신 하나님이, 몸이기도 하고 영이기도 한 우리 인간에게 오신 것이다. 또 어떤 이들은 교회야말로 큰 성례전이라고 주장한다. 그들은 그리스도의 성육신과 교회의 병행에 대해 말한다. 하나님의 사랑과 자비는 교회를 통해 가시화 되는 것이다. 교회사 초기 몇 세기 동안 "큰 성례전"는 세례를 연상시키는 말이었다. 세례는 그들의 삶에 결정적 영향을 미쳤기 때문이다.[7] 그러나 이후 중세에 성례전에 대한 토론과 논쟁은 점점 더 '주님의 식탁'에서 떡과 포도주에 일어나는 물질적 변화에 대한 것에 집중되었다. 우리 그리스도인들은 이 질문으로 인한 과도한 논쟁과 분열의 잔혹한 역사라는 짐을 지게 되었다.

성례전은 하나님과의 관계에 대해 말 한다

우리가 어느 전통에서 왔든, 우리는 경험을 통해 성찬의 식탁에서 하나님이 우리와 살아서 친교하신다는 것을 안다. 그런데 이것은 어떻게 가능해지는 것인가? 무엇이 이 식탁을, 모임을, 떡을, 잔을 하나님의 사랑과 은혜를 전달하는 특수한 수단이 되게 하는가? 어떻게 보통의 떡과 포도주가 눈에 보이는 것 이상의 무언가가 되는가? 다시 말해서, 이것들은 어떻게 성례전적인 것이 되는가?

때때로 어떤 일상적 물건들이 완전히 다른 의미의 맥락 안으로 옮겨지기도 한다. 그 때 그것의 의미는 완전히 달라진다. 이 과정을 설명하는 예전적 개념이 의미변화trans-signification이다. 이 용어는 성찬 예배에서 떡과 포도주의 의미에 어떤 변화가 일어나는지에 대해 설명하려 한다.

다른 한 편에서는, 우리가 떡과 포도주를 받을 때, 우리가 내적 상상력을 하나님과의 관계에 고정시킴으로써 떡과 포도주가 성례전적인 것이 된다고 설명한다. 하나님은 영이시나 우리 인간은 육이자 영이다. 영이신 하나님이 우리에게 오실 때 우리는 그분이 주신 우리의 본성을 통해 응답할 수밖에 없다. 우리는 하늘에서 내려온 떡, 생명의 양식, 나그네의 양식, 그리스도의 몸이라고 부르는 떡을 받는다. 내적으로, 믿음을 통해, 우리는 생명을 주는 이 떡을 받는다. 하나님은 영이기도 하고 물질이기도 한, 몸이기도 하고 정신이기도 한 우리의 전체를 만지신다.

우리가 스스로를 개방할 때에만 하나님이 이런 일들을 하실 수 있다. 물질과 영으로 하나님을 이해하고 그분께 응답해야 한다는 사실을 거절할 때, 우리는 친교 관계에 있어서 하나님과 우리 양쪽을 모두 제한하는 것이다. 우리는 스스로를 말 속에 가두는 우를 범하지 않으면서 하나님과는 전화로 통화하듯 말만 한다. 소통 수단이 제한되면 관계 역시 제한되고, 하나님은 인격person이시고, 우리 역시 그렇다. 우리의 친교는 인격적인 것이다. 우리의 식탁 친교도 인격적이며 성례전적인 친교다. 그래서 여기에는 필멸자인 우리와 영이신 우리 하나님 사이의 인격적 친교 방식과 수단들이 반영되어야만 한다. 이 수단들은 우선적으로 하나님께서 우리에게 주신 선물들이며, 물질과 상상력, 신앙과 헌신의 복합체이다.

상징

우리는 다른 사람들과의 관계에서, 인격적영적 소통을 위해 자신의 전체를 사용한다. 몸짓, 찡그림, 포옹, 머리 쓰다듬기 같은 것들은 타인과의 인격적 소통을 위한 수한 "말하기" 방식이다. 이 모든 것들은 말과 마찬가지로 상징이다. 모든 인간은 "상징을 말한다." 우리는 감사를 표하기 위해 선물을 주고, 누군가 혹은 그의 일에 가치를 부여하기 위해 기념품을 수여한다. 우리는 의례적 만찬으로 정치 요인들을 환영하고, 사랑하는 교수를 위해 기념문집을 내고, 엄숙한 장례식에 화환을 놓고 팔에 띠를 두른다. 우리 인간들은 이런 시각 언어와 물질적 요소를 사용해서 효과적으로 소통하는 데 능숙하다. 우리는 우리의 전체인 몸과 정신으로 서로 만난다.

물론 말은 관계에서 중요한 요소다. 그러나 그것으로 충분치 않다. 만약 내가 남편에게 사랑한다고 말했을 때 그쪽에서 "네, 알아요. 전에도 말하지 않았나요?"라고 대답할까? 아니다. 그는 나를 안고, 다시 사랑을 고백하고, 항상 내 곁에 있겠다고 말할 것이다. 그리고 짠! 가방에서 귀갓길에 사온 작은 선물을 꺼낼 것이다. 그의 인격적인 사랑의 응답은 말, 행동, 선물, 약속의 복합체이다. 결혼과 친구관계에서 우리는 여러 층위로 소통하고, 우리의 영적 관계를 물리적 신체와 물질적 피조물들로 표현한다.

어떤 상징들은 다른 것보다 강력하다. 가로와 세로 길이가 같은 검정색 십자가가 그려진 시골 길의 교통표지판은 굳게 서서 자신의 메시지를 전한다: 교차로가 가까이 왔다. 교통 표지판은 생생한 정보를 전해준다.

비슷한 표지가 우리 가정교회 벽에도 걸려있다. 이때에 이 표지는 다른 메시지를 전한다. 이 십자가는 정보를 주지 않는다. 이 표지는 한 사람, 그리고 그의 생의 사건들을 상기시킨다. 그 사건들은 바로 그의 수난과 승리이다. 이 십자가는 온 인류의 목적지이고, 치유와 용서와 희망의 자리이다. 우리 가정교회 앞 벽면에 걸린 십자가는 정보를 전달하는 것 이상의 상징이다. 그 물체 자체가 가치 있는 것은 아니다. 이것의 가치는 일차적 필요에 의해 매겨지지 않는다.

어떤 사람은 이렇게 말 할 수도 있다. "상징은 실용적이지 않아. 우리가 영양소를 섭취하려고 생일 케익을 먹는 것도 아니고, 어두워서 초를 켜는 것도 아니잖아."[8] 그러나 몸짓 너머의 것을 말하기 위해서 우리는 그것들을 일상의 맥락에서 떼어 사용한다. 그렇게 함으로써 우리는 거기에 영적 혹은 관계적 의미를 부여한다. 내가 오늘 시장 노점에서 사온 파란 리본은 학교 체육대회 1등 상이 될 수도, 옷깃의 장식이 될 수도, 정치적 집단의 배지가 될 수도 있다. 이와 같이, 나들이와 성찬식에서 떡을 떼는 일상적 몸짓은 다른 상징적 의미를 전달하게 된다.

우리가 의미를 채워 넣기 전까지는 어떤 물체나 몸짓이든 의미 없는 것이다. 이 의미는 관계나 공동의 체험에 대해 말한다. 모든 친구 사이에는 휘파람으로 부는 노래, 손동작, 별명, 자기들끼리만 아는 농담 같은 나름의 상징이 있다. 우리 인간은 관계를 풍성하게 하기 위해 끊임없이 상징들을 빈 공간에 채워 넣는다. 우리는 "상징을 말하는" 데에 능숙하다.

하나님과의 관계에서도 마찬가지다. 우리는 우리의 전존재인 몸, 언어, 느낌, 선물과 몸짓, 눈물과 노래를 통해 응답한다. 이 모든 것들은 깊은 의존과 사랑의 관계를 표현하는 상징이다. 우리는 하나님께 말과 그것 너머의 의미를 동반하는 상징언어로 이야기 한다. 아우구스티누스는 이렇게 말했다. "우리에게는 말씀이 필요하다. 그러나 눈에 보이는 언어 또한 필요하다."

성례전의 언어를 사용하는 그리스도인들은 물질적인 것과 영적인 것이 만나는 자리에서 상징들을 다루고 신비로운 요소를 가리킨다. 영이신 하나님은 물질적이며 영적인 우리의 온 삶을 통해 우리와 만나시고 소통하신다. 교회에 있어서 하나님과의 소통은 공동예배를 위해 함께 모인 곳에서 가장 첨예한 방식으로 나타난다. 이건은 노래, 언어, 몸짓, 예물, 서원 등의 다양한 방식을 통해 표현된다. 또한 우리는 하나님과의 관계를 기억, 상상력, 눈물, 함성, 춤, 예술을 통해 표현한다.

사실 하나님이 상징을 통해 사랑과 우리와의 관계를 표현하신다는 개념

보다는 우리가 상징적인 방식으로 하나님을 향해 우리 자신을 표현한다는 개념이 더 이해하기 쉬운 것 같다. 성례전적 언어는 바로 하나님이 상징을 통해 표현하신다는 것에 대한 이야기다. 도널드 베일리는Donald Ballie 새로운 가정교사와 함께 방에 있는 어린아이의 이야기를 들려준다. 아이는 무서워서 얼굴을 숨기고 있다. 가정교사는 상황이 자기하기에 달렸다는 것을 안다. 그녀는 아이의 이름을 부르고, 가까이 다가가고, 아이와 함께 책을 읽는다. 이때에 그녀는 몸짓, 언어, 물체를 사용해 아이를 향한 마음을 전한다. 그 후에야 아이는 응답할 수 있다. 하나님은 그 가정교사가 꼬마 아이의 응답을 얻어내는 것과 같은 방식으로, 우리 안에서 믿음과 우정으로 역사하신다.

하나님은 여러 방식으로 우리에게 사랑을 표현하시는데, 예를 들어 말과 행동, 끊임없이 창조적인 성령을 통해 우리를 그분과의 관계로 이끄신다. 하나님은 우리가 "은혜의 방편"이라고 부르는 상징적 선물인 성례전들을 사용하신다. 이것들은 모두 "우리와 그분사이의 은혜로운 관계를 표현하고 증진시키기 위해 하나님의 은총에 의해 사용된"9) 것들이다. 이런 은혜는 상품이 아니다. 이것은 인격적이다. 은혜는 우리와 하나님 사이의 관계의 본질이다.

성찬의 상징적성례전적 떡과 포도주를 통해 우리는 하나님의 약속을 붙들수 있다. 우리는 하나님이 선물로 주신 것이 무엇인지를 믿음을 통해 알 수 있다. 그것들을 통해 우리는 넘치는 용서를 마시며, 우리가 그의 택함을 입은 사랑받는 자녀라는 확신을 맛볼 수 있다. 하나님의 약속, 은혜의 선물, 그것에 대한 우리의 수락인 완전한 구원이 성례전의 떡과 포도주 너머에 놓여 있다.

성례전이라는 단어가 성경에 나오지는 않는다. 이와 같은 의미를 가진 신학적 개념 중에 가장 중요한 것은 신비이다. 이것은 성례전이라는 것이 이해할 수 없는 것이라는 뜻이 아니다. 성경에서 신비라는 개념은 예수 그리스도를 통해 나타난 거룩한 계획롬 16:25 이하과 관련되어 있다. 이는 고전적인 방식으로 표현하면 그리스도 안에서 가시화된 것은 성례전 안에서 다시 가시화 된다는 것이다.

10. 회중의 삶을 위한 성찬식 주제들

용서와 회복

마태복음 26:28에 기록된 것처럼 예수는 최후의 만찬에서, 함께 나누는 잔을 용서와 연결시켰다. 예수의 피는 "많은 사람의 죄를 용서하기 위해" 부어졌다.

그리스도인들은 언제나 값없이 주어지는 은혜를 얻기 위해 성찬의 식탁에 나온다. 예수가 그의 사역기간 동안 다른 이들을 용서하고, 하나님이 자비로우신 것처럼 자비로운 사람이 되라고 그의 청중들에게 계속해서 도전했던 것을 잊어서는 안 된다. 주의 식탁에서 우리는 용서를 받는다. 우리는 예수의 도전에 응답하여 용서하는 사람들이 되고, 그 계속되는 자비를 선언할 수 있을까?

최후의 만찬에서, 예수는 자신의 피가 "많은 사람의 죄를 용서하기 위해"마태 26:28b 부어졌다고 말했다. 이 선언으로부터 정죄, 고백, 용서이라는 익숙한 생각의 흐름으로 건너뛰는 것은 참 쉬운 일이다. "면죄제물속건제물"이라는 문구가 마음에 떠오른다. 그의 피가 용서를 위해 부어진다고 말했을 때 예수가 염두에 둔 것이 이것이었을까? 그렇다면 구약이 우리가 예수를 이해하는 데에 도움이 될까?

일단 구약에서 희생제물의 초점이 정죄에 우선적으로 맞춰져 있지 않다는 것을 알 필요가 있다. 제의적 희생의 초점은 예전적 찬양이나 예전적 정결에 맞추어진다. "속건제"는 레위기 5장의 보상 문제를 다루는 맥락에서 등장한다.5:16 레위기 4장은 "누구든 의도치 않게 주의 계명 중 하나라도 어겼을 때" 요구되는 "속죄제물"에 대해 이야기 한다. "구약에서든 신약에서든 용서는 하나님의 은혜의 선물이지, 희생제물에 의해 얻어지는 것이 아니다."[1]

우리가 받은 은혜로 주어진 해방이라는 비길 데 없는 선물을 나타내고 있기에, 축복의 잔고전 10:16은 교제코이노니아의 잔이며, 진정으로 용서의 잔이기도 하다. 메시야 예수의 새 시대는 용서의 시대이다. 용서받은 사람들은 용서하는 사람들로 살아갈 힘을 얻었으며, 죄의 억압과 지배로부터 자유케 되는 복음을 전한다. 성찬코이노니아안에서, 축복의 잔은 교제와 해방이라는 주제와 하나 된다.

초기 기독교는 용서받은, 구원받은, 담대한 신자들의 종교였다. 그리스도인들은 지옥에 가는 것을 두려워하지 않았다. 그것은 그들 아닌 이교도들이 두려워하는 것이었다. 그들은 "심판을 이미 계시하신", 또한 "의롭고 바르게 심판하시는" 하나님을 찬양했다.계 15:4; 16:7 그들은 하나님이 의인들을 변호해 주실 것을 기대했다. 그들의 하나님이 권세를 잡으시고, 다스리기 시작하셨다. 하나님의 심판은 신실한 이들, 즉 "큰 이나 작은이나 할 것 없이 그 이름을 두려워하는 이들"에게는 보상이 될 것이나, "땅을 파괴하는 자들"에게는 멸망이 될 것이다.계 11:18

목회적 관점에서 회개, 용서, 회복이라는 주제는 교회의 삶을 위한 필수 요소들이다. 고해의 분위기에 의해 지배당하는 것은 아닐지라도, 성찬 예배는 회복이라는 주제가 알려지는 본래적 자리이다. 개인 또는 공동체가 기도할 수 있는 공간을 마련하는 것도 좋은 방법이다.

하나님의 사랑과 자비의 관점에서 개인과 공동체의 삶을 성찰하는 것은 정직한 평가와 겸손에 이르는 좋은 길이다. 오직 우리는 하나님의 성품을 본glimpse 후에야 스스로를 사랑으로 바라볼 수 있다. 우리는 하나님이 누구이신지를 고백한 후에야 그분과의 관계에서 우리가 누구인지를 고백할 수 있다. 이런 과정을 모두 거친 후에야 그분과의 관계에서 우리가 누구인지를 고백할 수 있다. 그리고 나서야 우리는 하나님의 용서를 받아들일 수 있으며, 그것이 우리가 다른 사람을 용서하도록 하는 힘이 되도록 승인할 수 있다.

예전적 전통의 성찬식에는 심오하면서도 단순한 고백기도가 있다. 먼저 천주교 미사의 참회기도를 소개해 본다. "저"라고 되어 있는 일인칭 시점을 주목하라. 고백기도는 개인적이다. 모두가 개인적 기도를 함께 드린다.

다함께: 전능하신 하나님과 형제들에게 고백하오니, 생각과 말과 행위로 죄를 많이 지었으며, 자주 의무를 소홀히 하였나이다. … 형제들은 저를 위하여 하나님께 빌어 주소서.[2]

성공회의 양식은 복수형이고 공동체적이다. 이 양식은 사제의 사죄선언으로 완성된다.

다함께: 전능하신 하나님, 하늘에 계신 우리 아버지, 우리는 생각과 말과 행실로 당신께 죄를 지었으며, 또한 의무를 소홀히 하였나이다. 우리가 마음으로 참회하며 모든 죄에서 돌이키오니, 당신의 아들 우리 주 예수 그리스도를 통하여 과거의 모든 죄를 용서하시고, 새로운 삶으로 당신을 섬기며, 당신의 이름에 영광을 돌리게 하소서. 아멘.

사제: 진실로 죄를 고백하는 모든 사람을 용서하시는 전능하신 하나님께서, 여러분을 불쌍히 여기시어, 예수 그리스도의 공로로 모든 죄를 용서하시고, 선행할 힘을 주시어 영원한 생명을 얻게 하소서. 아멘.[3]

하나님의 용서를 우리의 것으로 받아들일 때에 우리 안에서 자유로운 응답으로 흘러나오는 서로에 대한 자비와 용서를 나타내기 위해 그 형식을 우리를 향한 예수의 관심에 맞추어 변경시킴으로써 고백기도는 강화될 수 있다. 자유교회 전통에 속한 그리스도인들은 종종 너무 급하게, 가볍게 하나님의 용서하시는 자비를 선언하는 데로 나아간다. 죄에 대한 민감성과 규칙적인 고백은 성숙한 기독교 신앙의 필수요소이다. 성찬예배는 공동체에게든 개인에게든 죄에 대한 건강하고 현실적인 경각심을 형성해 주며, 하나님의 은혜로운 용서를 수용하고 기뻐할 수 있는 배경을 제공한다.

치유

예수는 치유자였고, 그는 자기 사람들을 치유사역과 치유의 임재로 불러들였다. 우리가 그로부터 자비를 배우며, 또한 모든 고통 받는 이들을 위해 자비로운 도움을 줄 수 있게 하고 특별한 치유기도의 은사를 식별할 수 있도록 도와줄 효과적 기도법의 원천을 배울 수 있을까? 성찬예배는 공동체의 신앙을 세우고, 긍휼의 마음으로 공동체 내부와 외부의 고통 받는 이들에게 다가서는 기도의 자리가 될 수 있다.

치유를 용서 혹은 화해라는 주제로부터 분리시켜 독립적인 주제로 다루는 것은 좀 이상해 보일 수 있다. 예수의 사역에서 이 세 가지는 매우 밀접하게 관련되어 있었다. 초창기의 예배에서 이것들이 함께 나타났을 것이라고도 추측해 볼 수 있다. 그런데 용서와 화해가 역사적으로 성찬식의 필수요소가 된 것과는 달리 치유는 다른 역사를 갖게 된 것 같다.

하나님의 기적적 능력을 요청하는 치유기도는, 초기에는 이방인을 만나는 전도의 접점 중 하나였다. 지금도 하나님의 치유하시는 능력은 많은 이들을 그분께로 이끌고 있다. 그러나 오늘날 성대한 치유예배로 기획되는 대중적 전도집회는 자주 이방인들의 경멸의 대상이 된다. 그 결과로, 남용을 반대하는 어떤 회의주의적 그리스도인들은 치유기도 전체를 피하게 되었다.

어쨌든, 이런 종류의 사역에 대한 요구를 인식한 많은 교회들이 그들의 성찬예배에 중보기도, 가정모임 전체와 함께하는 기도, 도유anointing, 물리적·정신적 치유를 위한 기도 같은 특화된 치유기도들을 도입하고 있다.

사람들이 직면하는 문제의 근원은 대개 정신적, 신체적, 정서적, 관계적 요소들의 혼합체이다. 몸이 아프면 의사에게 가고 영혼의 문제는 교회에 가서 해결하라고 하는 것은 낡은 이분법이다. 그 두 종류의 고통은 매우 복잡하게 연결되어 있다. 예수의 치유사역에 대한 많은 이야기들을 치유를 위한 애정과 관심 가득한 기도의 기본 틀이 될 수 있다. 이런 기도가 교회의 정규적인 보통 예배에 동반된다면, 더 좋은 결과를 낳을 것이다.

우리가, 누군가가 죽음의 문턱에 이르러서 장로들이 기름 발라주기를 요청하기만을 기다린다면, 이것은 모든 종류의 근심에 대한 축복을 보류해 두는 것이다.

아픈 이들을 위해 기도하는 것이 조심스럽다면, 우리 주이신 그분과 과거와 현재의 거룩한 기도의 사람들의 모범을 따르도록 하자. 그렇게 함으로써 우리가 널리, 아픈 이들을 위해 기도하는 자애로운 사람들로 알려질 것이다. 먼 옛날 그 때처럼, 그의 백성 위에 새겨진 이 예수의 흔적은 기쁜 소식으로 경험될 것이다.

그리스도의 희생, 우리의 희생

생명을 가져다주는 사람이 되는 것은 쉬운 일이 아니다. 이기적인 사람이 되고 자기 염려에만 젖어 사는 것이 더 쉽다. 희생이라는 성찬식 주제는 우리 삶이 그의 관대한 자기비움을 반영할 수 있게 하는, 예수의 자기희생에 대한 더 깊은 이해 속으로 우리를 부른다.

역사적으로 그리스도인들은 그들의 희생제사에 대한 표현과 상상력을 주의 식탁과의 관계 안에서 넓게 펼쳤다. 천주교인들은 고린도전서 10:14-22절을 지목하며, 주의 식탁이 제정될 때부터 부정한 고기가 드려지는 이방신 제사와는 다른 희생제사로 여겨졌다고 말한다.

구약의 희생 언어가 초기 기독교의 성찬 논의에 등장하는 것은 분명한 사실이다. 자주 인용되는 것은 온 세상에서 "깨끗한 제물"을 드릴 것이라는 말라기의 예언이다.말1:11 이 은유는 성찬 시행에 대한 모든 초기 문서에 등장한다. 주의 만찬에서 예수의 수난에 대한 기억은 제물, 그리고 희생 개념과 혼합되었다.

5장인 "중세의 미사와 성찬예배"에서 우리는 희생 이미지와 그 언어가 중세 천주교 미사에서 지배적이었던 것을 보았다. 결정적으로 16세기 중반의 트리엔트 공의회는 미사가 단순한 식사도, 과거의 희생을 기억하는 기념예배도 아니라고 강력히 주장했다. 미사는 그 자체로 희생제사이며, 대속과 기원의 능력을 가진 것이었다. 미사는 그리스도의 희생제사인 동시에 교회의 희생제사였다.

종교개혁자들은 자신들의 개정판 성찬예배에서 성찬식 자체가 희생제사라는 의미를 담고 있는 기도문들을 극도로 축소시키거나 완전히 제거해 버렸다. 십자가에 달린 그리스도 자신이신 오직 한 희생만이 존재한다. 그들의 성찬식은, 예배에서 예배자들이 스스로를 제물로 드린다는 의미에서, 인간의 제물이라는 개념 밖에는 담을 수 없었다.

주의 만찬에 대한 논쟁에 있어 희생제사라는 표현은 이다지도 뜨거운 이슈였다. 희생이라는 단어를 거부하는 것은, 그것이 그리스도의 십자가의 온전성을 해칠 수도 있을 것이라는 걱정에서였다. 희생제사라는 표현은 교회내의 위계적 질서를 만들어 내는 특수화된 사제계급의 존재를 반영한다. 사제직, 희생제사, 제물 같은 개념에 대한 논쟁은 권력의 행사, "거룩한 것"에 대한 접근권, 특히 그리스도인들의 자기이해에 대한 질문들을 다루었다. 우리 인간이 하나님께 무엇인가를 드릴 수 있는가?

성찬과 관계된 희생제사 언어들을 모두 버리는 것은 매우 큰 손실일 수 있다. 논쟁으로 돌입하지 말고 일단 희생제사와 나눔에 대한 몇몇 성경과 초기교회 문서들을 살펴보고, 그것들 배후에 있는 동기에 대해 생각 해 보

자. 이것들을 살펴보는 것은 주의 만찬과 관련된 희생제사 언어에 대한 우리의 이해를 증진시키고, 그것에 주의 깊게 접근하는 데에 도움이 될 것이다.

"형제자매 여러분, 그러므로 나는 하나님의 자비하심을 힘입어 여러분에게 권합니다. 여러분의 몸을 하나님께서 기뻐하실 거룩한 산 제물로 드리십시오. 이것이 여러분이 드릴 합당한 예배입니다."롬 12:1 바울은 여기에서 홀로코스트에서의 자기희생같은 완전한 포기에 대해 언급하고 있다. 제물은 우리가 드려야 할 최선의 것이다. 희생제사가 끝난 후에는, 그것을 돌이킬 수도, 무언가를 남겨둘 수도 없다. 우리의 이익을 위한 그 어떤 것도 숨겨둘 수 없다.

하나님이 우리에게 주신 것 – "오직 하나님의 자비로" – 이 우리 제물의 동기가 된다. 우리는 그리스도를 통해 하나님의 측량할 수 없는 용서와 자유를 선물로 받았다. 하나님은 우리에게 우리 자신을 돌려주셨다. 그러므로 우리는 로마서 12:2의 "새롭게 된 마음"으로 자신을 자유로이 "내어 줄 혹은 사용할" 수 있다.고후 12:15 주의 영 안에서 우리는 자기를 희생하고 타인을 섬길 수 있는 자유를 얻었다.

이런 종류의 자기드림이 바로 교회의 독특한 성격이다. 우리가 가진 모든 것 – 시간, 돈, 힘, 사랑, 소유물 – 들이 우리 가운데서 자유로이 흘러간다. 우리 안에 가난한 이는 없을 것이다. 오직 "부요한 자이시나 우리를 ··· 위해서 가난해 지시고, 그의 가난함으로 우리를 ··· 부요케 하신"고후 8:9 그리스도의 희생을 통해서만 이것이 가능하다. 우리는 이런 방식의 평등화가 하나님의 방식이라는 것을 출애굽 여정 가운데 있는 만나 이야기를 통해 안다. 거기에 "공정한 평등"이 있고, 모든 사람들이 충분히 갖게 될 것이다.고후 8:14-15

초기 그리스도인들 역시 우리처럼 이 문제와 씨름했다. 그러나 그들에게는 다른 문제도 있었다. 초기 그리스도인들은 종종 무신론자로 기소되었다. 그들은 공공질서에 공헌하는 공공의식들을 행하지 않았다. 거기에는 눈에 띄는 제의도, 희생제사도 없었다. 그리스도인들은 비밀집회를 열었고, 영적이며 마술적인 힘을 개인적 목적을 위해 사용하는 것처럼 보였다. 초기 그리스도인들은 이러한 심각한 고발에 응답해야 했다. 그들 중 다수는 "순종이 희생제사보다 낫다."라는 구약의 전통을 언급했고, 기도와 희생제사를 동등한 것으로 만들기도 했다. 그들의 "감사의 제사"시 50:14,23는 하나님의 진노를 막기 위해 희생제사가 필요하다는 생각에 반대했다. 그리스도인들은 기도와 찬양의 제사라는 논리, 그리고 그들의 덕망 있는 삶이 국가의 이익에 봉사한다는 논리로 자신들의 예배를 방어했다. 눈에 보이는 희생제사에 대한 압력에 대응하여, 기독교 변증가호교론자들은 그들의 교제 식사에 대해 이교도들이 이해 가능한 설명을 발전시켰다. 2세기 중반에 유스티누스저스틴는 떡과 포도주가 기념과 감사를 위해 제의적으로 바쳐진 것이라고 설명했다.『호교론』 1.65-67 이것은 그리스도의 수난을 기억하기 위해 바쳐진 것이었다. 그리스도인의 모든 감사는 그리스도의 구원하는 죽음으로 인한 것이었다. 유스티누스저스틴는 희생제사와 희생적 예전을 이렇듯 영적으로 이해했다.[4]

궁극적으로, 자신의 생명을 선물희생제사로 그의 아버지께 바친 예수에게서 희생제사에 대한 가장 좋은 관점을 얻을 수 있다. 이 선물은 궁극적으로, 그의 비참한 죽음에서 자신의 모든 것을 잃는 것을 의미한다. 예수는 "성령의 불 안에서, 자비와 은혜와 화해를 향한 아버지의 뜻 때문에 불타올라 소멸되었다. 죄 된 세상 안에서, 이를 행하기 위해서는 죽음이라는 대가를 치러야 하기 때문이다." 그리스도와 함께, 그리고 그의 백성과 함께 성찬에 이끌릴 때에, 우리는 그리스도의 희생이라는 소중한 선물을 받는다. 우리는 받았기 때문에 줄 수 있는 사람들이다. 우리가 개인적으로, 그리고 공동체적으로 성찬예배에서 계속해서 예수가 준 선물의 중요성을 이해하게 된다면, 우리는 신비로운 방식으로 그리스도의 소중한 선물로 인해 유지되는 희생적 백성이 될 것이다.

언약계약 맺기

언약계약이라는 주제는 우리가 성품과 언약을 수여받은 선택받은 백성이라는 점을 상기시킨다. 우리는 하나님의 거룩하심을 닮아 거룩해진, 독특한 사람들이 되어야 한다. 우리는 하나님의 사랑과 정의라는 성품을 받은 백성으로서, 세상에 의해 항상 칭찬 받지는 않을지라도 눈에 띄는 사람들이 된다. 하나님은 주의 식탁에서 우리와 새 언약을 맺으신다.

언약은 신학에서 중심적 개념이지만 이해하기는 쉽지 않다. 몇 개의 성경 구절 – 먼저 새 언약, 다음은 옛 언약을 살펴보자. 그 다음 우리는 피의 희생제사와 축제 연회에 대해 생각해 볼 것이다.

"이것은 많은 사람의 죄 사함을 위해 쏟는 새 언약의 피다."마 26:28 이 구절은 영원히 남을 권위 있는 전승이 된 것처럼 보인다. 마태의 복음서에서 제자들은 마치 생명보다도 더 큰 권위를 가진 것으로 나타난다. 최후의 만찬 기사에서 마태는 마가와 비슷하지만, 그 둘은 다른 분위기에 둘러싸여 있다. 예수는 제자들에게 먹을 것을 명한다; 그는 또한 마실 것을 명한다. 강조점은 제자도나 순교보다는 구약의 희생제사 관련 구절들출 24:6-8; 사 53:12; 겔 31:34에 맞춰져 있다.

누가와 고린도전서에 기록된 제정사는 예수가 자신의 잔으로 세운 새 언약에 대해 말한다. "이 잔은 여러분을 위해 흘린 내 피로 맺은 새 언약입니다."누가 22:30 "이 잔은 내 피로 맺는 새 언약입니다."고전 11:25

예수의 피를 쏟음으로, 새 언약이 체결되었다. 이것은 어떻게 이해해야 할까? 예수가 "내 피로"라고 한 것은 무슨 의미였을까? 그리스도인들의 주의 식탁에서 나누던 이 "축복의 잔"이 어떻게 "새 언약"이 될 수 있었을까? 새 언약이 먼저 있던 언약에 대해 어떤 의미인지에 대해 이야기 해 보자.

구약은 오래된 것이나 앞으로 올 계약이라는 주제에 빛을 비춰 준다. 출애굽기 24장에서 모세는 "백성에게 주의 말씀을 전하고", 토라의 "모든 명령에 대해 말했다." 백성은 함께 한 목소리로, "주께서 말씀하신 모든 것을 저희가 행하겠습니다."라고 대답했다.24:3 그런 다음 모세는 희생제물의 피를 사람들에게 뿌리며, "보십시오, 이것은 주님께서 이 모든 말씀을 따라, 당신들에게 세우신 언약의 피입니다."24:8 라고 말한다. 복종과 헌신에 관한 약속의 말은 이해 할 만하지만, 이 행동은 우리 눈에는 괴상해 보인다. 이 예전은 원시적이라고 말하거나, 노골적으로 제거해 버리고 싶은 생각이 들기도 한다. 그러나 옛 언약의 기초를 설명해 주는 유용한 지점들이 여기에 있다.

언약의 세 주제

먼저, 이 옛 언약은 하나님과 그의 선택을 받은 공동체 사이에서 맺어진 것이다. 이것은 개인적 계약에 대한 서술이 아니다. 이것은 쌍방간의 계약이다. 하나님, 해방자인 그는 공동생활의 지혜로운 지시자인 토라를 선물로 준다. 백성은 그것을 받고, 복종을 서약한다. 두 번째로, 이 계약의 예전을 위해서는 희생제물의 피가 필요하다. 한 동물이 죽임 당하고, 그 피는 백성에게 뿌려지고, 동물의 신체 일부는 하나님께 드리는 제물로 불태워졌다. 세 번째, 이 언약은 백성들이 그들의 하나님 앞에서 축제를 벌일 것을 요구했다. 그들은 기쁨으로 그들의 하나님이 어떻게 자신들을 노예제에서 구하셨으며 자유로 이끄셨는지는 기억했다. "그들이 하나님을 뵙고, 먹고 마셨다."출24:11b

이러한 언약의 주제들 – 하나님의 백성이라는 정체성, 희생제물의 피의 필수성, 축제 연회 – 이 예수의 말 배후에 놓여있다. 이것들은 각각 성찬 신학에서 고유한 위치를 차지하고 있다.

이 셋 중 하나인 희생제물의 피는 현대인들에게 가장 거치적거리는 요소이다. 종교의 이름으로 동물을 죽이고 피를 뿌리는 일은 우리와는 상관없고 불쾌한 일이다. 그러나 성경이 이것에 대해 말하고 있기 때문에 우리는 그것에 대해 말해야 한다. "피 흘림 없이는 죄 사함도 없다."히 9:22 우리는 생각 없이 피와 죽음을 등가물로 보는 실수를 범한다. 대중적 대속신학은 예수의 죽음이 필수적인 것이었다고 말한다. 그의 피는 그의 죽음을 의미한다. 최후의 만찬에서의 축복의 잔은 "너희를 위해"눅 26:28b, "많은 사람들을 위해"막 14:24, "죄를 용서하기 위해"마 26:28b 흘리는 피로 쉽게 묘사된다. 예수의 죽음으로 인해 흐르는 피는 필수적이었다.

어쨌든, 성찬의 잔에 대한 신학을 심화하기 위해 구약의 예식에서 피가 의미했던 바를 살펴보는 것으로부터 시작하도록 하자. "생물의 생명이 바로 그 피 속에 있기 때문이다. 피는 너희 자신의 죄를 속하는 제물로 삼아 제단에 바치라고, 너희에게 준 것이다. 피가 바로 생명을 지니고 있기 때문에, 죄를 속하는 것이다."레 17:11 "피는 곧 모든 생물의 생명이기 때문이다." 17:14a 구약의 희생제사에서는 동물의 생명인 피가 드려졌다. 동물의 죽음이 하나님 앞에 드려지는 것이 아니다. 토라는 고통과 손실이 요구되는 희생제사를 원하지 않는다. 희생제사의 의미는 생명의 파괴가 아니라 생명의 드려짐이다.

동물의 죽음이 피의 예전, 언약의 갱신, 축제 연회를 촉진하는 것이 사실이다. 피생명의 중요성 때문에 희생제물의 죽음은 예전적 관심에 둘러싸여 있다. 그렇지만 죽음 그 자체가 핵심은 아니다. 그렇게 생각 해 보자: 우리는 크리스마스 식사가 칠면조의 죽음에 대한 것이라고는 생각하지 않는다. 그렇지만 성탄 시기에 많은 칠면조가 죽는 것은 명백한 사실이다. 더 깊이

고찰 해 보면, 구약 희생제사 식사는 산 피에 대한 것이지 희생제물의 죽은 피에 대한 것이 아니다.

> 희생제사의 의미는 살아있음, 즉 동물의 생명력이고, 이것이 제물의 생명력과 살아있음을 표현하기 위해 하나님 앞에 바쳐진다. 바쳐진다는 것은 하나님께 대하여 산다는 의미이다. … 동물의 생명과 피가 하나님께 바쳐지고, 이제부터 그것으로 표상되는 그 사람의 생명은 하나님을 향해 살게 된다.[6]

구약 율법은 희생제물의 정결과 완전을 강조한다. 그것은 가장 좋은 것, 먼저 난 것, 가장 가치 있는 것이어야 한다. 하나님의 선물인 생명의 정결과 완전은 하나님께로 돌아가야 한다. 제물을 바치는 사람의 정체성은 제물에 달려 있었다. 동물의 생명은 바치는 자가 하나님이 주신 최고의 선물인 생명을 의미했다.

하나님의 선택을 받은 공동체는 축제 식사를 거행한다. 이것은 새 언약 신학의 실천적 그림이다. 예레미야서에 "새 언약"은 다섯 번 나타난다. 절망과 낙심의 맥락에서, 예언자는 이런 말로 외친다.

> 주의 말씀이다. 그 날이 오리니, 그 때에 내가 이스라엘 가문과, 그리고 유다 가문과 새 언약을 맺으리라. … 내가 내 율법을 그들 가운데 두고, 그것을 그들의 마음에 쓸 것이다. 그리하면 나는 그들의 하나님이 되고, 그들은 나의 백성이 될 것이다. … 그들이 모두 다 나를 알 것이다. … 내가 그들의 불법을 용서하고, 그들의 죄를 더 이상 기억하지 않을 것이기 때문이다. 렘 31:31, 33b, 34

하나님의 신실하심에도 불구하고 극도로 신실하지 못했던 백성에게, 하나님은 다른 기회를 주신다. 강조점은 여기, 하나님과 그 백성 사이의 친밀한 관계 위에 찍혀 있다. 하나님의 도가 그들 가운데 있어, 가장 작은 자부터 가장 큰 자까지 하나님을 알 것이다. 하나님은 다시 그들을 해방시키고, 불법으로부터 구해 내실 것이다. 하나님이 그 백성을 회복시키시고, 고치시고, 새로운 관계인 헌신, 자유, 생명을 내어줌으로 이끄실 것이다. 새 언약은 백성을 다시 모으고, 그들을 그들 서로와, 또 하나님과 사랑과 충정으로 결속시킬 것이다.

최후의 만찬 때에, 예수는 그 식탁을 둘러보며 하나님과 언약을 맺은 신실한 백성에 대한 예언자의 꿈을 기억했다. 그는 예식용 잔을 들고, 축복문을 읊고, 강력한 말을 덧붙였다: "이것은 내가 흘린 피로 맺는 새 언약의 잔이다." 예수의 피, 그러니까 그의 순수한 헌신과 하나님을 향한 열정이 흘러 나왔다. 이 밤의 사건은 그의 사랑하고 투쟁하는 삶의 정점이었을 것이다. 동시에, 그들의 은혜로우신 하나님이 과거와 현재에서 행하신 해방 사건을 경축하는 예식적 기념식사라는 맥락에서 예수는 그의 제자들을 새로운 메시야 공동체의 신실함 안으로 초대했다.

예수는 그들을 위해 옛 언약의 주제들인 헌신된 공동체, 순전한 생명희생, 축제적 기념식사를 새로운 방식으로 묶어 놓았다. 새 언약이라는 이름과 잔을 건네는 행위를 통해 예수는 당시의 제자들과 지금의 우리에게 우리가 그의 새로운 공동체에 참여하고 있다는 것과, 새로운 공동생활에 참여하고 있다는 것과, 즐거운 해방축제에 참여하고 있다는 것을 상기시킨다.

복음서 저자들은 예수를 옛 언약의 완성자요 새 언약의 설립자로 보았다. 십자가형을 향해 가는 최후의 며칠에 관한 복음서 기사들에는 언약 언어와 예전의 암시가 드리워져 있다.

주의 만찬은 유월절언약연회였다. 이것은 하나님의 어린양 예수의 희생적 죽음으로 인한 해방과 구원에서 절정에 도달한다. 공동식사를 통해, 그리스도인들은 그들의 주와 언약적 관계를 맺는다. 예수가 죽는 순간에 언약궤를 숨기기 위해 설치했던 성전의 장막이 찢어졌다. 그는 메시아의 예언을 성취하신 것이다. 예수는 죽음과 하나님의 신원하심을vindication을 통해 새 언약의 새 시대를 건설했다.

그들의 정체성과 그리스도의 생명의 피를 통해 얻은 해방을 기쁨으로 경축하는 성찬 공동체에서는 서로와 그리스도에 대한 깊은 내적 헌신이 자라난다. 이 깊이는 박해 하에서 공동체가 흔들리거나 무너지는 것을 막는 성숙함이고, 이 열매는 성찬식을 표면적으로 이해하거나 과도하게 개인적인 것으로 이해하는 공동체가 맺는 것과는 전혀 다른 것이다.

식탁에서의 훈련

14장 "열린 식탁?"에서 우리는 누가 주의 식탁에 초대 받았는가 하는 문제에 대해 생각해 보려 한다. 최근에 구도자, 외부인, 어린이 등 누구든 참여하고자 하는 이들을 주의 식탁에 사랑으로 포용하는 것에 대한 논의가 일어나고 있다. 여기서 핵심이 되는 개념은 포용인데, 이것은 예수의 성품의 표지인 온화함, 사랑, 환대와 동등하게 생각되는 것이다. 예수가 종교적인 대중들 뿐 아니라 어린이, 죄인, 이방인들을 환영했으므로 누구든 하나님의 자비와 사랑에 접근할 수 있었다. 어떤 사람들은 교회가 모든 이들을 일요일 성찬식에 참석하도록 환영해야 한다고 말한다.

예전적 경계선

초기 그리스도인 공동체에서는 이런 질문이 고려되지 않았다. 오직 세례 받은 이들만 성찬에 참여했다. 그리스도인들의 예배는 공적 행사가 아니었고, 그랬기 때문에 이교도들의 참여에 대한 질문은 발생하지 않았다. 하지만 그들의 모임에는 성찬을 받기 적절치 않은 이도 있었다. 그리스도인들은 이 문제를 그리스–로마 연회를 따라 틀지워진 예전의 틀로 풀어갔다.

경계는 분명했다, 세례 예비자들은 "신실한 이들"수세자들과 함께 예배의 첫 부분에 참여해 성경 독서와 설교를 들었다. 그들은 교회의 기도순서 일부에는 참여할 수 있었지만 전체에 참여할 수는 없었다. 세례를 받은 구성원들이 성찬기도와 예배를 계속하는 동안 그들은 내보내졌다. 죄에 빠진 이들은 적절한 회복과 화해를 이룰 때까지 식탁에서 제외되었다.

유아세례가 일반화된 후에도 세례와 성찬의 결속은 굳건했다. 침례교 종교개혁자들이 신자의 침례를 주장했을 때도 침례에 대한 그들의 이해와 주의 식탁은 든든히 결합되어 있었다. 정교회, 천주교, 루터교, 성공회 모두가 세례와 성찬의 결속을 유지하고 있다. 종교개혁 계승자 중 일부만이 둘 사이의 신학적, 역사적, 실천적 결속을 끊으려 하는 것처럼 보인다.

교회의 만찬은 이런 것이었다. 예배의 형식은 주 예수에 의해 제정되었으나 구체적으로는 초기 그리스도인 공동체의 내적 교제, 성찬에서의 그리스도의 임재, 외부로부터 오는 압박감에 대한 체험의 빛 아래서 빚어진 것이다. 이것은 주인이 종을 보내어 길과 길가로부터 모든 사람들을 불러 연회에 참여하게 한다는 예수의 이야기에 의해 모양지워진 것이 아니었다.

그 나라의 성대한 개방적 식탁에 대한 예수의 비전이 반드시 그리스도인 공동체에서 모든 경계선을 제거하라는 가르침으로 받아들일 될 필요는 없다. 예수는 모든 사람을 포용적으로 초대했지만, 또한 선택이 있을 거라 주장하기도 했다. 그 나라에 대해 아는 것, 대가를 치르고서 기쁨으로 그 나라에 들어간다는 것을 아는 일은 결코 무시할 수 없는 사실이다.

공동체에 경계가 있어야 하는 좋은 이유가 있다. 그것은 정체성을 형성해 주고 소속감을 준다. 교회는 전통적으로 세례의 울타리로 성찬 식탁의 경계를 정했다. 이 연결을 깨는 것은 재앙과도 같은 일이다. 다른 문을 통해 교회의 가장 깊은 교제communion 안으로 들어올 수 있다면, 세례를 통한 입문은 의미 없는 것이 된다.

세례는 성찬으로 가는 문으로 알려진 오랜 기독교 전통이다. 출교파문이라는 것은 그것의 반대를 말한다. 출교excommunication는 문자 그대로 공동체와의 교제communion에서 제외되는 것인데, 살인, 간음, 배교와 같은 대죄들에는 그에 따른 벌이 있었다. 이것은 그리스도인들이 유대교로부터 물려받은 전통인데, 양쪽 모두에서 법을 어긴 사람은 공동체에서 제외된다. 그리스도인 공동체에서의 출교는 죄를 범한 사람을 회복시키기 위해 행해졌다. 그것이 마태 18:17의 깊은 의미이다: "그런 사람은 이방인처럼 여겨라." 고해는, 그것이 종종 공공적이고 굴욕적인 방식으로 이루어질 지라도, 회복으로 가는 길이다. 평화가 바로 관계 회복의 목적이자 결과였다.

많은 교회들이 그들의 성찬 식탁에서 이런 고해와 훈련의 국면을 옆으로 제쳐 놓았다. 어떤 곳에서는 주의 만찬이 아닌 교회 사업을 위한 회의에서 제명시키는 것이 훈련과 공동체로부터의 제외를 의미하게 되었다.

그리스도의 봉헌과 우리의 봉헌

"이제 헌금위원들이 헌금을 모아서 나오시기 바랍니다." 이보다 더 예배의 흐름을 끊어 놓는 한마디가 있을까? 유감스러운 사실은, 많은 사람들에게 이 문장이 봉헌이 무엇인지를 의미한다는 점이다. 차분한 음악봉헌성가이 흘러나오면 우리는 가만히 앉아 엄숙한 자세로 좌석 사이로 지나가는 헌금 바구니에 작은 봉투나 현금을 넣는다. 그러면 목회자가 헌금바구니를 받아 들고, 우리가 일어서면 목회자는 짧은 기도를 인도한다. 그리고 나면 재정위원들이 헌금 액수를 센다. 그리고 마지막으로, 매년 연말에는 우리가 어떤 목적으로 얼마씩 냈는지를 결산한다.

역사적으로, 그리스도인들에게 봉헌은 위에서 말한 것 이상의 의미를 갖고 있었다. 예배시간에 돈을 모으는 것은 봉헌에 있어 파생적 의미이다. 봉헌은 우선적으로 그리스도의 자기 내어줌을 의미했다. 이 의미를 통해 성찬에서 그리스도의 봉헌에 대한 기억을 간직한다는 의미가 생겼다. 성찬식은 "오블레이션obligation"이라고 불리기도 했는데, 이것은 라틴어로 봉헌이라는 뜻이다. 성찬의 떡과 포도주가 "봉헌"으로 불렸다. 이 단어는 성찬에서 예배자들이 하는 행동을 의미하기도 했다.

앞에서 말한 봉헌의 네 의미 가운데서 분열적인 논쟁이 발생했다. "교회가 성찬에서 행하는 것은 그리스도의 자기봉헌과 동일하다." "아니다. 그리스도의 봉헌은 유일회적이며, 우리는 떡과 포도주를 식탁의 봉헌물이라 부를 수 없다." 최근의 원만한 분위기는 다양한 전통에 속한 그리스도인들이 떡과 포도주가 인간의 노동의 산물이라는 생각을 공유할 수 있게 했다. 성찬을 위한 떡과 포도주를 준비할 때에, 우리를 위해 예비하시는 하나님의 선물과 우리의 노력이 하나가 된다.

어떤 이들은 이런 대답이 옛 질문을 회피한다고 느낀다: 성찬에서 그리스도의 봉헌을 경축하면서 왜 이것을 함께 해야 하는가? 이 도전은 그리스도의 사랑의 선물이라는 주제와 우리의 소유물과 전존재를 하나님께 드리는 감사의 응답을 하나로 묶게 한다.

봉헌은 성찬의 떡과 포도주를 가져오고 예비하는 과정을 뜻하는 고대 개념이다. 그리스 정교회 성당의 옆 탁자에 여러 문건과 돈이 쌓인 접시가 놓여 있었던 것이 기억난다. 그 날 예전에서 나는 그것이 무엇인지 물어보지는 않았지만, 아마도 가난한 이들에게 나누어 주기 위한 것이었으리라. 이것이 바로 초기 그리스도인 공동체에서 일어난 일이다. 순교자 유스티누스 저스틴는 2세기 중반에 로마교회가 무엇을 했는지에 대해 이렇게 적고 있다.

> 공동의 축제를 위해 모인다. … 자원하는 이들이 각각 원하는 만큼 기부

를 한다. 모인 것은 인도자에게 가져가고, 인도자는 고아들과 과부들, 병이나 다른 이유로 가난해진 이들, 감옥에 갇힌 이들과 우리 가운데 있는 나그네들인 이방인들을 돌본다. 간단히 말해 그는 모든 어려운 이들의 보호자이다. 유스티누스, 『제1변증』, 1.67

사람들은 예배모임을 위한 예물들을 들고 나왔다. 그들은 모두 입구 근처에 있는 집사부제의 식탁에 그것들을 올려놓았다. 놀라운 사실은, 온 회중이 성찬 예배를 위한 떡, 포도주, 물을 봉헌해 한 식탁이 만들어지고, 이 식탁으로부터 예배 후 공동체의 어려운 이들에게 나누어 줄 음식들 또한 공급된다는 것이다.

초기 그리스도인 공동체의 또 다른 절차는, 유스티누스저스틴의 일요일 성찬식과 동일한 역사적 뿌리를 가진 것인데, 아가페 식사라는 것이었다. 고린도전서에서 보았듯이 이것은 초기 공동체에서 계속되었다. 이것은 사회화, 가르침, 자유로운 기도와 감사, 가난한 이들을 위한 경제적 배려와 같은 많은 기능을 갖고 있었다.

우리 축제의 이름이 그것의 주제를 보여준다. 이것은 그리스어로 사랑이라는 뜻이다. 무엇이 요구되든 간에, 신심의 이름으로 사용된 것은 다시 공급된다. 우리가 그것으로 어려운 이들에게 나누어 주어야 하기 때문이다. … 하나님이 계신 곳에는 낮은 이들을 위한 큰 배려가 있다; 아가페는 종교적 의무이므로, 부도덕과 교만은 허락되지 않는다. 먼저 하나님께 드리는 기도를 맛보지 않고서는, 우리는 식탁에 앉지 않는다. 우리는 배고픔을 채워 줄 만큼만 먹고, 음료도 필요한 만큼만 마신다. 터툴리안, 『제1변증』 39.

우리는 함께 먹기 위해 모일 때에 필요한 만큼만 먹고, 일부를 남겨둔다.

만찬에 당신을 초대한 가장은 "성도들의 몫"으로 그것을 누군가에게 나눠 줄 것이다. 『사도전승』

초기 그리스도인들은 활동이나 유익에 있어서 영적인 것과 물질적인 것을 엄밀히 나누지 않았다. "여러분이 영원한 것을 공동으로 소유하고 있다면, 순식간에 사라질 것들에 대해서는 어떻습니까?『디다케』"7) 그들의 종교는 그들이 믿는 것의 지상적 표현이었다. 식탁 예전에서, 떡과 포도주, 옷과 음식을 나누는 일에서 그들은 식탁에서의 예수에 대한 기억을 행했다.

우리는 성찬에 대한 유스티누스의 2세기 중반 기록에서 떡과 포도주와 물이 인도자에게 전달되었다는 것을 읽었다. 그것들은 사람들이 예배에 오면서 가져와 집사의 탁자에 올려둔 것이었다. 3세기의 사도전승에 나타나는 세례가 있는 성찬식에서는 꿀과 우유가 떡과 포도주와 함께 전달되었다.

4-5세기에는 예전이 복잡해지고, 사제들에 의해 통제되는 것이 되었음에도 불구하고 평신도들은 성찬에 쓸 예물을 가져옴으로써 자기 자리를 지켰다. 큰 교회 건물에서는 인도하는 성직자에게로 예물을 가져오는 복잡한 순행 절차를 발전시켰다. 나중에는 성직자가 회중 사이로 나와 예배와 가난한 이들에게 분배하는 일에 쓰일 예물들을 받아 모았다.8)

봉헌이 신학적 발화점이 될 수 있다는 것은 전혀 놀라운 일이 아니다. 그 무엇보다 더, 봉헌은 창조 질서와 구원해방의 질서를 함께 표현하고 선포하는 순간이다. 보통의 떡과 포도주가, 우리의 기억과 말과 행동을 통해 십자가에서 있었던 예수의 희생과 만난다. 이 순간에 일어나는 일은 무엇일까? 우리는 이것에 대해 어떻게 말할 수 있을까? 봉헌기도와 찬송 가사들이 아마도 이 결합의 신비를 가장 잘 표현하고 있는 듯하다. 18장인 "우리 자신과 예물을 드리기"에서는 더 풍성한 방식으로 두 예물그리스도의 것과 우리의 것을 함께 표현하는 방식을 알아 볼 것이다.

11. 선교를 위한 성찬식 주제들

승리자 그리스도

라틴어 *CHRISTUS VICTOR*, "승리자 그리스도"는 가장 오래된 기독교적 주제이면서, 그리스도 안에서의 활기찬 확신을 구축하며 표현하는 주제이기도 하다. 이 주제를 중심에 둔 성찬식은 즐거우며, 십자가와 부활을 결합하는 강력한 축제가 된다. 우리를 둘러싼 세상은 명백한 악의 존재로 인해 고통 받고 있다. 왜 무죄한 사람이 고통을 받아야만 하는가? 그리스도의 승리에 초점을 두고 경축하는 그리스도인 공동체는 세상의 가장 긴박한 질문에 응답한다. 우리 삶에서, 또한 우주적 범위에서 악을 이기신 그리스도를 경축하고 영예롭게 할 때에, 우리는 최고의 선교사가 되는 것이다. 우리는 하나님의 정의의 통치가 시작되었다는 복음을 선포한다. 그리스도의 이름크리스투스 빅토르은 우리의 기독교적 희망을 나타낸다.

성찬식에서 우리는 우리 인간의 구원을 위하여 그리스도가 하신 모든 일을 기억하고 경축한다. 서방 전통에서 성찬식에 대한 그리스도인들의 관심은 그리스도의 십자가에 맞춰져 있었다. 떡은 그리스도의 깨어진 몸을 상징했고, 포도주는 쏟아진 그의 생명을 상징했다.

동시에, 이런 질문들이 주어졌다. 십자가에서 진짜로 일어난 일은 무엇일까? 왜 예수는 죽어야만 했나? 이에 대한 가장 오래된 설명 중 하나가 바로 이 "극적인" 관점 혹은 크리스투스 빅토르 관점이다. 이것은 십자가 처형을 둘러싼 하나님과 그의 대적 사이의 투쟁이라는 주제이다. 예수 그리스도의 십자가에서 겉으로 볼 수 있는 것 이상의 사건이 발생했다. 그리스도를 정죄하고 십자가에 못 박은 로마와 유대인들의 통치 이면에 영적 권세들이 자리 잡고 있었다. 우리는 골로새서 2장에서 이러한 대적의 권세에 대해 읽어 볼 수 있다.

> 하나님께서는 여러분을 그리스도와 함께 살리시고, 우리의 모든 죄를 용서하여 주셨습니다. 하나님께서는 우리에게 불리한 조문들이 들어 있는 빚문서를 지워 버리시고, 그것을 십자가에 못 박으셔서, 우리 가운데서 제거해버리셨습니다. 그리고 모든 통치자들과 권력자들의 무장을 해제시키시고, 그들을 그리스도의 개선 행진에 포로로 내세우셔서, 뭇 사람의 구경거리로 삼으셨습니다. 골 2:13b-15

그리스도는 십자가에서 그 권세들을 이기셨다. 크리스투스 빅토르 식의 설명은 악의 저항적 권세에 대한 그리스도의 승리에 대한 이해를 완성하기 위해 부활을 필요로 한다.[1]

예수를 따름

많은 사람들에게 최후의 만찬 그림이야 말로 예수가 그의 제자들과 함께 있는 모습의 생생한 이미지이다. 어느 시대 어느 곳에서나 예술가들은 그 장면을 상상했다. 그 그림을 볼 때에, 우리도 함께 식탁에 앉는다. 우리는 최초의 열둘과 함께 그 자리에 앉는다. 우리는 제자들이다. 예수는 우리에게 떡과 잔을 전해 준다. 예수는 그의 길을 따르라고 우리를 초청한다. 성찬의 식탁은 예수의 발걸음을 따르는 이들을 위한 제자도의 식탁이다. 예수는 경건하고도 침착하게 우리를 초대한다: 삶과 죽음을 통해 그를 따르도록.

제자도라는 주제는 특히 그리스도 자신의 고난과 관련하여 그리스도인의 고난 혹은 십자가를 다룬 성경 구절에 명확히 나타난다.[2] 그리스도인들은 왜 고통을 받는가? 진노하신 하나님께 답하지 않았기 때문이다. 이 질문에 대해 16세기 아나뱁티스트들은 독특한 설명을 찾아냈다. 그들의 주장은 이렇다. "그리스도의 죽음으로부터 오는 유익은, 오직 그것과 함께 제자도를 받아들이는 이들에게만 적용된다. 이것은 내적으로 자신의 의지를 깨뜨리는 것이고, 외연적으로는 그리스도의 발걸음을 따르는 것이다."[3]

부록 2에서 아나뱁티스트인 발타자르 후브마이어가 성찬신학에서 이것을 어떻게 발전시켰는지를 볼 수 있다. 떡과 잔을 받기 직전에 온 회중이 함께 사랑의 서약을 맹세했다.

제자도의 주제는 마가복음에서 강력하게 발전되었다. 이 주제가 14장의 최후의 만찬 이야기를 채색한다. 마가의 버전에서, 예수는 그의 죽음 이후에 이 식사를 계속 하라는 특별한 명령을 하지는 않는다. 최후의 만찬 이야기는 복음서의 지배적 주제인 제자도 안에 들어가 있다. 8장에서 예수는 제자들을 십자가를 지도록 부른다; 10장에서 예수는 제자들에게 잔을 상징으로 사용하여 말한다. "내가 마시는 이 잔을 너도 마실 것이다."막 10:39 겟세마네에서, 예수는 임박한 죽음 앞에서 이렇게 기도한다. "이 잔을 내게서 치워 주소서." 십자가와 잔은 모두 예수의 순교와 제자들에 대한 부름을 의미한다.

제자들이 랍비를 따를 것을 서약하는 이 맥락이 유다의 배신을 더욱 더 비극적으로 만든다. 랍비에게 반대하거나 랍비를 떠나는 것만 해도 충분히 나쁜 일인데, 유다는 그의 주인을 걸려 넘어지게scandalous 만들었다. 이렇게 함으로써 유다는 제자도와 언약을 깨뜨렸다. 이 배신을 극악무도하게 만드는 요소는, 그가 거룩한 식사 시간에 예수를 넘겨주기로 계획 했다는 점이다. 그리스도인들이 이 어두운 저녁을 잊을 수 없는 "그가 넘겨지시던 밤"으로 기억하시는 것은 당연하다. 유다는 한 번에 두 언약을 파기했다: 주인과 손님 사이의 결속, 그리고 랍비와 제자 사이의 결속. 예수가 바로 이 밤을 언약, 즉 선생과 제자 사이의 결속을 위한 새로운 헌신에 대해 말할 시간으로 선택한 것은 과연 놀랄 만한 일일까?

마가 버전의 최후의 만찬에서, 예수는 잔을 들고 감사를 드렸다. 그가 제자들에게 잔을 주자, 그들은 모두 그것을 마셨다. 잔에 대한 예수의 말은 "이것은 많은 사람을 위해 부어진 새 언약의 피다."막 14:24 였다. 이 구절을 통해 마가의 공동체는 제자도의 길로, 그리고 제자도의 서약으로 부름 받았다.

요한복음 15:20에서 예수는 추종자들에게 그들 또한 자신처럼 박해를 받을 것이라고 경고한다. 그들이 자신들의 삶의 방식을 예수의 가르침에 맞춘다면, 결과는 예측 가능한 것이다. "종은 주인보다 크지 못하다." 그런데 이 경고는 가장 사랑받는 성찬 본문인 예수와 참 포도나무 비유요 15:1-17와 같은 장에 나타난다. 15장 전체를 성찬에 사용하는 것이 독서와 묵상을 위해 더 유용할 것이다.

요한복음 6:53-54는 '떡이신 예수' 은유와 함께 또 다른 애용되는 성찬 본문이다 . 여기에서 하늘에서 온 떡인 예수는 믿음으로 응답하도록 사람들을 부른다. 그의 추종자들은 문자 그대로 그들의 주인을 씹어 먹어야 한다. 이것은 그의 모든 가르침이 우리 삶에 들어오게 하라는 의미이다. 우리는 예수를 먹고 마시며, 완전히 흡수하여 위 삶의 근섬유가 되게 한다. 영어 용법에서는 이런 은유가 낯설지 않다. 우리는 흥미로운 취미를 가진 사람을 보고, "그는 그것을 먹고 마신다." 라고 말한다. 이런 사람들은 자기의 열정적 관심을 불태우고, 그것에 의해 불타오른다.

그래서 한 주 또 한 주 주의 만찬에 참여 할 때마다 우리는 세례의 언약을 갱신한다. 우리는 식탁에서 자양분을 공급받는다. 우리는 "믿음으로 그를 먹고" 생명을 주는 예수의 길을 증언하는 새로운 삶으로 함께 나아간다. 우리는 고립된 개인이 아닌 예수의 제자 집단이다. 어떤 사람들은 우리를 보고서 예수의 길에 참여하는 대가 치르기를 거절하기도 하고, 어떤 사람들은 그 길에 매력을 느끼기도 할 것이다.

서로를 사랑하고 세상을 섬기기

우리는 예배의 주제들을 가지고 언어유희를 사용 한다. 주의 식탁에 둘러앉는 일 그 자체가 예배라고 불린다. 예수의 영 안에서, 서로와 세상을 섬기라는 소명을 온전히 성취하는 공동체community는 성찬식communion의 참된 결과물 중 하나이다.

> 성찬예배communion service를 실행함에 있어, 우리는 주의 만찬의 여러 측면을 아름답게 조합한다. 앞에서 보았듯이, 성찬은 그리스도인들 사이의 친밀하고도 상호의존적인 우정을, 그리고 교회라는 큰 몸 안에서 그리스도와 그리스도인 개인들이 누리는 신비롭고도 친밀한sweet 관계를 가리킨다. 성찬식은 하나님과 예수의 제자들 사이에 있는 안전하고도 힘을 불어넣는 관계와 함께 행해져야 한다.

섬김service은 우리에게 교회, 그리고 그 너머와 맺는 그러한 관계들의 활동적이며 밖으로 뻗어가는 표현법을 일깨워 준다. 섬김이라는 단어는 노예를 뜻하는 라틴어 *servus*에서 왔다. 이 단어로부터 수많은 파생어들이 나왔는데, 이 중 그 어느 것도 실제의 노예제와 관련되어 있지는 않고, 대개 일반적인 혹은 특정한 필요를 공급하기 위해 사는 일과 관련 되어 있다. 이것은 테니스 경기, 기차 운행, 음식 공급 같은 일에도 사용 될 수 있는 의미이다.

예수는 자신의 사역에 대해 말 할 때에 섬김이라는 표현을 사용했다. 그는 "나는 섬기는 자로 너희 가운데 있다."라고 말했으며눅 22:27, 자신의 본을 따라 공동체를 이루도록 그의 제자들을 불렀다. 그는 제자들에게 랍비, 지도자, 스승이었지만 위계를 강요하지도, 제자들이 자기를 위해 일해 주기를 바라지도 않았다. 그의 방식은 서로 섬기고 서로 섬김 받는 것이었다. 그는 듣고 가르쳤다; 그는 축복하고 먹었다; 그는 고치고 용기를 불어넣어 주었다. 그러나 우리가 알고 있듯이 그는 다른 이들로부터 위로와 돌봄을 받았다. 사랑으로 이루어지는 상호간의 섬김이 예수 제자단의 표지였다.

초기 그리스도인 공동체 예배 안에 있었던 겸손한 섬김의 표지를 살펴보기 위해 요한복음 13장을 자세히 살펴보자. 이 복음서에서 우리는 최후의 만찬을 염두에 둔 두 전승을 발견할 수 있다. 6장의 하늘에서 온 떡 이야기와 13장이 그것이다. 13장에는 떡과 잔의 예식에 대한 언급이 없고, 대신 제자들의 발을 씻기는 예수의 행동이 묘사되어 있다. 요한복음 13장은 이 행동을 묘사함으로써 그의 제자들에게 자신을 닮아 겸비와 사랑으로 서로를 섬기라고 한 예수의 명령을 강조한다.

예수와 그의 제자들은 교제식사 자리에 앉아 있었다. 많은 사람들이 이 식사를 다른 세 복음서에 나타난 "그가 배신당하시던 밤에" 다락방에서 가졌던 주의 최후의 만찬과 같은 것으로 가정한다.[4] 그 때는 성대한 유월절 축제 중이었다. 요한복음에서 이 식사는 13장과 17장에 나타나는 예수의 "고별사"의 맥락 안에 있다.

예수는 대야와 수건을 들고, 무릎을 꿇어 그들의 발을 씻기는 비유적 행위를 식사에 끼워 넣어 제자들을 당혹스럽게scandalize했다. 그리고 나서 그는 다시 앉아 이 행동의 의미를 설명했다. 예수는 자주 제자들을 당혹케 했지만, 이번에는 상황을 깔끔하게 완결 지었다. 그들은 이제 서로에게 그렇게 해야 했다. 예수는 단 한 차례에 걸쳐, 세 번이나 강조하여 말했다: "너희는 반드시 [이것을 행하라]"요 13:14, "너희 또한 [이렇게] 하여야 한다."

13:15, "[이것을] 행하는 너희는 복되다." 13:17

　요한복음의 최후의 만찬 장면에는 다른 복음서에서와 같은 특별한 제정 사받아먹으라, 이는 내 몸이니 … 가 없다. 그러나 요한의 이야기가 매혹적인 것은, 세족식이라는 예수의 비유적 행동으로 유월절 식사의 중앙을 장식했기 때문이다. 예수의 제자들은 그를 이해했을까? 그들은 이것을 행함으로써 예수에게 순종했을까?

요한복음 13:4-17

　이 본문에 대한 최근의 연구는 요한복음 13장에 나타난 예수의 가르침과 극적인 행동의 주목받지 못했던 측면을 부각시켜 준다. 첫째, 제자들은 이 예전에 완전히 익숙했다. 세족식에는 많은 의미가 부여될 수 있다. 이것은 가장과 그의 손님들 사이에 있었던 매일의 환대였다. 저녁식사에 오기 전 그들은 목욕을 했으나, 발의 경우는 다시 씻을 필요가 있었다. 특별히, 발을 씻기고 기름을 붓는 사람은 손님에게 겸손한 섬김을 제공하는 것이었다. 이런 의미 외에도, 세족식은 당시 널리 알려졌던 종교적 혹은 제의적 정결과 관련되어 있었다.

　어떤 경우에서든, 세족식은 예비절차였다. "발도 씻지 않고"라는 표현은 준비도 없이 일을 시작하는 사람에 대한 관용적 표현이었다. 요한복음 공동체가 문자 그대로 세족식에 대한 명령을 따랐는지에 대해서는 이론의 여지가 없다. 복음서가 이것을 행하라는 예수의 말을 반복해서 기록하기 때문이다. 첫 번째 명령에서요 13:14 예수는 행동 자체를 강조한다. 예수의 행위는 제자들에게 바람직한 행동으로만 제시 된 것은 아니다. 그들은 이 특정한 행동을 해야 했다. 제자들은 이것을 겸손한 섬김에 대한 일반적 묘사로 간주하지 않았다. 두 번째 명령 13:15은 주인과 선생으로서 예수의 권위를 강조한다. 그들은 예수께서 명령하셨기 때문에 행해야 한다. 세번째 명령

13:17은 복의 형태로 주어진다. 이것을 행한다면, 그들은 복을 받을 것이다. 이 축복은 8절에서 베드로에게 그와 "공유할 것"이라고 약속한, 예수와의 계속되는 관계를 말한다. 요한복음 15장의 심상에서, 복을 받는다는 것은 그리스도와의 친밀한 교제 안에 "머무르는" 것을 의미한다.

세례 제정사, 주의 만찬 제정사와 비교해 볼 때, 여기에서 예수의 말은 그보다 강렬해 보인다. 그가 다른 것도 아닌 종교적으로 특수한 예전을 제정하는 일을 하면서 실수를 했을까?

세족식에 대한 예수의 의도는 진정 무엇이었으며, 최초의 제자들은 이것을 어떻게 이해했을까? 일단 이 말이 예수의 "고별사" 중에 있다는 점과, 이것이 예수가 "내 장례를 예비한 것"요 12:7이라고 한 마리아의 기름부음 직후라는 점, 유다가 배신을 위해 공동식탁에서 떠난 직후라는 점을 기억할 필요가 있다.

이것들은 모두 임박한 죽음에 대한 예수의 언급들과 관련되어 있다. 그는 제자들이 끝까지 이해하지 못한다 할지라도 그들을 준비시키려 했다.13:7 베드로가 양동이와 수건을 들고 온 그에게 저항하려 하자 예수는 이렇게 말했다. "내가 네 발을 씻기지 않으면, 너는 나와 상관없다.13:8b "상관이 없다."로 번역된 단어 *meros*분깃는 3절에서 한번 언급되었는데, 영원한 생명과 예수가 가진 "모든 것"을 의미한다. 그러나 이 단어는 사람의 운명이나 정체성을 의미할 수도 있다. 제자들이 예수의 운명을 같이 해야 했다고 했을 때, 그 운명은 곧 그의 죽음이다. 예수와 교제한다는 것은 그의 정체성과 소명을 공유하는 것이다. 궁극적으로 이것은 그의 선교사명와 순교에 참여하는 것이다.

요한복음 13:10에서 우리는 목욕과 씻음에 대한 예수의 말이 다르다는 것을 알 수 있다. 이것은 당시의 관습과 관계가 있는데, 당시 사람들은 일주일에 한번만 전신을 씻고 다리와 팔을 매일 씻었다. 예수가 "목욕한 사람은 발 말고는 씻을 필요가 없다."13:10는 말을 한 것은 이런 관습을 언급한 것이다.

제자들은 목욕을 세례의 관점에서 보았다. 세례는 오직 한번 행해지며, 반복될 수 없는 것이었다. 세례야말로 그들을 깨끗하게 하는 목욕이었다. 이것의 근거는 죄를 용서하여 깨끗하게 하는 예수의 죽음이었다. 많은 제자들에 의하면 "씻음"은 세례 이후에 지은 죄를 깨끗하게 할 필요가 있음을 의미했다.

예수의 세족식의 중심적 의미는 그의 죽음이 가진 죄 사함의 능력이다. 용서는 모든 사람에게 열려있다. 이 예전의 맥락은 고별사 가운데이다. 그리스도와 관계를, 그리고 운명을 공유한다는 의미의 *meros*와 영원한 생명의 복을 의미하는 *makarios*, 이 강력한 개념들이 누구나 이해할 수 있는 문화적 행동으로 나타났다. 환대하는, 위생적인, 미학적인 그 행위는 예수의 임박한 죽음이 가져올 유익의 비유가 되었다. 세족식은 예수가 그들을 위해 낮아지고 희생한 것을 기억하며 서로에게 무릎 꿇을 수 있게 하는 정결례이자 예비의식이었다.[5]

겸비와 서로 섬김을 중심적 의미로 믿은 그리스도인 집단들은 예수가 종의 형체를 입은 것과, 종의 일을 한 것과, 서로에게 그와 같이 행하라고 한 말을 주목했다. 화해와 서로사랑이라는 주제는 유다가 떠나간 직후의 구절에 등장한다.

죄로부터의 정결과 예수의 죽음이라는 주제를 이 예전의 중심에 위치시킨 것은 중요해 보인다. 기념식사에서 세족식이 행해졌는지에 대해서는 의심의 여지가 없지만, 이 식사는 그들이 자신들의 주와의 교제를 체험하고 매일의 믿음의 여정을 위한 정결을 얻는 자리였다. 세족식은 주의 만찬의 맥락에 풍성한 의미를 가져다준다. 우리는 이 전통을 지켜온 요한복음 공동체에 빚을 지고 있다.

넓은 지역에 걸쳐 초기 그리스도인 공동체들이 예수의 명령을 기억하며 세족식을 행했다는 수많은 증거가 있다. 현대에는 소수의 그리스도인 집단들이 세족식을 지키고는 있지만 대개의 서방 그리스도인들에게 이것은 좋은 경우에는 혼란을 야기하는 것, 최악의 경우에는 대놓고 난처하게 하는 것 정도이다. 세족식은 예수의 문화적·종교적 충격파인 행동으로 보여준 천한 종의 강력한 비유로부터 시·공간적으로 멀리 떨어진 우리에게는 특히 어려운 것이다. 예수가 살았던 팔레스타인과 비슷한 뜨겁고 먼지 많은 기후와 문화적 분위기라면 주의 만찬과의 관계에서 세족식을 이해하기가 더 쉬웠을 테고, 영적으로도 더 많은 유익이 되었을 것이다.

요약하자면, 예수에 의해 제정된 세족식은 자주 겸비의 정신으로 서로를 섬기라는 부르심을 해석하도록 자극해 왔다는 것이다. 그러나 요한복음 13장을 살펴볼 때에, 여러 다른 주제들이 겸손한 섬김과 병행하고 있다. 예수는 제자들을 그의 죽음 안에서의 교제로, 또한 영원한 생명이라는 아버지의 선물에의 참여로 부른다. 여기에는 세례, 정결, 죄 용서의 암시가 있다. 대야와 수건을 갖고 서로에게 무릎 꿇는 그리스도인들은 새로운 사람이 되어 일어난다. 예수의 명령과 "내가 한 것처럼 너희도 행하라"는 초청에 순종한다면, 우리는 그의 영을 받고 그의 삶의 참된 표지를 받게 될 것이다.

정의 수립하기

"성찬식의 가장 핵심적인 행위는 단지 먹는 것이 아니라 음식을 나누는 것이다. 이것을 이해하기 위한 가장 중요한 인간 체험은 기아hunger이다." 6) 모니카 헬위그Monica Hellwig는 폭력, 탐욕, 불의를 유발하는 지구적 기아의 존재를 예로 들어 성찬식의 의미에 대한 그리스도인들의 탐구를 촉구한다. 그녀는 기아 문제를 영적 기아라는 더 큰 그림 속에 넣고, 이것을 "모든 조직신학적 설명보다 우선적인 근본적 층위의 의미"로 묘사한다. 7)

성찬식에서의 정의라는 주제 안에서, 우리는 물질적 평화와 영적 평화라는 주제를 결합한다. 그리스도인들은 역사의 여정을 지속하는 동안에 이 주제를 무시했고, 모두들 자기만족에 젖어들었다. 만약 우리가 스스로에게 일상적 식사는 몸을 살찌우고 성찬은 영을 살찌운다고 설명한다면, 이것은 주의 식탁에의 가장 핵심적 의미를 축소하고, 거절하는 것이다. 정의에 대한 고려와 성찬에서의 나눔을 결합함으로써 우리는 하나님의 백성을 하나님의 선교의 중심부에 데려다 놓는다. 우리는 사태를 바로잡으시려는 하나님의 열망으로부터 우리를 떼어 놓아서는 안 된다.

성찬식과 정의 – 이 두 개념은 밀접하게 얽혀있다. 일요일 성찬식을 예전liturgy라고 부르는 많은 그리스도인들에게 이 단어는 공동체 예배의 행동들을 의미한다. 예전은 의식ceremonial만이 아닌, 예전적 행동을 외적 표상으로 하는 예배의 핵심을 의미한다. 규칙과 규범들, 그리고 전통과 상징적 요소들은 예전의 심장heart을 계시하기 위해 동원될 수 있다.

예전의 모든 형식은 한 쪽에서 말하면 다른 한 쪽에서 대답하는 대화 형식이기에, 이 심장부에서 하나님과 백성 사이의 만남이 이루어진다. 이 대화에서 백성은 사랑, 정의, "치유된 피조물"을 향한 하나님의 심장박동을 듣는다. 또한 하나님은 예전에서 백성의 외치는 소리, 사랑과 정의에 대한 열망, 감사, 희망을 들으신다. 그리스어 단어 리투르기아는 하나님이 사랑하시는 세상 안에서 하나님과 그의 백성 양측이 행하는 공적 섬김을 의미한다. 이 공적 섬김은 상황을 다시 바로잡는 하나님의 정의이다.

하나님의 동역자 – 우리가 받은 이 사명은 얼마나 놀라운가. 우리는 회복된 관계와 치유된 피조물에 대한 하나님의 비전을 엿보았다. 이제 하나님은 이 비전을 성취하는 일에 참여하도록 우리를 부르신다.

예전의 "워킹 런치working lunch: 일을 하면서 먹는 점심식사"에서 우리는 예수의 식탁에 둘러앉아 하나님의 뜻과 그의 정의수립이 성취 가능하다는 것을 본다. 여기에 하나님과의 관계를 회복하고, 서로와 화해하며, 모든 피조물과 조화를 이루며 사는 방법이 있다. 예수는 식탁에서 우리에게 이 비전을 성취하기 위해 치러야 하는 대가를 이야기 한다. 우리는 우리 주의 운명의 잔을 마실 수 있을까? 우리는 그의 깨어진 몸 안으로 들어갈 수 있을까? 그 나라의 일을 함으로써 얻는 보수는 박해, 고통, 세계와 모든 피조물의 고통에의 참여이다. 이 보수가 놀라운 것은 고통과 함께 "넘치는 생명"요한 10:10과 측량할 수 없는 기쁨이 올 것이기 때문이다.

예전에 포함된 강력한 정의운동은 우리가 이미 하나님의 갈망과 그가 우리 사이의 화해를 위해 예비하신 것에서 엿본 것이다. 예수는 평화 만들기, 진리 선포, 자비로운 나눔이라는 그의 가르침을 행동으로 보이며 우리 앞서 걸어갔다. 우리의 공동 예배에서 예수의 관심사들이 일반적이며 효과적인 표현으로 나타나지 않는다면, 그것은 우리가 철저히 잘못하는 것이다. 바울은 고린도 교회에서 주의 식탁의 남용을 발견하고서 날카로운 표현을 써가며 처방을 제시했다.

바울은 그가 물려받은 전통예수 전승뿐만 아니라을 수용하고 적용하는 데에 자유로웠다. 성찬의 남용 때문에, 고린도전서 11:17 이하에서 그는 회중에게 주의 만찬을 생각해 보라고 촉구한다. 바울이 염두에 둔 것은 질서와 몸 안에서의 경제적 정의였다. 그는 공동체를 향해 신실한 증가와 구속적 행위들redemptive acts에 대한 이야기 전체를 실천적으로 기념할 것을 요구한다. 바울은 그리스도인들이 기꺼이 십자가와 동일시하는 예수의 헌신적 사랑과, 주의 만찬의 바른 시행을 한데 묶어 놓는다. 이것은 주의 죽음에 대한 진실한 선포의 구성요소이고, 하나님의 구원의 바른 의미이기도 하다. 위의 생각들은 화해와 평화 만들기의 주제들을 통해 개진된 것이다.

그리스도인들의 예전에 나타난 두 번째 평화 운동은 온 피조물의 치유에 대한 관심이다. 창세기 1장 기사에서 하나님은 인간을 "땅 위에서 움직이는 모든 살아있는 것"의 친절한 목자로 세운다. 이 사명에서 우리는 성공보다는 실패를 더 많이 경험했다. 우리가 우선적으로 해야 할 일은 재앙에 가까운 범죄로부터 돌이키는 것이다. 모든 피조물은 창조자에게 속했고, 모든 살아있는 것은 하나님의 설계 안에서 고유한 자리를 갖고 있다. 그러나 우리 인간은 하나님의 선한 창조의 모든 차원을 왜곡하고, 방해하고, 착취해 왔다.

성찬 식탁에서 우리가 드리는 기도는 자연 세계에 대한 우리의 이해와 그에 대한 책임의식을 드러낼 수 있다. 그 기도들은 우리의 자발적 운동, 기쁨, 하나님의 피조물로서의 감사를 보여줄 수 있다.

예전의 가장 오래된 기도문들은 유대 축복문찬미의 기독교적 변형이었다. 여기서 우리는 자연계 안에서 인간의 자리에 대한 자각을 찾아 볼 수 있다.

복되시도다, 오 우리 하나님, 우주의 왕,

그의 선하심과 은혜와 친절한 자비로

온 세상을 먹이시는도다;

그가 모든 사람에게 먹을 것을 주시나니,

그의 자비는 영원하심이로다.

그의 크신 선하심으로, 우리에게 항상 양식이 있으리니;

그 크신 이름을 위하여

우리에게 영원 무궁히 양식이 있으리이다.

그가 만유를 먹이시고 자라게 하시며, 만유에게 선을 행하시며

그가 만드신 모든 것들에게 먹을 것을 주시는도다.

복되시도다, 오 주여, 만유를 먹이시는 이여.[8]

창조를 존중하고 영광을 돌리는 분위기가 계시되는 구원 이야기와 함께 초기 그리스도인들의 감사기도에 전수되었다. 성찬예배의 기도와 축복문들은 우리가 피조계에 대해 받은 사명인 온 피조 세계를 돌볼 책임에 충실하지 못했던 것을 반성하고, 그 사명을 새롭게 하도록 도와줄 수 있다.

성찬 예전에 나타난 또 다른 정의운동은 탐욕과 착취로 인해 촉발된 지역적, 국가적, 지구적 문제에 대한 참여이다. 이에 대한 관심은 예배에서 이루어지는 잘 훈련되고 열정적인 기도뿐만 아니라, 나눔의 실천으로 나타난다. 책의 다른 부분에서 기도와 실천이라는 양측의 참여를 어떻게 할 수 있을지를 이야기 해 보자.

예수는 그의 제자들을 정의에 대한 주림과 목마름에로 부른다. 성찬 예전에서 그 주림과 목마름을 행동으로 옮길 때에 우리는 참된 삶과 "만족"을 얻는다. 세상은 정의의 문제로 인해 우리를 주목하고 있다. 우리가 자연계와 인간 사회 안에서 사태를 바로잡으려는 하나님의 열망을 진실로 반영한다면, 이 문제에 대한 깊은 관심을 가지고 있었던 비그리스도인들을 정의를 수립하는 예수 공동체와의 관계 안으로 이끌 수 있을 것이다.

다른 은유들

성경에는 주의 만찬 예배에 대한 우리의 이해와 표현과 실천을 풍성하게 해 줄 수 있는 많은 그림언어와 상징들이 있다. 이것들 중에는 앞에서 언급한 주제들과 관련된 것도 있을 것이고, 새롭고 유익한 연결로써 처음 언급되는 것도 있을 것이다.

제프리 웨인라이트[9]는 구약의 메시야적 만찬 대망에 기초한 구체적이고도 매력적인 자료들을 제공해 주었다. 시내산 계약의 식사와 다른 거룩한 식사 이야기들과 함께, 지혜문학과 예언서들 안에서 식사 이미지는 방대한 범위에 걸쳐 나타난다.[10] 하나님 나라 연회를 반영하고 있는 신약 구절

들에 대한 웨인라이트의 논의에서 다음의 중요한 예들이 제시되었다:[11]

하늘에서 내려온 새 만나

히브리인들에게 있어 가장 결정적인 기억은 위대한 출애굽 이야기에 나오는 하나님이 기적적으로 하늘로부터 떡을 공급하신 장면이다.[12] 신구약 중간기의 유대인들은 메시야가 오면 하늘로부터 만나와 같은 선물을 내려줄 것이라 기대했다.[13] 신약의 몇몇 구절들은 이 기대를 언급하고, 그것의 성취에 대해 말한다: 기적적 급식 이야기가 예수의 사역 중에 나타나고,[14] 예수는 생명의 떡요 6:25-28에 대해 말하며, 바울은 출애굽기 만나의 의미를 성취하는 성찬의 떡고전 10:3을 말한다.

포용

많은 사람들이 "동과 서로부터 와서 아브라함과 이사악과 야곱의 식탁에서 함께 먹을 것"마 8:11; 눅 13:29이라는 것이 미래의 구원에 대한 예수의 그림들 중에 있다. 예수는 여기서 땅의 민족들이 하나님이 거주하시는 거룩한 산 시온으로 몰려와 생명과 구원을 얻을 것이라는 예언자적 비전을 인용한 것이다.[15]

팔복

팔복의 두 항목에서 예수는 배고픔과 만족의 심상을 사용했다:

너희 지금 주린 자들은 복이 있나니, 너희가 배부를 것이다. 눅 6:12a

의로움에 주리고 목마른 이들에게 복이 있나니, 그들이 배부를 것이다. 마 5:6

누가의 버전은 하나님 나라가 놀라움을 가져올 것이라는 예수의 전형적 예언을 반영하는 것처럼 보인다. 비천한 자들이 높임 받을 것이다.눅14:11 어린 아이같이 되는 자들만이 그 나라에서 큰 자가 될 것이다.마18:4 처음 된 자는 나중 되고 나중 된 자는 처음이 된다.마19:30 여기에서 예수는 육체적으로 굶주린 사람들에 대해 말하고 있다. 그러나 마태의 비전은 먹을 것과 함께 이땅에서 정의를 세우실 하나님에 대한 갈망이 있음을 상기시킨다. 그 나라에서는 배고픔과 굶주림만큼 인간의 갈망이 해소될 것이다.

식탁에 앉은 예수

이따금씩 예수가 자신이 택한 이들과 나누었던 식사는 예수의 사역에서 중요한 지점을 형성했다. 예수는 식탁을 즐기는 것으로 유명했고, 예수는 이로써 즐거운 인간관계는 가치 있는 것이라는 메시지를 전했다. 그러나 예수가 그의 가까운 친구나 친지들과만 함께 식사한 것은 아니다. 그는 세리와 죄인들과 식탁을 나누었다.

> 예수는 죄인들을 불러 식사를 나누었다.마9:13; 막2:17; 눅5:32
> 죄인들은 예수를 초대했다.마9:10; 막2:15; 눅5:29; 15:1-2

이 식사에서 예수는 하나님이 베푸시는 구원을 극적으로 표현했다.막2:17 그러나 예수와 먹고 마시는 일이 구원을 보증해 주지는 않는다. 레위의 성대한 만찬에서 예수는 이렇게 선언했다. "나는 의인들을 위해 온 것이 아니라, 죄인들을 불러 회개하게 하려고 왔다."16) 예수는 그의 청중들에게 하나님 나라는 단순히 공짜점심 같은 것이 아님을 상기시킨다.눅5:32 죄인들은 만찬에 초대 받았지만, 큰 변화가 뒤따라야 한다. 주의 만찬을 나눈 이들의 삶은 결코 이전과 같을 수가 없다.

주의 기도

"오늘 우리에게 일용할 양식을 주시고"라는 주기도문 구절은 많은 해석을 낳았다. 생존을 위한 일상의 떡으로부터 하나님 나라가 성취될 "위대한 내일"의 떡까지 매우 다양한 층위의 조합들이 있다. 웨인라이트는 수 세기에 걸쳐 그리스도인 교사들이 내놓았던 넓은 범위의 해석들을 우리 앞에 펼쳐 보인다.[17]

요야킴 예레미아스는 "일용할"의 배후에 있는 아람어 단어에 대해 상세히 논한다.[18] 이 단어의 좋은 번역은 오늘의 삶을 유지하기 위한 떡이나, 내일을 위한 것은 물론 "위대한 내일"의 음식인 "하늘의 만나" 혹은 "생명의 떡"이라는 의미를 드러내야 한다고 그는 말한다. 이것은 "구원의 시대"의 떡이다. 예레미아스는 이것이 "영성화spiritualizing"된 해석은 아니라고 강조한다. "이것은 매일의 삶과 하나님 나라를 분리하지 않는다. 이것은 삶의 전반을 에워싼다." 이 확장된 이해는 우리의 모든 필요를 포함하며, 우리의 전인적 안녕을 지탱하는 매일의 양식을 가리킨다.

신비

동방 정교회에서 발전된 신비mystery 개념은 일반적으로 사용되던 단어 뮈스테리온mysterion과는 다른 의미인데, 예를 들어 에베소서 1:8-10은 이렇게 말한다. "모든 지혜와 통찰로 [하나님은] … 우리에게 그의 뜻의 신비를 알리시고 … 때가 차면 그리스도 안에서 한데 모으려는 것입니다." 이 신비는 만유를 구원하시려는 하나님의 의지가 드러났다는 계시이다.

디모데전서 3:16에 나타난 그리스도인들의 가장 오래된 고백중 하나는 "크도다 신앙의 신비여"라는 표현을 소개한다.

육으로 드러나시고,

영광으로 신원 받으시고,

천사들에게 보이시고,

이방인들에게 선포되시고,

온 세상이 믿게 된 그는

영광에 올리우셨도다.

대속

신약은 다양한 방식으로 그리스도가 성취한 일을 이해한다. 어떤 방식으로도 모든 것을 설명할 수 없기에, 우리는 여러 방식으로 그것을 말해야 하며, 어떻게든 그것들을 결합시켜야 한다. 대속에 대해 말할 때에, 우리는 그리스도의 죽음에 대해 설명하려 하는 것이다. 왜 그것이 필요했나? 우리는 성찬예배에서 여러 다른 이미지들을 소환하여 감동적인 예전, 상징과 결합한다.

대속atonement이라는 영어 단어의 어원은 단어 자체에서 볼 수 있다: at-one-ment가 의미하는 것은 화해, 통일, 다시 하나 됨을 의미한다. 이 단어는 화해, 변제, 의인 같은 그리스도의 구원사역 전 범위를 포함하는 단어가 되었다. 대속은 죄의 문제에 대한 대답으로만 아니라, 논의 전체의 일반적 이름표가 되었다. 대속의 본래적 의미 – 사태를 바로잡음, 배상, 변제 – 에 확장된 의미들이 덧붙었다.[19]

신약에서 대속 주제들은 다음과 같이 나타난다.

악의 권세에 대한 그리스도의 승리

그리스도와 우리의 죽음에 대한 승리 – 부활

인간의 죄와 고통

하나님과의 화해

하나님의 사랑이 계시됨요한3:16; 1요한3:16

희생제물로서의 예수의 죽음

하나님의 가족으로 입양됨

속죄Redemption

개척자 그리스도

새 아담인 그리스도[20]

주의 죽음을 선포함

성찬에서 그리스도의 죽음을 선포하는 것은, 떡과 잔의 의식 직전에 의미적으로 행해야 하는 설교의 등가물로 여겨졌다. 대부분 교회는 선포된 말씀 없이 식탁을 섬기는 것이 부적절하다고 생각할 것이다. 순서를 바꾸어 식탁에 먼저 초점을 맞추고 그 다음 설교단으로 옮겨 간다고 생각 해 보자. 이 얼마나 낯선가.

앞에서 역사적이며 전형적인 기독교 예배 형태들을 살펴 본 바와 같이, 말씀과 식탁은 똑같이 중요했으며 언제나 함께 행해졌다. 교회사에서 설교에 대한 기대와 그것의 실행 양상은 거대한 변화를 겪었다. 처음에 설교는 대화 형식으로 된 복음의 일상적 적용에 대한 짧은 설명이었을 것이다. 교회 건물이 커지고 회중이 늘면서, 설교는 수사학적 이벤트가 되었다. 후에 식탁은 설교단을 가려 버렸고, 개혁주의 전통에서는 반대의 현상이 일어났다. 오늘날의 회중들은 성찬예배의 두 부분인 식탁과 설교단의 결합을 계속적으로 원하고 있다. 이 욕구에 대한 응답은 창조적이고 민감하며, 극도의 주의를 가지고 주어져야 한다.

어쨌든, 현대의 설교와 바울의 선포를 동일시하는 것은 적절치 못하다. 고린도전서 1:26에서 바울은 앞의 논의를 요약하고 있다. 이것은 고린도 교회의 교제식사 남용에 대한 그의 책망을 반영하며, 식탁에서의 주 예수에 대한 참된 전승에 관한 그의 입장이 여기에 나타나 있다. 그는 이어서 회개와 예배 회복을 권고하고 있다.

성찬식의 주제들

교회가 합당한 방식으로 예배할 때에, 그것은 주의 죽음을 선포하는 것이다. 바로 여기에서 십자가의 의미가 명백히 드러날 수 있다. 교회의 겸손한 자기 내어줌은 교회 내의 관계 맺기를 통해 드러난다. 이러한 예배에서 교회는 그리스도의 십자가와 스스로를 동일시한다. 그들은 그와 함께 죽는다. 그들은 그리스도의 몸이라는 기독교회의 이상에 스스로를 맞춘다. 바울은 참된 성찬 전승을 상기시킴으로써 그들 공동체를 교정하고 바로 세운다. 그들은 예전의 방식뿐만 아니라 도덕적 행동까지 붙들어야 했다. 이렇게 함으로써 그들은 십자가의 의미인 주의 죽음의 중요성과 가치를 드러내 보였다.

우리는 성찬예배의 모든 행동을 통해 주의 죽음을 선포한다. 우리는 그의 이름으로, 그를 기억하며 축복을 하고, 떡을 떼는 예전 행위를 한다. 우리는 말과 행동으로 주의 죽음을 선포한다. 우리는 식탁 예전 이전의 설교에서 주의 죽음을 선포한다. 우리는 타인을 사랑하여 자신을 내어주는 행동으로 주의 죽음을 선포한다. 우리는 그의 다시 오심을 확고히 기다리며 이 모든 것을 행한다.[21]

이 주제가 고린도전서 11:23-26의 "설명된 말들"안에 보존된 바울의 요점이다. 물론 이것은 신약에 나타난 다른 가닥의 만찬 전통종말론적 메시야 연회를 미리 맛보는 예배 식사과 엮여 있어야 한다.[22]

이 두 가닥은 상반되는 분위기를 가진 것처럼 보인다. 이 둘을 하나로 엮기란 어려운 일이다. 예수의 십자가 죽음에 영광을 돌리면서 어떻게 축제를 벌이며 행복한 노래를 부를 수 있을까? 성찬 예배의 바른 실행을 고민하던 이들에게 이것이 딜레마였던 것 같다. 사실 거기에는 한 가지 방식만 존재하는 것이 아니다. 우리는 넓은 범위의 적절한 성경적 주제들을 조사하여 여러 방식으로 탐구하고 표현해야 한다. 책의 나머지 부분에서 이것을 더 알아보자.

우리는 각각의 주제들이 전체에 공헌하고 있음을 보았다. 주제들은 개성을 통해 서로 관련되어 있다. 우리가 하려고 하는 것은 이것들을 우리의 성찬 이해와 실천으로 짜서, 빛나는 성찬의 주단을 완성하고, 그것으로 그리스도를 영예롭게 하는 일이다.

큰 자유와 활기를 갖고 성찬식 주제들을 탐구하고 표현하는 교회들은 변화되고 성숙할 것이다. 그들은 한 방식이나 자세에 머무르지 않을 것이다. 더 깊은 존중이 적극적인 화해와 함께 나타날 것이다. 정의를 세우는 혁신적인 예배 안으로 서로를 향한 더욱 깊은 헌신이 넘쳐 흘러갈 것이다. 우리가 어떻게 "성찬을 행하는가"가 바로 우리의 성품을 형성할 것이다.

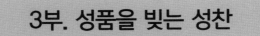

3부. 성품을 빚는 성찬

서론: 양육하는 성찬식

우리가 어떤 식으로 성찬을 거행하는가는 차이를 낳는다. 그것은 단지 성찬이 중요하다는 뜻만은 아니다. 이것은 실제적인 차이를 만든다! 예를 들어 우리는 조용히 장의자에 앉아서 이미 잘라놓은 떡조각을 받으려고 기다리고 있는가? 아니면 자리에서 일어나 식탁 가까이로 나와서 떡 덩이와 잔을 서로에게 건네 주는가? 우리가 어떻게 성찬을 행하는가가 교회, 사역자, 성찬을 통해 그리스도의 임재의 본질에 대한 이해를 틀짓는다. 우리는 우리의 성찬신학을 행한다.

3부에서 우리는 공간의 조명, 예배시간, 성찬으로 초청하는 방식, 우리의 태도와 습관들 같은 예배언어와 관련된 여러가지 실제적인 문제들에 대해 다룰 것이다. 이들 중 많은 사항들은 세대를 거치며 교파 안에서 지속되어 온 습관들 및 교회 전통과 관련이 있다. 또 어떤 것들은 상대적으로 일시적이어서 생활양식이나 지역 문화의 영향을 받는다. 나는 검토를 위해 우리의 성찬 실행 방식을 모두 펼쳐 늘어놓을 것이다. 그 중 견고한 것들은 검토를 위해 더 강조할 것이고, 덜 중요한 것들은 일관성과 의사소통을 위해 살짝 고칠 것이다.

이 모든 작업의 목적은 교회 공동체를 진실로 그리스도의 성품을 가진 백성으로 양육하기 위한 것이다. 빌립보서 2:1-10에서 바울은 교회를 향해, 그들의 함께하는 삶에서 그리스도의 겸손을 닮기 위해 그리스도의 마음을 가질 것을 요청한다. 이것은 서로에게 힘을 주고, 사랑으로 위로하며, 성령 안에서 나누고, 긍휼과 자비를 보여주어야 한다는 뜻이다. 이 모든 요소들은 정기적으로 주의 식탁에 모이는 공동체를 통해서 육성된다.

회중의 삶에서 이것이 일어나는 자리가 성찬뿐인 것은 아니다. 기도, 공부, 공동작업, 교제와 같은 요소들도 공공의 삶을 양육할 수 있다. 하지만 여러 세기에 걸친 교회의 증인들은 주의 식탁에 특별히 초점을 맞춘다. 식탁에서 그의 백성은 주의 임재를 깨닫는다. 그는 그들에게 생명의 떡과 기쁨을 제공한다. 이 선물들을 받음으로써 그들은 성령에 의해 빚어진 긍휼이 넘치는 사랑의 공동체가 된다.

12. 예전의 언어

개신교 예전, 헛된가 충실한가?

16세기 이래로 개신교인들은 "텅 빈 예전"를 비난해 왔다. 개혁자들은 의미 없이 반복되는 말과 종교적 의례들에는 영적 신실함이라고는 전혀 없다고 주장했다. 개신교인들이 신앙에서 중요하다고 생각하는 요소들은 하나님의 은혜로운 사랑, 그것에 대한 올바른 이해, 잘 정립된 신조와 같은 것들이 있다. 반복되는 의례는 불필요한 겉치레였다. 정해진 기도문들은 "중언부언"이었다. 무엇보다, 예수는 그의 제자들에게 이렇게 경고했다: "기도할 때에 이방인과 같이 중언부언하지 말라 그들은 말을 많이 하여야 들으실 줄 생각하느니라마 6:7"[1] 텅 빈 예전은 저주받은 것이었다. 이것은 이교도만큼이나 위험한 것이었다.

죽은 예전은 더럽혀지기 쉽다. 죽어가는 예전은 실재의 대체물이 된다. 이런 사실은 더 이상 세상을 위해 깨어지지도, 이웃을 위해 부어지지도 않는 삶을 사는 회중 가운데서 거행하는 떡을 떼고 포도주를 붓는 행위에서 잘 드러난다. 예전은 소비자 중심주의적 자세에 의해 타락할 수 있다. 사람들은 인격적 대가를 치르지 않고 종교적 느낌이나 용서를 얻기 위해 참여할 수 있다.

개신교 종교개혁의 엄격함은 의미 없는 반복을 경고한 예수의 말씀을 "말 많은" 예배와 장황하며 때로는 상투어로 가득한 기도와 연결하지 못했다. 수세기 동안 이러한 세속적 패턴은 대부분 개신교 예배를 지배한 강력한 의식적 행위로 자리 잡았다. 우리의 종교적 선조들은 오직 성경적 배경

위에서 예배를 개혁하기 원했다. 그러나 개혁이 진행되면서, 그들은 너무나 자주 공인되지 않은 무익한 예전들을 받아들였다.

반작용에서 비롯된 이처럼 강력한 반예전적 유산은 고도로 예전화된, 도전 받지 않을 것 같은 관습을 양산했다. 어떤 사람들은 그것들을 '거룩한 소'라고 비꼬았다. 이 중 어떤 것들은 정확히 예전으로 개념화 된 것은 아니지만, 상투적 문구나 관례화된 몸짓으로 인해 구별되는 습관들이다. 이런 종류의 습관들은 예배에 대한 신학적 기초를 제공하지 못하고 개신교 집단들의 예배 형식을 규정하는 구속복이 될 때가 있다.

개신교 시대들을 거치며, 쉽지 않은 질문들이 지속적으로 제기되고 있는데, 이것들은 특별한 의미가 없는 종교의식적 습관과 관련있다. 봉헌기도를 할 때에 반드시 일어서야 하는 걸까? 왜 기도할 때에 자리에 앉는 걸까? 왜 개신교 기도는 이다지도 관용구들로 가득 차 있는 걸까? 왜 남자와 여자는 따로 앉은 걸까? 대체 누가 우리 성찬식 방식을 고안한 걸까?

개신교 예전 개혁

우리 예배의 모든 부분은 종교개혁자들이 의도했던 대로 성경의 예를 따르는 것일까? 당연히 아니다. 처음에, 가장 강력한 동인은 천주교의 실천에 대한 무조건적 반대였다. 이런 부정적 원칙이 순행, 사제가 손을 씻는 행위, 촛불을 켜는 것, 성체거양 등에 적용되었다. 많은 개신교인들은 성경으로부터 온 송가들, 찬송가들, 고대의 기도문 또한 제거했다.

개신교 예배에서 가장 명확했던 긍정적 원칙은 모든 것이 "품위 있고 질서 있게"고전 14:40 행해져야 한다는 것이었다. 그렇기 때문에 단순한 몸동작과 엄숙한 태도는 개신교 예배의 전형적인 모습이 되었다. 질서와 절제 외의 요소도 고려되었다. 엄숙과 장엄은 항상 개신교인들에게 중요했는데, 이것은 특히 성찬예배에서 그리스도의 수난과 죽음을 지속적으로 강조하기 위해서였다.

이따금씩 개신교인들은 자각하지 못한 상태에서 그들의 신학을 시각적이며 극적인 방식으로 표현했다. 예를 들어, 사역자들이 옛날식 디자인으로 된 엄숙하거나 화려한 색의 특수한 의상을 입을 때, 그들은 성직자와 평신도 사이의 분리를 주장하는 것이다. 열 여덟 명의 장로가 회중석보다 높은 장로교식 성찬상 뒤쪽에 앉아 있든, 제의를 갖춰 입은 성직자가 정교회식 제대 옆에 있든 시각적 효과가 주는 메시지는 비슷하다. 회중은 계급이나 기능에 있어서 그들의 사역자와 분리되어 있고, 시각적 효과는 사역자의 기능에 특권이 포함됨을 보여준다. 사제, 집사부제, 장로들이 노예의 지위를 의미하는 옷을 입었다면, 다른 메시지가 전해졌을 것이다. 우리는 우리의 신학을 입는다.

어떤 교파에서는 항상 나이 많은 집사가 성찬 식탁에서 기도를 한다. 다른 교파에서는 특별한 사람들만이 예식문들을 읽을 수 있다. 이것들은 많은 세대를 거쳐오며 정착된 교회의 예전들이다.

어떤 그리스도인 공동체는 진짜 음식을 가지고 진행되는 성찬의 식탁에 둥글게 둘러앉는다. 그들은 복음서를 읽고, 자신을 돌아보도록 요청하고 공개적으로 고백하며, 공동체가 예수의 십자가의 길을 신실하게 따를 수 있도록 함께 기도한다. 그들은 떡을 떼고 성찬의 잔을 마심으로 세례언약을 갱신하고, 희생적 제자도에 대한 서원을 확인한다. 이러한 "반예전" 역시도 예전을 사용한다. 이 독특하고 극적인 방식의 예전은 그들의 독특한 성찬신학을 드러낸다.

성찬예전들을 계속 생각해 보자. 가까이서 관찰하면서 실제로 무슨 일이 일어나고 있는지를 살펴보자. 일단 우리는 질문을 잘 선택해야 한다. 성경적, 신학적, 목회적 질문을 던질 수도 있고, 효과적 성찬이나 미학적 가치를 물을 수도 있다. 우리는 토착화에 대한 질문을 던진다. 우리가 행하는 것은 이웃이나 관찰자들이 이해할 수 있는 것인가? 우리는 어떤 식으로 시공을 초월한 그리스도인들의 연대를 표현할 것인가? 우리는 우리의 성찬 시행 방식들을 관찰하고 평가하는 작업에 기꺼이 최선을 다하겠는가?

예전의 언어

예전은 일종의 언어이다. 예전은 말, 상징적 행위, 물리적 요소를 독특한 의사소통으로 융합한다. 좋은 예전은 상상력과 의지를 고취시킴으로써 선한 행위로 이어진다. 개인, 가정, 단체들은 예전을 발전시켜 치료에서 축제에 이르는 광범위한 목적에 사용한다.

한 커플은 결별을 앞두고 슬프고도 단순한 의식을 고안했다. 아내가 집을 떠나기 사흘 전, 그들은 실로 만든 두 개의 고리를 바닥에 놓았다.

> 우리는 그 안에 함께 서서 "당신을 완전히 놓아 줍니다. 우리가 약속했던 모든 것에서 당신을 놓아 줍니다. 나에 대한 책임으로부터 당신을 놓아 줍니다."라고 말했다. 우리는 실을 자르고, 고리를 분리한 후 각자의 고리를 집어 들었다. 그것이 다였다. 우리는 실을 가져갔으며, 나는 나의 실을 불태웠다. 그녀가 자기 실을 어떻게 했는지는 모른다.[2]

이 개인적인 의식은 단순하지만, 여기에 예전의 모든 구성요소인 말, 상징적 행위, 물리적 요소, 내적 의도가 포함되어 있다. 이 커플은 그들이 고안한 의식 고통의 다리를 지나는 데에 도움이 된다고 느꼈다.

세속의 공동체 생활에서, 다양한 예전들이 우리 삶을 둘러싸고 있다. 유산으로 고통 받는 부모, 재해로 가족을 잃은 사람들, 에이즈나 알츠하이머 병으로 고통 받는 사람들을 위한 의례들이 새로 고안되었다. 신년 축하나 기념일 의식 등 전통 사회의 의례도 존재한다. 교회는 특히 섬세하고 감동적인 예전들을 입교, 신앙에 대한 서약, 그 외의 삶 전체에서의 헌신을 위해 발전시켜 왔다. 예전이라는 특별한 언어는 단순한 말 이상의 역할을 한다. 세례의 물은 사실 보통 물이지만, 거절, 충성, 언약을 의미하는 특정한 몸동작 및 언어 형식과 결합됨으로써 강력한 목소리를 갖게 된다. 예전의 언어는 복합적 언어이다. 이 언어로 교회는 그들이 직면한 질문에 응수한다.

실제 삶과 연결된 예전

예전의 언어는 사람들의 일상적 상황과 깊이 연관되어 있을 때 가장 강력한 목소리를 낸다. 극한의 박해 아래 있던 두 그리스도인들의 감동적인 예가 있다. 두 경우에서 모두 예전은 하나님의 임재와 개입을 기대했던 이들에게 희망과 힘을 주는 특별한 메시지를 전해 주었다.

1994년 8월, 마이엔베르크Meienberg신부는 르완다 국경을 넘어 자이레의 카붐바에 있는 난민촌으로 가라는 꿈을 꾸었다. 그는 그 꿈이 마치 바울이 보았던 마케도니아로 넘어오라는 환상 같았다고 전했다.

카갈리에서 온 난민 클레어 루탐부카가 파란 픽업 트럭 뒤에서 뿔나팔을 불어 사람들을 모으는 동안, 마이엔베르크 신부는 갈색 가죽가방을 열어 미사에 필요한 것들을 꺼냈다. 그는 에스겔 37장을 포함한 희망을 암시하는 성경구절들을 골랐다. 이 구절에서 예언자는 마른 뼈들의 골짜기로 걸어 들어가고, 하나님은 그 뼈들을 다시 살린다. 마이엔베르크 신부는 여기에서의 생기가 "영이신 예수"를 상징한다고 강론했다. 사람들은 몇 주간의 난민생활로 누더기 같은 옷을 입고 있었다. 그들은 남쪽에서 불어오는 찬 바람을 맞으며, 수천개의 장작불이 매캐한 연기를 내는 회색빛 하늘 아래 모여 있었다. "우리에게는 믿음이 있습니다." 한 남자가 말했다. "우리의 믿음은 여기서 더 강해졌습니다. 우리는 박해를 받는다는 것이 무엇인지 이해했습니다." 피난민들은 마이엔베르크 신부 가까이로 모여 열 겹 정도의 원을 만들었다. 그가 스와힐리어로 성경을 읽으면 한 봉사자가 르완다의 공용어인 키냐르완다어로 통역했다. 잠시 침묵이 흐른 후에 피난민들은 기쁜 찬송을 불렀다. 그들의 목소리와 손뼉이 그 오후를 채웠고, 마치 소나기처럼 그 스산하고 연기 자욱한 풍경을 씻어내 버렸다. 몇 명의 피난민들이 기도를 올렸다. 아이를 등에 업은 한 여성은 "저에게 상처 준 이들을 용서할 수 있는 새 마음을 주소서"라고 기도했다. 다른 여성은 "이 고통의 시간을 위한 인도하심"을 구했다. 그리고 나서 그들은 성찬을 받았다.[3]

볼티모어 시립 교도소는 엄숙한 성찬식의 공간이었다. 캐턴스빌의 9인 Catonsville Nine은 반전 시위로 인해 구금 중이었다.

팔일 동안 우리는 금식하고 기도하며 기다렸다. 마지막 날에 우리는 성찬식으로 금식을 마무리하기로 했다. 몇 명의 사람들이 막 구운 떡을 가져다주었다. 우리는 교도소장에게 포도주를 조금 마실 수 있겠느냐고 물었다. 그는 자신이 동석한다는 조건 하에 허락했다. 그렇게 하여, 그 넓은 식탁에서 가장 단순하고 가장 감동적인 성찬식 중 하나가 시작되었다. "이를 행하여 나를 기념하라"라는 말은 "나를 기억하여remember 다시 한번 한 지체가 되어라re-member 너희의 삶과 영혼을 다시 하나 되게 하라" 라는 의미였다.[4]

불행히도, 의례는 억압이 될 수도 있다. 한 사제가 용서의 수단을 독점하기 위해 사람들을 자기에게 의존하게 한다면 그렇게 될 것이다. "미사의 의례는 현실의 대체물이 될 수 있고, 미사의 유익은 소비재가 될 수 있다. 그리스도께서 자신의 생명을 부어주심을 의미하는 성배는 백성으로 하여금 자신들의 삶을 쏟아 붓고, 헌신하도록 자극해야 한다." 오직 그것만이 "교회가 사는 올바른 성례전적 삶의 진정한 증거"이다.[5]

많은 교회가 긍정적이고 유연한 방식의 예전에 대해 고민했고, 자신들이 여러 어려움을 겪으며 의미를 반영하고 강화하는 예전을 채택했다. 이 과정은 때때로 새로운 예전을 개발하는 것이었지만, 사멸하거나 무의미해 보였던 것들이 공동체 안에서 새로운 의미를 얻기도 했다. 오래된 예전들이 새 생명을 얻은 것이다. 신앙 공동체들은 새로운 예전을 개발할 수도, 전통적 예전을 창조적으로 사용할 수도 있다.

세 가지 기독교 의례의 형식

초기 기독교 교회의 성찬 실행과 밀접하게 관련되어 있었던 세 예전이 있는데, 떡과 잔의 예식, 세족식, 평화의 입맞춤이 그것이다. 이 세 예전에서 공통적인 요소는 무엇일까? 일단 이것들은 모두 물리적 신체, 물과 수건, 포도주와 떡 같은 물질적 요소와 관련되어 있다. 둘째로, 각각의 의례는 물질적 요소를 특정한 말과 연결시킨다. "받아 먹으라." "이제 너희는 이것을 알았으니, 그대로 실천하면 복을 받을 것이다.", "그리스도의 평화가 여러분과 함께." 셋째로, 특정 동작이 말과 병행된다. 떡을 떼고 잔을 나눔, 무릎을 꿇고 발을 씻음, 엄숙한 포옹을 나눔.

넷째로, 물질과 말씀, 동작은 삶의 방향을 지시하거나 변화시키는 마음의 의지 혹은 성향과 결합되어 있다. 이 변화는 상상력이라는 내적통찰력 영역에서 작동한다. 떡과 잔의 의례에 참여할 때 우리는 그리스도를 가까이에서 따르는 경험을 하며, 그렇게 하기로 서약한다. 수건과 대야를 준비하고 무릎을 꿇을 때 우리는 자신을 비우고, 그리스도의 이타적 섬김의 길을 걷겠다는 각오를 새롭게 다진다. 평화의 인사를 나눌 때, 우리는 그리스도의 평화가 공급하는 힘과 치유를 통화 화목되고 화목을 이루어가는 공동체의 잠재적 아름다움을 알게 된다. 우리는 이 비전에 헌신한다.

의무감에 따라 으레 기능적으로 예전을 수행하는 공동체에서 이 세 가지 예전은 공허한 것이 될 수 있다. 물질, 말, 행동을 사용하는 가시적 패턴들은 가장 영속화 하기 쉬운 것들이다. 메마른 예전을 충만하게 만드는 열쇠는 이 네번째 요소인 내적성향이다.

한 남아프리카인 친구는 수년간 불화했던 아버지와 딸이 만나 "평화의 인사"를 나누는 짜릿한 순간을 묘사한 적이 있다. 한 무미건조한 성찬 예배의 형식적인 말과 산만한 행동에서 갑자기 성령의 변화시키고 깨진 관계를 다시 온전하게 하시는 능력이 드러났다.

나는 사람들이 문화적으로 혐오스럽고, 부적절하고, 무의미하다는 이유로 세족식을 경시한다는 이야기를 들었다. 그러나 그들이 형제자매들 앞에 무릎을 꿇을 때, 그리스도의 영 안에서 그렇게 할 때, 세족식은 완전히 새로운 역할을 맡게 된다. 여러 인종이 섞여있는 한 교회가 세족식 예배를 하기 원했는데, 한 아프리카계 미국인 형제가 반발한 적이 있다. "저는 문화적인 이유 때문에 참여할 수 없습니다. 제게 이것은 곤란한 일입니다. 역사적으로 우리는 백인들의 발을 씻겼기 때문입니다. 죄송합니다."

유럽인의 후예인 한 남자가 고개를 끄덕였다. 그는 형제의 이야기를 듣고 그 고통을 받아들였다. 그리고 "맞습니다. 그렇다면 제가 당신의 발을 씻기도록 해 주시겠습니까?"

이 예전의 강력한 효과도, 흘러내린 눈물도, 인간 고통의 장벽을 넘은 화해에 대한 기독교적 전망에 대핸 새로운 이해도 두 사람이 사전에 준비한 것이 아니었다.

"종이 주인보다 더 나을 수 없고 …. 이제 너희는 이것을 알았으니 그대로 실천하면 복을 받을 것이다."요 13:16-17 예수의 말씀과 모범들이 우리 내적 의지와 상상력에 불을 붙이도록 우리가 허락한다면, 꺼려지거나 의미 없을 수 있는, 혹은 겉보기에 불가능해 보이는 예전들도 진리와 의미로 가득 채워질 수 있을 것이다. 예전이 회개와 죄 고백을 이끌어 낼 수 있다. 그것은 새로운 인식 혹은 화해를 구하며, 예수께로 가는 새로운 단계를 보여줄 것이다.

떡과 잔의 의례에서도 마찬가지다. 우리는 마음을 몇 마일 밖에 두고 몇 분 만에 그것을 치러 버릴 수도 있다. 그러나 사도 바울은 "여러분이 한자리에 모여서 나누는 식사는 주님의 성찬을 나누는 것이라 할 수가 없습니다." 라고 말할 것이다.고전 11:20 우리는 예전을 공허하게 만들뿐만 아니라 때때로 모순되는 의미들을 구현하는 예전 남용을 행하기도 한다. 교회 안의 불평등에 대한 무관심과 사랑의 결핍에 대한 무감각, 파편화된 공동체의 삶에 대한 무관심으로, 우리는 텅 빈 예전을 메마르게 하고 우리를 위해 펼치신 주의 식탁을 철저히 남용할수 있다.

텅 빈 예전 채우기의 네 단계

텅 빈 예전은 어떻게 다시 채워질 수 있을까? 우리는 먼저 공동체의 실상, 내적 역동성 및 외적 환경과의 적절한 관계로부터 시작할 것이다. 교도소와 난민 캠프에서 펼쳐진 성찬 이야기에서 본 것처럼 각각의 상황은 예배의 방식과 내용에 큰 차이를 만들어낸다.

우리 중 대부분은 그들과 같은 상황에 처해있지 않다. 그러나 우리는 언제나 어떤 '상황' 속에 있다! 우리의 상황은 도심 공동체일수도, 양로원일수도, 교외의 성공적인 대형교회일수도 있다. 어디에 있든 간에, 우리가 성찬 예전에서 사용하는 형태와 언어는 우리 공동체의 삶이 가진 진실과 연결되어야 한다. 이것은 구성원의 과도한 이동과 교체, 인종주의 문제, 지역 범죄에 대한 두려움, 사별, 정의 문제에 대한 감수성, 양육 부담, 물질적 번영을 향한 유인 등과 같은 문제와 연결될 수 있다.

교회 지도자의 역할은 믿음의 싸움이 펼쳐지는 주된 격전장을 인식하고 거기에 구체적인 이름을 붙이는 것이다. 이처럼 명확한 통찰력을 통해 성찬 예전은 계획되고 인도될 수 있다. 그 때에 성찬은 상황과 밀접한 관련을 가진 적절한 성찬이 될 것이며, 성찬은 우리에게 도전해오는 하나님의 생명으로 충만하게 될 것이다.

둘째로, 우리는 우리에게 전해진 전통을 집어들수 있다. 기독교의 성찬은 우리가 어떤 상황에 있든지 우리에게 도움을 줄 수 있는 유연성 뿐만 아니라 강력한 외적 구조도 갖고 있다. 우리는 성경, 침묵, 노래, 고대의 언어, 즉흥적인 말들을 사용할 수 있다. 우리는 말로 표현할 수 없는 것을 표현하기 위해 움직이며 여러 동작을 취할 수도 있다. 우리는 떡과 포도주, 물, 십자가, 봉헌 바구니 같은 상징과 물질들을 사용할 수도 있다. 또한 다른 물질적 상징들을 사용해서 하나님을 향한 감사, 곤혹스러움, 비통함을 표현할 수 있다.

예전 안에 열린 공간을 만드는 일은 매우 중요하다. 초기 교회의 사례는 여러 사람들이 성찬기도에 참여했음을 보여준다.[6] 거기에는 성령을 위한 공간이 있었으며, 형식과 유연성 및 자유의 상호작용이 있었다. 많은 교파들이 이 위대한 전통을 협소하게 만들었고, 그렇게 함으로써 기억상실을 초래했으며 영적 상상력을 억눌렀다. 풍성한 기독교 성찬 전통이 우리의 더 온전하고 창조적인 접근을 기다리고 있다.

세 번째 단계는 마이넨버그 신부가 그 날 난민 캠프에서 성경 독서 중 하나로 에스겔 17장의 마른 뼈가 다시 살아나는 환상을 선택한 방식과 관련이 있다. 우리는 우리가 함께 살아가고 있는 현장에 말을 거는 성경 본문을 찾아야 한다. 많은 교회들은 주일 예배에서 이미 본문이 주어진 성구집를 사용하는데, 이 성구집은 대체로 놀라울 정도로 그때그때 적절한 구절들을 제시해 준다. 그러나 그것을 대체하거나 다른 구절을 보태면 안 된다는 법은 없다. 분명히 전통 안에서 창조적으로 일하려면 시간, 생각, 기도, 상상력이 필요하다. 그러나 성경 구절을 선택하는 데에 쓰는 시간은 아까운 것이 아니다. 이렇게 함으로써 우리는 성경의 풍성한 내용을 통해 종교적 상상력을 살찌운다. 은유, 시각적 상징, 비유, 간증, 찬송 이 모든 것이 우리 앞에 나타날 것이다. 우리는 성경적 전통의 원자료, 말, 행동을 모두 사용할 수 있다. 그러나 우리는 성경의 양분으로 성찬 예전을 계속 채워야 한다.

마지막으로, 우리는 네 번째 방식으로 예전을 채울 수 있는데, 그것은 우리 내면의 의지와 상상력에 접근하는 방법이다. 우리는 하나님의 위대한 이야기가 우리를 새로운 방법으로 사로잡도록 허락할 때 가장 깊은 차원의 의도 및 서원과 연결된다. 성찬의 식탁은 우리가 하나님의 창조하시고 구원하시며 해방하시는 사랑에 대해 말하는 가장 두드러지는 자리다. 우리는 기쁨으로 감사의 노래에 동참하고 예수가 그의 식탁 친교로 부르신 백성들 가운데서 우리 자리를 찾게 된다. 이것은 우리에게 계속 용기를 주고, 활력을 불어넣으며, 하나 되게 하시는 성령의 역사다.

권장되는 모델

다음은 교회의 성찬식을 풍성하게 만드는 방법을 보여주기 위해 개발된 모델들이다.

1. **교회 내의 현실과 연계하라.** 가령 과도한 자기 몰두, 개인주의, 타인에 대한 관심이 부족하다고 말할 수 있다.

2. **교회 전통 안에서 일하라.** 예배 구성요소의 익숙한 배열을 유지하라. 예를 들어 독서와 설교는 성찬보다 앞에 오고, 중보기도는 성찬 후에 이어진다. 그러나 새로운 시도가 목회적 의도를 표현하는데 도움을 줄 수도 있다. 성찬의 전통적 가치를 다시 선언하고 극화할 수 있는 한 가지 변화를 시

도해 보라. 주께서는 사람들이 그의 식탁으로 '나아오도록' 초대하신다.

당신은 성찬기도 때에 식탁 주변으로 나오기를 사람들에게 요청할 수도 있다. 서로에게 신체적으로 가까이 서서, 각 사람을 섬기기 위해 온 집사부제로부터 떡과 잔을 받고, 마칠 때에는 익숙한 노래를 불러 보라. 이 간단한 변화가 사람들이 다른 사람들의 뒤통수를 보며 익숙한 자리에 줄지어 앉아 있을 때보다 더 친밀감을 느끼게 할 것이다.

한 번에 한 가지 변화만 시도하고, 주의 깊게 준비해야 한다. 변화에 대해서는 직전의 회중모임이나 소그룹에서 설명하여 회중들이 새 아이디어 배후에 무엇이 있는지를 알 수 있게 하라. 여러분은 이러한 변화가 온 삶의 차원에서 인격적으로 가까운 관계를 맺기 원한 의도에서 나온 것으로 성찬을 준수하는 방식으로 그것을 극화하기 위한 것이라고 설명할 수 있다.

성찬 패턴의 문제를 다루는 다른 방법도 있다. 회중을 앞으로 이동하게 하지 않고 다른 것들은 그대로 둔 채 식탁만 옮기는 방법이다. 주의 임재는 우리 가운데 있기 때문에 상징적으로 식탁을 성찬 예배 한가운데 두는 것은 적절하다고 설명하라. 우리는 이 중요한 진리를 상기하기 위해 식탁을 중앙으로 이동하는 것이다. 회중이 식탁을 향해 설 때, 그들은 서로의 얼굴을 새롭게 바라볼 수 있을 것이다.

또는 긍휼로 가득 찬 상호 돌봄으로 부르시는 예수의 부르심을 강조하기 위해 십자가와 잔 같은 전통적 상징들을 이전에 시도한 적 없는 다른 방식으로 사용할 수도 있다. 아마도 교회 내의 누군가는 다른 교우로부터 사랑의 돌봄을 받은 간증을 할 준비가 되어 있을 것이다. 이런 간증을 통해 성찬은 교회의 지역 활동에 뿌리를 내린다. 여기서 조심스럽게 제시한 몇 가지 간단한 방법들이 친숙한 예전들을 열어 충만하게 채울 수 있다. 그 변화는 친절하고 잘 준비된 상태로 시도되어야 하며 회중이 존중하는 복음적 가치와 연결된 상태에서 시도되어야 한다.

3. **성경 구절을 잘 선택하라.** 설교가 식탁예배와 더 밀접한 관계를 갖게 하라. 거의 모든 복음서 구절들은 우리가 상상할 수 있는 것보다 더 직접적으로 연결되어 있을 수 있다. 기다리는 아버지^{탕자}의 비유가 이를 보여주는 완벽한 사례다. 이 비유는 잃어버린 동전, 잃은 양 비유도 마찬가지다. 예수의 사역과 관련된 많은 이야기들이 성찬식과 밀접하게 연결되어 있다. 구약의 예언서, 시편 등에서 온 구절들은 우리가 예상 못한 풍성함을 가져온다. 예배의 언어는 중요하다. 일반론을 말하면, 언어는 장황하지 않고 세심하게 선택되어야 한다.

4. **성찬에 대한 응답으로서 내적 비전과 헌신이 진전되게 하라.** 성찬의 끝부분에서 우리는 우리를 먹이시는 하나님께 감사를 드린다. 동시에 우리는 새로운 힘과 하나님의 사랑에 대한 희망이 우리 개인과 공동체의 삶을 통해 흘러감을 깨닫는다. 우리는 새로운 약속과 헌신을 위한 기회를 만들어야 한다. 그것은 간단한 예전으로 표현될 수 있을 것이다. 예를 들어 교회 공동체가 축복의 내용을 담은 특정한 성경 구절을 암송하거나 "은혜의 기도"[*] 같은 축도 노래를 부를 수 있다. 간단하게는 회중이 일어서서 사랑의 말과 약속을 암송하거나 노래하게 하는 것도 도움이 될 것이다. 서로 손을 잡고, 침묵하고, 주의 식탁에서 걸어 나가는 출입구를 향해 돌아 서기 등의 간단한 동작은 하나님이 떡을 떼는 예식을 통해 우리에게 주신 것과 주의 식탁 이후 우리를 기다리고 있는 일상적 삶 사이의 연결을 내면화시켜준다.

위에서 말한 방법들을 통해 예전을 생기 있고 충만하게 만들 수 있다. 우리는 실제 회중의 삶과 더 밀접하게 연결되어 있어야 하고, 전통 위에 새로운 것들을 세워야 하고, 성경을 먹어야 하고, 예전을 열어젖혀 성령이 거기에 생명을 불어넣으실 기회를 드려야 한다.

---

* 고린도후서 13:13을 말한다. 역주

13. 감사의 분위기로

자유교회 전통에서 보낸 어린 시절의 성찬 예배를 생각하면 엄숙한 남자들이 크롬 도금된 쟁반과 작은 잔들로 된 탑을 둘러싸고 있는 모습이 떠오른다. 그들은 미리 잘라둔 흰 떡이 들어있는 접시에서 흰 천을 벗겨냈다. 이 고요한 준비 시간에 모든 참여자들은 시선을 아래로 낮추고 내면을 성찰했다.

성 스데반 축일에 성공회 대성당에 갔던 날도 비슷한 분위기를 느꼈다. 거기에 작은 잔을 담은 접시는 없었고, 실내는 놀랍도록 장엄했다. 예배 봉사자인 남자들은 엄숙한 모습으로 회중석과 적절한 거리에 서 있었다. 그들은 이동하고, 몸짓을 취하고, 노래를 불렀다. 그들은 참여자들을 앞으로 초청하여 제단 난간에 무릎 꿇게 했다. 그리고 평범한 식사가 아닌 "성물"인 떡과 포도주의 성례전을 나누어 주었다. 조용한 목관악기 음색의 "영성체 성가"가 묵상을 위해 제자리로 돌아가는 사람들의 구두소리를 덮고 있었다.

에베소의 브리스길라와 아굴라, 혹은 두아디라의 루디아는 이런 예배를 상상할 수 있었을까? 그들은 즐겁고 자신감 넘치는 자신들의 공동 식사와 상반되는 분위기라고 말하지는 않을까? 어쩌면 그들은 성찰적이고 심지어 음울하기까지 한 분위기에 당황할지도 모르겠다. 그들 교회의 친교 식사는 그들의 삶에서 사회생활과 예배의 중심에 자리 잡고 있었다. 고난의 시기에도 그들은 그곳에서 희망과 용기를 찾았다.

그러나 그 식사의 즐거운 분위기는 우리가 최후의 만찬이라 부르는 식사의 기억에서 기인한 것이 아니었다. 확실히 성만찬의 식사는 예수가 그의 친구들과 나눈 식사 중 가장 슬픈 순간이었다.

마가복음은 십자가 이후에 제자들을 "식탁에" 데려다 놓는다.막 16:14 요한의 공동체는 제자들이 금요일 밤과 토요일의 절망적 시간을 생명에 대한 위협을 느껴 문을 잠그고, 집에 함께 웅크리고 앉은 채로 보냈다고 기억한다.요 20:19 이 구절들은 그들이 예수가 그들을 자주 만나셨던 장소에서 서로 만난 일을 반영하고 있다. 그들은 아마 그렇게 모여 있는 동안 음식을 나누어 먹었을 것이다. 제자들의 첫 재회는 극도로 슬픈 분위기에서 이루어졌을 것이다. 모든 것이 끝났다. 삶에 대한 그들의 희망은 산산조각 났다. 그러나 그들은 함께 모였고, 식탁 위에 떡과 음료를 올려야 했다. 그 무거운 분위기는 예수와 함께 다락에서 나누었던 슬픈 유월절 식사인 최후의 만찬을 연상시켰다.

우리는 부활하신 예수가 그의 제자들이 음식을 나누던 자리에 나타났을 때의 놀라움을 다 추측할 수 없다.눅 24:41, 요 20:20 분위기는 갑자기 축제로 바뀌었다. 예수는 평화의 인사를 나누었고, 변화하게 하시는 그의 임재로 인해 그들을 둘러싼 공기는 기쁨으로 채워졌다. 우리 성찬 예배에 희망적인 heart-lifting 축제의 분위기가 있다면, 그것은 부활 후의 식사로 인한 것이다. 초기 교회는 우울함이 아닌 기쁨을 기념했다. 우리는 금요일 다락방의 식탁에 앉은 예수만을 기념하지 않고, 해변에서 동지들과 함께한 소풍 또한 기억한다. 우리는 예수와 친구들의 즐거운 재회 역시도 기억한다.

언제나 같은 분위기는 아닌

요즘은 성찬 예배에 적절한, 혹은 성찬 예배에 대해 바라는 분위기에 대해 사람들에게 물으면 고요함, 평화로움, 잠잠함 같은 대답을 자주 듣게 된다. 어떤 사람들은 공동체성과 일치를 추구하기도 한다. 또 다른 이들은 기뺨과 축제적 순간을 바란다. 이 모든 것들과 그 이상의 대답들은 적절하고도 가능한 것들이다. 그러나 이것이 한 예배에서 다 강조될 수는 없다. 계절에 따라, 교회 구성원의 생애 경험에 따라, 목회적 고려에 따라 이 모든 요소들은 성찬 예배의 분위기에 반영될 수 있다. 성찬을 자주 지키는 교회에서는 매번 예배를 다른 분위기로 채울 수도 있다. 그렇다. 많은 교회가 길을 찾기 위해 분투하지만, 한 가지 옳은 방법만 있는 것은 아니다.

본인이 속한 교회 성찬 예배의 일반적 분위기에 불편함을 느낀 한 청년은 이렇게 말했다.

> 우리 교회 성찬 예배는 전반적으로 너무 엄숙하지만, 저는 그것을 받아들일 수 있어요. 어쨋든 성찬 예배는 그리스도의 수난과 죽음에 대한 것이니까요. 하지만 성찬예배가 너무 경직되지는 않았으면 좋겠고, 가끔 밝은 음악이라도 사용하면 좋겠어요.

이 젊은이의 체험은 아주 일반적이다. 어떤 교회들은 그리스도의 죽음에 합당한 존경을 보내려는 나머지 성찬 예배를 근엄한 장례식처럼 만들어 버렸다. 여기에 밝은 음악만을 추가하는 것만으로는 장기적인 도움이 되지 않는다. 그리스도의 죽음을 선포하기 위해서는 그의 수난과 죽음에 존경을 표할 뿐만 아니라 그의 죽음이 가져온 결과에 대해서도 경의를 표해야 함을 먼저 알아야 한다. 그리고 그의 부활과 승천, 예배자들 가운데 능력으로 임재하시는 성령에 대해서도 마찬가지다. 성찬 예배의 엄숙함을 유지하면서도 그리스도가 성취하신 구속에 대해 찬양하고 감사하는 예배는 가능하다.

핵심은 감사다

무거운 성찬 신심을 위한 가장 좋은 해독제는 주의 식탁에서 감사를 확장하고 강화하는 것이다. 감사와 강복의 유대적 특징을 살펴보는 것이 감사의 정신을 회복하는 좋은 방법인데, 그 이유는 그것이 예수와 초기 교회 예배의 특징이기도 했기 때문이다. 우리는 유대적 감사축복:브라코트, 예수의 기도, 초기 교회의 성찬기도가 가진 정신과 범위가 우리의 성찬 기도들에 영향을 미치게 할 수 있다.

우리는 이러한 브라코트를 통해, 날마다 필요한 것을 공급하시는 하나님을 의지하는 순수함을 유지할 수 있다. 우리는 예수와 함께 아바하늘에 계신 우리 아버지. 아빠를 더 알고, 자기를 내어주시는 길을 따르기를 열망할 수도 있다. 우리는 초기 그리스도인들과 함께 그리스도의 수난과 죽음만이 아니라 그의 부활과 승천, 성령으로 예배자들과 함께 계심에 경의를 표할 수 있다.

주의 만찬 뒤에는 몇 가지 유대적 식탁 전통이 자리 잡고 있다. 그 중 하나는 가족의 일상 식사와 거기에 따르는 간단한 강복이다. 두 번째는 가족 구성원들이 특별한 축복과 의례로 지키는, 더 격식 있는 금요일 저녁의 안식일 식사다. 가장 중요한 것은 고대의 세데르예배 순서에 따라 진행되는 연례 유월절 식사다.[1]

유월절은 이집트로부터의 해방과 시내산에서 수립된 하나님과의 계약을 기념하는 날이다. 히브리인들의 옛 이야기를 반복할 때에 우리 그리스도인들은 다양한 차원에서 유대인들이 해방에 가치를 부여하는 일에 동참할 수 있다. 우리는 사회적 억압 아래 있는 인간의 해방을 경축할 수 있고, 노예 상태에서도 개인의 내적 존엄성을 지킬 수 있다는 칭송을 할 수도 있다. 또한 우리는 구스타보 구티에레즈처럼 죄로부터의 해방 개념에 적용할 수도 있다.

죄로부터의 해방은 노예됨의 가장 깊은 뿌리를 공격한다. 죄는 하나님 그리고 다른 사람들과의 우정이 파괴된 상태이기 때문에, 우리가 믿음

과 서로간의 친교를 통해 영접한, 하나님의 한량없는 구속적 사랑 외에는 그것을 근절할 수가 없다.[2]

주의 식탁 배후에 있는 유월절의 해방이라는 주제를 공부하고 추구하는 것만큼 성찬 예배가 가진 깊은 감사의 분위기를 심화시키고 강화할 수 있는 방법은 없다. 이것은 단지 밝은 노래를 추가하는 것과는 비교도 할 수 없는 방법이다. 이렇게 함으로써 우리는 도처에서 억눌린 사람들의 고통 속으로, 고통 받는 사람을 위한 하나님의 긍휼 속으로, 해방하시는 메시야에 대한 대망 속으로 들어간다. 감사는 이러한 갈망이 예수의 삶과 죽음, 그를 신원하고 죽음의 권세 및 분열을 이긴 부활 안에서 성취되었음에 기꺼이 인정하는 것이다. 유월절과 성찬식은 한 축제 안에서 이 모든 주제들을 경축한다.

많은 교회들이 연례행사로 부활절 앞 주에 세데르를 행하는데, 이는 예수가 잡히던 날 밤 최후 만찬이 유월절의 맥락에 있음을 인식하고 있기 때문이다. 어떤 교회들은 세데르를 기독교화 해서 성찬으로 지키고, 상징과 본문들을 기독교 안에서 성취된 것으로 설명한다. 내가 제안하고싶은 다른 접근법은, 세데르를 유대적 독특성을 보존한 채 지키는 것이다.

부록 2에 세데르 축제 식사를 지키는 방법에 대한 자료를 더 실어 놓았다. 많은 기독교 서점에서 세데르를 지키는 방법을 제공하는 고대의 지킴서인 '하가다'Haggadah에 대한 책을 구입할 수 있다.[3]

히브리적 배경을 연구함으로써 풍성해진 감사를 강화하는 다른 방법은 성찬 예배에 사용하는 성경 본문에 대한 활용도를 넓히는 것이다. 이것은 다. 성경 전체에 나타나는 찬양자료를 읽거나 노래하는 방식으로 사용할 수 있다. 신약의 다른 많은 자료들 역시 확장된 즉흥적 감사기도를 위한 기초 자료로 사용될 수 있다.[4] 적절한 주제로는 창조에 대한 감사, 구속에 대한 감사, 다가올 나라에 대한 기쁘고 담대한 희망 등이 있다. 성경에는 이러한 찬양의 주제들을 활용할 수 있는 넓은 범위의 자료들이 주어져 있다.

비예전적 교회에서는, 몇 명의 사람들이 식탁에 드리는 감사기도를 나누어 드릴 수도 있다. 먼저 몇 사람이 예수의 삶과 긍휼 사역 중 특정한 사건에 대한 감사와 아버지에 대한 그의 신실하심에 대한 감사, 그리고 그의 대속적 죽음과 하나님이 그를 신원하시어 부활하게 하심에 대해 감사하는 기도를 드린다. 다른 사람들은 성령의 임재와 활동, 용서, 회중의 삶 가운데서 하나님이 하신 놀라운 일, 치유, 악으로부터의 보호 등에 대한 감사기도를 드릴 수 있다. 준비된 기도문과 즉흥적 시도가 음악과 말로 어우러지는 것이다. 자발적 기여, 부르짖음, 자유로운 기도, 응답 이 모든 것들이 놀라운 다중-음성의 감사기도를 만들어 낼 것이다.

요약하면, 주의 식탁에서 드려지는 기도들은 반드시 온 공동체의 감사와 기쁨으로 가득 찬 찬양 가운데 들려지는 집단기도이어야 한다는 것이다. 회개하며 용서와 치유와 회복을 구하는 기도는 항상 예배의 구성요소로 있어야 한다. 그러나 그것들은 우선적 요소가 아니고, 주의 식탁에서 드리는 우리 기도에서 가장 중요한 구성요소가 아니다. 우리는 주의 초청을 받아서 그 자리에 모였고, 감사하는 마음으로 모였기 때문이다.

감사, 이것이 성찬식의 지배적인 분위기다. 이것은 다양한 형태로 표현될 수 있다. 때때로 감사는 조용한 음악에 담길 수 있고, 어떤 때는 잠잠한 명상 분위기에서 피어날 수도 있다. 이처럼 많은 사람들이 갈망하는 평화로운 분위기는 내면의 깊은 집중을 가져다주고, 그리스도 임재의 측량 못할 은혜와 선하심에 집중하게 해 준다. 어떤 회중이든 간에 그 안에는 다양한 개성이 있고, 식탁에서 드리는 기도에 대한 다양한 경험과 선호 역시 존재한다. 예배를 인도하는 우리는 회중을 구성하는 다양한 계층의 성도를 섬겨야 한다.

교회에 50년을 다닌 한 민감한 여성은 이렇게 말했다.

> 저는 성찬이 다가올 때 일종의 두려움을 느낍니다. 제가 하나님과, 또 이
> 웃과의 관계를 다 풀지 못하면 그것을 받기에 합당하지 않음을 알기 때
> 문이예요. 저는 성찬을 받기 합당하다고 느끼지 못하고 앞으로도 그럴
> 것 같아요.

이 독실한 자유교회 신자는 주의 식탁에 나가기 합당하지 않다고 두려움
을 느끼게 하는, 뿌리 깊은 은혜없음graceless의 신심을 묘사하고 있다. 그녀
는 1930년대에 태어났는데, 아마 열 세기 전에 태어난 여자도 성찬에서 같
은 느낌을 받았을 것이다.

우리 서방교회는 이 무거움의 유산을 갖고 있다. 여기에는 신학적 오류
와 목회에서의 학대가 수반되고 이로 인해 교회의 선교는 가로막힌다. 신
학자들과 예배사가들이 성찬 신심이 감사와 기쁨이라는 입장을 지지한다
고 해도 이것이 지역교회에서 목회적 열매를 맺는 데는 긴 시간이 걸린다.
성찬 예배를 인도하는 이들은 우리의 합당치 못함으로부터 오는 경건한 분
위기와 하나님의 자비로운 용납으로부터 오는 기쁨과 자신감 사이에서 균
형을 맞출 책임과 기회를 갖고 있다.

그것을 '유카리스트'라 부르라

성찬 예배를 참된 방식으로 드리는 방법 중 하나는 그것을 '유카리스트'
감사라는 이름으로 부르는 것이다. 우리는 이름을 통해 그 활동에 대한 태도
를 정한다. 예를 들어 시험, 평가, 측정, 퀴즈, 프로파일 작성 등의 이름은
심리적 차이를 만들어낸다. 이와같은 이름은 중요한 역할을 한다.

'주의 만찬'이나 '떡 나눔' 등의 이름을 '유카리스트'라고 부르는 일이 회

중들에게 낯설고 어색하다면, 주의 만찬을 "감사 예배"로 부르는 것은 좋은 훈련이 될 것이다. 떡과 포도주를 나누고 예배를 마칠 때에 감사 기도를 이어 드려도 좋을 것이다.

14. 열린 식탁?

누가 식탁으로 나올 수 있는가?

성찬에 참여할 수 있는 사람은 누구인가? 예수의 지상 사역 중에 나누었던 식탁 교제에 기반을 둔 한 제안은 완전히 포용적인 "열린 식탁"을 제안한다. 이러한 방식은 예수가 사람들을 초대했던 것처럼, 모든 사람이 식탁에 접근하는 것을 허용한다. 예수가 호스트이시기에 교회는 성찬을 받기 원하는 사람의 적합성이나 양심 상태를 규정하여 분류할 수 없다.

대조적으로, 어떤 그룹은 세례 받은 사람들만을 식탁에 초대한다. 또 다른 이들은 더 엄격한 "닫힌 성찬"을 행한다. 그들은 식탁의 벽을 굳건히 세운다. 그들에게 성찬의 친교는 잘 훈련된, 기도와 영과 제자도와 성찬 참여에 합당한 삶의 방식으로 하나 된, 얼굴과 얼굴을 마주보는 믿음의 공동체에게 한정된 것이다. 다른 전통에서는 일 년에 두 번 특별한 준비기간과 함께 자기 성찰, 화해와 상호간 죄 고백이 있는 특별한 예배를 드린 후 성찬 예배를 거행한다. 성찬을 매주일 거행하는 특정한 전통에서는 해당 교회 회중의 구성원들만이 성찬에 초대받을 수 있다. 이 모든 실천들은 고린도전서 1:23-32의 특정한 해석으로부터 자라났고, 그 핵심에 누가 진짜로 교회를 이루는지에 대한 이해를 품고 있다.

누구를 초대할 것인가?

닫힌 성찬

닫힌 성찬을 시행하는 교회들은 준비 기간을 강조한다. 예를 들어 이런 유형의 북미 메노나이트 교회들은 개인적인 자기성찰을 독려하고, 성찬 직전 주일의 회중 모임에서 기도, 묵상, 성경 읽기, 죄 고백의 시간을 부여하며 성찬 참여자들의 모든 차이들이 화해되었음을 선언한다. 세족식이 종종 이 과정에 포함된다. 이런 행동들은 그리스도의 말씀 안에 있는 것으로 간주하며 결코 축소되지 않는다. 교회의 친교를 순수하게 지키기 위해 그들은 그렇게 한다. 한 사람이라도 성찬에 합당치 않게 참여한다면, 그것은 온 모임에게 부끄러운 일이다.

청교도 회중들에게서도 이와 비슷한 엄격한 준비가 발견된다. 성찬 참여 자격은 오직 언약 공동체의 구성원에게만 주어졌고, 성찬 참여는 공동체와 하나가 된 정체성을 유지하는 방법이었다. 자기성찰, 죄 고백, 용서하고 용서받는 일들이 주의 만찬 예배 직전의 주간동안 일어났다.

제한적 열린 식탁

소위 말하는 "열린 식탁"은 그리스도인들이 서로의 세례와 믿음의 여정이 유효하다고 여기는 것을 말한다. 그렇지만 이 식탁에는 장벽이 있다. 세례 여부와 상관없이 어떤 사람이든 다 주의 만찬에 나오는 것을 환영하는 "모두에게 열린 식탁"과 특별히 다른 점은 이 방식이 세례 여부나 연차를 따지지 않는다는 점이다. 제한적으로 열린 식탁에 동참한다는 것은 다른 그리스도인들이 받은 세례를 인정한다는 것이다. 이 방식에서는 공통되고 오래된 기독교 유산과 한 주님께 대한 충성이 긍정된다. 그렇게 함으로써 그리스도인들은 주의 식탁에서 서로를 환영한다. 이처럼 열려 있는 주의 식탁에서의 열린 친교는 모든 세례그리고 견진 혹은 견신받은 그리스도인들을 위한 것이다. 다음과 같은 방식으로 초대가 이루어진다.

1. 자유교회 전통의 한 대형교회 회중에서 성찬 초대는 항상 이 식탁이 예수의 제자로 선택 받고 세례를 받은 이들을 위한 것임을 설명하는 것으로 시작된다. 그 다음에는 누구나 예수를 믿을 수 있으며, 세례의 은총 또한 받을 수 있다는 아름다운 초대의 말이 이어진다. 이는 단순히 성찬 참여를 뒤로 미루라는 말이 아닌 예수께로, 세례로, 믿음의 공동체 안으로, 그리고 식탁으로 부르는 진실한 초대다. 떡과 포도주를 받지 않는 이들도 기꺼이 그 자리에 참석하여 목도하며, 믿음, 헌신, 사랑의 공동체로 더 가까이 다가서는 것이다.

2. 아래에 제시한 또하나의 사례는 성찬이 시작될 고백기도를 도입하는 역할을 한다. 예배 도입부에 있는 이런 순서의 강조점은 초대하는 이인 그리스도가 아닌, 성찬 참여자에게 있다.

참으로 진실하게 죄를 뉘우치는 이, 다른 이들을 사랑하고 선의로 대하는 삶을 사는 이, 하나님의 계명을 따라 새 삶을 살며 그의 거룩한 길을 걷는 이, 다른 모든 신자들과의 일치를 갈망하는 이, 당신의 평안을 위해 존중과 믿음과 감사로 나아와 이 거룩한 성례전주의 만찬을 받으십시오.[1]

3. 이 초대는 열린 식탁을 거행하는 교회들에게 적합하며, 두려워하는 자들이나 자신의 믿음이 약하다고 생각하는 그리스도인에게 힘이 될 수 있다. 그러나 초대받은 자가 그리스도에게 공적으로 헌신한 자인가라는 점에 있어서는 의문의 여지가 있다. 세례나 공적인 신앙고백을 조건으로 하는 제

한적 식탁 개념은 성찬으로의 초대 후에 다음과 같은 히브리서 구절을 삽입함으로써 강화되며 보다 명확해진다.

여러분이 이 거룩한 식탁에 참예한 것은 합당한 자격이 있어서가 아니라 용납하심 때문입니다. 그러므로 여러분의 의를 드러내기보다 주 예수 그리스도를 신실하게 사랑하고 그의 참 제자가 되기를 소원하는 마음으로 나아오십시오.
여러분이 이 자리에 나올 수 있는 것은 강해서가 아니라 연약하기 때문입니다. 여러분은 하늘의 보상에 대한 권리가 있어서가 아니라 여러분의 연약성과 죄 때문에 나아 온 것입니다. 여러분은 끊임없는 하늘의 자비와 도우심을 필요로 합니다.[2]

〈이어서 다음 본문을 읽는다〉

그러므로 형제들아 우리가 예수의 피를 힘입어 성소에 들어갈 담력을 얻었나니 그 길은 우리를 위하여 휘장 가운데로 열어 놓으신 새로운 살 길이요 휘장은 곧 그의 육체니라 또 하나님의 집 다스리는 큰 제사장이 계시매 우리가 마음에 뿌림을 받아 악한 양심으로부터 벗어나고 몸은 맑은 물로 씻음을 받았으니 참 마음과 온전한 믿음으로 하나님께 나아가자히 10:19-22, NIV

4. 다음은 영국의 침례교회에서 흔히 찾아볼 수 있는 전형적인 초대로, 성찬에 참예하기 위해 필요한 것은 "주 예수에 대한 사랑"뿐인 듯한 인상을 준다. 이 초대에서 세례와 교회의 멤버십은 "성만찬에 관한 한 전혀 무관" 해 보인다. 침례교 신학자 폴 비슬리-머레이는 이처럼 "파행적이고 문턱이

낮은" 초대에 대한 비판에서 "주님의 식탁은 그의 백성, 곧 신자이자 지역어 떤 교단에 소속되었든 회중 가운데 인정받는 자들을 위한 것"3)이라고 주장한다.

어떤 사람들은 아래 두 번째 예문4b의 수정된 문구밑줄 부분에서 볼 수 있는 것처럼 초대하는 말을 약간 확장한다.

> 4a 주 예수를 사랑하는 자, 그를 더욱 사랑하기 원하는 자는 이 식탁으로 나아오십시오.
> 4b 주 예수를 사랑하는 자, 그에 대한 신앙을 고백하고 그를 더욱 사랑하기 원하는 자는 이 식탁으로 나아오십시오.

5. 다음은 온 회중이 식탁 주위로 함께 나아올 때 외워 부르는 힘차고 현대적인 찬양이다. 회중은 그리스도의 초대를 받아들였음을 확인하며 서로 즐거운 식탁으로 초대한다.

> 예수께서 우리를 부르신다! 시공세계 속에 뿌리내린 곳,
> 하늘과 땅의 교회가 모이는 만남의 광장, 그의 식탁으로.
> 우리 다 함께 나아와 즐기세!
> 그의 몸 된 떡과 잔을 나누고 우리가 부르는 사랑을 나누며
> 우리의 왕이신 주께서 베푸신 성도와 죄인들을 위한 잔치를 4)
>
> 아이오나 공동체

6. 여섯 번째 초대는 식탁에 함께할 수 있는 자를 구체적으로 밝히고, 세례와 바른 관계 및 책임감을 성찬에 참예할 수 있는 세 가지 조건으로 제시한다.

세례를 받고 신앙 공동체의 일원이 된 자, 하나님 및 믿음의 형제자매와 화목하며 회중의 책임을 기꺼이 다하려는 자는 누구든지 성찬에 참예할 수 있습니다.

7. 다음 초청은 명확하지만 방문자에게는 다소 복잡하게 들릴 수 있다. 이것은 어린 아이와 방문자의 참예를 허락한 한 교회가 그로 인해 초래된 불화를 해소하기 위한 방편으로 사용되었다. 식탁 위에 놓인 아직 즙을 짜지 않은 신선한 포도를 담은 대접은 어린이와 그리스도에 대한 믿음의 여정 가운데 있는 자들이 가야할 헌신의 성숙을 상징한다. 관대한 온정으로 주어지는 이 초대는 모든 사람에게 동참과 복을 제공하는 섬김에 해당한다.

여기에 있는 모든 사람은 식탁에 참예할 수 있습니다. 이곳에는 여러분을 위한 것이 있습니다. 예수 그리스도께 삶을 헌신하고 세례를 받은 모든 자는 나와서 떡과 잔을 받으시기 바랍니다. 또한 이미 헌신했으나 아직 공적으로 밝히지 않은 자나 앞으로 헌신을 계획하고 있는 자도 나와 그런 마음을 상징하는 포도 한 알과 비스킷 한 조각을 받으시기 바랍니다. 모든 어린이는 나와서 자신이 이 교회에 속한 자임을 보여주는 포도 한 알과 비스킷 한 조각을 받으시기 바랍니다.

8. 다음은 초대라는 딜레마에 대한 스페인 교회의 해법이다. 이것은 제한된 식탁과 모두에게 열린 초대 둘 다에 해당하는 특징을 결합한 초대이다. 이 초대의 관심사는 어린이와 방문객을 받아들이고 환영하는데 있지만 헌신된 성숙한 그리스도인의 세례 언약은 구별한다. 이 초대의 말은 모호하지 않다.

이 식탁은 누구나 참예할 수 있습니다. 모든 사람이 이 떡을 나누는 것은 생명의 떡이신 예수께서 우리 모두에게 자신의 생명을 나누어주셨기 때문입니다. 우리는 모두 떡을 먹습니다. 그러나 모든 사람이 잔을 마실 수 있는 것은 아닙니다. 잔을 마실 수 있는 자는 세례와 언약에 대한 확인이 필요합니다. 예수는 우리 모두를 자신의 새언약으로 초대하십니다.

열린 초대

성찬에 대한 제한적 참예를 반대하는 사람들도 있다. 새신자인 한 젊은 여성의 말을 들어보자.

내가 경험한 가장 아름다운 예배는 방문객과 어린이를 포함하여 그곳에 있는 모든 사람에게 떡과 잔을 나누어주었다. 그들은 내가 하나님과 화목한지, 세례를 받았는지, 심지어 스스로 그리스도인이라고 부를 수 있는지조차 묻지 않았다. 그것은 매우 포용적인 환대였다. 나는 이것이야말로 예수의 초대와 같다고 생각한다. 예수는 우리 모두를 초대하시지 않았는가?

대학가의 한 대형교회에 다니는 학생의 도전적 질문은 당황스럽다.

주님의 식탁으로부터 사람들―아마도 예수님에 대해 더 배우기 원하는 자들―을 배제하는 것이 어떻게 정당화될 수 있는가? 우리 교회를 방문한 한 이슬람교도는 떡과 잔을 먹고 마셨다. 그것이 잘못된 일인가? 나는 예수께서 그를 받아들였을 것이라고 생각한다. 예수가 모든 사람, 심지어 죄인과 함께 먹고 마셨다면, 우리가 사람들을 거부하는 것이 과연 옳은 일인가?

이런 물음은 누구를 성찬에 초대할 것이며 그들을 초대하는 자는 누구인가라는 민감한 이슈를 다룬다. 이 논쟁의 핵심 개념은 이곳에서 예수의 성품의 특징인 따뜻함, 사랑, 자비와 같은 의미로 사용되는 "포용"inclusion이다. 예수는 경건한 자는 물론 어린이, 죄인, 여자 및 이방인까지 받아들이셨다. 모든 사람은 예수님을 통해 하나님의 자비와 사랑으로 나아왔다. 확실히 예수는 지금도 성찬예배에서 모든 사람을 환영하신다. 예수의 복음은 열린 초대를 구현하는 것이 분명해 보인다.

이것이 함축하는 것은 교회도 주일 성찬에 모든 사람을 받아들여야 한다는 것이다. 그렇게 하지 않는 것은 예수님 자신의 초대에 역행하는 행위처럼 보인다. 우리는 "포용"이라는 용어에 대해 명확히 할 필요가 있다. 이 논의에서 주님의 식탁에 동참하는 포용은 신장개업한 피자집이 홍보하는 것과 같은 무료식사 초대 이상이어야 한다. 주님의 식탁으로의 초대와 포용은 언제나 몸과 마음 및 영혼을 포괄한다. 이 초대는 명확하고 예수님께 신실해야하며, 경계를 넘어 주님의 식탁이 있는 그 나라로 들어가며 하나님의 사랑하는 공동체의 보호와 연합으로 들어간다는 의미가 담겨야 한다. 예수의 초대는 언제나 따뜻한 환대와 함께 도전을 제시한다.

교회의 전통적 식사인 성찬 예배가 오천 명을 먹이신 사건이나 그와 유사한 복음서 사건을 모델로 한 것은 아니지만 이러한 예수의 포용적 환대는 완전히 열린 초대를 시행하는 교회들의 성찬 식탁의 이상적 표지에 해당한다.

다음은 모든 사람에게 열린 식탁의 초대이다. 이 초대에 나타나는 모호하지만 시적인 특징은 장벽을 허물고 모든 참석자에게 식탁에 동참할 결정권을 부여하고 싶어 하는 자들에게 매력적이다.

초대합니다.

이것은 우리 구주의 환영 식탁이며, 여러분을 초대합니다.
참석할 수 없다고 변명하지 마시고 그저 나오시기만 하면
여러분은 이 식탁에서 자신의 가족을 만나게 될 것입니다.

의무감에서가 아니라
필요에 의해 나오십시오
구원을 입증하기 위해서가 아니라
그리스도가 가시는 곳이면 어디든 따르겠다는 용기를 위해 나오십시오.
말하기 위해서가 아니라
듣기 위해 나오십시오.
자신이 기대하는 것을 들으려 하기보다
성령께서 여러분 가운데 행하시는 방식에 문을 여십시오.

그러므로 슬퍼할 것이 아니라 기뻐해야 합니다.
이것은 하나님이 주관하시는 축제이기 때문입니다.
상처 입은 자가 사랑의 공동체로 형성되는 곳이며
악인의 패배가 시작된 것을 기념하는 잔치입니다.

Hope Douglas J. Harle-Mould [5)]

앞서 언급한 사례 가운데 두 가지 초대는 교차적 유형이다. 4a의 경우 4b
의 삽입구가 없으면 의미가 모호해진다. 여덟 번째 초대인 스페인의 성찬은
떡과 잔을 구별하며, 따라서 제한적 성찬과 열린 성찬 둘 다 제공한다. 다음
의 사례에서 보듯이 두 유형의 성찬에 예수의 말씀이 인용된다.

예수께서 이르시되 나는 생명의 떡이니 내게 오는 자는 결코 주리지 아니할 터이요 나를 믿는 자는 영원히 목마르지 아니하리라.. 내게 오는 자는 내가 결코 내쫓지 아니하리라 요 6:35, 37

이 즐거운 잔치를 즐깁시다. 사람들이 동서남북으로부터 와서 하나님의 나라 잔치에 참여할 것입니다. cf. 눅 13:29

완전히 열린 초대의 대상은 다양한 "신의 은총"을 경험한 자칭 그리스도인, 그리스도인 가정의 자녀, 기독교적 배경이 없는 어린이, 정신적 장애가 있는 자, 부모의 품에 안긴 유아, 불신자, 의심하는 자, 다른 신앙을 가진 자, 성도 및 죄인 등 광범위하게 분포된다. 이 초대는 길과 산울타리 가로 나가서 "오소서 모든 것이 준비되었나이다."라고 외친다. cf. 눅 14:17, 23

열린 초대를 시행하는 교회에서는 그런 사실을 분명히 밝히는 것이 특히 중요하다. 예를 들어, 교회 목회자가 불신자 친척이 많은 교인의 장례식을 집전할 경우 다음과 같은 초대의 말이 도움이 될 것이다.

온 가족과 공동체가 함께 슬퍼하는 이 시간에, 성찬은 여러 가지 신비로운 일들을 상징적으로 보여주는데 하나님이 모든 사람에게 나타나심도 그 가운데 하나입니다. 성찬의 식사를 나눈다는 것은 우리가 여러분의 고통에 동참하며 여러분은 우리의 소망에 함께 함을 상징합니다. 우리는 하나님과 함께 세상의 고통 가운데 서 있으며, 하나님의 함께 하심과 우리의 연합을 통해 소망은 끊임없이 불붙을 것입니다. 여러분이 이러한 우리의 상징적 행위에 동참하기 원한다면 자유롭게 그렇게 하십시오. 우리는 여러분이 우리와 함께 떡과 잔을 받기를 초대합니다. [6]

제한된 주님의 식탁을 고수하는 자들은 성찬 예배가 불신자가 섞인 장례식의 상황에서 거행되는 것이 적합하지 않다고 생각할 것이다. 완전히 열린 식탁 정신을 가진 자들에게 성찬 식탁은 믿음을 위한 통로로 활용될 수 있다. 식탁은 하나님의 사랑의 포용을 보여줄 수 있으며, 따라서 세례 언약으로 초대하는 기능을 할 수 있다.

따라서 예수 그리스도와 그의 길에 대한 헌신의 지표인 세례는 식탁에 참예한 후의 일이며, 세례가 초대를 앞설 수는 없다. 그리스도인이 되기로 서약한 자의 여정은 세례시에는 충분히 알려지지 않으며 마음으로 완전히 깨닫지도 못한다. 또한 생명의 값은 미리 온전히 측정할 수도 없다. 사람들은 세례를 통해 그리스도에 대한 헌신과 그의 길을 따르겠다는 결의를 다지지만 결코 그 단계로 발전할 만큼 지혜롭지 못하다. 그러나 그들은 그리스도와 그의 백성에게 가까이 다가가야 한다는 사실을 알고 있다. 이런 다가감, 곧 그의 식탁에서 예상되는 성찬의 교제는 구도자를 그리스도인의 길 및 세례 언약으로 인도한다.

완전히 열린 초대를 지지하는 자들은 예수님으로 말미암아 시작된 새언약에 주목한다. 누가 포함되는가? 그들은 새언약이 개방성을 특징으로 한다고 말한다. 그것은 결국 많은 사람을 위한 언약이라는 것이다. 어떤 사람들은 "그러나 만일 새 언약의 식탁이 만인을 위한 것이라면 교회와 세상은 아무런 구별이 없다는 것인가"라고 반대할 수 있다.

영국의 침례교 목사 마이클 포스터가 지지하는 열린 초대의 신학은 교회와 세상을 구분하는 것은 식탁이 아니라 십자가라고 주장한다. 교회는 이 점에서 구별되도록 부르심을 받았다. 그들은 근본적인 포용을 통해 세상과 구별되려는 의지를 가져야 한다. 예수의 십자가는 적대적 장벽을 허문다. "교회와 세상의 경계는 십자가 사건이며, 만일 우리가 장벽으로 하나님과 자신을 보호하려 한다면 그것을 부인하는 행위가 될 것이다."7) 이 접근을 지지하는 자들은 근본적 포용이 기독교 공동체의 특징이 되어야 한다고 주장한다. 교회의 식탁은 이러한 포용을 시행하기 적합한 장소이다.

이 입장은 교회 전통의 갑작스러운 단절을 요구한다. 포스터는 전통의 긍정적 기능은 문제가 완전히 해결될 때까지 변화에 제동을 거는 것이라고 믿는다. 그러나 포스터는 만일 전통이 예수의 영 및 복음과 배치된다면 더 이상 변화에 대한 걸림돌이 되게 놓아두어서는 안 될 것이라고 주장한다.

성찬 참예에 대한 인식의 변화를 감안할 때 예배에서 초대의 말에 대한 준비에 신중을 기하는 것이 중요하다. 그들은 초대의 분위기를 결정하고 구체적으로 행할 바에 대해 명확히 제시해야 한다. 특히 방문객이 동참 여부에 대해 어떤 행동을 취해야 할지 정확히 알려주어야 한다. 내용이 명확하지 않거나 아무런 설명이 없는 초대는 혼란을 초래하고 일종의 거부감 및 당황스러움을 야기할 수 있다. 명확한 초대는 성찬에 참여하는 자는 물론 회중 가운데 조용히 앉아 있으려는 자들을 불안하게 만들지 않는다. 여러분의 교회는 어른들의 성찬 예배 참예에 대한 문제에 어떻게 대처하고 있는가?

아이들을 초대하는가?

우리는 여러 전통의 교회들 안에서 아이들을 성찬에서 배제하는 문제 때문에 갈등과 혼란이 집중되는 모습을 볼 수 있다. "아이들을 성찬에 참예시켜야 하는가"와 같은 질문이 제기되기도 한다. 아이들에 대한 배제가 하나의 대안이 될 수도 있다는 사실 때문에 상처를 받는 사람들도 있다. 어떤 사람은 성찬이 "적절한 의미를 부여할 수 있는" 나이가 될 때까지 참예를 보류해야 한다고 목소리를 높인다. 이제 어린이라는 특정 소그룹으로 범위를 좁힌 포용 논쟁에 대해 살펴보자. 이 논쟁은 특히 교회 내 가정의 어린이들에게 초점이 맞추어진다. 다음과 같은 몇 가지 질문에 대해 살펴보자.

성경을 통해 이 문제를 해결할 수 있는가?

오직 성경에 기초한 형태로 예배해야 한다고 주장하는 개혁주의 교회들은 이렇게 묻는다. "성찬은 그리스도의 명령이 아닌가? 성찬의 형태는 성경을 따라야 하지 않는가? 성경적 방식을 반대하는 자는 누구인가? 주님은 최후의 만찬을 주 예수를 알고 그의 길을 따르는 소수의 핵심 제자들과만 함께 하셨다. 그 식탁에 아이들은 없었다.

분명한 것은 오늘날 교회의 성찬 관행은 구약이든 신약이든 성경의 직접적 형태에 근거한 것이 아니라는 사실이다. 우리의 성찬은 성경에 대한 해석을 포함한 전통에 기초한 것이다. 일부 성찬 전통은 바울의 본문을 강력히 반영하며, 다른 전통은 요한복음이나 다른 복음서에 기원을 둔다. 많은 교회는 다양한 성경 본문을 토대로 예전을 형성한다.[8]

앞서 1장 "최후의 만찬과 교회의 만찬"에서 살펴본 대로 교회의 식탁은 최후의 만찬 식탁과 동일하지 않다. 최후의 만찬에 여자들이 있었다는 기록은 없다. 배신자는 있었다. 그곳에는 이방인도 없었으며 오직 유대인만 있었다. 그 다락방에 아이들이 있었다는 기록도 없다. 그러나 주님의 유월절 식탁에 함께 한 자들의 조합은 성찬 참예자에 대한 교회의 전통을 규정한 적이 없다. 아이들을 성찬에서 배제한 것은 성경에서 직접 나온 것이 아니라 교회 전통을 따른 것이다.

최후의 만찬에 집중된 성경적 전통이 교회의 성찬 관행을 결정하는 결정적 요인이라면, 최후의 만찬의 배경이 되는 유월절 세데르를 상기해야 할 것이다. 이 가족 만찬에서 어린이는 식탁에 함께 했을 뿐만 아니라 중요한 역할을 담당했다. 예수는 "너희가 이것을 행할[이 떡을 먹으며 이 잔을 마실] 때마다."라고 언급하셨는데 이것은 "너희가 함께 식사할 때마다."라는 뜻으로 말씀하신 것이 분명하다. 이러한 교회의 공동 식사는 가정의 식사를 가리킨다. 따라서 성경적 전통에 기초하여 어린이를 배제한다는 것은 있을 수 없다.

성찬은 공동체 전체를 위한 것인가?

지난 25년 간 유아세례를 시행해온 서구 교회들은 유아와 어린이의 성찬 문제에 대한 교회의 전통에 대해 조사해왔다. 그들은 어린이에게 세례를 주면서 성찬은 허락하지 않는 것은 부당하다는 사실에 직면했다. 세례와 첫 번째 성찬의 시간적 괴리에 대해서는 변명의 여지가 없는 것처럼 보였다.

사실 동방 교회들은 오늘날까지 유아 성찬을 시행해 오고 있다. 그러나 서구 교회에서 이 관행은 12세기 이후 중단되었다. 서구의 유아 성찬 관례는 세례와 성찬의 분리, 평신도에 대한 성배잔 금지, 떡과 잔의 "비축"을 금지하는 명령, 평신도나 성직자를 위한 성찬이 미사의 일부라는 인식의 소멸 등 네 단계를 통해 서서히 허물어졌다.[9]

어린이를 포함한 기독교 공동체 전체에 대한 성찬의 회복을 향한 첫 번째 중요한 움직임은 15세기 보헤미아의 후스파Hussites of Bohemia에게서 찾아볼 수 있다. 제노바의 마티아스Matthias de Janov의 규범은 근본적으로 개혁된 성찬 관행을 위한 신학적 근거를 제시한다. 그는 공동체 전체를 위한 성찬을 주장하고 성직자는 다른 사람을 대신하여 성찬을 받을 수 없으며 힘 있는 자나 경건한 자는 물론 가난하고 약한 자를 포함한 모든 사람에 대해 수시로 성찬을 시행해야 한다고 주장했다.

존 홀턴John Holeton은 그의 주장을 다음과 같이 요약한다.

> 공동체가 나이, 학식, 사회적 지위와 관계없이 모든 사람을 공동체의 삶 속으로 받아들인 이상, 모든 사람이 동참하는 보편적 성찬은 실제적인 문제가 된다. 공동체 전체가 성찬에 참예하게 되면, 이 경험은 변화를 가져온다.[10]

후스파 안에서 성찬은 공동체를 형성하며, 새롭게 형성된 공동체의 경험은 그들의 성찬 신학을 형성한다.

16세기 및 17세기 영국에서 유아세례를 지지하거나 반대하는 교회 지도자들은 어린이의 성찬 참여에 대해 열띤 논쟁을 벌였다. 이 논쟁의 전초지는 분명함에도 불구하고 아직 싸움은 끝나지 않았다. 성례전에 대한 생물학적 이해, 즉 세례는 유아를 위한 것이고 견신례는 청소년을 위한 것이며 성찬은 성인을 위한 것이라는 관점은 훼손되었다.

성찬을 받을 수 있는 자격을 결정하는 요소는 무엇인가? 합리성, 믿음, 학식, 회개인가? 성찬과 신앙 공동체는 어떤 관계인가? 유아세례를 시행하는 전통을 따르든 신자에 대한 세례를 시행하는 전통을 따르든, 모든 그리스도인은 이 문제를 해결해야할 필요가 있다.

많은 교회는 가정의 자녀와 관련된 상이한 성찬 관행에 대한 근거를 철저히 파헤쳤다. 이러한 근거들은 세례와 성찬의 관계 및 교회 공동체를 구성하는 지체가 누구냐에 대한 근본적 이해에 기초한다. 이런 통찰력의 구체적인 설명은 정체성에 관한 중요한 진술을 형성하며, 엄격한 검증을 거치게 될 것이다. 우리는 다음 장에서 이 논쟁과 관련된 몇 가지 주장을 들을 것이다.

교회 전통을 고칠 수 있는가?

많은 사람은 "우리가 전통에 손댈 수 있는가"라는 문제로 분열되고 혼란스러워한다. 만일 우리 교회가 성찬을 이해하고 그것을 기념하는 방법을 모색해왔다면, 지금 그것에 대해 의문을 제기하는 우리는 누구인가? 그것은 뻔뻔하고 무모하기까지 한 태도가 아닌가? 많은 어린이는 "적절한 시기"가 될 때까지 성찬에 참예하지 말고 어른들의 성찬을 지켜보기만 하라고 말하는 교회 안에서 자라나 성인이 되었다. 그런데도 우리는..

기독교 전통은 우리가 살아가는 거대한 이야기이다. 우리가 이 모든 이야기를 만들지 않아도 된다는 것은 큰 위안이 아닐 수 없다. 우리는 수 세대에 이어진 교회를 통해, 거대한 문제에 직면했던 그리스도인의 이야기 및 지혜와 연결되어 있다. 따라서 오히려 기독교 전통에 아무런 관심도 기울이지 않는 것이 무례한 행동이며 오늘날의 질문에 적당히 원론적인 대답만 하는 것이 뻔뻔한 태도인 것이다. 그러나 우리가 '전통은 변화를 막는 유익한 장벽이 될 수 있지만 지속적이고 경건한 재평가는 반드시 필요하다'는 전통에 대한 마이클 포스터의 관점을 받아들인다면, 우리가 받아들인 것에 대해 기꺼이 성경과 성령의 관점에서 새롭게 조명할 수 있어야 할 것이다.

검증과 재평가가 반드시 필요한 과정임을 보여주는 하나의 사례로, 종교개혁 시대부터 내려오고 있는 한 가지 전통을 살펴보자. 아나뱁티스트 전통의 교회들은 성찬이 세례 받은 자, 곧 하나님과 화목하고 훈련된 신자 공동체를 위한 것이라는 사실을 강조했다. 신자가 된다는 것은 그리스도를 인격적으로 신뢰하고 그에게 헌신을 다짐하는 것이다. 또한 그것은 일정한 지적 이해를 필요로 한다. 성찬은 세례의 언약과 함께 약속하는 제자도의 진정한 가치를 아는 성인을 위한 것이다.

어린이는 참고 기다려야 한다. 때가 되면 세례와 성찬을 받을 수 있다. 공동체 안에서 예수를 따르기 위해서는 자기 인식과 상호 교정이 필요한데, 이러한 것들은 어린이의 능력이 미치지 않는 범주에 해당한다. 성찬은 영과 기도로 화목을 이룬 연합을 기념한다. 그것은 예수의 제자들이 얼굴과 얼굴을 마주하는 공동체 안에서 모든 일이 바로 잡혔다는 선언이다. 이것은 성찬을 통해 일을 바로 잡고 화목하게 해야 한다는 뜻이 아니다. 모든 사람은 먼저 일을 바로 잡은 후에 동참할 수 있다. 성찬 준비는 성찬 자체만큼이나 중요하다.

이러한 아나뱁티스트 성찬 전통에 대한 진술은 오늘날 일부 메노나이트

아나뱁티스트 후손의 성찬 관행 및 가치관이 변했음을 보여주는 것이 아니다. 일부 교회에서는 지금도 세례식 한 주 전에 열리는 전통적 권면 모임 및 세족식을 시행하고 있다. 메노나이트 교회들은 오늘날의 공동체 문제에 대해 진지한 관심을 보이고 있다. 어떻게 하면 자녀들을 믿음의 공동체로 끌어들일 수 있을 것인가? 어떻게 하면 사람들이 예수를 믿을 수 있을 것인가? 어떻게 하면 교회가 더욱 깊은 교제를 나눌 수 있을 건인가? 어떻게 하면 약하고 가난한 지체들에게 다가갈 수 있을 것인가? 어떻게 하면 도움을 부르짖고 있는 세상을 섬길 수 있을 것인가? 이 모든 관심은 공동체가 함께하는 예배가 점점 줄어들고 있는 시대로부터 생성 및 발전되어야 한다.

우리 메노나이트 신자들은 오늘날의 상황과 맞서는 가운데 우리의 전통을 재형성하고 있다. 우리는 이러한 성찬에 대한 재평가 작업에 경건한 자세로 임해야 한다. 또한 우리는 과거의 가치들을 존중해야 하며, 우리가 이해하지 못하거나 좋아하지 않는다는 이유만으로 관행을 배척해서는 안 된다. 그러나 우리는 검증을 통해 이러한 전통이 복음의 원리에 따라 기독교 공동체를 드러내고 세우고 있다는 확신을 가질 수 있어야 한다.

과거에는 메노나이트 자녀가 공동체에 속했다는 깊은 인식이 다양한 방식으로 형성되었으나 이런 방식들은 모두 떡과 잔을 나누는 행위와는 무관하다. 메노나이트의 공동체적 삶이 확실히 구축되고 아이들에게 강력한 소속감을 전달하는 한 어린이 성찬 문제는 부각되지 않았다. 그러나 오늘날 우리의 공동체적 삶은 대부분의 서구 그리스도인들과 마찬가지로 현대적 라이프스타일에 의해 침식되었다. 우리의 예배 모임이나 삶과 사역을 나누기 위해 함께 하는 시간은 몇 시간 되지 않는다. 따라서 우리는 현재의 축소된 공동체적 삶을 가능한 더욱 많이 가지기를 원한다. 우리는 우리의 전통을 살리고 우리의 자녀가 그것을 받아들이기를 원한다. 그것은 우리가 전통을 다루어야 한다는 뜻이다. 그렇다. 우리는 필요하면 변화를 받아들일 준비를 해야 한다.

어린이의 참예가 성찬의 경건에 어떤 영향을 주는가?

만약에 성찬이 포용적이며, 공동체 전체를 아우르는 사건이 된다면, 자기성찰적이고 개인적 헌신 위주였던 기존 그리스도인들의 경건에는 어떤 변화가 일어날까? 세대를 아우르는 건강한 교회공동체는 가능한 것일까? 성찬예배는 그것을 방해하는것인가? 아니면 세우는 것인가?

모든 그리스도교 전통에 고도로 개인주의화된 성찬의 경건이 편만해 있다. 이런 성찬 경건이 부적절하다거나 잘못되었다고 선포한다면 끔찍한 일이다. 많은 그리스도 교회들은 계속해서 이런 종류의 경건을 조장하고, 사람들은 이를 통해 그리스도와의 만남을 가질 것이다. 그러나 우리가 회중 모임 안에서 다양한 방식의 성찬예배들을 정립함으로써 유카리스트에 대한 이해의 폭을 넓힐 수 있다면, 그래서 그것이 그리스도인 신앙 공동체를 독특한 방식으로 모양짓고, 자라게 한다면 우리의 성찬은 얼마나 풍성해지겠는가?

요즘 사람들은 회중 안에서의 "표적" 그룹에 대해 말한다. 다른 방식으로 예배하기를 원하는 그룹들 말이다. 고뇌 끝에 이런 질문들이 나온다: 오후 5시에 나이 많은 장년이 좋아하는 음악과 그들이 좋아하는 이전 번역의 성경을 사용하는 예배를 신설할 수 있을까? 영상, 드라마, 락 음악을 사용하는 젊은이 예배를 드릴 수 있을까? 비그리스도인들에게 찬송가를 부르거나 기도할 것을 요구하지 않는 특별한 초청예배를 기획할 수 있을까? "선교적 성찬예배missionary communions"를 드릴 수 있을까? 만일 특정 그룹을 표적으로 한다면, 우리는 어떻게 처음의 전통이 전수되는 공동체를 구축할 수 있을 것인가? 젊은이들에게는 옛 것이 필요 없는가? 새로 그리스도인이 된 이들에게는 고대 기독교 전통에서 온 음악이나 문장들이 필요 없는가?

다양한 그룹의 요구에 직면한 우리가 무엇을 하든 간에, 우리는 계속해서 다양한 세대로 이루어진 공동체를 구축해 가야만 한다. 우리는 겉으로는 전혀 하나될 수 없을 것 같은 부분들을 가로지르는 공통점을 찾아야 한다. 신약성경에 나타난 기독교 공동체의 모범은 전혀 다른 이들, 심지어 이전엔 적대적이었던 이들까지 묶는 급진적 하나됨을 보여준다. 연합을 만들어 내는 성령의 역사는 때때로 미친 것 같고, 가망 없는 것 같고, 불가능해 보인다. 그러나 우리가 이 문제에 대해 성령께 자리를 내어 드린다면, 그리고 새로운 생각들을 실행하려 한다면, 우리 상상을 넘어서는 기적이 일어날 수 있다.

교회 안에 각자의 관심들을 가진 다양한 그룹들을 위한 예배들이 있다고 하더라도 모든 그룹들을 아우르는 성찬예배는 가능하다. 예수를 기억하는 이야기와 식사라는 성찬의 본질은 가장 유연하고 수용 가능한 방식으로 만들 수 있다. 그 초점은 예수, 그의 매혹적인 행동, 그의 놀라운 이야기, 그의 도발적 가르침, 그의 평안, 은혜 가득한 임재에 맞춰진다. 떡과 잔의 예전은, 그것의 본래 맥락이 실제 식사라는 점에서, 참여와 접근과 포용성에 있어 어떤 세대의 장벽도 알지 못한다.

그 곳에서 그리스도가 우리를 만나심으로 인해, 성찬으로 드리는 예배는 예기치 못하고 통제할 수 없는 양상을 가진다. 우리가 성령을 향해 열린 자세를 가진다면, 예수의 하나님이 우리 개인과 공동체를 변화시키고 다듬으실 것이다. 우리가 기꺼이 기도하는 마음으로 우리 성찬예배를 재평가하고 재형성하고자 한다면, 그 가운데서 우리에게 길을 보이시는 성령을 발견하게 될 것이다.

문제 해결: 다섯 가지 접근 방법

1. 예전

나는 교회 안에 어떻게 하면 성도들이 진정한 공동체로서의 역할을 하도록 도울 수 있을 것인가에 대한 많은 논의가 있다는 사실을 잘 알고 있다. 그들은 어떻게 자신의 삶을 나누고 서로를 섬기며 새로운 사람을 데려와 함께 배우며 동역할 수 있는가? 어린이의 성찬 문제는 이런 논의 과정에서 제기되었다. 그들은 이것이 단지 리스트에 열거된 또 하나의 문제가 아니라는 사실을 알았다. 그들이 "시행한" 성찬은 다른 많은 이슈도 해결해야 하는 잠재적인 영역이다. 이러한 일들은 바로 살아 있는 예전, 성찬만이 할 수 있다. 12장의 "예전의 언어"는 이 사역이 어떻게 일어나는지를 보여주는 보다 많은 지침을 제공한다.

2. 훈련된 토론

나는 어린이의 성찬 문제에 대한 활발한 토론에 한 차례 참여한 적이 있다. 이 토론은 다양한 관점을 가진 그룹 안에서 공감대를 도출하는 방법을 찾기 위한 수련회 모임 중에 있었다.

이 수련회 그룹은 교회 회중의 모임이 아니라 다양한 배경을 가진 그리스도인들의 모임이었다. 그들은 광범위한 성찬 관행을 대표하기 때문에 어린이의 성찬 문제는 건설적 갈등을 다룰 수 있는 좋은 이슈였다. 서로의 생각에 귀를 기울이는 훈련된 청취 방법은 교회에서 이러한 논쟁적 문제를 다룰 때 유용하게 사용될 수 있을 것이다.

훈련은 다음과 같은 방식으로 진행되었다. 방 안에서 각자의 자리를 차지한 우리는 관점의 스펙트럼을 나타내는 가상의 선을 따라 섰다. 한쪽은 "성찬을 통해 어린이를 섬겨야 한다."는 입장이었고 반대편은 "성찬은 어린이에게 허용될 수 없다.”는 입장이었다. 양 끝은 자기 진영의 입장을 확신하는 사람들이 모였다. 중간에는 극단적 관점에 의문을 가진 사람들이 모였다. 그들은 확신을 갖지 못했으며 규범적 입장을 선언하고 싶지 않았다.

따라서 우리는 선을 따라 세 개의 논의 그룹으로 나뉘었다. 각 그룹에 속한 자들은 협력하여 특정 –어린이 성찬을 찬성하거나 반대하거나 의문을 가진– 입장을 주장하는 근거를 작성했다.

이어서 우리는 의자에 둘러앉았다. 세 그룹의 대표자가 한 명씩 나와 한두 가지 요지를 제시했으며, “분위기를 살리는” 두 사람이 진행하는 잘 훈련된 그룹 토의가 이어졌다. 의견이 있는 사람은 기탄없이 자신의 생각을 말했으며, 다른 견해를 가진 자는 발언자에게 직접 질문했다.

이 방식은 교회의 공개 토론에서 간혹 나타나는 “과격한 발언”을 피하게 한다. 서기는 논의가 진행하는 동안 요점을 머리 위 투명 슬라이드에 기록했다. 그 자리에 참석한 모든 사람은 이러한 협력적 방식의 사고를 통해 문제에 대한 새로운 시각을 배웠다고 말했다.[11]

다음은 이 토론을 통해 생성된 내용을 요약한 것으로, 이 문제에 대한 여러분의 사고에 좋은 자극이 될 것이다. 물론 다른 그룹에서는 다른 관점이 제시될 수 있다.

〈어린이 성찬을 찬성하는 입장〉

- 이분법: 열린 예배, 닫힌 성찬
- 어린이가 포함된 언약 식사
- 어린이에 대한 거부는 범교회적 단점: 외부인에 대한 검증 없이 아이들만 거부함
- 그리스도인은 포용성에 있어서 구별됨

−온전한 복음은 성찬을 포함함

−어린이에 대한 배제는 "신비적" 사건에 대한 잘못된 개념을 강화함

−어린이는 상징, 영상, 이야기에 가장 잘 반응함

−유월절 예전: 어린이의 핵심적 역할

−예수님: "오게 하라" "어린 아이와 같이 되라"

−누구나 오라: 논리적인 좌뇌 능력에 따르지 않음

〈어린이 성찬을 반대하는 입장〉

−성찬을 진지하게 받지 못함; 성찬의 가치를 떨어뜨림

−어린이에게는 부적합함

−세례의 순수성 보전

−믿음의 단계적 발전에 대한 인정

−부모의 신앙을 물려받는 것이 아니라 자신의 신앙을 가져야 함

−신약의 모델: 제자들만이 예수의 "잔"을 나누었음

−온전한 신앙, 연합의 은밀한 가치

−유익하고 가치 있는 개인적 행사

−성찬을 세례를 위한 준비와 연결한 역사적 전통

−"지금"을 중시하는 오늘날의 사조에 역행

−미래의 성찬을 기대하는 기다림의 미학이 필요

〈중간적 입장〉

−합리성: 학습 장애가 있는 성인과 아이의 차이는 무엇인가?

−어린이와 성인의 경계선으로서 세례, 성찬은 그렇지 않은가?

−성찬은 축복이다. 어떻게 누군가를 배제할 수 있는가?

−누가 결정하는가? 어린이를 포함한 각자가 참예 여부를 결정하는

가?

- 동참을 원하는 아이도 있고 싫어하는 아이도 있다. 그들에 대한 하나님의 부르심을 어떻게 분별하는가?
- 어른들 가운데는 어린이의 참여를 싫어하는 사람들도 있다. 그들에 대한 목회적 처방은 무엇인가?

3. 확신에 기초한 관행

25년 동안 메노나이트 목사 도날드 스틸버그Doanld Steelbergh는 교회 신자들 가정의 세례 받지 않은 어린이들과 성찬을 나누었다. 이 관행은 부모의 불만 때문이나 아이들이 원해서가 아니라 자신의 확신에 기초한 행위였다. 이 관행의 배후에 있는 주장은 다음과 같다.

1. 성경은 어린이를 배제하지 않으며, 교회 전통도 종종 그렇게 해 왔다.
2. 성찬은 그리스도인의 제자도에 대한 시연이다. 어린이들은 시연된 이야기를 이해할 준비가 되어 있다.
3. 아이들을 성찬에 받아들이는 것은 유대인의 유월절 전통과 일치한다.
4. 신약성경에서 "떡을 떼는" 행위는 일상적 식사나 교회의 공동 식사 또는 공동체 전체가 물질을 나누는 것을 가리킨다. "이것을 행하라"는 예수의 말씀은 공동체가 함께 하는 식사를 가리킨다.
5. 초기 그리스도인들은 전통을 형성했다. 오늘날 우리도 유사한 책임을 다해야 한다.
6. 주의 식탁은 세례의 전주곡이 될 수 있으며, 항상 역순으로 진행되는 것은 아니다.[12]

4. 관행이 우선이며 신학은 다음이다.

전도를 가르친 영국의 아나뱁티스트 신자, 스튜어트 머레이Stuart Murray 는 주로 "교회와 무관한" 배경의 사람들로 구성된 도심의 자유교회에서 있었던 관행에 대해 보고한다. 그 교회는 신설되었기 때문에 다른 예전은 없었으나 12년 이상 지속된 한 가지 두드러진 패턴이 있었는데, 그것은 아이들이 부모의 인도를 따라 −사실상 아이들의 의사에 달린 일이지만− 성찬에 동참한 일이었다. 어린이들은 성찬에 참예하고 싶어 하지만 사춘기에 접어들면서부터는 소극적이 된다. 그들은 수 년 동안 예배는 드려도 성찬에는 참석하지 않으려 한다. 그러다가 나중에 믿음이 생겨 세례를 받은 후에는 다시 성찬에 참예한다.

이 교회에서는 사람들이 떡과 잔에 참예할 것인지의 여부가 큰 문제가 되지 않는다. 성찬은 소그룹 단위로 지키며, 주로 가정에서 식사시간에 비공식적으로 이루어진다. 그들은 150−200명이 모이는 대규모 회중보다 가정이 떡을 떼기에 좋은 환경이라고 생각했다.

이렇게 생각한 교회는 아이들에 대해 교회 및 성찬과 관련하여 다음 세 가지 관점을 발전시켰다.

1. 어린이는 세례 받을 때까지 포함되지 않는다.
2. 어린이는 교회를 구성하는 지체가 아니지만 잠재적 지체에 해당한다.
3. 어린이는 다른 결정을 할 때까지 온전한 지체로 여겨야 한다.

세 번째 대안은 그들이 아이들을 받아들였음을 보여준다. 아이들은 교회의 삶에서 연령에 따른 온전한 역할을 했다. 어린이는 일정 기간 후에 믿음을 가지게 되며, 세례는 아이가 독립적인 의사 결정을 할 수 있을 때 시행했다. 그들은 아이가 아홉 살이 되면 세례를 주었다.

이 교회와 관련하여 세 가지 질문이 제시된다.

1. 우리는 어떻게 바른 균형을 유지 할 수 있는가? 중요한 것은 아이들에게 지나치게 규범적이 되지 않아야 하며 그들에게 특정 방식을 강요하지 않아야 한다는 것이다. 우리는 아이들에게 성찬에 참예할 것인지의 여부를 결정할 수 있는 권리를 부여해야 한다. 우리는 그들이 매 단계마다 교회 공동체의 지체로 받아들여졌음을 알기를 원한다.

2. 아이들을 성찬에 포함시킨 것은 우리의 예배 형식에 영향을 준다. 그것은 진지하고 위엄 있지만 전적으로 엄숙하고 부담스러운 것은 아니다.

3. 교회 회중은 놀라서 물을 것이다. "다음 단계는 무엇인가? 아이들이 기도하고, 예언하며, 가르칠 것인가?"13)

5. 어린이의 "경이로운 시간"

경험 많은 메노나이트 교육자 마저리 웨이빌Marjorie Waybill은 성찬은 세례를 받고 신앙을 고백한 신자만 받을 수 있다는 견해를 고수하는 교회들을 위해 설득력 있는 조언을 제시한다. 이 관점은 어린이가 활발한 동참은 하지 못하더라도 교회의 핵심적 예전을 지켜야 할 필요가 있다는 취지에서 나온 것이다. 어린이는 종종 성찬이 진행되는 동안 밖으로 나가거나 유모와 함께 집에 머무른다. 그들은 엄숙한 분위기를 어지럽히거나 시끄럽게 할 수도 있을 것이다. 그러나 이 아이들은 성찬이 무엇인지 모른다. 그들은 성찬이 실제로 어떻게 진행되는지 보거나 듣지 못했다.

아이들은 의식에 함께 하여 성경을 듣고 특별한 노래를 부르며 사람들이 엄숙한 태도로 떡과 잔을 나누는 것을 지켜보아야 한다. 비록 온전히 동참하지는 않더라도 이 시간은 그들에게 "경이로운 시간"이며 관찰의 시간이다. 그것은 예수의 삶을 기억하는 시간이자 앞으로 세례를 받은 신자들과 함께 성찬에 온전히 동참할 날을 고대하는 시간이 되어야 한다. "지금으로서는 아이들이 이 거룩한 행사에 가족과 함께 참여하여 목사님이 그들을 맞아주며 '어린이 여러분 축복합니다. 예수는 여러분을 사랑하시며 우리도 여러분을 사랑합니다'라고 말하는 것을 듣는 것으로 충분하다."[14]

이상은 비예전적 전통을 따르는 그리스도인이 어린이의 성찬 문제에 대처하는 방법 가운데 다섯 가지 사례이다.

누가 성찬을 주관하는가?

우리는 어린이가 성찬에 참예하는 문제를 회중특히 지도적 위치에 있는 자들의 역할과 분리해서 생각할 수 없다. 그리스도인의 성찬을 가로막는 가장 큰 장애물 가운데 하나는 "주의 식탁을 누가 주관하는가?"라는 질문에 잘 나타난다. 기독교 분파들은 다른 그룹의 사역의 "정당성"을 인정하기를 거부한다. 개혁주의 교회에서는 가톨릭 신자가 성찬을 받는 것이 금지된다.

그리스도를 대신하는 성직자의 신학 때문에, 일부 성공회 및 정교회는 여성이 성찬을 주관하는 것을 인정하지 않는다. 성직자가 정기적으로 미사를 집전할 수 없는 프랑스 교회에서는 "평신도" 집전을 포함한 복잡한 절차가 필요하다. 많은 교회들은 이러한 금지령 및 갈등에 관심이 없다. 대신에 그들은 배타적인 기독교 관행에 대한 문제를 무시한다. 그들은 자신의 성경적 이해 및 교회 문화로 시야를 좁힌다. 그들은 단지 평소처럼 할 뿐이다. 모든 주의 식탁은 그들만의 창문 없는 식당 안에 있다.

자유교회는 이 문제에 대한 일정한 신학적 입장을 가지고 있다. 어떤 교회에서는 식탁을 주관하는 기능이 회중의 권위를 통해 부여되며, 반드시 외적인 서품 의식을 필요로 하는 것은 아니다. 정식으로 임명을 받은 자나 아무리 영적 성숙을 인정받은 사람이라 하더라도 이런 역할을 통해 교회를 섬겨야 한다.

다른 교회들은 종종 "고교회적[†]" 관점이라고 불리는 사역을 주장한다. 즉, 일정한 사람들이 부르심을 받아 구별되며 신학 훈련과 임직을 받는다는 것이다. 식탁은 오직 그들만이 주관할 수 있다. 방문 목회자는 주관할 수 없고 반드시 지교회 목회자만 주관할 수 있는 교회들도 있다. 아마도 집사부제는 기도나 특정 방식으로 예배를 도울 것이다. 이 모든 것들은 교회 전통 및 교회 문화와 관련된 문제이다. 다른 모든 전통과 마찬가지로 이 문제도 기도하는 마음으로 검증과 재평가가 이루어져야 할 것이다. 바르게 정립된 관행이라면 이 과정을 통해 더욱 강화될 것이다. 그러나 새로운 성경적 통찰력에 비추어, 또는 지역적 상황에 따라 변화가 필요할 수도 있다.

예수님을 따름

나의 의도는 해법을 제시하려는 것이 아니라 생명력으로 충만한 성찬을 지키기 위한 창의적이고 책임감 있는 대안을 생각해보자는 것이다. 이것은 우리가 세례를 귀하게 여기고, 어린이를 받아들이며, 사역자와 지체들 및 친구들의 역할을 존중할 것이라는 뜻이다. 예수께서 도전과 포용성 및 섬김에 대해 하신 말씀은 우리의 성찬 관행과 관계가 있다. 그는 "나를 따르라," "너희 중에 큰 자는 젊은 자와 같고 다스리는 자는 섬기는 자와 같을지니라," "어린 아이들이 내게 오는 것을 용납하고 금하지 말라"고 말씀하신다.

[†] 고교회는 공교회주의 전통을 강조하는 신학조류이다. 사도적 전승에 따른 기독교의 역사적 연속성과 성사적인 신앙, 교회의 가시적 일치와 전례를 강조하였다. 성공회에서는 앵글로 가톨릭주의라고 하며 영국공교회, 또는 성공회 보편교회라고도 한다.

15. 다양한 식탁을 가진 공동체

기독교 역사를 배우는 것이 유익한 이유 가운데 하나는 옛 사건들을 통해 교회의 삶을 위한 신선하고 실제적인 개념들을 발전시킬 수 있다는 것이다. 우리는 이 책 앞부분에서 초기 기독교에 익숙한 문화 형태로서 그리스-로마의 잔치에 대해 다루면서 그들이 어떻게 이 잔치를 일상적 교제의 장으로 활용했는지 살펴본 바 있다. 이것은 오늘날 우리에게 한 가지 질문을 던진다. 그것은 우리의 전통적 접대 및 식사 문화를 기독교의 교제 및 예배라는 구별된 형태로 바꿀 수 있느냐라는 것이다. 이런 환대는 우리의 전통적 성찬 예배와 어떤 관련이 있는가?

만일 교회가 다양한 형태의 공동 식사를 시도하고 예수와 그의 공동체의 식사 전통과 연계한다면 사람들의 성찬에 대한 인식과 기대 및 자세는 발전할 것이다. 본 장의 목적은 주일 성찬 형태를 현대식으로 바꾸자는 것이 아니라 교회 안에 다양한 형태의 식탁 교제를 자주, 의도적으로 시행하자는 것이다. 이 모든 식탁 교제의 형식 및 경험들은 교회 전체의 유카리스트_{감사}의 성찬 교제를 형성하는 중요한 부분들로 생각할 수 있다.

오늘날 식탁 접대의 세 가지 형태

우리는 먼저 유카리스트 교제에 큰 도움이 되지 않는 세 가지 현대적 형태에 대해 살펴볼 것이다. 하나는 교회가 떡을 떼는 의식을 뷔페 식탁에 적용한 경우이며, 다른 두 가지는 더욱 부적합한 형태에 해당한다.

나는 수백 명의 교인이 모이는 한 교회를 방문한 적이 있는데 그 교회는 새로운 개념의 성찬을 시도하는 중이었다. "정식" 예배 찬송과 설교를 마친 후 인도자는 계속해서 찬송을 부르게 했다. 노래를 부르는 동안 원하는 사람은 누구든지 한쪽 통로에 준비된 식탁으로 가서 떡과 잔을 받을 수 있었다. 식탁에는 두 명의 봉사가 있어서 그곳으로 오는 사람들을 위해 기도해 주거나 떡과 잔을 그들이 선택하는 대로 나누어주었다. 회중은 사람들이 식탁으로 가는 동안 계속해서 찬송을 불렀다. 이 교회는 떡을 떼는 전통적 예배를 문화적으로 익숙한 뷔페 식탁에 도입하는 실험을 하고 있는 중이었다.

그러나 이 형태는 공동적 행위로서 떡을 떼는 성경적 패턴과 배치되는 것처럼 보였다. 모든 시선은 앞에서 찬송을 인도하는 그룹에 모아졌다. 떡을 떼는 일은 개인화 되었다. 아마도 사람들은 속으로 **"식탁으로 가도 될까? 나와 함께 기도하는 사람이 있을까? 모든 과정을 조용히 진행해야 할까? 다른 사람이 먼저 나가는 것을 확인한 후에 나가는 것이 나을 것 같아"**라는 생각을 할 것이다. 뷔페 형식의 식탁은 주의 식탁으로는 적합하지 않다.

우리 사회에서 또 하나의 친숙한 사교적 모임인 칵테일파티는 어떤가? 이것은 모든 사교적 의무를 즉시 벗어버리고 싶어 하는 주최자에게 유용한 모임이 분명하며 손님들은 공통점이 거의 없다. 유일한 공통점은 손님들에 대한 주최자의 사교적 의무뿐이다. 모든 사람은 돌아다니며 의례적이고 피상적인 인사를 나눈다. 이런 형태의 사교적 접대는 그리스도인의 변화에 아무런 영향을 주지 못한다.

다행히도 아직까지 테이크아웃 성찬을 주장하거나 종교 TV 예배와 연계한 방송 식사용 떡과 잔을 주장한 사람은 없다.

교회 내 여덟 가지 유카리스트 친교

교회는 열린 식사 및 제한적인 제의적 식사를 시행할 수 있다. 각각의 유형은 함께 하는 삶의 여러 국면들을 보여준다. 다양한 형식은 회중의 독특한 헌신을 드러내면서도 다정하고 친절한 사람들이라는 교회 공동체의 특색을 잘 보여준다. 모든 형태의 식사는 유카리스트 식사라고 부를 수 있다. 다음에 소개하는 유형들은 전통적 방식의 성찬에 대한 보충이라고 할 수 있다.

1. 가난한 자와 나누는 식사

노숙자와 가난한 자를 위한 급식소는 테이크아웃 성찬과 달리 가능성을 보여준다. 모든 것은 사람들을 섬기고 섬김을 받는 동기 및 방식에 달려 있다. 자비를 보여주지 못하는 구제 방식은 품위를 손상시키며 소외감을 준다. 또한 수혜자들은 음식을 받기 전에 먼저 복음의 말씀을 듣겠다는 마음을 가져야 한다.

로마에 있는 성 에디지오St. Egidio 공동체에서는 전혀 다른 장면을 볼 수 있다. 1968년, 고등학생 몇 명이 매주 한 차례씩 만났다. 그들은 부모 세대의 사회가 제공하는 외로움과 다른 −그들의 말로 무엇인가 핫한something hot− 것을 만들겠다는 꿈에 대해 이야기했다.

이 학생들은 거의 생소했던 복음서를 읽는 단순한 방식으로 시작했다. 그들은 그곳에서 발견한 무엇인가를 실천하기로 했다. 그들은 예수가 급진적 환대를 강조하신 것을 알았다. 하나님은 복음을 진지하게 받아들이려는 이 소수의 젊은이들을 사용하셨다. 그들로부터 로마의 노숙자들을 돌보고 보살피는 기독교 공동체가 탄생하게 된 것이다. 그들은 찾아오는 모든 사람을 따뜻이 맞아주고 음식을 제공했다.

진 힌톤Jeanne Hinton은 성 에지디오공동체의 급식 시설을 방문한 소감을 이렇게 말한다.

나는 이곳에 봉사하기 위해 왔다. 마리오Mario는 나를 그곳에 맡기고 떠나면서 "마음껏 부려먹으세요"라고 했다. 물론 웃으면서 한 말이다. 이곳은 셀프 서비스나 카페테리아 형식의 급식소가 아니라 방문객을 섬기는 곳이다. 나는 두 개의 식탁을 맡았는데 매번 파스타나 국, 육류와 채소를 포함한 메인 요리, 케이크, 과일, 커피 등 다섯 차례 음식이 제공되는 코스이다. 떡과 과일은 광주리에 담았으며, 손이 아니라 따뜻한 말로 섬겼다. 떡과 과일을 더 달라고 요구하는 사람도 많았다. 아마도 여분의 음식은 내일 아침거리가 될 것이다. 내가 두 개의 식탁을 섬기는 동안 다른 봉사자들은 방문객들과 대화를 나누었다. 그들은 음식만 아니라 대화와 교제를 위해 찾아온 사람들이었다.[1]

성 에지디오 공동체는 교회에서 정기적으로 미사를 시행하는 유카리스트 공동체이다. 봉사자들은 미사를 마친 후 바로 급식소로 향한다. 급식소의 봉사 사역은 예수의 식탁 초대를 구현하고 확장하며, 로마의 소외된 자들에게 예수가 말씀하신 천국 잔치에 대한 비전이 무엇인지를 보여준다.

2. 가정에서의 식사

우리는 최근 집에서 몇 사람의 그리스도인과 함께 식사한 적이 있다. 식사가 끝날 무렵, 우리는 함께 떡과 잔을 나누었다. 우리는 서로를 위해 기도하고 조용히 감사하는 가운데 그리스도께서 자기 백성이 함께 모여 식사하는 일상적 삶 가운데 임재하심을 깨닫게 되었다. 이것은 정확히 공동체 예배는 아니지만 넓은 의미에서 유카리스트에 해당하는 것이 분명하다. 우리는 가정에서 식사할 때 확실히 그리스도의 임재를 느낀다. 우리는 그를 통해 얻은 새 생명에 감사하며 함께 그의 나라의 기도를 드린다. 우리가 가정에서 가족이나 손님들과 함께 이런 교제의 시간을 가진다면 주일 성찬에 참예하는 우리의 태도와 기대는 사뭇 달라질 것이다.

3. 모닝커피

쇼핑객이나 나이 많은 사람들 및 특별한 일이 없는 사람들이 찾는 모닝커피는 단순한 사교적 만남 이상의 효과가 있다. 이런 모임은 상대에게 예수의 이름으로 사랑을 전하고 그의 임재의 행복과 평안을 제공한다는 면에서 유카리스트가 될 수 있다. 감사의 기치 아래 모이기 위한 깃발을 벽에 걸거나 참석자에게 축복의 유인물을 나누어주는 것도 좋은 방법이다. 복을 빌고 복을 받는 행위는 보살피고 돌보아주는 사랑의 관계를 시작하게 한다. 우리는 축복의 말을 할 때 우리 자신이 복이 된다.

4. 부모와 자녀

"엄마와 아이"Moms and Tots 모임은 사회적 필요를 채워주지만, 이 모임을 신앙적으로 바꾸려는 비전만 있다면 그 이상의 유익한 모임이 될 수 있다. 어린 아이들은 특히 사랑과 친절 및 나눔을 보여주는 상징이나 조그마한 의식에 열려 있다. 이것은 어린 아이들을 반갑게 맞아주고 축복하시는 주 예수의 이름으로 행할 수 있다. 핵심적 어조는 감사의 말과 하나님의 사랑에 대한 나눔이 되어야 한다. 이런 행위는 주일날 교회 가는 것과 같은 다른 목적을 이루기 위한 미끼가 아니라 그것 자체로 가치 있는 일로 여겨야 한다. 이런 형태의 모임은 교회 공동체의 다양한 유카리스트적 표현 가운데 하나가 될 수 있다. 이곳은 우리가 하나님의 사랑과 자비의 잔치에 나아오는 모든 사람에 대한 예수의 초청을 실제적인 행동으로 옮길 수 있는 장소들 가운데 하나이다.

5. 피크닉

보통의 소풍은 보다 명백한 유카리스트 모임이 될 수 있는 전통적 식사문화를 제공한다. 정의상 소풍은 외부의 자연 환경에서 일어나는 행사이며, 따라서 그리스도인의 헌신 및 자연 세계에 대한 관심과 쉽게 연결될 수 있다. 유카리스트 소풍은 예수님을 주최자로 인정하고 그의 자비와 사랑에 감사한다는 의도적인 요소만 제외하면 일반 소풍과 다를 바 없다. 예수는 노중에 식사하신 적이 많다. 그렇다면 우리가 노중에 먹을 때 그의 임재를 느끼는 것은 지극히 자연스러운 일이 아니겠는가?

물론 나의 말에 즉각 반대하는 사람도 있을 것이다. "그러나 나는 그처럼 비공식적인 식사 모임에 '경건한 교훈'을 적용하는 것에 당황스러움을 느낍니다. 소풍과 모닝커피는 일상적 삶에 해당하며, 따라서 그런 일상적 행위를 기도나 거룩한 말과 연결한다는 것은 생각할 수도 없습니다."

이런 반대는 소심한 그리스도인이 느끼는 신앙적 당혹함을 잘 보여준다. 그러나 다른 사람들이 하나님의 섭리와 예수의 임재가 "일상적" 삶의 토대임을 분명하게 인식하는 그리스도인 가정이나 교회의 교제에 대해 보이는 반응에 대해 예단하는 것이 바람직한 일인가? 또한 언제부터 다른 사람들의 반응이 공동체로서 그리스도인이 하는 일의 지침이 되었는가?

6. 성경 연구와 아가페 식사의 결합

각자가 음식을 가져와 나누어 먹는 단순한 "믿음의 오찬"을 넘어서는 독특한 모임이 있다. 이것은 역할극 및 시뮬레이션을 통해 구현하는 로마서 연구 모임이다. 그룹의 다양한 회원들은 로마의 기독교 교회를 형성한 다섯 개 가정 교회셀의 지체였을 것으로 생각되는 특정 인물을 택하여 연기한다.

각자는 그들 ―자유인, 여종, 보수적 유대인, 가게 주인― 에 대해 가능한 많은 것을 알아내어야 한다. 그들은 로마서 본문을 연구해가는 동안 각자 자신이 택한 인물의 역할에 충실한 가운데 본문이 그들에게 어떤 영향을 미쳤으며 그들의 질문과 답변은 무엇이었는지에 대해 추측해본다. 아홉 차례의 성경 연구 시뮬레이션을 마친 후 그룹 전체는 열 번째 모임으로서 아가페 식사를 준비하여 함께 나눈다.

이 식사는 "음식에 대한 거리낌이 있는 자와 없는 자, 성일을 지키는 자와 지키지 않는 자 사이의 지속적인 다툼과 긴장"을 보여줄 것이다.[2] 또는 시뮬레이션 결과에 따라 화해와 치유의 예배 시간이 될 수도 있다. 이 식사 모임을 통해 성경 연구는 놀라운 방식으로 실제적 감정을 만나게 된다.

7. 토요일 조반

나는 교회에서 제공하는 즐거운 토요일 아침 식사에 참석한 적이 있다. 예배당은 밝고 매력적이었다. 화려한 천으로 덮은 식탁 위에는 각종 떡이 담긴 큰 광주리가 놓여 있었다. 차를 담은 보온병과 커피포트, 마멀레이드와 잼을 담은 그릇으로 가득한 식탁은 접시와 머그잔을 놓을 공간이 부족할 정도였다. 창턱에 놓인 카세트 플레이어에서는 음악이 흘러나왔다. 참으로 풍성하고 즐거운 분위기로 가득했다.

이것은 매달 모든 지체와 그들이 초청하는 친구들이 함께 하는 월간 행사였다. 이 행사는 신앙적인 친교 모임으로, 모든 과정에는 기도와 교제가 있었다. 그들은 매달 다른 주제와 대화, 성경 연구, 토론 또는 교제의 시간을 가졌다. 이 교회는 교회의 아침 식사가 공동체의 성품과 인격을 형성하는데 도움이 된다는 사실을 알았다. 그들은 교회 안팎의 사람들과 함께 식사를 나눌 뿐 아니라 보다 많은 사랑과 친절을 베풀고 서로를 위해 더욱 풍성한 기도를 할 수 있었던 것이다. 그들은 이 아침 식사를 위해 즐거운 마음으로 모여 세부적인 내용을 계획하고 준비했다. 어쩌면 그들은 "와서 조반을 먹으라"요 21:12는 예수의 말씀을 모토로 삼았을 것이다.

8. 극적 식사

"피크닉 5000"은 어떤 교회가 야외용 탁자가 비치된 호반 숲속에서 매년 개최하는 여름 행사를 가리키는 말이다. 이것은 온 교인이 다양한 성경 이야기를 야외에서 행동으로 옮기는 오래된 프로젝트의 일부였다. 피크닉 5000은 홍해를 건너는 일처럼 복잡하지 않으며, 모든 사람은 여름 프로그램의 하이라이트로 생각했다.

사복음서 모두에 기록된 대로, 갈릴리 호수 저편에서 있었던 예수께서 많은 무리를 먹이신 기사는 확실히 초기 교회의 핵심적 이야기였다. 우리는 이 이야기를 어떻게 행동으로 옮길 것인지, 어떻게 말하고 어떤 동작과 제스처를 사용해야 멀리 떨어져 있는 사람들이 보고 알아들을 수 있을 것인지 고심하지 않을 수 없었다. 이 일을 준비하기 위해서는 모든 참석자가 역동적 신학자가 되어야만 했다. "그렇다면 남은 열두 바구니를 어떻게 할 것인가?" 이것은 복음서가 우리에게 대답하지 않은 좋은 질문이다. 이 이야기는 전통적으로 성찬과 관련하여 해석되기 때문에 피크닉 5000은 기억을 불러일으키는 풍성한 상징으로 들어갈 수 있는 효과적인 방법이 될 수 있다.

나는 다음과 같은 반론을 듣는다. "우리 교회는 노인들이 많기 때문에 이처럼 극적이고 혁신적인 성찬 예배가 가능할지 의문입니다. 그들은 친교 행사를 좋아하지만, 당신은 결코 이 행사를 매 분기 주일 아침에 드리는 전통적인 '성찬'으로 설명하기 어려울 것입니다."

성찬 방식의 변화

에드워드Edward de bono의 조언은 이 논제에 도움이 될 수 있을 것이다. 그가 주장하는 변화는 전통적 패턴을 유지하되 대안적 개념을 시험하기 위한 유사한 이벤트나 패턴을 도입하는 방식이다. 검증되지 않은 방식에 대한 선호 때문에 제도화 된 형식을 버리는 것은 잘못이다. 옛 방식에는 가치 있고 귀중한 많은 것들이 투자되었다. 그러나 이런 옛 형식 가운데 새로워져야 할 것들도 있다.

나는 거의 백년 된 큰 건물에 몇 사람의 신자만 모이는 한 도심 교회를 알고 있다. 교회 주변은 자랑스러운 전성기가 끝나고 소수민족 잡화점, 외국어 서점, 버려진 작은 공장들이 즐비한 장소로 극적으로 탈바꿈했다. 교회의 나이 많은 신자들은 언제나처럼 분기마다 한 차례 성찬을 지켰다. 그들은 같은 찬송을 부르고 같은 말씀을 들었으며 조그만 떡 조각과 포도주스를 나누었다. 교회 주변의 놀라운 변화에 당황한 이들에게 반복된 의식과 익숙한 말씀은 확신과 안전감을 주었다.

이런 상황에서 극적인 변화를 추구한다면 끔찍한 일이 될 것이다. 그러나 보노가 상기시켜주듯이 훌륭한 아이디어는 실험적 영역에서 익숙한 영역으로의 삼투 작용을 통해 흘러들어온다. 가령 이 교회의 젊은 청년들이 유카리스트의 느낌을 주는 식탁 접대를 개발하였다면 그들은 다른 노래를 부르거나 조각난 떡 대신 덩어리 떡을 사용할 것이다. 아마도 노인들은 가정에서 이런 유카리스트 형식의 식사에 초대되었을 것이며 확장된 언어와 방식 및 음악에 편안함을 느끼기 시작했을 것이다. 모든 신자에게 익숙하게 된 요소들 가운데 일부는 궁극적으로 분기별로 거행되는 성찬 예배에 포함될 수 있을 것이다.

우리가 예수의 특별한 방식에서 모든 영감을 받는다면, 가정 예배를 지속하는 동시에 전적인 친교 및 식탁 교제의 삶을 풍성히 할 수 있다. 나는 본 장에서 유카리스트 공동체가 되려는 소원을 확장하고 우리의 모임을 더욱 풍성히 하는 방법들을 제시했다. 우리의 교회들은 참으로 많은 식탁의 공동체가 될 수 있다.

16. 식탁에서의 말씀과 이야기

유카리스트는 소위 제정사 내러티브에 포함된, 예수께서 최후의 만찬에서 하신 말씀에 일차적 초점을 맞춘다. 이 말씀 가운데는 예수가 교회를 위한 주의 식탁을 제정하시는 명령이 나타난다. 만찬에 관한 기사는 모두 네 곳에 나타나는데 내용은 약간씩 다르다.

한 가지 유익한 방법은 공관복음 세 곳에 나타난 최후의 만찬에 대한 기사와 고린도전서 11:23-25의 내러티브를 비교하는 것이다. 이러한 본문들은 명백한 중복 외에 세부적인 내용에 있어서의 차이도 나타난다. 교회 전승은 다양한 구절을 모아 성찬 예배의 핵심으로 사용되는 제정사를 위한 권위 있는 구절로 결합했다. 그러나 대체로 한 문장은 제외된다. 이 예전적 제정사는 마태복음 26:29에 나타나며, 마가복음 14:25 및 누가복음 22:15-16에는 평행구가 제시된다. 즉 예수는 하나님 나라에서 새것으로 마시는 날까지 포도나무에서 난 것을 마시지 않겠다는 것이다.

제정사에 나타난 평행구들

주 예수께서 잡히시던 밤에고린도전서

떡을 가지사 축복하시고 떼어마태복음, 마가복음, 누가복음, 고린도전서 제자들에게 주시며마가복음

가라사대 받아마태복음, 마가복음 먹으라마태복음

이것은 너희를 위하여고전 주는누가복음

내 몸이니마태복음, 마가복음, 누가복음, 고린도전서

이것을 행하여 나를 기념하라_{누가복음, 고린도전서} 하시고

식후에 또한 이와 같이_{누가복음 고린도전서}

잔을 가지사_{마태복음, 마가복음, 누가복음, 고린도전서}

사례하시고 저희에게 주시며_{마태복음, 마가복음}

가라사대 이 잔은 죄 사함을 얻게 하려고_{마태복음}

많은 사람을 위하여_{마태복음, 마가복음}

흘리는 바 나의 피 곧 새_{누가복음, 고린도전서}

언약의 피니_{마태복음, 마가복음, 누가복음, 고린도전서}

곧 너희를 위하여 붓는 것이라_{누가복음}

이것을 행하여 마실 때마다 나를 기념하라_{고린도전서}

모든 내러티브에 공통적으로 나타나는 내용은 얼마 되지 않는다.

떡을 가지사 축복하시고 떼어 "이것은 내 몸이니"
잔을 가지사 "이것은 언약의 피니"

요아킴 예레미아스_{Joachim Jeremias}는 원문에 대한 학문적 대조 및 아람어에 대한 철저한 지식을 통해 가장 오래된 본문의 핵심 내용은 다음과 같다고 주장한다.

받으라. 이것은 내 몸/내 살이다.
이것은 언약의 피니_{또는 피로 맺은 언약이니}
많은 사람을 위한 것이다.[1]

종종 예전적 용도로 사용하기 위해 여러 곳에서 모은 성경 구절을 다듬

은 후 유사한 구조를 형성하기도 한다. 다음은 영국성공회 교회들이 사용한 형식이다.

> 그리스도께서는 수난하시기 전날 밤에
> 빵을 들어 감사의 기도를 드리신 다음,
> 빵을 떼시고 제자들에게 나누어 주시며 말씀하셨나이다.
> "받아먹어라. 이것은 너희를 위하여 주는 내 몸이니,
> 나를 기억하여 이 예를 행하라."
> 식후에 잔을 드시고 감사의 기도를 드리신 다음,
> 그들에게 주시며 말씀하셨나이다.
> "받아마셔라. 이것은 죄를 용서해 주려고
> 너희들과 많은 사람을 위하여 내가 흘리는 새로운 계약의 피니,
> 마실 때마다 나를 기억하여 이 예를 행하라.[2]

예수의 마지막 비유

우리는 이 말씀을 어떻게 이해할 것인가? 예전적 관점에서 이 말씀은 성찬 의식을 합법화 한다. 이것은 주 예수의 명령이며, 따라서 교회에 대한 구속력을 가진다. 본문은 거룩한 말씀이며, 우리는 이 말씀을 주기도문만큼 중요하게 여겨 동일한 주의를 기울여야 한다.

이 본문은 또 하나의 관점에서 접근할 수 있는 것으로 보인다. 즉 예수는 종종 비유로 가르치셨기 때문에 이 말씀도 예수의 마지막 비유일 가능성이 있다는 것이다. 어쩌면 예수는 공포로 가득한 그날 밤 다락방에서 특유의 비유적 방식으로 생각하고 말씀하셨는지 모른다.

우리는 요한복음에서 "나는 …"으로 시작하는 일련의 진술을 찾아볼 수 있다. "나는 문이다. 나는 선한 목자다. 나는 부활이다. 나는 빛이다. 나는

떡이다." 최후의 만찬에서 예수가 말씀하신 "이것은 내 몸이다." 또는 "나는 생명의 떡이다."라는 말씀도 동일한 비유로 볼 수 있다. 예수는 합리주의자로서 말씀하신 것이 아니라, 이러한 언어적 표현을 통해 "이것은 저것과 같다."라는 단순한 등식보다 심오한 의미를 전달하고 계신다. 즉, 예수는 이러한 비유적 묘사를 통해 언어적 함축 이상의 것을 말씀하신 것을 상기시킨다.

마르쿠스 바르트Markus Barth는 이런 식의 스피치에 대한 연구를 통해 요한복음에 나타나는 "난해한 언어"비유, 또는 상징와 "분명한 진술"의 차이를 지적한다. 예수가 하신 말씀의 의미를 파악하기 위해서는 "목자"나 "포도나무" 또는 "빛"과 같은 핵심 용어들에 대한 구약성경의 용례를 살펴볼 필요가 있다. 이런 단어들은 시적 메타포에 해당한다. 예수는 자신을 "하늘에서 내려온 영원한 원형"으로 제시하신다.[3] 이러한 예수의 이미지는 언제나 그에 대한 제자들 또는 다른 사람들의 함축된 태도 및 반응을 포함한다.

예수가 목자시라면, 그의 양은 누구인가? 예수가 문이라면 그 문으로 들어가는 자는 누구인가? 이런 이미지에 대한 문자적 해석은 어리석은 시도이다. 우리가 예수의 양이라고 해도, 실제로 양 울음소리를 내는 것은 아니다. 때때로 예수의 비유의 "난해한 언어"에는 "분명한 진술"의 흔적이 나타난다. 예를 들어, 선한 목자는 실제로 죽지만, 문자적으로 늑대에게 찢겨 죽는 것이 아니라 수치의 십자가에 달려 돌아가신다.

바르트Barth는 만일 우리가 요한복음 6장에 나오는 "나는 살아 있는 떡이니"6:51a 또는 "내 살을 먹고 내 피를 마시는 자는 영생을 가졌고"6:54 라는 예수의 말씀을 문자적으로 해석한다면 놀라고 당황하게 될 것이다.

성경을 배우는 학생들이 단어 뒤에 있는 의미를 전혀 깨닫지 못할 만큼 어둡고 둔하며 민감하지 못하고 냉담하다면.. 사실상 아무 것도 이해하지 못할 것이다. 떡과 잔 대신에, 또는 그것과 함께, 사람이나 신의 살을 씹고 피를 마신다면 어떻게 되겠는가?[4]

바르트는 요한복음 6장 전체는 유카리스트뿐만 아니라 그리스도의 희생 및 성육신에 대한 전체적 의미를 다룬다는 결론을 내린다. 본문은 전적으로 유카리스트 예배에 적용되는 말씀이며, 이러한 성찬의 식사를 통해 그리스도의 삶과 죽음을 "기억하고 선포하며 찬양해야" 한다.

떡을 떼는 행위 및 언약의 잔에 대한 예수의 언급은 단순하지만 그것을 처음 듣는 제자들에게는 당황스러운 말씀이었을 것이다. 그러나 이처럼 간단한 본문으로부터 복잡하고 다양한 신학과 관행들이 생성되었다. 그리스도인은 초대 교회 신자들의 관행에 대해 너무나 자주 후기 세대의 교리와 논쟁이라는 프리즘을 통해 접근해 왔다. 그들은 교회의 발전된 관행으로부터 초기의 경험으로 소급해서 해석하려는 유혹을 받았다.

수 세기 동안 내려온 그리스도인의 경험을 고려하는 것도 필요한 일이지만, 중요한 것은 초기 기독교 공동체가 지녔던 의미를 드러내려는 노력이다. 성찬에 대한 예수의 말씀은 중요한 연결고리가 된다. 그러나 우리는 그 말씀을 존중하고 끝없이 되풀이하는 것으로 끝나서는 안 된다. 우리는 그 말씀을 연구하고 묵상하며 비유적 의미를 잘 살펴야 한다.

우리는 옛 이야기를 재현한다

모든 기독교 성찬에서 우리는 "전통을 따라한다." 우리는 이 의식을 시작하신 예수님에 대한 내러티브를 되풀이 한다. 우리는 옛 이야기를 재현하는 것이다. 이것은 중요한 문제다. 유카리스트는 역사적 사실, 곧 "그가 잡히시던 밤"에 일어난 사건에 대한 고통스러운 기억에 기원한다. 유카리스트는 그저 우리에게 좋은 느낌을 주는 아름다운 의식이 아니다. 그것은 역사상 가장 놀라운 사건인 인간과 신의 연합, 나사렛 예수에 대한 이야기와 우리를 연결한다. 성찬을 거행할 때마다 교회의 다른 모든 식사에 깊이 각인된 특정 식사에 대한 이야기를 다시 한 번 전달함으로써 이러한 관계를 유지하는 것은 중요하다.

예전적 교회들은 이 이야기를 전하는 방식을 규정화 한다. 성공회의 성찬, 가톨릭의 미사 또는 정교회의 성찬 예배에는 다양한 형식을 찾아볼 수 있다. 그러나 잔과 떡에 대한 말씀의 정확한 형식은 일정하게 유지되어야 한다. 이 이야기가 지속적으로 반복되어 왔다는 것은 한 가지 장점이다. 대부분의 기독교 교파들은 제정사를 위한 성경적 형식을 구체적으로 명시한다. 그러나 불행히도 이러한 부분에 부주의한 교회들도 있다. 특히 비예전적인 교회들은 예수의 생애라는 역사적 기원에 확실한 닻을 내린 성찬 예배를 시행할 수 있도록 특별한 관심을 기울여야 한다.

격식을 갖추지 않은 이야기

역사에 대한 관심은 특별한 격식 없이 진행될 수 있다. 나는 사람들이 식탁에 앉아 있는 상태에서 이동하며 떡을 나누는 봉사를 한 적이 있다. 식사가 시작될 때 인도자는 우리가 주 예수의 이름과 능력 및 그의 참되신 임재 하에 모인 사실을 상기시켰다. 우리는 예수님을 기억하고 감사하며 그를 따르는 제자도의 길에 헌신하기 위해 그곳에 모였다는 것이다.

이어서 인도자는 우리 가운데서 앞장서서 이야기를 끌어갔다. 그는 우리에게 몇 가지 간단한 질문을 했다. 우리는 대화를 통해 격식 없이 대답했다. 우리는 마치 그날 밤 다락방에 있었던 것처럼 이야기를 재현했다. 인도자의 질문은 다음과 같은 내용이었다.

"이곳에서 식탁을 둘러싸고 앉아 있는 우리는 오래 전에 제자들과 함께 식탁에 앉아 계셨던 예수님을 기억합니다. 그날 밤 그곳에는 누가 있었습니까? 그날의 식사는 특별한 사건이라고 할 수 있습니까? 그날 밤 그곳에는 특히 불안한 한 사람이 있었습니까? 예수는 그를 어떻게 대하셨습니까? 다른 제자들은 무엇이라고 말했습니까? 그때 어떤 일이 일어났습니까? 그날의 식사를 평범한 식사로 볼 수 있는 요소는 무엇입니까? 특별히 놀라운 일이 실제로 일어났습니까? 모든 사람이 그것을 알았습니까? 정확히 어떤 말씀이 있었습니까? 식사는 어떤 식으로 끝났습니까? 식사 후에 어떤 일이 있었는지 알고 있습니까?" 따라서 우리는 서로 이야기 했으며, 우리가 예수님 앞에 있으며 그가 우리와 함께 계신다는 사실을 느꼈다.

격식을 갖추지 않고 이야기하는 또 하나의 방법은 유월절 식사 때 질문하는 전통을 이용하는 것이다. 세데르에서 어린 아이는 "오늘 밤은 왜 다른 날 밤과 다른가요?"라고 묻는다. 그러면 상징적 음식 및 몸짓에 대해 상세한 설명이 주어진다. 왜 무교병을 먹나요? 왜 쓴 나물을 먹나요? 오늘 밤에는 왜 비스듬히 누워 식사하나요? 간단한 질문을 던질 때마다 출애굽 및 유월절에 대한 이야기가 흘러나온다.

주의 식탁에서 떡을 떼는 그리스도인들도 "오늘 밤은 왜 다른 날 밤과 다릅니까?"라는 동일한 질문을 시작으로 최후의 만찬 전통의 여러 요소들에 대해 묻고 대답할 수 있을 것이다. 질문이 발전하고 이야기가 전달되는 과정을 통해 간단하지만 풍성한 신학적 깨달음을 이끌어낼 수 있다.

이야기들의 잣대가 되는 이야기 전통

사도 바울은 고린도인에게 보내는 편지를 통해 이야기를 전했으며 그것으로 자신이 교회의 성찬 식사와 관련하여 들은 말들을 바로잡았다. 그곳에서 일어난 끔찍한 이야기 −교회 안에서 부자들이 가난한 자들을 멸시하고 모욕감을 주었다는− 를 전해들은 바울은 성찬의 잣대가 되는 이야기를 들려줌으로써 그 문제를 해결했다. "내가 너희에게 전한 것은 주께 받은 것이니 곧 주 예수께서 잡히시던 밤에 떡을 가지사.." 고전 11:23

바울은 그들에게 도전했다. 그는 회중에게 그들의 이야기를 예수의 이야기로 바로잡아 줄 것을 촉구했다. 바울은 최후의 만찬에서 있었던 일을 설명하고 그들에게 그 말씀에 비추어 공동체의 삶을 깨끗이 하라고 말했다. 고린도 교회는 그들의 삶을 재형성함으로서 자신의 삶과 예배를 통해 참으로 "주의 죽으심을 전하는" 자들이 되어야 한다. 예수의 십자가에 대한 이야기는 어떻게든 공동체의 삶의 원형이 되어야 한다. 그렇게 되면 그들의 이야기는 예수의 십자가의 의미를 분명하게 드러내게 될 것이다. 그들의 이야기는 서로를 위해 자신의 삶을 내려놓는 것을 배우는 길을 찾을 것이다. 다른 사람들은 "그들의 이야기를 읽고"그들의 공동체적 삶을 지켜보고 "주의 죽으심을 그가 오실 때까지" 이해하기 시작할 것이다. 고린도에서의 예배의 남용은 예수의 이야기를 제대로 기억하고 구현하지 못한 실패에 직접적인 원인이 있다.

이것이 바로 바울이 떡과 잔을 "합당하지 않게" 먹고 마셨다고 말한 의미이다. 그것은 백성이 개인적으로 합당하지 않다는 말이 아니라 그들이 함께 예배하는 방식이 합당하지 않다는 것이다. 문제는 교회 안에서 일어난 경제적 불평등이라는 죄이다. "합당하지 않게"라는 말은 행동을 묘사한다. 바울은 그들에게 예수의 이야기를 들려주고 예수의 가르침과 행동에 비추어 살며 예배할 것을 촉구했다.

우리의 성찬은 그렇지 않지만 고린도의 아가페 성찬애찬의 친교 식사는 로마 시대 연회 관습과 비슷하다. 만찬이 끝난 후 향연이 진행되는 동안 다양한 행사 −교회 서신 낭독, 수감자를 방문한 결과 보고, 여행 중인 친구들에 대한 소개, 아이들이 시나 노래나 시편을 읽는 것을 듣기, 노래, 기도, 논쟁 및 대화— 가 이어진 것은 지극히 자연스러운 일이었으며, 모든 순서는 전적으로 시의적절했다.

고린도 신자들의 예배에는 공식적인 행사와 비공식적인 순서가 큰 무리 없이 포함될 수 있었을 것이다. 그런 부분을 등한시 했더라면, 그들의 일상적 관심사는 신학과 예전이라는 늪에 빠지고 말았을 것이다. 그들의 개인적 이야기와 회중의 이야기는 나란히 달린다.

식탁에서 우리의 이야기를 하라

이야기를 전하고 재현하는 신자의 가정은 강한 공동체가 될 수 있다. 비전 확립, 사소한 약점, 사고, 환희, 슬픔 및 축하는 모두 한데 어우러져 오늘의 이야기를 정밀한 십자수로 놓을 수 있는 강력한 역사적 캔버스를 형성한다. 그것은 놀라운 일과 사건들, 평범한 일상과 특별한 문제, 꿈과 헌신으로 가득한 인간 이야기이다. 주의 식탁에 다양한 이야기가 펼쳐진다는 상상을 해보라. 사람들은 이웃과 화목하고 싶어 한다. 하나님은 단절된 우정을 회복하셨다. 누군가 강도를 당해 소중한 재산을 잃었으며, 친구들은 긴급 구호의 손길을 내민다.

자신의 지역 이야기를 할 때, 우리는 나라안팎을 막론하고 기독교 역사의 영웅 및 순교자 이야기를 재현할 수 있다. 사람들이 믿음을 지키기 위해 목숨을 잃은 중앙아메리카에서는 떡과 잔을 나누기 전에 출석 확인을 위해 순교자의 이름을 불렀다. 한 사람 한 사람 이름을 부를 때마다 회중은 한 목소리로 "네"라고 대답했다. 회중은 그들이 보여준 인고의 신앙에 대한 특별한 이야기와 함께 한 사람씩 구체적으로 떠올렸다. 순교자는 그들의 이야기를 통해 교회를 향해 산 자가 되었다. 그들은 "구름같이 둘러싼 허다한 증인"히 12:1이었다. 이런 의식은 "성도의 교제"라는 표현의 깊이를 더해준다.

고대의 성찬 기도 가운데 하나는 다음과 같은 내용으로 시작한다.

그러므로 우리는
천사들과 대천사들,
하늘의 모든 무리와 함께
당신의 위대하고 영광스러운 이름을 선포하며
끊임없이 찬양하며 고백하기를 ….

얼마나 아름다운가? 모든 예배는 앞서 간 수많은 성도들의 증거와 이야기가 함께 하는 하늘의 예배로 이어질 수 있다. 우리는 천사들과 함께 하나님을 찬양하며 감사를 드린다.

제의적 행위를 정당화하기 위한 제정사가 아니라 이야기로 들려지는 제정사를 생각해보라. 이것은 우리의 지역 이야기를 포괄하는 거대한 이야기이다. 이 거대담론은 우리의 이야기를 바꾸고 새롭게 하는 능력이 있다. 그날 밤 제자들과 함께 식탁에 앉으셨던 예수의 이야기는 모든 세대에 울려 퍼진다. 예수는 제자들을 사랑하셨다. 그는 그들과 함께 먹고, 그들을 일깨웠으며, 그들의 낙심과 믿음의 부족을 아시고, 그들과 함께 기도하셨으며, 절체절명의 사명을 위해 담대히 나아가셨다. 그 와중에 제자 가운데 하나는 식탁을 버리고 밖으로 나갔으며 예수를 대적의 손에 팔아 넘겼다. 그러나 예수는 그의 제자들을 사랑하셨으며, 그들에게 그와 같이 서로 사랑하라고 말씀하셨다. 또한 예수는 우리에게와 마찬가지로 제자들에게도 자신을 따르라고 초청하셨다. 얼마나 놀라운 이야기인가?

말이 없는 성찬

말이 없는 성찬에 참여해본 적이 있는가? 여러분 가운데는 아마도 듣지 못하는 교인들도 있을 것이다. 그들도 기꺼이 성찬에 동참하고 싶어 하지 않는가? 교회는 성찬을 위해 어떤 내적 청각과 민감한 의사소통을 필요로 하는가?

다양한 전통의 교회들은 대체로 단순한 형태의 예배 구조를 가지고 있다. 그처럼 조용한 예배는 이러한 패턴이 어떤 것인지를 분명히 보여준다. 제스처와 상징 및 움직임은 특히 의미가 있다. 예전적 배경의 교회들은 성찬식에 사용되는 말씀을 깊이 내면화 해 왔다. 그들은 예배의 말씀을 외워서 알고 있기 때문에 유카리스트의 내용과 느낌을 나타내는 또 하나의 언어에 쉽게 접근할 수 있다. 17장의 "성찬 신학을 노래하기"는 이 개념에 대해 보다 상세한 설명을 제시할 것이다.

분병분잔 시 적합한 말씀

메노나이트 전통의 나이 많은 사람들은 종종 오늘날 성찬식에서 보기 어려운 관행에 대해 언급한다. 그들은 분병분잔 시 인도자가 성경 구절을 계속해서 되풀이 했던 것을 기억한다. 인도자는 회중에게 떡과 잔을 나누고 다니면서 나지막이 읊조렸다. "그러므로 이제 그리스도 예수 안에 있는 자, 육신을 따르지 않고 그 영을 따라 행하는 우리에게는 결코 정죄함이 없나니 … 나는 생명의 떡이니 내게 오는 자는 결코 주리지 아니할 터이요 나를 믿는 자는 영원히 목마르지 아니하리라 … 한 나병환자가 나아와 절하며 이르되 주여 원하시면 저를 깨끗하게 하실 수 있나이다 하거늘 예수께서 손을 내밀어 그에게 대시며 이르시되 내가 원하노니 깨끗함을 받으라 하시니 즉시 그의 나병이 깨끗하여진지라 … 우리의 사귐은 아버지와 그의 아들 예수 그리스도와 더불어 누림이라 우리가 그에게서 듣고 너희에게 전하는 소식은 이것이니 곧 하나님은 빛이시라 그에게는 어둠이 조금도 없으시다는 것이니라."[5]

이런 방식을 통해 성경의 위로의 말씀, 하나님의 약속, 그들의 신앙의 신비와 소망 등은 성찬의 사랑 및 나눔과 밀접하게 결합된다. 개신교 전통의 일부 교회에는 유사한 관행이 남아 있다.

음악이 소리와 침묵의 상호작용이듯이, 언어의 가장 효과적인 용례는 말을 삼가는 침묵에 있다. 아무리 영감 있고 위로가 되는 말이라도 계속해서 이어지는 말은 역효과를 초래할 수 있다. 그러므로 말을 신중히 선택하고 침묵을 위한 공간을 만들어야 한다.

17. 우리가 부르는 성찬 신학

최근 한 회중 토론에서 많은 사람들이 성찬 예배에서 빠져서는 안 될 찬송으로 "주 달려 죽은 십자가"가 선정된 바 있다. 이 찬송의 주제는 풍성하다. 그리스도 자신의 탁월하심과 우리의 "풍성한 유익" 및 자랑을 대조하고, 슬픔과 고통으로부터 넘쳐흐르는 그리스도의 희생적 사랑에 대해 묵상하며, "그처럼 놀랍고 거룩한 사랑"에 대한 유일한 반응은 "나의 영혼과 생명과 전부"를 드리는 것뿐임을 잘 보여준다.

이 찬송은 말씀과 음악이 시너지 효과를 내는 탁월한 사례에 해당한다. 말씀과 음악을 결합한 효과는 두 요소의 외적인 합계보다 크다. "그처럼 놀랍고 거룩한 사랑"이라는 마지막 곡조에 이를 때 무엇인가 특별한 일이 일어난다. 우리의 마음은 단순히 예수의 사랑을 생각하는 것 이상의 상태에 이른다. 우리는 우리가 가진 모든 것을 버리고 주께로 향하며, 우리의 삶은 그와 그의 운명과 온전히 하나가 된다. 이 찬송은 하나가 된 내적 통합의 장소, 시편기자가 "마음"이라고 부른 영역에서 신비하게 작동한다. 우리의 생각, 우리의 감정, 우리의 의지는 서정적 신앙의 표현을 통해 하나가 된다.

우리는 우리의 신학을 노래한다. 우리는 무엇을 믿는가? 우리는 우리가 노래하는 것을 믿는다. 이런 사실을 알았던 요한 웨슬리와 찰스 웨슬리는 심혈을 기울여 교훈적이면서도 영감을 주는 찬송을 만들었다. 가사는 교리적 주제를 제시하는 성경적 인용으로 가득했으며, 이 가사는 매혹적이고 영감을 주는 음악과 결합됐다.

다음은 웨슬리 찬송에서 가져온 몇 가지 사례이다. 우리는 이 찬송을 함께 부를 때 보다 온전한 의미를 깨닫고 드러낼 수 있다.

> 당신의 신비한 만찬
> 풍성한 식탁에 앉은
> 우리는 많으나 하나
> 나뉘지 않은 한 떡.

> 그가 임재하신 잔치
> 우리 영혼은 느낀다
> 형언할 수 없는 영광
> 말할 수 없는 기쁨을

모든 회중은 저마다의 곡조 신학의 "짧은 목록"을 가지고 있다. 이 마음의 음악 가운데는 성찬 찬양과 노래가 있다. 아마도 우리의 마음에는 "함께 떡을 나누세" "우리 다 같이 무릎 꿇고서"나 "우리에게 당신의 아들을 주신 성부 하나님을 찬양하라" 또는 "우리의 마음을 열어주신 예수는 우리의 왕이시라"와 같은 가사가 담겨 있을 것이다. 이 모든 곡조 신학은 주기도문, 특정 시편 및 축복기도, 익숙한 습관 및 제의, 우리의 기억 및 이야기들과 함께 공동체 삶의 핵심에 뿌리를 내리고 있다. 이러한 것들은 우리의 예배에 반드시 필요한 핵심 요소이다.

회중의 짧은 목록에 어떤 찬송과 노래가 들어 있는지에 대한 판단은 유카리스트 예배에 도움이 된다. 성도들과 비공식적인 대화를 나누거나 인쇄된 노래책을 살펴보면 놀라운 사실을 발견할 수 있다. 여러분은 가치 있지만 소홀히 방치된 노랫말 조각을 발견하고 되살려야 할 필요를 느낄 것이다. 또한 여러분의 짧은 리스트에 올릴 새로운 노래들도 발견할 것이다.

가사를 자세히 살펴보라. 주제에 주목하라. 주로 예수의 죽으심과 희생에 대한 내용인가? 수 세기 동안의 기독교 역사를 통해 내려온 가사가 있는가? 주로 한 교단, 또는 신앙적 전승을 통해 나온 것인가? 다음은 최근 어느교단 개편 찬송가의 주의 식탁 편에 나오는 성찬 주제 리스트이다. 전형적인 신자라면 오늘날 찬송가에 없는 귀한 찬송과 노래들을 간직하고 있을 것이다. 따라서 실제적인 주제 리스트는 더 길 것이다. 여러분의 리스트는 이것과 어떻게 다른가?

성찬 찬송가에 나타나는 주제들

그리스도와 함께 먹고 마시기

교회에서의 식탁 교제

주의 식탁에서의 배신, 우리도 자격이 없는 자이다

그리스도의 십자가, 그리스도의 고난과 죽음

죄사함

빛이신 그리스도

그리스도와의 연합—인격

그리스도와의 연합—교회

즐거운 잔치, 연회

악한세력에 대한 그리스도의 승리

치유

해방, 자유

부활

성령의 임재—효력

영생

식탁에서 하나님께 헌신함

제자도

그리스도와 함께 고난 받음

나는 오늘날 회중이 사용하는 찬송과 노래에 대한 보다 상세한 리스트를 가지고 있다. 나는 각각의 제목에서 전체 가사 가운데 특히 두드러진 구절을 인용했다. 작업 과정은 언제나 첫 줄이나 첫 스탠자연 또는 연속된 스탠자의 독특한 구절을 기억하는 방식이지만 나머지 가사에 대해서는 기억이 희미한 경향이 있다. 핵심 요소를 요약한 이 리스트는 예배를 위한 찬송과 노래를 선정하는데 도움이 된다.

우리는 본서의 제2부에서 스무 개 이상의 신학적 주제들을 다루었다. 여러분은 본서의 주제들을 참고로 하여 자신의 주제 리스트를 점검해볼 수 있다. 자신의 곡조 신학과의 차이를 발견할 수도 있을 것이다. 그런 경우, 여러분은 나가서 회중의 성찬 음악을 풍성히 할 수 있는 노래와 찬송을 찾아야 할 것이다.

자신의 시를 찾으라

교회에서는 대체로 시인보다 음악가가 눈에 잘 띈다. 음악적 수고는 광범위하게 요구되며 크고 작은 유익을 준다. 여러분은 왜 숨은 시인을 찾아 그들에게 회중을 위한 가사를 쓰 달라고 부탁하지 않는가? 이런 시는 읽기만 해도 되고 노랫말의 배경도 된다. 시는 회중의 예배를 구성하는 핵심 요소는 아니지만 회중의 경험과 표현에 다가가며 회중의 기도를 발전시키는 선한 목적에 이바지한다. 음악이든 시든, 일회성 작곡작시는 그것 나름대로 우리가 매년 사용하는 조각들만큼이나 중요하다.

말과 노래

초기 그리스도인은 유카리스트 예배에 성경 텍스트와 자신의 시를 함께 사용했다. 그러나 당시에는 오늘날 우리와 달리 기록된 말씀과 곡조 있는 말씀을 구분하지 않았다. 실제로 히브리어나 헬라어에는 음악을 뜻하는 별도의 단어가 없다. 사람들은 일상적 대화를 할 때 일상적 사고에 합당한 운율과 억양을 사용했다. 그러나 의식적 상황에서, 또는 시적이거나 종교적인 표현에서 말은 다른 방식으로 전달되었다. 이것은 노래하듯이 말을 했다는 것이 아니라 일상적 대화나 언어와 달랐다는 뜻이다.

이런 유의 종교적, 시적 언어를 가리키는 단어는 "영창"cantillation이다. 과장된 높낮이의 억양을 가진 전승 동요의 풍자적 낭독과 마찬가지로, 아이들이 놀이터에서 서로 놀릴 때 사용하는 특유의 단조로운 억양은 영창이 어떤 것인지를 잘 보여준다. 무슬림 모스크에서 요구하는 기도 역시 곡조 있는 말을 보여주는 또 하나의 방식이다.

곡조 있는 말은 감정을 표출하고 텍스트가사를 듣는 시간을 늘린다. 이 두 가지 특징은 신앙적 텍스트의 의미를 구별하고 확장한다. 유대인과 초기 그리스도인의 시편 찬양은 이 유형에 해당하며, 선창자와 회중은 번갈아가며 선창하고 응창한다.

시편이나 원래적 텍스트를 이런 식으로 노래했다는 초기의 증거는 풍부하다. 터툴리안Tetullian은 "성경은 읽고 시편은 불러야 한다."고 말한다. 그는 "손 씻기와 불을 켜는 의식이 끝나면 각자 서서 자신의 방식대로 하나님을 찬양했다. 그들은 거룩한 성경이나 자신이 만든 가사를 사용했다."[1]고 덧붙인다.

우리는 그들이 성경이나 자신만의 가사를 사용하여 노래한 방식을 따라할 수 있다. 나는 자유 교회에서 일종의 은사적 기도의 한 형태로 시편을 독창하는 것을 들은 적이 있다. 음악은 영창을 감정을 담아 즉흥적으로 연주한 형식이다.

고대 교회의 세 가지 성찬 찬송

"영광송"Gloria in excelsis은 성찬과 관련이 있는 초기의 찬송 가운데 하나이다. 이것은 무엇보다도 천사들의 노래에 기초한다. "지극히 높은 곳에서는 하나님께 영광이요 땅에서는 하나님이 기뻐하신 사람들 중에 평화로다."눅 2:14, KJV 이 찬송은 하나님께 대한 하나의 연을 점차 확장하며 예수 그리스도에 대한 두 개의 연이 이어지는 형식이다. 모든 고전적 예전은 예배 첫 부분에 이 노래를 포함한다.

높은 곳에서는 하나님께 영광
땅에서는 그의 백성에게 평화

하늘의 왕이 되신 주 하나님
전능하신 하나님 아버지시여
당신께 경배하고 감사하오며
당신의 영광을 찬양하나이다

아버지의 독생자이자 주 하나님이시며
세상 죄를 지고 가시는 하나님의 어린 양
주 예수 그리스도시여,
우리를 불쌍히 여기소서
아버지의 보좌 우편에 앉아 계신 주여
우리의 기도를 받아주소서

오직 당신만이 거룩하신 자요,

당신만이 주시오며,

당신만이 지극히 높으신 자이오니,

예수 그리스도시여

성령과 함께

성부 하나님의 영광 가운데 계시나이다. 아멘.

이 찬송의 중요성은 대영박물관에 소장된 15세기 성경 알렉산드리아 사본 끝에 나오는 시편과 영창을 포함하고 있다는 것이다. 독일어로 "높은 곳에서는 하나님께 모든 영광"Allein Gott in der Hoh sei Ehr으로 번역된 이 찬송은 캐서린 윙크워스Catherine Winkworth를 통해 영어로 번역되었다. 알렉산드리아 사본에서 발견되는 15세기의 형태로부터 두 차례나 바뀌었음에도 불구하고 이 찬송은 비예전적 성찬 예배에 기여했으며, 초기 기독교의 역사적 신학적 지속성을 유지해오고 있다.

유카리스트 기도에 정규적으로 포함되어 있는 또 하나의 고대 찬송은 "상투스"Sanctus이다. 동방교회에서 먼저 사용된 이 노래는 5세기 초에 서방교회로 들어왔다. 가사의 일부는 이사야 6:3에서 가져온 것이다.

거룩 거룩 거룩하신 주,

전능하신 하나님이시여,

온 천지에 가득한 영광

가장 높은 곳에서 호산나

고대 교회로부터 나온 세 번째 유카리스트 찬양은 "영광송"Gloria의 변형된 형태인 "하나님의 어린 양"Agnus Dei으로, "보라 세상 죄를 지고 가는 하나님의 어린 양이로다."요1:29b라는 세례 요한의 언급에 기초한다. 7세기 말에 처음 언급된 "하나님의 어린 양"은 시간이 지나면서 두 개의 간절한 기도문이 삽입되었다.

> 세상 죄를 지고 가는 하나님의 어린 양이시여. 우리를 불쌍히 여기소서
> 세상 죄를 지고 가는 하나님의 어린 양이시여. 우리를 불쌍히 여기소서
> 세상 죄를 지고 가는 하나님의 어린 양이시여. 우리에게 평화를 주소서

이 찬송은 독일 버전을 거쳐 영어에 들어왔다. 니콜라우스 데시우스Niko-laus Desius의 16세기 독일 찬송은 러셀A. T. Russell을 통해 19세기 중엽에 번역되었다. 이 노래는 고대의 3부 형식을 따른다. 세 연의 가사는 마지막 절을 제외하면 일치한다. 첫 번째 두 연은 "예수여 우리를 불쌍히 여기소서"로 끝난다. 그러나 세 번째 연은 "예수여 우리에게 평화를 주소서"로 끝난다.

> 오, 지극히 거룩하신
> 하나님의 어린 양이시여,
> 십자가의 모진 고난을
> 말없이 겸손히 참으시고
> 온갖 수욕을 당하셨도다
> 당신으로 말미암아
> 우리가 죄사함을 받고
> 하나님의 크신 사랑이 드러났으니
> 예수여, 우리를 불쌍히 여기소서

전통적으로 이 찬송은 성찬 끝 무렵, 사람들이 떡과 잔을 받기 전이나 받

을 때 부른다. 이 가사는 비예전적 교회들이 죄사함과 치유와 평화의 말씀과 함께 그 시점에 사용하기에 적합하다.

유카리스트의 시편

너희는 주의 선하심을 맛보아 알지어다.
그에게 피하는 자는 복이 있도다. 시 34:8

그리스도인은 초기부터 성찬 예배시에 시편 34편을 영창조로 노래했다. 이 시는 예나 지금이나 성찬에 적합한 노래로 사용되며, 특히 떡과 잔을 받을 무렵에 즐겨 부르는 찬송이다. 이 시는 성도가 구원자이자 모든 선하심의 근원이 되시는 하나님만 의지하고 소망한다는 내용이 전부이다.

할렐 시편에 해당하는 113-118편은 유월절과 관련이 있다. 이 시들은 예수와 제자들이 겟세마네 동산으로 가기 전에 불렀던 "찬송"을 포함하고 있음이 분명하다. 이런 이유로 이 시들은 성찬과 밀접하게 연결된다.

많은 사람들이 사랑하는 시편 103편은 전통적으로 성찬 예배를 마칠 때 불렀다. "내 영혼아 주를 송축하라 내 속에 있는 것들아 다 그의 거룩한 이름을 송축하라." 1556년의 제네바 예배서에는 정확히 이 구절이 나타난다.

시편 145편의 다음 구절도 적합한 찬송으로 즐겨 불렀다.

모든 사람의 눈이 주를 앙망하오니, 주는 때를 따라 그들에게 먹을 것
    을 주시며
손을 펴사 , 모든 생물의 소원을 만족하게 하시나이다
내 입이 주의 영예를 말하며 모든 육체가 그의 거룩하신 이름을 영원
    히 송축할지로다

이 시는 성찬 예배가 시작되는 도입부나 찬양과 감사의 마무리 기도에 사용될 수 있다.

음악과 함께 하는 말

히브리인, 그리스인 및 로마인이 자신의 영창을 사용하듯이 우리도 우리의 특별한 가사에 곡조를 붙여야 한다. 시를 읽기만 하는 것과 어울리지 않는 곡조에 맞추어 부르는 것, 또는 적합한 곡조에 맞추어 잘 부르거나 못 부르는 것은 확실히 차이가 있다. 좋아하는 찬송이나 노래를 듣는 중에 끊어지는 것만큼 화나게 하는 것도 없다.

우리는 왜 그렇게 마음을 쓰는가? 전문적 음악가와 예전학자들은 이 문제에 대해 깊이 생각했다. 그들은 성찬 음악이 작용하는 이유와 방법 및 어떻게 의미를 생성하는지에 대한 분석을 시도했다. 그러나 우리는 이런 노래와 찬송이 실제로 언어적 함축 이상의 의미를 전달하게 하는지를 알기 위해 심리학적, 영적 메커니즘에 대해 이해해야 하는 것은 아니다.

함께 성찬 찬송을 부르는 것은 성찬의 공동체적 영역을 여실히 보여준다. 주의 식탁을 주관하는 자들은 회중을 섬기는 자들이지만 성찬을 집례하고 함께 노래하며 하나님께 감사와 찬송을 드리는 자는 회중이다. 많은 목소리가 결합하여 전체의 소리라는 하나의 목소리를 만들어 낸다. 이처럼 함께 하는 찬송은 코이노니아, 즉 그리스도의 몸의 공유와 연합을 보여준다. 회중의 하나된 목소리로 노래하는 것만큼 우리의 다양성 가운데 연합을 잘 드러내는 것도 없다.[2]

모든 시대를 통하여 교회의 노래와 시편, 영창, 찬송을 부르는 것은 천국의 큰 잔치에 대한 세계적, 우주적 기대에 동참하게 한다. 우리는 "축제의 모임"에 동참하며 "어린 양의 새 노래"를 부른다. 우리는 마음의 찬송의 곡조에 맞추어 "찬양의 제사"를 드린다.[3] 축하 의식은 노래를 요구한다.

개신교도로서 우리는 말이 많고 교훈적인 전통적 경향을 줄여야 한다. 우리는 말이 많고 교훈적인 찬송을 선호하며 자연히 잘 아는 찬송을 찾는다. 그것도 좋지만 보다 회중의 광범위한 영역의 기도를 뒷받침할 수 있는 폭 넓은 음악 스타일을 제공해야 한다.

많은 교회는 성찬 예배시 보다 묵상적인 분위기를 위한 시간과 공간을 제공하기 위해 떼제 공동체의 단순한 음악을 사용한다. 그런 음악은 배우기 쉽고 저음부가 흥미로우며 노래할 때 쉽게 호흡을 끊을 수 있기 때문에 잘만 인도하고 뒷받침하면 회중은 열렬히 반응한다. 후렴구의 반복은 회중으로 하여금 노래가 쉽고 포괄적이라는 인식과 함께 듣고 흥얼거리며 따라 부르거나 묵상하게 한다. 예배의 다른 순서에서는 이런 묵상이 쉽지 않다.

앞서 언급한 "하나님의 어린 양"Agnus Dei은 성경에 기초한 간단하고 반복적인 가사의 좋은 사례로, 성찬 예배의 결정적 순간에 묵상 기도로 이끈다. 또한 죄사함과 치유에 대해 사색할 시간을 주고 하나님의 온전한 샬롬 안에 거하게 한다. 그러나 우리는 이런 음악으로 예배를 마치지 않을 것이다. 우리는 세상에 사랑을 전하는 하나님의 선교에 기쁘게 동참할 수 있게 하는 또 하나의 노래로 성찬을 마치기 원한다.

말이 없는 음악

말이 없는 음악을 바르게 사용하는 방법은 많다. 우리는 대체로 익숙한 것을 옳다고 생각하는 경향이 있다. 따라서 어떤 사람에게 이것은 떡과 잔을 나눌 때 울려 퍼지는 조용하고 경건한 기악곡을 의미한다. 그러나 다른 사람들은 성찬식에 음악이 개입하는 것을 싫어한다. 그들에게 성찬은 침묵의 시간이다!

기악은 일정한 메시지를 전달할 수 있다. 예배가 시작되기 전에 들리는 악기 소리는 우리에게 음악가가 준비되지 않았음을 의미한다. 그들은 음을 조율하거나 연습하는 중이다. 그것은 메시지가 분명하지만 우리가 소통하고 싶어 하는 메시지인가? 그럴 수도 있다. 또는 예배 전에 은은하게 연주되는 쇼팽의 서곡이나 그리그Grieg의 음악은 피아노 치는 사람들을 놀라게 할 것이다. 그들은 "도대체 이 음악이 교회에서 무슨 의미가 있다는 말인가?"라고 생각할 것이다. 우리는 이런 음악을 피아노 연주회나 집에서 하는 피아노 연습곡과 연계한다.

때때로 음악가는 듣는 사람으로 하여금 졸리게 하거나 장례식 분위기를 자아내는 효과 음악을 연주한다. 어떤 교회에서는 예배가 시작되기 전 15분 동안 어서 모이자는 노래를 부르기도 한다. 다른 교회에서는 악기를 배우는 아이들과 청년들이 연주하는 것에 초점을 맞춘다. 우리는 왜 모일 때 특정 음악을 사용해야 하는가? 그것이 그날 성찬의 특정 주제에 기여하는가? 기분이 좋은 날도 있고 침울한 날도 있다. 그러나 우리는 신중을 기해 가장 예배에 도움이 되는 음악을 선택해야 한다.

예물을 바치는 시간에도 기악을 들을 수 있다. 그러나 이 순간은 헌금이든 수고의 손길이든 자신이 바치는 물질과 함께 한다는 뜻에서 회중이 함께 찬양하기에 좋은 시간이다. 신학적으로 이 시간은 지루한 오르간을 연주하거나 아이들이 연주하는 바하의 즉흥곡을 듣는 시간으로 대체할 수 없다. 교회는 이러한 도전에 직면해 있다. 우리는 성찬 음악에 대해 어떤 결정을 내려야 하는가?

성찬 시간에 기악을 사용하는 교회들은 몇 가지 이유로 그렇게 할 것이다. 사람들이 앞으로 나올 때 발을 끄는 소리를 덮기 위해서인가? 개인적인 헌신과 기도를 위한 분위기를 제공하기 위해서인가? 비싼 오르간이 아까워서인가? 회중이 묵상 가운데 찬양할 수 있는 분위기를 조성하기 위한 것인가? 성찬 후에 특별한 중보기도 시간을 주기 위해서인가? 이런 이유들은 회중으로 하여금 실천적이고 신학적인 의문을 제기하게 한다. 음악은 결코 아무 생각 없이 답습하는 습관이나 전통으로 넘겨버릴 수 있는 사소한 문제가 아니다.

찬양 예배

여러분은 찬양만 하는 성찬 예배에 참여해본 적이 있는가? "찬양 성찬"가 그런 예배이다. 물론 성경 봉독이나 설교, 기도 등 말이 필요한 시간도 있다. 예전적 전통을 배경으로 하는 사람들은 찬송을 외운다. 노래는 그들의 마음에 있으며 따라서 성찬에 능동적으로 참예할 수 있다. 그러나 비예전적 전통의 그리스도인에게는 복잡한 절차처럼 보일 수 있다.

음악과 마임의 성찬

이것은 제스처로 표현하는 방법을 배우기 위한 워크숍이나 주말 피정에 시행할 수 있는 성찬이다. 여러분은 그룹 별로 부분적인 예배를 시행한 후 전체가 모여 음악에 맞추어 진행할 수 있다. 노래와 제스처로 진행되는 가운데 말이 필요한 부분도 있을 것이다. 회중 가운데 수화를 할 수 있는 사람이 있다면 순서에 도움이 될 것이다. 말만 하거나 노래로 말하는 것과 말과 제스처를 함께 하는 것은 큰 차이가 있음을 알게 될 것이다. 이어지는 단계는 말을 없애는 것이며, 제스처와 함께 음악만 사용한다. 이 단계는 여러분을 놀라운 예전적 춤의 영역으로 인도할 것이다.

말과 동작을 함께 하든 분리하든, 음악은 공동체가 함께 하는 유카리스트 찬양의 풍성한 원천이 된다. 우리는 음악을 지혜롭게 활용함으로써 음악이 예배를 지배하거나 왜곡하지 않고 섬기는 역할을 할 수 있게 해야 한다.

18. 우리의 예물과 자신을 드림

우리는 앞서 유카리스트와 봉헌의 역사 및 의미에 대해 살펴보았다. 성찬은 무엇보다도 그리스도께서 십자가에서 자신을 내어주신 최고의 선물과 관련이 있다. 동시에 성찬은 만물을 먹여 살리시는 하나님의 창조 사역선물을 피조세계에 구현하기 위한 우리의 수고의 열매와 자신을 바치는 행위와도 관련이 있다. 헌신은 창조와 구원의 주제를 하나로 결합한다. 두 주제는 성찬에 어떤 작용을 하는가는 신랄한 역사적 논쟁의 원천이 되었다. 나는 이런 논쟁보다는 보다 진지하고 보다 창의적이며 보다 기쁘게 헌신하는 것이 훨씬 유익하다고 생각한다.

우리는 이 문제에 대해 떡과 잔을 식탁에 차림, 헌금을 거두는 행위, 그리스도께서 십자가와 식탁에서 우리를 위해 자신을 내어주심에 대한 반응으로서 자신을 드림 등 다각도에서 살펴볼 것이다. 우리가 이런 일들을 어떻게 행할 것인가는 그런 요소들에 대한 우리의 통찰력을 반영하지만, 한편으로는 우리 자신을 형성하며, 용서와 자비라는 하나님의 은혜로우신 선물에 대한 살아 있는 사랑의 반응을 보여준다.

네 가지 이야기: 떡과 잔을 차림

1. 나는 보수적인 성경 채플에 참석했다. 가장 눈에 띄는 것은 강단 중앙에 놓여 있는 화려한 드럼 세트였다. 그것은 대형 나무 십자가 바로 아래에 위치했다. 왼쪽에는 성찬 식탁이 비딱하게 놓여 있었으며 맞은 편 오른쪽 귀퉁이에는 강대상이 있었다. 오전 예배가 시작되었다. 50분 동안 찬양과

간증이 있은 후 누군가 측면 커튼을 열고 강단으로 올라오더니 식탁에 떡과 잔을 차렸다. 나는 찬송에 집중하느라 하마터면 이 장면을 놓칠 뻔 했다. 내 머릿속에는 "이런, 사람들이 식탁에 떡과 잔을 준비하는 것을 잊었구먼. 찬송이 끝나기 전에라도 알았으면 좋았을 것"이라는 생각이 스쳤다.

2. 기억에 남는 또 하나의 장면은 성공회 예배이다. 부모와 일곱 자녀가 기쁜 노래를 부르며 중앙 통로를 따라 앞으로 걸어가 떡과 잔을 성찬 식탁에 놓는 것이었다. 우리는 열심히 찬송을 부르고 있었지만 회중 가운데 그 장면을 놓친 사람은 없다. 행복한 얼굴의 어린이들은 회중의 미소를 자아내게 했다. 그 가족은 떡과 잔을 앞으로 가지고 가면서 회중을 예배의 다음 단계로 안내했다.

3. 로버트 웨버Robert Webber는 어린 시절 성찬에 대한 기억을 이렇게 전한다. "나는 매월 첫 주 교회로 가면 언제나 흰 천으로 덮인 식탁을 보았으며, 그때마다 나는 '오, 오, 또 우울한 주일이 돌아왔구나'라는 생각을 했다."[1] 사람들은 근엄한 표정을 지었으며, 찬송은 느리고 무거웠다. 아이는 즉시 무언의 신호를 포착했다.[2]

그러나 이 전통은 다른 면도 있다. 내가 잘 아는 교회는 성찬 주일을 위해 천과 작은 컵과 떡을 정성스럽게 준비하는 헌신된 성도들이 있다. 눈처럼 흰 천과 반짝이는 그릇들을 보면서 나는 언제나 성찬을 전후하여 배후에서 시간을 바쳐 수고하는 성도들의 헌신에 감명을 받는다. 그들은 참으로 다른 성도를 위해 자신을 바쳐 헌신한다.

그러나 예전적 교회의 봉헌 순서가 없는 자유 교회는 떡과 잔이 외형적이고 시각적으로 차려질 때 일어나는 의사소통이 무엇인지 생각해보아야 한다. 흰 찬을 부드럽게 걷어 낼 때 드러나는 떡과 잔은 존경심이나 신비감을 자아내거나 떡과 잔의 연약함을 느끼게 할 것이다. 한편으로 함부로 다루거나 미학적이지 않은 태도는 품위를 손상시키고 비난의 대상이 된다. 여자들이 가정에서 음식을 준비하고 봉사하는 문화에서 남자들만 성찬 식탁에서 떡과 잔을 다루는 모습은 이 식탁과 실제 식사 -또는 예수께서 식탁에서 제자들과 나누신 식사- 는 전혀 무관하다는 인상을 줄 것이다. 물론 어느 면에서 정확히 그런 의도도 있다.

4. 나는 어느 추수감사절 성찬 예배에 동참한 적이 있다. 우리가 방에 들어서자 넓은 홀 중안에 빈 식탁이 놓여 있고 주위에는 의자가 있었다. 첫 번째 찬송을 부르는 동안 양 옆에서 크고 작은 아이들과 어른 등 다양한 행렬이 들어왔다. 그들은 한 아름의 밀단, 과일과 채소 바구니, 화려한 식탁보, 꽃, 떡, 접시, 주전자, 와인 잔을 들고 왔다. 그들은 찬송을 부르고 있는 회중이 보는 앞에서 식탁을 차렸다. 이어서 식탁 뒤에 둘러 선 그들은 회중과 함께 찬양을 마쳤다. 우리는 함께 주의 식탁으로의 초대에 반응한 것이다.

나는 이처럼 즐거운 식탁을 본 적이 없다. 이 예배의 중요한 효과는 많은 사람이 동참했다는 것이다. 그들은 손수 재배한 과일을 가져왔다. 그들은 실제로 식사하기 위한 식탁을 차렸다. 모든 과정은 그곳으로 초청한 주인을 기쁘게 찬양하고 있는 우리 눈앞에서 이루어졌다.

우리는 네 가지 사례를 통해 식탁에 떡과 잔을 차리는 방식에 따라 여러 가지 효과를 거둘 수 있다는 사실을 알 수 있다. 추수 성찬 및 가족이 떡과 잔을 나르는 성찬은 전체 회중에 초점을 맞추며 모든 지체가 행사에 동참한다. 아무리 정성을 들인 아름다운 식탁이라도 미리 차려놓은 식탁은 특별한 떡과 잔을 다루는 특별한 사람들을 구별할 수 있다.

이런 접근은 거짓 신비감만 자극하며 "만지지 말라"는 신호를 보낸다. 이것은 성찬의 떡과 잔은 우리의 식탁과 구별되는 특별한 음식이며 특정인만 다룰 수 있다는, 성찬이 가장 경계하는 태도에 가깝다. 회중이 전혀 다른 생각을 하고 있는 동안 은밀히 준비되는 식탁에 대해서는 언급할 말조차 찾을 수 없다.

헌금

앞서 살펴보았듯이, 헌금 순서는 교회가 가난한 자를 돌볼 기관을 세우면서 현물 봉헌을 대체했다. 헌금을 거둘 때나 성찬 예배 시 "가난한 자를 돕기 위한" 특별헌금을 거둘 때 우리는 가난한 자와 나눔, 즉 재분배적 정의라는 공유의 원래적 의미에 대해 상기한다. 따라서 헌금은 성찬 식탁에 바치는 것이 옳다. 이것은 아마도 우리가 하고 있는 헌금보다 중요할 것이다.

헌금은 하나님에 대한 감사의 반응을 드러내는 중요한 수단이다. 하나님은 우리에게 많은 것을 주셨는데 헌금은 그가 주신 것을 관대하게 나눌 수 있는 기회이다. 헌금은 판에 박힌 겉치레에 불과할 때도 있으며, 때로는 물질을 떠나보내는 것이 고통인양 침울한 행위가 되기도 한다. 그러나 이론상 헌금은 기쁜 반응의 행위이다.

우리 서구인은 헌금 순서를 귀하게 여기는 아프리카 형제자매들로부터 배울 수 있다. 그들의 다양한 헌금은 예배 시간의 상당 부분을 차지한다. 하나님의 보호하심과 섭리에 대한 간증이 수반되는 개인적인 헌금도 있다. 특별 감사 헌금, 목적 헌금, 청년이나 어린이 또는 그룹에서 바치는 헌금 등 모든 헌금은 춤추고 노래하는 가운데 주께 봉헌된다. 이 모든 과정 역시 즐거워 보인다.

아프리카 성도가 있는 한 영국 교회는 그들의 봉헌을 배웠다. 모든 사람에게 헌금은 예배의 정점이다. 그들은 여러 개의 큰 바구니를 가져와 앞에 놓았다. 이어서 밴드의 연주와 함께 이 순서는 누구든지 동참할 수 있다 그들은 가장 행복한 노래를 시작한다. 사람들은 찬송을 부르며 앞으로 나가서 바구니

속으로 예물을 던진다. 이 시간은 결코 질서정연하지 않으며 왁자지껄하고 혼잡하게 진행된다. 그러나 미처 헌금 가져오는 것을 잊었다고 말하는 사람은 아무도 없다.

다른 사람들이 모두 그처럼 즐거워하는 시간에 여러분만 따로 자리에 앉아 있다면 어떻겠는가? 그들은 우리에게 아프리카에서는 집사들이 가난한 사람들에게 동전을 주어 모든 사람이 헌금에 동참할 수 있게 한다고 말했다. 그들은 서로 던질 돈을 주며, 다시 바구니로 향하는 사람들도 있다.

일반적으로 우리 서구인은 훨씬 차분하게 성찬 식탁으로 예물을 가져간다. 우리는 그곳에서 물질적으로나 상징적으로 중요한 위치에서 하나님의 은혜로우신 창조와 구원에 대한 반응을 드러낸다. 수고의 열매를 나타내는 헌금은 언제나 성찬의 중요한 한 부분이 된다.

어떤 교회는 헌물 바구니 안에 다른 예물을 담을 수도 있다고 말한다. 즉, 바깥일, 자녀 양육, 재정 상담, 음악 레슨, 목회 방문, 생산물을 나누기 위한 정원 일 등을 돕겠다는 약속을 하는 것이다. 이런 제안은 하나님이 은혜로 주신 것들에 대한 반응으로 우리의 삶 전체가 주의 식탁으로 나와야 함을 상기시킨다. 우리는 식탁에서 하나님의 가장 큰 선물인 우리 구주 예수님에 대해 기억한다.

성찬 예배의 중요한 열매 가운데 하나는 바로 우리가 하나님의 사랑으로 인해 상호간 및 세상을 섬기기 위해 자신을 바치는 것이다. 자신을 내어줌과 봉헌은 저절로 오지 않는다. 실천이 필요하다. 그리고 두 가지를 모두 실천할 수 있는 장소는 유카리스트이다. 우리는 주님의 초대에 대한 반응으로 모든 소유를 가지고 온다. 우리는 하나님의 자비로우신 용서의 계획을 통해 나타난 그리스도의 위대한 자기희생을 기념한다. 우리는 그에 대한 반응으로 성령의 능력을 통해 전혀 새로운 삶을 살며, 이러한 삶을 통해 상호간에, 그리고 세상을 향해 자신의 생명을 쏟아 붓는다.

이런 성찬을 자주 시행하는 회중은 뚜렷이 드러나게 될 것이다. 성찬에 동참하는 자는 "영광에서 영광으로 변할" 것이다. 그들은 감사로 넘칠 것이며 하나님은 영광을 받으실 것이다.

19. 감사를 위한 환경

환경은 말한다.

두 성찬이 완전히 다를 수 있다는 사실이 놀랍지 아니한가? 둘 다 같은 진리를 찾고 선포하며 그리스도를 통한 하나님의 구원 사역에 대한 핵심적인 감사 행위를 수행하는데도 어떻게 그런 일이 가능할 수 있는가? 쉽게 떠올릴 수 있는 요소로는 신학이나 언어, 또는 형식적 절차상의 차이가 있다.

우리는 본 장에서 예배의 다른 요소들을 살펴볼 것이다. 이런 요소들은 예배의 환경 전체와 관련이 있다. 여기에는 시각적 초점, 꽃, 가구 배치를 통한 신선한 분위기 및 쾌적한 조명으로부터 오는 모든 것이 포함된다. 또한 회중이 앉거나 서는 방향, 예배를 인도하는 자의 자세 및 태도와 관련이 있다. 행동하는 모습이나 신체적 요소는 예배의 전반적인 분위기에 큰 영향을 미친다. 손님을 위한 식사 및 숙소가 철저하게 준비되었을 때 그들에 대한 예의를 다한 것이다. 마찬가지로 우리는 깊은 감동과 기쁨으로 가득한 회중을 위해 좋은 환경을 갖추려는 노력을 기울일 때 우리 가운데 계신 그리스도와 교회를 존중하는 것이다.

건물

우리는 먼저 회중이 성찬을 위해 모이는 공간인 건물에 대해 살펴볼 것이다. 공간의 이미지는 다양하다. 데이비스J. G. Davies는 예배당은 길이나 장소와 같다고 말한다.[1] 첫 번째 유형인 길은 움직임과 방향을 암시하며 건물 내에서의 여정을 가리킨다. 두 번째 유형인 장소는 건물 자체가 안식처로서의 중심축이 된다.

고딕 대성당은 모든 것이 한 방향, 한곳을 향하는 길 개념의 건물이다. 아치형 기둥, 측면 복도, 마루 디자인, 수많은 작품이 수놓은 천정은 건물 전체의 초점인 중앙 제단을 향하게 한다. 이 제단은 모든 면에서 중심이다. 그것은 성찬을 기념하는 중심이며 시각적 영역을 지배한다. 모든 회중은 제단을 향하여 선다. 그들의 움직임은 언제나 제단을 향한다. 대성당의 디자인은 근본적으로 성공회의 감사성찬례나 가톨릭 미사의 의미를 보여준다. 즉, 모든 초점은 성례라는 것이다.

침례교 또한 길 이미지의 근거를 분명히 제시할 수 있다. 존 뉴포트John Newport는 그들이 원하는 것은 "탕자의 구원 패턴을 따르는 여정에 대한 성경적 강조"를 보여주는 것이라고 말한다.[2] 따라서 침례교 건물은 강단의 복음적 호소에 대한 반응을 위한 공간과 움직임을 허용한다.

식탁은 일반적으로 강단 아래, 침례탕을 덮고 있는 연단에 위치한다. 이 건물 디자인은 회중, 설교자, 참회자, 강단, 침례탕 및 식탁의 관계에 대한 신학적 통찰력을 잘 보여준다. 침례교도는 건축적 이유 때문에 톱밥 길이 필요했는가? 그들은 회중에 대한 자신들의 강조가 건물 디자인과 배치되는지 더욱 돋보이는지 물어볼 필요가 있다. 디자인과 신학이 일치하면 설교와 세례와 성찬은 모두 조화를 이룬다.

장소 개념의 건물에서 성찬식은 대성당에서의 미사만큼 공간의 영향을 받는다. 회중은 전면을 향한 노중에 있지 않다. 그들은 함께 모여 있다. 이런 공간에서 식탁은 대체로 중앙에 위치하며 회중은 그것을 중심으로 둘러싼다. 또는 아치형으로 둘러싼 회중의 중심축에 식탁이 위치한다. 이 구조에서는 특별한 방향성을 느끼지 못하며, 단지 "우리는 이 곳에 함께 모여 있다."는 의미를 가질 뿐이다.

안타깝게도 일부 회중은 식탁을 둘러싼 회중을 위한 장소(공간) 신학을 주장하면서 길 모티브로 디자인된 건물을 가지고 있다. 모든 몸은 앞으로 향하며 모든 눈은 중앙에 위치한 우뚝 솟은 강단을 향한다. 긴 중앙 복도는 고정된 좌석과 함께 사람들을 회중석에 가둔다. 그러나 회중은 **장소** 중심의 성찬에 대한 마음을 드러낼 수 없다.

나는 최근 성도의 모임, 성경적 단순한 예배 및 떡을 떼는 행위를 강조하는 한 교회를 방문한 적이 있다. 나는 시각적 모순에 놀랐다. 고정된 영화관 좌석이 중앙 복도를 따라 이어졌다. 중앙 연단 뒤 벽에는 큰 나무 십자가가 걸려 있었다. 십자가 아래에는 천장 조명을 받아 반짝거리는 드럼 세트가 놓여 있었으며, 그 곁에는 마이크 부속품, 스피커, 악보대와 각종 전자 악기들이 있었다.

이런 것들은 연단 오른 쪽 절반을 차지했다. 연단 왼쪽은 마이크 달린 강대상과 그 뒤로 어두운 벨벳 커튼이 채웠다. 나는 이 교회가 매주 성찬을 시행한다는 사실을 알았다. 나는 계속해서 "**성찬 식탁은 어디 있을까**"라는 생각을 했다. 나는 식탁을 보지 못했다. 40분간 이어진 찬양과 35분간의 설교가 끝나자 누군가 붉은 벨벳 커튼을 젖히더니 강대상 뒤에서 떡을 담은 접시와 성찬 잔이 들어왔다. 그것은 내가 처음 경험한가장 원하지 않는 숨은 성찬 식탁이었다.

건물을 보면 신학을 알 수 있다. 우리는 건물을 통해 자신의 성찬 신학을 드러내며, 건물은 우리의 성찬 신학을 형성한다. 다음은 예배하는 공간의 건축학적 메시지에 의해 모임의 성격이 바뀐 사례이다.

이 교회는 교세가 확장되자 후방을 확장했다. 이제 그들이 앉을 수 있는 좌석은 135석에서 200석으로 늘어났다. 아래쪽 연단에는 성찬 식탁이 위치했으며 강단은 연단 중앙 높은 곳에 배치되었다. 예배 공간은 길어졌으며 중앙 복도를 따라 고정된 회중석이 자리 잡았다. 자녀가 있는 가정은 뒤편에 앉고 나이 많은 사람들은 앞에 앉았다. 시야가 좁아진 설교자는 멀리 있는 75명의 사람들을 거의 볼 수 없었다.

그 무렵에 몇 사람의 새신자가 교회를 찾았다. 그들은 휠체어를 타고 있었는데 교회는 그들을 안으로 들일 방법이 없었다. 그러자 교회는 휠체어를 위한 공간을 확보하기 위해 교회 전면에 별도의 출입구와 엘리베이터를 설치하기로 했다. 그러나 휠체어를 이용하는 사람들은 모든 회중이 보는 앞에서 출입하는 아이디어를 좋아하지 않았다. 어떻게 하면 좋겠는가?

교회는 보다 혁신적인 방법을 생각해냈다. 그들은 회중석 일부를 뜯어내고 예배하는 방향을 바꾸었다. 교회 뒤편 1/3은 원래대로 남겨두고 앞쪽 1/3은 회중석이 "뒤로" 향하도록 방향을 바꾸었다. 중간 1/3은 회중석을 옆으로 돌려 중앙에 위치한 낮은 연단을 향하게 했다. 중간 1/3의 남은 사람들은 원래 연단 쪽에 배치되었다.

이제 성찬 식탁과 강단은 함께 회중의 중앙에 자리 잡았다. 나이 많은 사람들은 여전히 앞에 앉았으나 정면은 중앙 쪽이다. 가족석은 뒤쪽이지만 중앙연단과 가까워졌다. 휠체어를 탄 사람들은 출입이 쉬워졌다. 이 교회의 성찬 예배는 이전과 완전히 달라졌다. 그들의 회중 중심 신학은 건물의 장소 이미지와 잘 부합된다.

회중의 중앙에 자리 잡은 주의 식탁은 그리스도께서 그의 백성 가운데 임재하심을 보여주는 강력한 상징이다. 회중이 식탁을 중심으로 모이는 행위는 성도들이 경험하는 교제와 연합을 상징하며 그것을 이루었음을 보여준다.

예전적 전통의 교회들은 성례에 대한 이해를 돕는 세 가지 초점 —강단, 세례반, 식탁— 을 보여줄 수 있도록 세심하게 설계되었다. 이 세 가지 요소는 신학적, 성례적, 실용적 관계를 드러낼 수 있는 적절한 건축학적 연결고리가 있어야 한다. 고전적 예전 전통을 경험해보지 못한 그리스도인도 강단과 세례 및 식탁의 탁월성에 대해 고려해볼 필요가 있다. 설교와 세례 및 성찬이라는 세 가지 핵심적 행위 사이에는 어떤 상호관계가 작용하는가? 이 문제를 살펴보기 위한 훌륭한 출발점은 건물을 관찰하고 그것이 하는 말, 즉 이처럼 중요한 행위가 어떻게 작용하는지에 대해 전하는 말에 귀를 기울이는 것이다.

식탁 자체

어떤 종류 및 모양의 식탁이 바람직한가? 작은 식탁이냐 크고 화려한 식탁이냐는 환경에 따라 달라진다. 식탁은 강단 사이즈와 비례해야 한다. 그것은 칸막이를 하거나 소수의 특권층 가까이에 배치해서는 안 된다.

일부 교회는 집사부제나 장로들을 위해 식탁 뒤에 크고 화려한 의자를 준비한다. 이처럼 경직된 회중을 내려다보는 높은 자리는 무엇을 의미하는가? 확실히 그곳을 차지한 집사부제와 장로들은 회중석을 빽빽이 채운 성도들과 영적으로 동등한 위치에 있다. 모두 그리스도의 손으로부터 동일한 생명과 떡과 잔을 받는다. 자주 있는 일이지만, 예전 세대가 바친 어울리지 않을 만큼 화려한 비품은 매우 오래 되었음에도 불구하고 여전히 버리기 아까울 만큼 "훌륭하고" 튼튼하다. 이런 비품은 교회의 삶과 일치하는 신학을 이행하기 위해 변화를 필요로 하는 교회와 연결될 수 있다.

내가 방문했던 한 교회는 전면 전체를 가로지르는 정교한 오크 패널 중앙에 높이 솟은 강단을 가지고 있었다. 강단 아래 작은 연단에는 화려한 의자와 함께 성찬 식탁이 놓여 있었다. 꽉 찬 회중석은 성찬 식탁과 지나치게 가까웠다. 결혼식이나 장례식 때는 전면으로 돌아갈 만한 공간이 없었다. 평소에는 예배를 드릴 때 아무도 앞좌석에 앉지 않았다. 교회는 오랜 논의를 거친 후 높은 강단을 포기하기로 결정했다. 그들은 회중석 앞자리를 떼어낸 후 의자를 톱으로 잘랐으며 자른 나무로 특별한 연단을 만들어 그 위에 이동식 성찬 식탁과 이동식 강대상을 배치했다. 식탁과 강대상 한 쪽에는 큰 의자에서 나온 패널 조각을 다시 볼 수 있었다. 그들은 아무 것도 버리지 않았으며 당장 교회에 필요한 물건과 모양으로 바꾸었다.

식탁 위에는 화려하고 실용적인 물품이 아니라 꼭 필요하고 의미 있는 물품만 비치해야 한다. 내가 한 무리의 학생들과 함께 주변 "교회 탐방"에 나섰을 때 우리는 건물을 읽으려 했다. 그것은 우리에게 무엇을 말하고 있는가? 아무도 없을 때에도 마찬가지였다. 우리는 한 교회에서 중앙 성찬 식탁 위에 놓인 거대한 은색 물병고대 양식의 물주전자을 발견했다. 나는 담임 목사에게 이 주전자가 성찬 예배 시에 특별한 역할을 하는지 조심스럽게 물어보았다.

그는 "아닙니다. 우리는 성찬 주일이 되면 항상 주전자를 부엌에 치워 놓습니다."라고 대답했다.

그러나 그것을 아내에게 기념으로 선물한 신실한 자는 그것이 언제나 성찬 식탁에 놓여 있기를 원했다. 그의 후손은 주전자가 다른 곳에 치워졌다는 말을 들으면 섭섭하게 생각할 것이다. 그렇다면 그것은 교회 예배를 위한 영구적이고 중요한 시각적 초점을 형성한다.

정교회 조지George 신부는 침례교회의 성찬 식탁에 꽃다발이 놓인 것을 보고 당황스러웠다. 그는 "이것을 식탁에 올린 이유가 무엇이냐"라고 물었다. 훌륭한 질문이다. 미적 감각과 의미 있는 신앙적 상징은 어떤 상호작용을 하는가?

떡과 잔

우리는 떡과 잔이라는 물리적 실체의 중요한 기능을 무시해서는 안 된다. 떡과 잔의 모양 및 그것을 나누는 실제적 행위는 성찬의 의미에 대한 인식 및 전달에 중요하다.

작은 떡 조각과 작은 포도주 잔을 가득 담은 쟁반을 사용하는 자유 교회의 습관은 다른 전통의 사람들에게 특별해 보인다. 사람들은 평범한 잔을 사용하지 않는 이유에 대해 "위생적 이유" 때문이라고 말하지만 사실상 그것은 "의사보다 광고주의 말을 듣기 때문"이다.[3] 사람들은 떡을 미리 자르는 것은 위생적 이유 때문이라고 말한다.

가톨릭은 "면병"wafer이라고 부르는 얇고 동그란 조각을 사용하는데, 우리가 떡이라고 말할 수 있는 어떤 것과도 닮지 않았다. 이 웨이퍼는 그들 나름의 역사를 가지고 있으며 일부 가톨릭 개혁자들이 반발하는 내구력을 가지고 있다.

왜 일상적 삶과 연결된 진짜 떡 덩어리를 사용하지 않는가? 일부 공동체는 피타 떡이나 차파티무교병 및 조각나지 않은 떡를 사용한다. 다른 공동체는 가능한 크고 신선한 떡을 구입함으로써 떡을 떼어 나누는 행위가 관대함과 맛있는 음식이라는 메시지를 전달한다.

잔이 제공되는 방식에 대해서는 감정들이 격해진다. 어떤 교회는 양립하기 어려운 양쪽의 주장을 만족시키기 위해 회중에게 두 가지 형식 -앞으로 나가 한쪽에 놓인 보통 컵을 받거나 다른 쪽에 놓인 개인 잔을 받는- 을 제공한다.

네팔에서 유럽인은 작은 컵을 기독교 성찬 예배에 도입했다. 네팔의 신자들은 문화적 금기 때문에 평소에 사용하는 큰 컵을 사용할 수 없었기 때문이었다. 그러나 작은 컵은 그들에게 생소했다. 따라서 오늘날 그들은 잔에 입을 대지 않고도 마실 수 있게 큰 컵을 담을 수 있는 긴 홈통이 달린 항아리를 사용한다. 이것은 문화적으로 친숙한 방법이며 따라서 명백한 다문화적 요소인 작은 컵과 대조적으로 긍정적인 의미를 전달한다.

봉사자가 회중석을 돌아다니는 교회에서는 떡을 받자마자 먹는 경우도 있다. 개별적으로 식탁에 참예한다는 뜻이다 개별적으로 받은 잔은 모든 사람이 다 받은 후에 함께 마셔야 한다. 그리스도 안에서 교회의 하나 됨을 의미한다

전통적으로 앉아 있는 사람에게 성찬을 분배하는 일부 교회는 회중이 앞으로 나오거나 원하는 장소에서 여러 명의 봉사자로부터 떡과 잔을 받는 방식으로 바뀌고 있다. 이런 방식에 익숙하지 않은 사람들은 이 방식이 매우 심오한 행위임을 알고 다른 성도들과 함께 자리에서 벗어나 손을 들어 분병과 분잔을 맡은 형제자매로부터 떡과 잔을 받았으며, 개별적으로 들려주는 축복의 말씀을 듣고 화답했다.

회중이 자리에 앉아 서로에게 성찬을 나눠줄 수 있는 한 가지 자연스러운 방식은 쉽게 배울 수 있는 간단한 가르침을 요구한다. "왼쪽에 있는 사람에게 떡을 건네며 축복의 말을 해주십시오. 그후에 오른쪽 사람에게 떡을 넘기면 오른쪽 사람이 당신에게 떡을 나우어 줄 것입니다." 봉사자는 각 줄 왼쪽으로부터 시작하며, 복도에서 두 번째 자리에 앉은 사람에게 떡을 건넨다. 오른 쪽 복도에 있는 봉사자는 끝에 앉아 있는 마지막 사람에게 떡을 넘긴다. 잔도 동일한 방식으로 진행하거나 매번 컵의 입술 자국을 닦을 냅킨과 함께 줄별로 개인 잔을 사용한다.

나는 최근 한 자유 교회 목사님이 성찬 예배를 인도하는 모습을 본 적이 있다. 그는 작은 떡을 둘로 나누더니 그것을 조용히 앞으로 내밀어 식탁 위에 내려놓았다. 식탁 위에 큰 떡 덩어리와 여러 개의 큰 잔이 놓인 다른 사역자와 얼마나 다른가? 그는 떡을 나눈 후 그것을 머리 위로 높이 들고 크게 외쳤다. "보라, 그리스도의 몸이 세상을 위해 찢기셨으니 이는 하늘의 떡이요, 세상을 위한 떡이로다!" 이어서 그가 잔을 채우자 포도 향이 온 방에 가득했다.

떡과 잔을 받기

우리가 성찬 예배시 어떻게 움직이는가는 성찬에 대한 인식에 큰 차이를 가져온다. 최근 수많은 가구, 성가대석, 연단, 강단으로 오르는 계단 및 강대상으로 오르는 계단을 갖춘 한 전통적 성공회 교회가 드린 예배는 장관이었다. 그 교회는 모든 회중이 앞으로 나와 식탁 주변에 둘러서서 감사 기도를 드리고 떡과 잔을 나누었다.

식탁은 매우 붐볐다. 턱 높이까지 오는 식탁으로 눈을 돌리는 아이들, 가능한 식탁 가까이 접근하다보니 집례자 곁에 선 사람들도 있고 계단에 올라선 사람들도 있었다. 성찬 찬송의 회중 파트는 참으로 직접적이었다. "마음을 드높이," "거룩, 거룩, 거룩," "주의 이름으로 오시는 이여 찬미를 받으소서," "하나님의 어린양을 보라."

뒤에 선 아이들은 선창하는 인도자를 흉내 내기도 했다. "그리스도께서 죽으셨고, 그리스도는 부활하셨으며, 그리스도는 다시 오십니다!" 분병분잔은 성찬 테이블에 서서 개인별로 받던 평소와 달리 질서정연하지 못했다. 그러나 그들은 그런대로 잘 해냈다. 그리고 마지막 축복과 함께 기쁨의 찬송이 이어졌다. 얼마나 기억에 남는 예배였던지!

우리는 얼마 전 신학교 채플 때 같은 방식으로 예배드린 적이 있다. 강의실 두 배 되는 공간에는 고정된 좌석이 있었다. 높은 연단에는 무거운 강대상과 식탁이 있었는데 이동하기 쉽도록 바퀴를 달았다. 덕분에 성찬 식탁은 무대 중앙에 배치하고 강대상은 옆으로 밀려났다.

성경 봉독과 찬송 및 설교가 끝나자 우리는 학생들을 올라오게 하여 식탁 주변에 둘러서게 했다. 연단이 좁아서 다 올라서기는 쉽지 않았다. 강대상에 기대기도 하고 연단 가장 자리나 계단에 선 학생도 있었으나 어쨌든 모두 올라섰다. 다섯 명이 특별한 격식이 없는 감사 기도를 인도하고 복음서를 읽었으며 떡을 떼고 잔을 나누었다. 분병분잔 시간에는 찬송을 불렀으며, 우리는 충만한 기쁨과 평안을 누렸다. 학생들이 붙박이 회중석에 앉고 우리가 식탁 뒤에 서 있었다면 결코 맛보지 못했을 경험이었다.

시청각

　오늘날 설교자들은 독창적 설교를 위해 시청각 자료를 사용한다. 슬라이드와 프로젝트는 이 작업을 용이하게 한다. 사진이나 책에서 가져온 컬러 포지color transparency는 기도, 찬송, 광고, 설교 및 성찬 등 예배의 한 부분을 강화한다. 우리는 최근 렘브란트가 그의 작품에서 수차례 시도했던 기다리시는 아버지에 대한 비유에 대해 설교했다. 우리는 등이 보이는 아들이 아버지의 무릎에 얼굴을 묻고 있는 특별히 감동적인 장면을 보여주었다. 아버지는 몸을 구부려 아들우리의 등에 손을 얹으신다.

　우리는 누구나 아들의 자리에 있는 자신을 생각하며 어깨에 놓인 아버지의 손길을 느낀다. 설교의 주제와 성찬의 주제는 연결될 수 있었기 때문에 슬라이드는 계속 남아 조명을 비추었다. 그것은 예배를 위한 특별한 현수막과 같았으며, 말씀만으로는 전달하기 어려운 용서와 은혜의 의미를 전해주었다.

20. 식탁 기도

기도는 언제나 주의 식탁과 밀접한 관련이 있다. 사실, 모든 예배는 기도의 행위이다. 기도는 사도행전 2:42에 나타난 기독교 공동체의 행동 목록 – 가르침, 교제, 떡을 뗌 및 기도– 가운데 들어 있다. 주기도를 포함하여 다양한 유형의 기도가 있다. 중보기도가 중요하다는 사실에는 의심의 여지가 없다. 바울과 베드로 및 야고보의 서신은 이런 사실을 증거한다.

성찬에서의 중보기도

우리는 왜 특히 식탁과 관련하여 중보기도를 해야 하는가? 우리는 요한복음 17장에 나타난 예수의 대제사장적 기도가 강력한 사랑의 중보기도의 모범이며 예수께서 제자들의 발을 씻기시는 요한복음 13장과 같은 고별사에 나타난다는 사실을 알고 있다. 서로를 위한 기도는 "내가 너희를 사랑한 것 같이 너희도 서로 사랑하라"라는 예수의 새 계명을 지키는 한 방법임이 분명하다.

앞서 고대 성찬의 두 파트 –말씀예배와 성례 예배– 에서 살펴보았던 것처럼 첫 번째 예배는 중보기도로 마친다. 루터파, 성공회 및 가톨릭 예배에서는 정확히 이 시간에 중보기도 순서가 있다. 이 중보기도의 형식은 종종 인도자의 지시에 따라가령, 가난한 자들을 위해 기도합시다 회중이 짧게 기도하는 형식을 취한다. 이 기도는 "주여 우리의 기도를 들어주소서"라는 인도자의 간구나 "주여 자비로 우리 기도를 들어주소서"라는 회중의 화답으로 끝난다. 계속해서 다음 기도 제목, 짧은 기도 및 화답이 이어진다.

중보기도의 범위는 넓다. 세계 교회, 정부, 특별한 도움이 필요한 자, 평화, 지역 교회 및 지역의 특별한 사정 등 광범위한 영역이 포함된다. 예전적 전통의 많은 교회들은 회중 기도에 능동적으로 참여한다. 그들은 한 사람, 한 목소리에 의한 "목회기도"가 아니라 소위 고대의 "백성의 기도"를 드린다. 이것은 목회자의 감동적인 중보기도가 필요 없다는 말이 아니라 한 마디로 목회기도가 회중 기도를 대체할 수 없다는 것이다.

중보기도는 예배 중간, 제정사와 함께 대감사기도가 끝난 즉시 이어지는 것이 좋다. 가톨릭과 정교회 예배에서는 떡과 잔을 나누기 전에 죽은 자 승리한 교회와 산자싸우는 교회를 위한 기도 순서가 있다.

나는 비예전적 전통의 교회들이 중보기도의 순서를 유사한 방식으로 배열한 것을 보았다. 그들은 하나님의 위대하신 창조와 구원 행위에 대한 감사와 예수의 최후의 만찬에 대한 말씀이 끝난 후, 실제로 떡을 떼고 잔을 나누기 전에 잠시 멈춘다.

이것은 고난당하신 하나님을 간절히 바라는 자, 교회와 강력하게 결속된 모든 사람을 주의 식탁 가까이로 인도하기 위함이다. 그러므로 신자는 그리스도께서 세상 죄를 담당하셨기 때문에 주의 식탁이 많은 사람의 것이라는 사실을 극적으로 보여줄 수 있다. 그들은 예수가 주의 식탁으로 초청하신 세상을 위해 그들 곁에 사랑의 공간을 만든다.

성찬 예배의 이 시점에 자비로운 중보기도를 포함시킨 것은 회중의 자기 도취나 개인주의적 신앙을 막는 한 방법이 된다. 어떤 교회는 죽은 성도의 신실함과 간증에 대해 감사하고 그를 기념하는 기도를 포함시킨다.

주기도문과 중보기도

예수가 제자들에게 가르치신 주기도는 그리스도의 예배의 표지가 되며 도래할 하나님 나라에 대한 기도이다. 우리는 주기도를 통해 지금 이 땅에서 하나님의 뜻이 이루어지고 그의 이름이 거룩히 여김을 받으며 양식을 주시기를 간구한다. 터툴리안은 이 기도가 북아프리카에서 중보기도의 틀로 사용된 실제적 방식에 대해 상세히 묘사한다.[1]

이 기도는 초기부터 유카리스트와 밀접한 관련이 있었다. 예배에서 주기도의 위치는 고정되지 않았는데 이것은 아마도 특정 구절의 중요성 때문이었을 것이다. 가령 일용할 양식을 위한 간구는 주기도문을 실제 분병 시간에 맞추어 낭송하게 했을 것이다. 다른 영역의 경우, 죄사함의 중요성으로 인해 평화의 입맞춤 뒤에 낭송했다. 우리는 초기 그리스도인이 팔을 높이 들고 서서 기도하는 모습을 정확히 묘사할 수 있다. 그들은 식탁을 인도하는 자의 태도와 몸짓의 귀감이 된다.

3세기 그리스도인은 예배 후에 축복된 떡을 가정으로 가져가서 한 주 내 떡을 나누었다. 주기도는 이러한 날마다의 "가정 성찬"에 함께 했을 것이다.[2] 그리스도인은 "이렇게 기도하라"마 6:9a라는 예수의 말씀을 하나의 명령으로 진지하게 받아들였다. 주기도는 그들의 신앙과 공동체 예배의 핵심이었다.

종교개혁 당시 가톨릭 예전에 대한 대대적 "숙청"에도 불구하고 주기도는 개혁파와 루터파 및 아나뱁티스트 전통의 성찬 예배에서 모두에서 살아남았다. 주의 식탁에서 이 기도를 사용한 것은 제정사만큼이나 오래된 전통에 해당한다. 주기도의 사용은 시간과 문화 및 지역을 넘어 모든 그리스도인을 결합한다.

초기 그리스도인의 중보기도

그리스도인이 초기부터 성찬 예배시에 서로를 위해, 그리고 세상을 위해 기도했다는 강력한 역사적 증거가 있다. 공예배 기도는 아니지만 나이 많은 폴리갑 주교가 구금될 때의 기도는 2세기 중엽 그리스도인의 중보기도가 어떤 모습과 영향력을 가지고 있었는지에 대해 잘 보여준다.

경찰이 그의 집에 들이닥쳤을 때 폴리갑은 조용히 아래층으로 내려와 그들을 맞았다. 폴리갑은 그들에게 먹을 것과 마실 것을 제공하고 잡혀 가기 전에 기도할 시간을 허락해달라고 말했다. 노인은 그 자리에 서서 두 시간 동안 "나이가 많든 적든, 유명하든 유명하지 않든, 그가 만난 모든 사람을 위해, 그리고 온 땅의 보편적 교회를 위해" 간절히 기도했다.[3]

모든 교회를 위한 아름다운 기도는 디다케 식탁 기도에 나타난다. 그들은 하나님께 "땅 끝으로부터 교회를 불러 모아 당신의 나라에 들어가게" 해달라고 간구했다.[4] 이 기도에는 다양한 기독교 공동체의 세계적 결속에 대한 인식이 나타난다.

2세기 중엽 로마의 그리스도인은 자신과 새로 세례 받은 자 및 도처에 산재한 그리스도인을 위해 기도했다. 이 기도는 그들의 성찬 예배로 들어왔다. 마찬가지로 4세기 시리아의 그리스도인은 대감사기도성찬기도:제정사를 포함한다가 끝난 후 성찬이 시작되기 전에 긴 중보기도를 했다. 이 초기 그리스도인은 언제나 위정자를 위한 기도를 포함시켰다. 그들의 기도는 중보자이자 대제사장이신 주 예수 그리스도를 통해 하나님께 올리는 기도였다. 그리스도는 그리스도인의 기도의 핵심이었다.

회중 기도는 한 명의 지도자에 의해서가 아니라 합심기도로 이루어졌다. 4세기에 예루살렘을 여행했던 스페인의 에게리아Egeria는 집사부제 가운데 한 사람이 기도 목록을 읽고 있는 모습에 대해 묘사했다. 그가 기도문을 하나씩 읽어가자 무리가 "주여 자비를 베푸소서"Kyrie eleison라고 화답했다. 같은 기간 시리아에서는 실제 기도문과 지시가 발견된다. "집사부제가 기도문을 선포할 때마다 회중은 '주여 우리를 불쌍히 여기소서, 특히 어린이를 불쌍히 여기소서'라고 대답해야 한다." 이 간구는 모든 교회의 평안, 교회 지도자, 모든 성도와 통치자, 환자, 여행객, 가난한 자, 교회의 유익과 평화를 위한 것이었다.

이런 유형의 기도는 개별적 간구 및 회중의 반응과 함께 호칭 기도위령 기도로 불린다. 라틴어를 구사하는 서방으로 들어오면서 "키리에 엘레이손"주여 우리를 불쌍히 여기소서이라는 헬라어 응송은 -일부에서 라틴어로 바뀌거나 확장되었음도 불구하고- 그대로 남았다. 동방교회 정교의 예전에서 이 중보기도의 형식은 오늘날까지 정확한 형식을 그대로 유지하고 있다.

키리에가 포함된 고대의 위령 기도는 회중의 응송과 함께 열다섯 개의 기도문을 담은 확장된 텍스트인 서방의 간청 기도Deprecatio Gelasii에 남아 있다.5) 이 기도는 거룩한 보편적 교회를 위한 것으로, 보편적 교회가 평안하고 위험으로부터 보호 받으며 열매를 맺고 세상에서 거룩한 능력을 나타내는 근원이 되며 연합과 사랑을 깨닫고 성령께서 교회를 인도하시고 주관해 주실 것을 위해 간구한다.

소위 이러한 교회의 일반적 기도는 산 자와 죽은 자를 위한 중보기도와 추억이 성찬 기도의 핵심으로 들어올 때 생략되었다. 이 기도는 나중에 큰 어려움을 겪던 시기에 주기도 곁에 삽입되었다. 동방 교회와 달리 서방의 라틴 교회들은 지역적 언어의 기도와 간구를 허용하지 않았다.

하나님의 선하심과 자비하심에 대한 반응으로서 중보기도

그리스도인은 구원, 치유 및 용서의 은혜로운 선물을 기억할 때마다 하나님의 샬롬을 필요로 하는 자들을 기억하는 것이 당연한 일이다. 그러나 우리는 이기적이어서 자신에 대한 하나님의 자비를 누리고 기념한 후에는 사랑과 은혜의 경험을 나누어주는 것을 잊어버린다. 다른 사람을 위한 기도는 "네 이웃을 사랑"하는 최선의 방법이다. 우리는 성찬 식탁에서 세상에 대한 하나님의 사랑과 우리를 위한 그리스도의 한량없는 희생적 사랑에 초점을 맞춘다. 이러한 사랑과 은혜는 하나님의 피조세계 전체를 위한 것이며, 우리는 그것을 계속해서 전달할 의무가 있다.

성찬 예배에서의 치유 기도

오늘날 많은 교회는 성찬에 개인기도 사역을 포함한다. 큰 교회에서는 특별 기도를 원하는 자들이 떡과 잔을 받기 전에 기도를 요청하기도 한다. 또는 가까운 곳에 별도의 공간을 준비하기도 한다. 다른 사람들은 떡과 잔을 받기 위해 계속해서 앞으로 나오기 때문에 그들에 대해 특별한 주의를 기울이지 않는다. 회중이 앞으로 나올 때 은은한 찬송이나 기악이 연주된다. 기도를 요구한 사람은 기도하는 자에게 자신의 사정을 간략히 진술한다. 기도사역자는 짧게 기도하며 삶의 모든 영역 –죄사함, 치유, 영육의 회복– 에 하나님의 온전하신 평안의 복을 빈다. 간단한 형식의 기도와 축복이 적합하며 사람마다 같은 내용이 될 수도 있다.

때로는 기름을 바를 수 있다. 이것은 상담이나 구마 행위가 아니다. 다른 사람을 위한 기도나 안전, 치유, 정결을 위한 기도를 요청할 수 있다. 이처럼 간단한 기도는 누구든지 –손님이나 성도, 특히 본 교회 장로나 사역자– 할 수 있다. 교회 지체 가운데 기도의 은사가 있는 자들이 사역자와 목회자로 부르심을 받은 자들을 위해 기도하는 장면은 감동적이다.

치유 예배의 모범적 기도

하나님이 당신에게 강력한 성령의 임재를 통해 죄를 사하시고 고통에서 해방시키시며 건강을 회복하게 하시기를 빕니다. 하나님이 우리 주 예수 그리스도를 통하여 당신을 모든 악에서 건지시고 그의 선하심 가운데 보존하시며 영원한 생명으로 인도하시기를 원합니다.[6]

나는 부모와 어린 자녀가 함께, 병으로 고생하는 나이 많은 친척을 위한 기도를 받으러 나가는 것을 본적이 있다. 나는 어린 아이가 그곳에 무릎을 꿇고 간절하게 중보기도에 동참하는 모습을 잊을 수 없다. 그동안 회중은 떡과 잔을 받고 자리로 돌아와 "하나님의 어린 양, 예수여 우리를 불쌍히 여기소서, 우리에게 평안을 주소서"라고 찬양했다.

그러나 이런 장면은 예전적 교회에서만 볼 수 있는 것은 아니다. 자유교회도 죄사함, 치유기도 및 가난한 자에 대한 자비로운 침묵을 성찬 예배를 통해 확장하는 방법을 배우고 있다.

우리는 주의 식탁에 나아올 때 자신의 죄를 고백하고 하나님의 용서를 받는다. 이제 우리는 용서와 치유의 사람이 되는 보다 나은 방법을 배울 필요가 있다. 한 가지 방법은 하나님의 치유하시는 사랑이 넘쳐나게 하기 위하여 공동체 안에 시간과 공간을 만드는 것이다. 우리는 언제나 중보기도 속에 "샬롬 기도"를 포함시킬 수 있다. 이것은 특별한 격식이 없는 기도이지만 초점은 앞서 언급한 모범적 사례에서 볼 수 있는 것과 동일하다. 즉 죄사함, 고통으로부터의 해방, 악한 세력으로부터의 구원 및 온전한 선하심으로의 회복은 모두 하나님의 영이 하시는 일이라는 것이다 .

회중이 "우리에게 죄 지은 자를 사하여 준 것같이 우리 죄를 사하여 주옵시고"라는 주기도를 할 때, 모든 사람은 치유의 통로가 될 것이다. 하나님이 그들의 연약함을 치유하실 때 그들은 주변 세상에서 고통 받는 자들을 위한 치유의 기도를 전한다. 샬롬의 사람이 된다는 것은 바로 이것이다.

식탁에서의 감사기도

우리는 앞서 유카리스트의 중보기도와 치유에 대해 살펴보았다. 우리의 모든 기도는 감사로 옷 입는다. 감사는 하나님의 자비와 신실하심에 대한 반응으로서 그리스도인의 기도의 본질이다. 이제 우리는 유카리스트 예배의 핵심 —대감사기도성찬기도— 에 이르렀다. 자유교회 회중이 무조건 예전적 교회의 예배서에 나타난 성찬 기도를 사용하는 것은 바람직하다고 할 수 없다. 그러나 그곳에 나타난 기도를 자세히 살펴보고, 핵심 구절이나 일반적 영역의 기도를 활용한다면 도움이 될 수 있을 것이다. 다음은 자유교회 성찬 식탁에서 감사 기도를 풍성히 할 수 있는 몇 가지 특별한 개념이다.

1. 우리는 초기 기독교 공동체의 감사 기도를 모방할 수 있다. 이 기도는 초기부터 일정한 특징을 가지고 있었다. 전형적인 성찬 기도는 다음과 같다.

    a. 모든 피조세계에 나타난 하나님의 선하심에 대한 감사

    b. 옛적부터 거룩한 백성과 선지자를 통해 나타난 하나님의 신실하신 증거에 대한 감사

    c. 예수의 삶과 사역 및 죽으심에 대한 하나님의 구원 행위에 대한 감사

    d. 하나님의 뜻을 따른 예수의 신실하심에 대한 감사

    e. 예수의 부활을 통한 하나님의 신원하심에 대한 감사

    f. 교회에 확실한 권능으로 임재하신 성령에 대한 감사

2. 이러한 특징들은 주의 식탁에서 우리의 기도의 전형이 되어야 할 것이다. 우리가 정규 예배를 드리든 즉흥적 기도를 하든, 모든 성찬 기도의 초점은 하나님에 대한 "감사와 찬양"에 맞추어져야 한다. 다음은 뉴질랜드 성공회의 감사 기도의 첫 부분이다. 이 기도는 하나님의 창조 사역을 기뻐하고 그의 구원의 신비에 놀라는 단순한 감사로 형성된다.

만물의 하나님이시여 우리가 당신의 구원에 기뻐하여
예수 그리스도로 말미암아 감사를 드리나이다.
주께서 "빛이 있으라" 하실 때 빛이 있었고,

그 빛이 우리의 어둠 속에 비취었으며,

온 땅이 주를 위하여 그 형상대로 생명을 내었나이다[7]

3. 영적 감사기도의 또 하나의 사례는 프랑스 개혁 교회로부터 온다. 이
기도는 다음과 같이 시작한다.

오, 사랑이 많으시고 거룩하신 하나님, 우리의 창조주시며 아버지시여

우리가 언제 어디서나 기쁨으로 주께 감사를 드리나이다.

당신은 당신의 형상대로 우리를 만드셨으며,

만물을 우리에게 부탁하시고,

피조세계를 우리의 손에 맡기셨나이다.

그 모든 경이로움과 수고와 함께.[8]

4. 침례교는 종종 주의 식탁에서 성경과 함께 즉흥적인 감사의 기도를
시작한다. 그들은 하나님의 구원적 사랑과 돌보심에 대한 본문을 선택한
다. 다음 구절을 통해 감사의 기쁜 반응이 자연스럽게 솟아나온다.

내게 주신 모든 은혜를 내가 주께 무엇으로 보답할까 내가 구원의 잔을

들고 주의 이름을 부르며 주의 모든 백성 앞에서 나는 나의 서원을 주께

갚으리로다. 시 116:12-14, KJV

우리가 아직 죄인 되었을 때에 그리스도께서 우리를 위하여 죽으심으로

하나님께서 우리에 대한 자기의 사랑을 확증하셨느니라. 롬 5:8, NEB

하나님이 세상을 이처럼 사랑하사 독생자를 주셨으니 이는 그를 믿는 자

마다 멸망하지 않고 영생을 얻게 하려 하심이라. 요 3:16, NIV

너희는 다시 무서워하는 종의 영을 받지 아니하고 양자의 영을 받았으므

로 우리가 아빠 아버지라고 부르짖느니라 성령이 친히 우리의 영과 더불어 우리가 하나님의 자녀인 것을 증언하시나니. 롬 8:15-16, NIV

5. 성찬 식탁에서의 광범위한 감사기도는 다음과 같은 요소를 포함한다.

도입	"영원히 살아계신 하나님.."
경배	하나님의 선물에 대한 감사
	창조
	섭리와 사회
	교회의 교제
	예수 그리스도
기념	그리스도의 성육신, 사역, 죽으심, 부활, 승천
그날의 사정	날씨, 사건, 화제상황
성령의 도우심에 대한 간구	
자신을 드림	

6. 초기의 예전 기도는 종종 다음과 비슷한 유대의 축복기도를 기독교적으로 각색했다.

송축하올 주 우리 하나님, 만왕의 왕이시여, 우리와 온 세상에
선하심과 은혜와 인자와 긍휼을 베푸시니 찬양을 받으소서.
송축하나이다 세상을 먹여 살리시는 주여, 찬양을 받으소서.

창조에 대한 경의와 존경은 초기 그리스도인의 감사구원 이야기의 전개와 함께로 바뀌었다. 성찬 예배에서의 기도와 축복은 우리의 창조 사역자연 세계를 돌보아야 할 책임에 대한 새로운 각오와 헌신을 다지는 도구가 된다.

성령의 역사를 위한 기도와 감사

이제 우리는 민감한 영역에 이르렀다. 이 주제는 성찬 기도 시간에 떡과 잔에 무슨 일이 일어나는가에 대한 신학과 관련이 있다. 이 신학은 가톨릭 미사에서 볼 수 있는 것처럼 종종 분명하게 드러난다. 그러나 성공회 예배에서 볼 수 있는 것처럼 분명하지 않을 때도 있다. 가톨릭과 성공회에서 나온 다음 두 진술을 비교해보라.

> 성령이여, 이 예물을 거룩하게 하소서. 이것이 우리 주 예수 그리스도의 살과 피가 되게 하소서.⋯ 아버지여, 우리가 당신께 이 예물을 드리나이다. 당신의 영으로 이 예물을 거룩하게 하사 당신의 아들, 우리 주 예수 그리스도의 살과 피가 되게 하소서.⋯ 가톨릭 미사 [9]
>
> 당신의 성령의 능력으로, 이 떡과 잔의 선물이 우리에게 그의 살과 피가 되게 하소서. Rite A, 1; Rite B, 2
>
> 당신의 성령의 능력으로, 당신의 창조의 선물인 이 떡과 잔을 받는 우리를 그의 복되신 살과 피에 동참하게 하소서. Rite A, 4; Rite B, 1; Church of England [10]

기독교 전통 사이에서 일어나는 한 가지 갈등적 요소는 떡과 잔이 누구의 선물예물인가라는 것이다. 우리의 예물인가 하나님의 선물인가? "예물"과 "선물"이라는 용어는 우리의 민감한 말초신경을 건드린다. "거룩하게 하사"와 "축성 기도"라는 용어는 떡과 잔을 거룩하게 한다는 것이 무슨 의미인지에 대한 또 하나의 논쟁거리이다.

어떤 성공회 기도문에는 성령의 능력이 떡과 잔을 변화시키는 것이 아니라 성찬에 참예하는 성도를 변화시킨다는 문구가 나타난다. "우리에게.. 하소서"라는 또 하나의 성공회 문구는 다양한 신학의 사람들을 만족시킬 만큼 모호하다.

개신교는 성령이 사람이 아닌 사물에 들어간다는 개념을 거부한다. 신약성경은 성령이 개인이나 그룹에 임하신다고 기록한다. 바람직한 것은 삼위일체적 균형을 이룬 성찬 기도를 형성하는 것이다. 다음은 성령의 사역에 대한 언급을 강조하는 기도문에 적합한 표현이다.

   1. 우리는 그리스도 안에서 당신의 새로운 피조물이오니

      우리가 이 떡을 먹고 이 잔을 마실 때에

      우리를 당신의 영으로 채우사

      가난한 자에게 아름다운 소식을 전하고,

      마음이 상한 자를 고치며,

      포로된 자에게 자유를, 갇힌 자에게 놓임을 선포하게 하소서.

      응송

      성령이여 오셔서 우리를 채우소서

      당신의 권능과 사랑으로

      우리의 찬양과 감사의 제사를 온전케 하소서.[11]

   2. 당신의 성령으로 우리를 거룩하게 하시고

      당신의 선물인 이 떡과 잔을 거룩하게 하사

      우리가 떼는 떡이 그리스도의 살이 되게 하시고

      우리가 축복하는 잔이 그리스도의 피가 되게 하소서.

우리에게 그의 고난에 동참하게 하시고
그의 부활의 능력을 알게 하셔서
그 안에서 하나가 되어 영원히 거하며
당신께 찬송과 영광을 돌리게 하소서.

3. 주여 간구하오니 우리에게 당신의 성령을 보내셔서
이 소중한 우리의 땅을 새롭게 하소서.
사람이 거하는 곳이면 어디나 평화를 주소서
당신의 평화는 우리가 만들 수 없고
어떤 폭력보다 강하며
우리 가운데 계신 예수 그리스도의 사랑으로
모든 사람을 하나로 묶는 새 언약의 띠입니다.

4부. 성찬의 열매

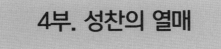

21. 성품

공동체를 세우는 성찬

성찬은 성품을 빚는다. 우리는 본서를 통해 성찬과 성품의 여러 요소들에 대해 살펴보았다. 우리는 두 영역이 어떤 관계가 있는지 고찰해보았다. 그것은 단순한 인과관계가 아니다. 우리는 바람직한 결과 −그리스도인의 미덕− 에 이르는 지름길은 보다 많은 성찬 예배를 시행하는 것이라고 생각하지 않는다.

그것은 마치 꽃나무와 같다. 만발한 꽃은 그리스도를 닮아가는, 나무의 왕성한 생명력을 보여준다. 뿌리는 하나님의 은혜와 사랑에 이르기까지 깊이 뻗어 있다. 온전한 성찬의 삶은 푸른 줄기와 잎사귀로 표현할 수 있을 것이다. 예수의 포도나무와 가지에 대한 비유에서 볼 수 있는 것처럼 모든 것은 연결되어 있다. 하나님의 사랑의 생명 수액은 포도나무의 모든 섬유질과 세포를 통해 흘러나온다. 건강한 기독교 공동체는 하나님이 주신 성품에 합당한 풍성한 열매를 맺는다.

나무 이미지를 계속하자면, 푸른 줄기의 조직과 힘이 중요하다는 사실을 알 수 있다. 그것은 튼튼하고 탄력적이어야 한다. 따라서 그것은 우리의 성찬 예배 형식과 궤를 같이 한다. 우리는 전통 및 모범적 사례를 필요로 한다. 우리에게는 익숙한 형식과 규율 잡힌 자유가 필요하다. 그렇게 할 때에 하나님의 사랑의 수액은 이처럼 강력한 줄기를 통해 모든 세포에 미치고 양분을 공급하여 번성하게 하며 하나님이 원하시는 존재가 되게 한다.

본래의 우리가 되다

그리스도인의 성품 가운데 가장 중요하다고 생각되는 근본적이고 구별된 요소가 있는가? 나는 있다고 생각한다. 그것은 공유성에 대한 충동이다. 이 충동은 성찬 예배를 통해 아름답게 표현되고 성취된다.

기독교 예배의 첫 번째 행위인 모임은 우리가 하는 가장 중요한 일 가운데 하나이다. 우리는 왜 주일 아침에 집에 머물거나 차를 타고 밖으로 나가거나 종교 음악을 듣지 않는가? 우리는 공예배를 가까이 함으로써 서구의 개인주의라는 중요한 충동과 맞선다. 우리는 더 이상 미구엘이나 사라나 존이 아니라 그리스도의 이름으로 모인다. 우리는 교회라는 공동의 이름을 가진다. 우리는 함께 주와 장차 임할 그의 나라를 공유함으로써 한 몸으로 연합한다.

우리가 모이는 것은 따로 기도하기 위해서가 아니라 교회로 모이기 위한 것이다. 우리가 교회 가는 것은 "교회를 이루기 위해서"이다. 우리는 세례받던 날에 "완전하고 절대적인 의미에서 그리스도의 몸"이 되었으며 따라서 "지체"로서 가는 것이다.[1)

우리는 개인적 위로와 교제와 능력을 얻기 위해 모이는 것이 아니다. 하나님은 우리를 교회로 부르신 목적, 즉 "거룩한 나라, 왕 같은 제사장, 택하신 족속"으로 삼기 위해 우리를 모으신다. 우리는 함께 세상에서 그리스도의 임재와 그의 나라를 드러내고 선포해야 한다.벧전 2:9, NIV 우리는 그리스도와 그의 나라의 신비와 권능을 어떻게 보여주고 선포해야 하는가? 우리는 우리가 받은 것, 즉 주의 식탁보다 나은 상징이나 드라마를 생각할 수 없다. 그의 선물을 거룩하게 하는 것은 우리가 함께 모여 떡을 떼고 잔을 나누는 그리스도의 식탁이다. 우리가 기도하고 감사 찬양하는 것은 그의 식탁에서이다. 우리는 함께 모인 이 식탁을 통해 본래의 우리 -세상에 있는, 세상을 위한 그리스도의 참된 몸- 가 된다.

이야기가 있는 백성

그러나 우리가 모여야 한다는 것을 아는 것만으로는 충분하지 않다. 우리를 끊임없이 다시 부르는 것은 무엇인가? 우리 모임의 가장 강력한 특징은 무엇인가? 그것은 우리의 스토리텔링이다. "이야기 속에 나타난 하나님의 사랑의 궤도, 반복된 의식, 이야기를 반영한 세상을 같은 관점에서 바라보며 동일한 경험을 나누는 공동체"로 우리를 끌어들이는 거대한 힘이 존재한다.[2]

그것은 늙은 유모가 부르는 노래와 같다. 우리는 하나님의 사랑을 드러내는 이야기를 전달하고 재현한다. 우리는 하나님의 사랑을 드러내는 이야기를 재현하는 의식을 반복한다. 우리는 의식을 반복하고 하나님의 사랑을 드러내는 이야기를 재현하는 공동체를 형성한다. 공동체와 의식과 이야기, 이 세 가지 매개는 상호 작용을 통해 세상을 향한 사랑의 성품을 빚는다. 우리는 위대한 이야기를 재현하고 구현함으로써 일상적 삶 속에 하나님의 생명, 거룩함을 이루는 참된 성례적 삶을 구현할 수 있다.

거룩한 이야기는 거룩한 백성을 만든다

주의 식탁에서 먹고 마시는 것은 거룩한 백성의 거룩한 행위이다. 우리의 거룩함은 "서로를 두려워하지 않는 법을 배운 백성, 사랑할 수 있는 백성"이 가진 거룩함이다. 우리는 서로에 대한 시기나 탐욕 없이 자유롭고 진실하게 산다. 우리는 음식을 나누는 상징을 통해 용서를 받고 용서를 전하며, 그리스도의 임재 안에서 거룩한 성례를 시행한다. 우리는 그것이 우리 자신일지라도 원수를 용서하는 것이 하나님이 그의 나라를 이루어 가시는 방법이라는 사실을 안다.[3]

빈센트 도노반Vincent Donovan은 마사이족이 보여준 복음의 토착화상황화에 대해 연구했다. 그는 공동체가 대립하는 상황에서 상대를 공격할 의도가 없으며 어떤 폭력도 없을 것임을 보여주기 위해 한 줌의 풀을 건네는 의식적 행위에 대해 묘사한다. 미사를 위한 준비는 환자를 위한 기도, 춤, 토론, 풀 전달 등 그 마을의 모든 활동이 관련된다. 그러나 이 모든 활동이 성찬으로 연결되는 것은 아니다. 성찬유카리스트을 언제 시행할 것인지는 마을의 지도자가 결정했다.

만일 이기심과 소홀함과 증오가 있거나 용서가 부족했다면…. 그것을 그리스도의 몸이라고 부름으로써 신성을 모독하는 행위를 하지 못하게 막아야 했을 것이다. 풀을 주지 않았거나 상대가 그리스도의 평화의 표시로서 받지 않았다면 오늘날 성찬은 없을 것이다.[4]

용서와 진실한 투명성은 은혜로운 공동체의 지표에 해당하는 두 개의 미덕이다. 성찬 공동체를 위해, 믿음과 소망과 사랑이라는 "3대 요소"의 함의를 놀라움으로 가득한 독창적인 방식의 이야기로 만들어낼 때 문은 열린다. "감당할 수 없는" 삶을 사는 거룩한 백성은 강력한 영향력이 아니라 신실함을 추구한다. 그들은 소망 가운데 인내하며 하나님의 공의를 갈망한다. 그들은 기적을 위한 준비가 되어 있다. 스탠리 하우어워스Stanley Hauerwas는 잘 알려진 개념을 확장하여, 교회는 참으로 "성례가 시행되는 곳, 말씀이 선포되는 곳, 의로운 삶을 권면하며 그렇게 사는 곳"이라고 주장한다.[5] 말씀과 성례와 성품은 조화를 이룬다.

22. 연합일치

그리스도 안에서 하나 됨, 식탁에서의 하나 됨

"내가 비옵는 것은.. 나를 믿는 사람들도 위함이니 아버지여, 아버지께서 내 안에, 내가 아버지 안에 있는 것 같이 그들도 다 하나가 되어 우리 안에 있게 하사 세상으로 아버지께서 나를 보내신 것을 믿게 하옵소서요 17:20-21 우리는 믿는 자들이 성령을 통해 아버지의 뜻 안에서 하나 된 것을 알게해 달라는 예수의 기도를 듣는다. 그는 친구들과 제자들을 초청하여 그의 식탁에서 이 하나 됨을 표현하고 기뻐하게 하셨다.

새로운 형제자매와 함께 주의 식탁에서 떡과 잔을 나누는 은혜를 누리는 것만큼 큰 기쁨이 있는가? 나는 이런 친교를 거부하는 교회에서 거짓으로 성찬에 참예하려는 행위에 대해 언급할 생각은 없지만, 다양한 배경의 그리스도인과 함께 토론하거나 수련하는 상황에서 성찬에 동참한 적이 있다. 우리는 같은 믿음이라는 주제에 대한 성경적, 실제적 연구를 하는 가운데 같은 주에 대한 신실한 제자도 안에서 하나가 되었다. 함께 하는 성찬은 자연스럽고 당연해보였다. 우리는 모두 그리스도 자신으로부터 온 선물을 기쁨으로 받았다.

그러나 이런 일은 드물다. 보다 일반적인 상황은 나의 친구인 젊은 기혼 여성이 들려준 이야기에 잘 나타난다. 그는 최근 새로운 이웃으로 이사 왔다. 그는 주말을 맞아 다니러 온 14살 된 남동생을 데리고 가까운 곳에 있는 작은 교회를 찾았다. 그들은 이 교회에 대해 몰랐으나 주일날 아침 우편함에 꽂힌 친절한 초대장을 보고 참석할 결심을 했다.

남동생은 마음을 정하지 못했으나 누나는 마음을 굳혔다. 부모는 그들에게 정기적으로 교회에 출석할 것을 부탁한 후 집으로 돌아갔으며, 그 마을에는 지교회가 없었다. 현관에서 안내하는 사람은 그들의 손을 잡고 이렇게 말했다. "처음 오셨지요? 예배드리러 오신 것을 환영합니다. 그러나 우리와 함께 성찬을 받지는 못합니다. 성찬은 이곳 성도들만 받을 수 있습니다."

누나는 자신들이 세례 받은 그리스도인이라고 주장했으나 받아들여지지 않았다. 그들이 본교회에서 확인서를 떼어왔다면 성찬에 동참할 수 있었을는지 모른다. 방문객은 찬송을 부르고 설교를 들었으나 성찬은 구경만 해야 했다.

교회 현관에서 있었던 이 장면을 어떻게 설명할 수 있는가? 둔감함? 원칙주의? 무례함? 불친절함? 멍청함? 바울은 이런 성찬에 대해 무엇이라고 말하겠는가? 고린도 교회에 대해 했던 것만큼 심한 질책을 하지 않았겠는가? "너희의 성찬은 주의 성찬이 아니니라" "그런즉 너희가 함께 모여서 주의 만찬을 먹을 수 없으니" 신자에게 "잘못된 성찬을 행하는 교회"에서 왔다는 이유로 떡과 잔을 받지 말라고 하는 것이 과연 품위 있는 행동인가? "분리"라는 수치스러운 일에 둔감한 그리스도인이 주의 식탁에서 함께 먹고 마시기를 거부하는 것만큼 충격적인 일이 있는가?

초기의 떼제 공동체는 모든 전통의 그리스도인을 위한 유카리스트 식탁을 꿈꾸었다. 그러나 그들은 기독교의 분열이라는 냉엄한 현실에 직면했음을 알았다. 그들은 커다란 중앙 식탁의 한 쪽은 가톨릭을 위해, 다른 한 쪽은 개신교를 위해 별도의 식탁을 마련해야 했다.

예전적 전통에서는 신앙과 생활의 문제가 해결된 후에라야 분열된 교회가 성찬을 함께 할 수 있다는 인식이 수세기 동안 자리 잡았다. 많은 사람들은 성찬이 연합을 위한 수단이라는 생각을 하지 않았다. 그들에게 성찬은 연합을 입증하는 절정이었다.

이 스펙트럼의 다른 쪽 극단에 위치한 근본주의자들은 "성찬 교류"라는 용어를 사용하는 것까지 거부했다. 이 용어는 성찬이 여러 개라는 인식을 심어줄 수 있다는 이유 때문이었다. 우리 주님은 모든 신자를 그의 식탁으로 초대하지 않으셨는가? 물론 성찬도 하나고 코이노니아도 하나며 그리스도인이 주의 식탁에서 연합하는 주도 하나이다.

그러나 대부분의 논의는 중간 지대에서 이루어진다. 모든 그리스도인이 성찬에 동참하여 하나가 되기에 충분한 공동의 장은 언제 열릴 것인가? 이러한 하나 됨을 마음껏 표현하는 동시에 교제를 더욱 강화하는 것이 가능한 일인가? 식탁에 대한 다양한 관점으로 인해 야기되는 딜레마를 어떻게 해결할 것인가?

만만찮은 문제임에는 분명하나 일부 예전적 그리스도인이 식탁 교제로 향하고 있다는 사실은 희망을 가질 수 있는 근거가 된다. 그들의 지도자와 학자들은 함께 초기 그리스도인의 역사와 기도에 대한 연구를 시작했으며, 서구의 많은 교단은 양립할 수 있는 성찬의 구조, 형성 및 텍스트를 채택하고 있다. 성찬 관행에는 광범위한 공감대가 형성되고 있다.

예를 들면 성찬 예배 가운데 일련의 순서에 대해 전반적인 의견일치를 보이고 있다. 즉, 말씀예배에서는 구약성경 봉독, 신약성경 봉독, 설교, 중보기도가 일치하고, 성례 예배에서는 떡을 취함, 감사, 떡을 떼고 잔을 나눔 등이다. 성찬 성구집을 사용하는 교단도 점차 늘어나고 있다.

또한 모든 교회는 성경을 신앙과 삶의 권위 있는 하나님의 말씀으로 받아들이며, 이것은 확실히 하나 됨의 강력한 기초가 된다.

그들이 함께 해야 할 영역은 세 가지 더 있다. 오늘날 광범위하게 사용되고 있는 "그리스도에 대한 기념"이라는 표현은 성찬의 기념에 대한 역동적 이해를 보여준다. 기념은 정적이지 않으며 언어적 과정이나 정신적 과정도 아니다. 그것은 하나님 나라의 연회로서 성찬을 더욱 강조한다. 우리는 잔을 나눔으로써 "운명을 나누며, 성찬을 받는다는 것은 마지막 나라에서 그리스도와의 만남을 보여준다."[1]

또한 오늘날 로마 가톨릭은 화체설 대신 의미변화transsignification이라는 용어를 사용하려는 성향이 있는데 이것은 떡과 잔이라는 성체의 실체적 변화라는 개념에서 주께서 그의 백성을 식탁으로 모으신 의미와 관련된 성체의 변화로 초점이 바뀌어가고 있음을 보여준다. 떡과 잔은 그의 임재의 도구라는 것이다.

함께 하는 성찬에 대한 희망적인 움직임에도 불구하고 길을 가로막고 있는 엄연한 장애도 존재한다. 그것은 교회의 규율과 성찬에 대한 참예 및 세례의 관계에 대해 상반된 관점을 보이는 다른 전통을 인정하지 않으려는 태도이다.

크고 예전적인 기독교 전통에서 식탁으로 가려는 노력이 느린 속도로 겨우 진행된다면, 다른 기독교 공동체에서는 가능성이 더욱 희박한 것처럼 보인다. 앞서 교회 현관에서 남매에게 보여준 모순적 환영은 이런 사실을 잘 보여준다. 교회는 의사결정이나 기도를 위해, 또는 성찬을 포함한 공동 식사를 위해 성도 간에 개별적인 모임을 가질 수 있다. 그러나 선교적 초청과 닫힌 성찬을 억지로 결합하려는 시도는 충격을 초래할 것이다. 그런 교회는 그들이 직면한 도전을 뒷받침할 만한 신학을 가지고 있지 않다.

이처럼 닫힌 공동체는 종종 한정된 영적 연합으로 만족한다. 그들은 그들의 영역 안에서 성령의 비전과 능력 주심의 기본적인 시간, 유익한 시간, 화목한 시간에 대해 감사한다. 그들의 성찬 예배는 성찬 준비에 필요한 그들의 평화와 연합을 기념한다. 그러나 그것은 그들이 회중의 삶이라는 다른 상황에서 강조하는 연합이다. 그들에게 식탁은 평화를 선사하는 곳도 아니며 평화를 은혜로운 선물로 받는 장소도 아니다. 그리스도의 신비적 임재에 대한 그들의 기대는 거의 오순절 이전 영성을 보여준다. 다른 그리스도인과 함께 하는 성찬은 그들의 의제에 빠져 있음이 분명하다.

한편으로, 환원운동을 하는 교회들은 양심을 따라 주의 식탁에 참석하려는 사람들을 열린 마음으로 초청한다. 주의 식탁은 신약성경의 연합을 회복하고 표현하며 달성한다. 이런 교회들은 그리스도의 제정사를 따라 매주 주의 만찬을 회중의 예배적 삶의 중심으로 여긴다. 그들은 다른 사람을 식탁으로 초청하면서 이처럼 "열린 초대"에 대한 강조가 그리스도인에게 있어서 연합은 "본질적 문제"라고 호소하는 사도들과 환원주의자들의 호소와 일치한다는 사실을 인식한다.[2]

모든 전통은 궁극적으로 그리스도에게 해명해야 할 책임이 있다. 다른 그리스도인을 우리의 식탁에 받아들이려는 방식은 예수의 대제사장적 기도를 이루는가? 우리의 방식은 복음의 "향기"를 풍기는가? 이보다 중요한 다른 준거가 있는가?

23. 선교

예수는 우리에게 그의 확실한 성품을 흔적으로 남기셨다. 그는 우리를 하나 됨이라는 성령의 사랑의 기적으로 부르셨다. 따라서 우리는 예수와 하나가 되는 동시에 서로 하나가 되어 교제해야 한다. 또한 예수는 그의 식탁에서 사람들을 용서받은 삶의 자유로 인도하려는 선교적 사명으로 우리를 부르셨다.

예수는 하나님의 사랑과 자비의 성품을 드러내고 사람들을 하나님과의 교제로 부르셨다. 우리는 이러한 예수의 가르침과 삶을 전파해야 한다. 예수께서 즐겨 사용하신 의사소통의 매체는 이야기와 행동을 통한 이야기이다. 이러한 이야기는 하나님 나라와 하늘 잔치에 대한 이미지로 가득하다.

우리도 성찬을 기념할 때 그렇게 하고 있다. 우리는 예수의 이야기를 재현 및 재연한다. 그 나라와 하늘 잔치의 이야기들은 동시에 다양한 차원에서 작동되며, 과거그리스도의 자유를 주는 삶, 가르침 및 고난에 대한 기념와 미래그리스도께서 완성하신 사역에 대한 기대와 새 창조를 현재로 가져온다. 과거와 현재와 미래라는 이 세 가지 영역은 그 나라의 만찬을 통해 결합된다. 교회는 이러한 3중적 관점에서 우리가 살고 있는 시대를 이해하고 어떤 사명을 위해 부르심을 받았는지를 깨닫는다. 우리는 주의 만찬을 통해 이러한 관점들에 대해 묵상하고 그 나라의 삶의 실재를 드러낸다.

주의 만찬은 다양한 차원의 의미와 함께 그 나라를 보여주는 표지가 된다. 그것은 그리스도를 보여주는 표지이다. 주의 만찬은 큰 식탁에서 함께 나누는 열린 식사이다. 그것은 교회가 "세상을 위한 하나님의 평화와 공의"

를 선언하고 증거하는 기쁜 교제의 식사이다.[1]

우리는 "선교"라는 제목의 마지막 장에서 미래를 향한 한 가지 질문에 대해 살펴볼 것이다. 그것은 교회는 "많은 사람"에게 하나님의 화목하게 하시는 초청을 얼마나 신실하게 선포하고 증거하고 있느냐라는 것이다. 우리는 그리스도의 비전에 걸림돌이 되는 교회에 대해 살펴볼 것이다. 또한 우리는 선교의 형식인 알파에 대해 고찰할 것이다. 이러한 고찰은 자신의 식탁이 하늘 잔치의 맛있는 코스가 되기를 바라는 그리스도의 비전으로 충만한 새로운 성찬 예배를 향한 단계로 이어질 것이다.

사람들을 주께로 인도하는 주의 식탁

먼저, 하나님은 놀라운 시간에 우리의 부질없는 방법에도 불구하고 역사하신다는 사실을 상기시키는 이야기를 해보자. 성찬은 합당한 그리스도인만의 것이라는 생각은 한 여자로 하여금 선교적 순간을 보지 못하게 했다. 그러나 그는 즉시 회복했다. 그리스도께서는 식탁으로 초대한 사람을 받아들이게 하기 위해 그녀의 서투름을 살짝 지나치셨던 것이다.

그는 그리스도인이었는데 불신자 남편과 함께 소박한 성찬 예배에 참석 중이었다. 떡을 담은 쟁반이 그들이 앉은 줄까지 왔다. 여자는 떡을 받았고 남자도 손을 뻗었다.

여자는 "먹지 마세요. 당신은 그리스도인이 아니잖아요"라고 경고했다.

"그렇지만 나도 그리스도인이 되고 싶어요"

"네? 그렇다면 얼른 서두르세요."

주의 식탁이 회심의 장소로 사용된 또 하나의 사례는 청년들의 주말 수련회를 인도한 한 친구에게서 들었다. 한 청년이 불신자임에도 불구하고 수련회 기간 내내 열심히 연구와 토론에 참여하여 그리스도에 대한 믿음으로 이끌렸다.

나의 친구는 폐회 예배 및 성찬식을 인도하면서 "그리스도인은 모두 성찬에 참예하세요"라고 초청했다. 그 순간 그의 눈은 그 청년을 향했다. 그러자 그는 충동적으로 초청을 확장했다. "식탁에 나와 그리스도에 대한 신앙을 고백하고 싶다면 주저하지 말고 주님의 초청에 반응하세요. 이것은 주님의 식탁입니다. 여러분은 지금 즉시 그를 영접할 수 있습니다."

청년이 식탁으로 나왔다.

요한 웨슬리는 미소를 지었을 것이다. 그는 "성찬의 회심 능력"이라는 표현을 사용할 만큼 성찬에서 그리스도의 임재를 확신했다. 이 식탁에서 하나님을 찾는 자는 그를 만나게 될 것이다. 이 식탁은 용서와 은혜가 임하는 곳이며 그리스도의 생명이 그의 백성을 통해 열리고 쏟아지며 풍성히 나누는 곳이다. 그리스도는 그의 식탁으로 나아오는 모든 자를 언제나 새롭게 하시고 회복하신다. 그리스도는 그의 은혜로운 사역의 일면을 보여주는 열린 식탁으로 초대하신다.

예수의 선교의 모습

새 언약: 하나님, 교회, "많은 사람"

선교사 아내는 무심코 하나님이 아브라함과 시작하시고 예수의 사역을 통해 새롭게 하신 삼각three ways 언약의 한 국면과 마주쳤다. 예수는 새 언약을 개발하고 그것을 비준하려고 새로운 의식을 만드신 것이 아니다. 예수는 옛 언약을 성취하신 것이다. 그는 죽음을 통해 옛 언약을 새롭게 하시고 옛 언약의 비전이 어떻게 새 언약을 통해 흘러갈 것인지를 보여주셨다.

하나님은 아브라함에게 개인적 약속 이상의 것을 주셨다. 하나님은 그에게 언약의 열매로부터 자라게 될 소명을 주셨다. 아브라함의 후손은 하나님의 구별된 백성이라는 새로운 정체성과 함께 축복의 도구가 될 것이다. 이 땅의 모든 민족, 모든 백성이 하나님의 구원을 받을 수 있다. 세 개의 꼭

짓점을 가진 옛 언약은 하나님과 하나님의 백성 및 모든 민족을 연결한다. 세 가지 요소 모두 다른 두 요소와 연결되어 있다.[2]

새 언약도 마찬가지다. 새 언약은 예수의 자기를 내어주시는 희생을 통해 실행된다. 예수는 최후의 만찬에서 축복의 잔의 세 가지 영역을 통해 새 언약을 제정하셨다. 새로운 삼각형의 꼭짓점들은 다시 한 번, "하나님," "하나님의 백성" 및 "모든 민족"으로 이루어진다. 예수의 피를 통한 새 언약은 단지 하나님의 새로운 구원 질서일 뿐이다. 그것은 모든 요건을 갖춘 소수의 의인을 위한 것이 아니라 "많은 사람"모든 사람을 위한 것이다. 새 언약은 축복과 섬김지배가 아니라의 언약이며 "모든 민족"을 위한 언약이다.[3]

교회의 "방해": 신학적, 도덕적, 계급적 장애

우리가 성찬 예배를 주의 만찬이라고 부른다면, 새 언약을 기념하는 잔치와 그것에 함축된 비전으로 초청하는 이는 주님 자신임을 알아야 한다. 식탁 교제를 확립한 것은 교회의 초청이 아니라 주님의 초청이다. 우리가 초청을 제한하고 자신의 조건을 내세운다면 우리의 성찬을 주의 만찬이라고 부를 자격이 있겠는가?

주의 식탁은 우리가 하나님의 자유하게 하시는 용서를 기념하는 곳이다. 이곳은 자신의 눈이나 교회의 잣대로 판단한 인간의 가치에 따라 "규율"을 시행하는 곳이 아니다. 그리스도 외에는 합당한 자가 없다. 주의 만찬은 회개의 식사가 아니다. 예민하고 가난한 많은 사람은 고백과 용서와 무가치함을 지나치게 강조하는 교회로 인해 식탁에서 쫓겨나고 있다. 주의 식탁은 걱정과 슬픔이 아니라 기쁨의 잔치로 전파되었다.

"[그리스도의] 부르심을 받고 그의 부르심을 따르는 모든 자는 떡을 떼고 잔을 나눌 권리가 있다. 만찬의 시행은 모든 회중과 부르심을 받은 모든 자의 '직무'에 해당한다."[4] 과연 그러한가? 이것은 교회의 "계급구조적" 서품

제도를 통한 어리석고 복잡한 제한과 모순되지 않는가?

그리스도 자신은 우리를 초청하실 뿐만 아니라 식탁에서 우리를 섬기는 분사역자이시다. 또한 그는 몸 된 교회 전체를 자신의 희생적 식탁 사역으로 부르신다. 성경에는 "임명된" 매개자에 대한 어떤 언급도 없다. 오히려 교회 사역자의 역사적 구조가 사람들을 주의 식탁으로부터 분리함으로써 그리스도께서 초청하신 식탁의 본질은 물론 그것에 함축된 비전과 직무를 가렸다고 보는 것이 옳다.

예수의 비전의 모습은 주의 식탁에서의 예배의 모습에 영감을 줄 수 있다. 그러나 이 말은 방해물을 제거한다는 의미일 수 있다. 우리는 주님과의 교제의 용서와 기쁨에 접근할 자격을 통제하거나 누가 언제 어떻게 식탁의 유익을 나누어주느냐를 결정하려는 전통에 맞서야 한다. 주님 자신의 식탁은 열린 사역이 섬기는, 그리고 열린 선교로 이어지는 열린 식탁이다. 우리의 교회 식탁과 어떻게 다른가?

열린 친교와 열린 식탁

많은 교회들은 주의 식탁의 회심 능력을 얻기 위한 새로운 방식을 배우고 있다. 새로운 형식의 선교는 열린 식탁으로의 관대한 초대와 예수님을 따르는 희생적 삶에 대한 현실적 사고를 연결한다.

알파코스[5]는 오늘날 많은 기독교 교단에서 적용하고 있는 선교 방식으로, 예수께서 즐겨 사용하신 방식인 친교 및 식탁 교제를 하나로 결합한다. 이 접근 방식은 1980년 중반 교회에 출석하지 않는 신자와 새신자를 대상으로 10주간 기독교를 소개하는 과정에서 나온 것이다. 어떤 사람은 이것을 "허심탄회한" 전도라고 불렀다. 친교는 알파의 핵심이다. 함께 하는 식사도 마찬가지이다. 이 방식은 변수가 많고 지역마다 차이가 있으므로 다음에 소개하는 알파 코스가 보편적 모델은 아니다.

식탁으로 온 노만

여섯 명의 회중은 각각 한 사람씩 이른 저녁 식사에 초대하여 교회 친교실로 데려 왔다. 다른 교인 두 사람도 참석하여 식사를 준비하고 섬겼으며 식탁에 합석했다. 손님들은 어떤 면에서 교회 바깥 가장자리에 있었다. 코스가 시작되기 전, 짝을 이룬 초청자와 손님은 삶의 가치와 방향 또는 교회에 대해 많은 대화를 나눴다.

첫째 날 저녁식사 후 토론은 의도가 분명했다. 그것은 사람들이 기독교에 대해 가진 태도에 대해 질문하고 토론해보자는 것이었다. 기독교는 따분한가? 무의미한가? 거짓인가? 그것은 알파가 참석자의 신앙적 의문을 탐구할 수 있는 편안한 분위기를 조성하기 위해 듣고 찾는 시간이었다.

이 알파 코스는 15차례의 만남을 통해 언제나 같은 소그룹과 함께, 같은 식탁에서 모여, "예수는 누구신가?"나 "나는 왜 기도해야 하는가?"라는 주제로부터 "교회는 어떤가?"나 "여생을 어떻게 보낼 것인가?"와 같은 주제를 다루었다. 식사를 준비하고 섬기는 자도 손님의 말을 귀담아 듣는 자세와 함께 성경지식과 기도로 준비된 교사들이었다.

참석자 가운데 노만Norman이라는 사람이 있었다. 그는 교회를 다닌 적이 없는 60대 남성이었다. 그러나 그는 언제나 차로 아내를 교회까지 데려다주고 아내가 나오기까지 차에 남아 신문을 읽었다. 교회? 그들은 이십년 전에 교회 문제에 대한 일체의 논의를 중단했다. 그는 언제나 차에 앉아 있고 아내는 교회로 향했다. 그것은 이제 습관이 되어버렸다. 다른 교인이 노만을 알파로 초청하자 아내는 놀랐다. 초청에 응하기로 한 노만 자신도 놀랐다. 노만의 진지하고 흥미 있는 신앙 여정은 이렇게 시작되었다.

마지막 열다섯 번째 모임에서 그룹은 야외 피정의 집에서 주변을 돌아보고 공동 식사를 하면서 반나절을 보내기로 결정했다. 그들의 마지막 만찬은 유카리스트 식사가 될 것이다. 그들은 그곳에서 특별히 최후의 만찬을 기념하고, 떡과 잔을 통해 감사하며, 기도로 하나님이 참석자에게 주고 싶어 하시는 것을 받을 것이다. 교사는 오후에 각자 산책할 것을 제안했다. 그들은 혼자 걸으면서 하나님과의 대화를 시작할 수 있었다.

그날 저녁 식탁에서 교사는 자유로운 분위기에서 하나님과의 대화에 대해 말하고 싶은 사람이 있는지 물었다. 노만은 잔을 든 채 눈물을 글썽이며 하나님이 자신을 "집으로 오라"고 초청했음을 고백했다. 그것은 바로 그가 원한 것이었다. 그는 자신의 생각을 밝히고 간단한 믿음의 기도를 한 후 잔을 마셨으며 큰 안도의 한숨을 내쉬었다.

알파코스는 주의 식탁을 선교의 진원지, 온화한 믿음을 양육하는 중심으로 삼는다. 때때로 알파 코스는 편안한 토론과 교제를 위해 여러 소그룹이 함께 하는 대규모 행사로 치러지기도 한다. 그들은 식당이나 가정에서 모이며, 날씨가 좋을 때는 야외에서 모이기도 한다.

언약, 친교 및 공동 식사: 예수의 선교

새 언약과 관련된 하나님의 마음은 친교를 통해 모든 사람이 사랑과 용서와 자유로 나오기를 바라는 것이다. 이러한 사실은 공동 식사에서 잘 드러난다. 이처럼 자연적인 접근 방식은 예수의 선교의 특징이다. 어떻게 이런 방식을 외면할 수 있겠는가? 어떤 사람들은 알파와 같은 방식을 추천하면서, 친교에 기초하고 환대로 시행하는 선교전략이이라고 말한다. 이 방식은 "그들을 안으로 오게 하는 데" 도움이 된다. 그러나 그들은 이것이 주일 예배와는 무관하다고 말할 것이다 .

그들은 이러한 선교 전략이 죄인들에게는 효과적이지만 이미 "안에" 들어와 있는 우리에게는 필요치 않다고 생각한다. 내가 묻고 싶은 것은 외인을 사랑하시는 예수의 접근법, 그의 근본적인 초대 및 그의 관대한 식탁 환대를 되살리는 것은 주일 성찬 예배를 새롭게 하는 한 방식이 될 수 있지 않겠는가라는 것이다.

성만찬의 위대한 노래

알파는 왜 우리를 위해 종을 울리는가? 알파는 주의 만찬의 위대한 노래의 장조에 공명한다. 기독교 공동체가 식탁에서 섞어 짠 여러 가지 신학적실천적 주제 가운데 특히 두드러진 핵심 가락은 다음 두 가지이다.

1. 예수는 죄인들과 함께 잡수셨다.
2. 예수는 그의 제자들과 식탁을 함께 하셨다.

기독교 역사의 대부분에서 이 두 개의 가락은 불협화음을 이루었다. 두 개의 가락이 함께 시작하고 끝나기는 불가능한 일처럼 보였다. 교회는 사역 당시 그리스도의 개방적 식사, 하늘나라 잔치의 이미지, 의인들은 물론 죄인들과도 교제하셨다는 사실을 인정해야 한다.

그러나 최후의 만찬을 기념하는 제한된 의식 안에서 어떻게 해야 할 것인가? 주의 만찬은 핵심적 제자 공동체 안에서 주의 희생적 죽으심을 진지하게 묵상하는 행사여야 하지 않는가? 기독교 전통의 두 가지 주제를 어떻게 일치시킬 것인가? 둘을 조화시킬 방법은 없는가?

죄인들과 함께 하신 그리스도의 열린 식탁과 제자들과의 식사는 중요한 신학적 근거를 공유한다. 그것은 둘 다 하나님 나라의 식사라는 것이다. 두 식사 모두 현재적이며 장차 임할 그 나라에 대한 그리스도인의 소망을 보여준다.

죄인들 및 세리들과 함께 잡수신 예수는 그 나라의 복음의 강력하고 논쟁적인 표지를 구현하셨다. 이 식사의 특징은 예수께서 그의 임재로 의인이 된 죄인과 함께 하시는 "의인의 잔치"를 내다보신 것이다. 예수는 제도권

종교의 반감에도 불구하고, 하나님의 용서를 담대하게 공유한 죄인들을 극적으로 받아들이셨다.

그러나 만일 예수가 받아들임과 용서에 대해 말씀만 하셨다면 어떻게 되었겠는가? 예수가 받아들임과 용서가 인간 사회에서 어떤 모습인지를 행동으로 보여주지 않으셨다면 어떻게 되었겠는가? 언제나 그렇지만, 예수의 행위와 말씀은 상호 강화한다. 예수께서 죄인과 함께 식사하신 도발적인 교제는 메시아적 표지를 드러낼 뿐만 아니라 화목과 자유로 부르시는 하나님의 근본적인 초청이 어떤 의미인지를 잘 보여준다.

세리와 죄인들과의 식사가 예수의 유일한 식사는 아니다. 예수는 사역 초기에 제자들과도 정기적으로 먹고 마셨으며, 그렇게 함으로서 제자들은 하나님 나라에서 함께 먹고 마실 것을 기대했다. 확실히 예수는 이런 식으로 생각하신 것이 분명하다. 최후의 만찬에서 예수는 "진실로 너희에게 이르노니 내가 포도나무에서 난 것을 하나님 나라에서 새 것으로 마시는 날까지 다시 마시지 아니하리라 하시니라"막 14:25고 말씀하셨다. 예수는 제자들과 함께 한 식사를 통해 그 나라의 잔치를 미리 맛보게 하신 것이다.

예수는 이처럼 재현된 큰 잔치의 극적 이미지를 통해 제자들을 자신의 메시아적 사역으로 끌어들이셨다. 최후의 만찬은 그 나라에 대한 일련의 재현된 표지 가운데 하나이다. 그날 다락방에서 제자들은 예수와 교제를 나누었으며, 예수는 떡과 잔을 나눔으로써 그들을 자신의 선교로 부르셨다. 이 식사는 소수의 의인들만 누리는 배타적 식사의 원형이 아니다. 그것은 "'잃어버린 자를 찾는' 그의 선교에 동참하는 예수의 친구들의 식사"였다.6)

최후의 만찬에 대한 교회의 기억은 부활 후 식사와 겹친다. 예수는 부활하신 후 다시 제자들과 함께 잡수시고, 성령을 통해 그들 앞에 놓인 선교적 사명을 맡기셨다. 예수는 그들을 보내어 자신의 복음 소명을 계속해서 이어나갈 수 있게 하셨다.

따라서 다락방 식사의 의미는 역사적 최후의 만찬에 대한 기념에 있는 것이 아니다. 온전한 의미는 부활하신 그리스도의 살아 있는 임재 안에서만 찾을 수 있다. 우리는 주의 만찬의 의미를 그리스도의 고난에 대한 기념뿐만 아니라 부활과 장차 임할 나라에 대한 확실한 소망에서 찾는다.

죄인들과의 식사와 제자들과의 식사라는 두 유형은 모두 메시아적 연회에 해당한다. 두 식사는 주의 만찬에 대한 통일성 있는 이해에 기여한다. 예수는 죄인들과의 식사를 통해 큰 잔치에 대한 비전을 보여주셨다. "사람들이 동서남북으로부터 와서 하나님의 나라 잔치에 참여하리니." 또한 예수는 제자들과의 식사를 통해 친구들을 자신의 메시아적 사명으로 부르셨다. 개방성과 외향성은 예수의 비전과 그의 사명의 원동력이 된다.

장기적 관점

우리는 본서의 마지막 장에서 보다 큰 관점을 위해 이전 내용을 소급해서 살펴보았다. 우리는 예수의 소명을 상기하고 그의 관점으로 바라봄으로써 하나님의 사랑으로 점철된 가장 먼 지평과 그 너머를 볼 수 있다. 하나님은 사랑으로 만물을 주장하시며 모든 것을 성취하기 원하신다. 하나님은 이러한 사랑의 사역을 통해 교회를 위한 독특한 공간을 가지고 계신다. 하나님은 교회를 통하여 자신의 지혜의 풍성함을 드러내실 것이다.엡 3:10

신약성경은 우리에게 하나님의 지혜가 예수라고 말씀한다. 세상은 특별히 그리스도의 희생적 제사와 그에 상응하는 교회의 희생적 섬김을 통해 하나님의 사랑을 아는 방법을 배울 것이다. 우리의 부르심은 그리스도를 통해 세상과 화목하게 하는 하나님의 사역과 직접 관련된다. 그리스도의 동역자로서 우리는 화목하게 하는 신적 사역으로 들어가야 한다.

이러한 직무 기술서와 함께 교회는 원대한 비전과 무한한 원천을 필요로 한다. 다행히도 우리는 성령을 통해 필요한 것을 제공받는다. 모든 풍성한 원천 가운데 하나는 유카리스트의 선물이다.

하나님 나라의 식탁

그 나라의 중앙 식탁 주위에 모인 그리스도인의 주일 모임에 대해 묘사해보자. 이 모임은 주기도의 관심사와 우리에게 기도를 가르치신 주님의 관심사를 잘 보여준다.

주의 식탁에 하나가 되어 함께 모인 우리는 하나님의 백성으로서 우리의 정체성을 새롭게 한다. 하나님의 뜻과 통치에 대한 우리의 비전은 우리를 지루한 일상으로부터 벗어나게 한다. 우리는 확실한 소망 가운데 용서와 일용할 양식을 얻는다. 이것은 장차 임할 나라의 확실한 표지이다. 우리는 예수의 이름으로 우리의 다름을 조화시키며, 자신이 가진 것을 관대한 마음으로 나눌 것을 약속한다. 이어서 우리는 하나님이 맡기신 임무를 위해 세상으로 나간다.

우리는 "하늘에 있는 통치자들과 권세들"엡 3:10의 대적에 맞서 하나님의 보호하심을 간구한 후, 식탁을 떠나 하나님의 사랑을 기다리는 세상으로 향한다. 우리는 예수의 선교 동역자로 나갈 때 어려운 일을 당할지라도 성령의 능력으로 안전하게 보호 받는다.

우리는 이 길에서 형제자매를 만난다. 우리는 우리가 같은 일에 동참하고 있음을 안다. 우리는 그들과 함께 길을 가면서 하나님이 큰 잔치에 부르기 원하시는 사람들을 만난다.

구원의 날이 가까웠다. 잔치는 준비되었다. 주님은 우리와 성도들과 죄인들을 아브라함, 이삭, 야곱과 함께 오라고 부르신다. 그의 식탁에서의 잔치에 함께 하자.

부록 1. 성찬예배 계획하기

20세기 모든 기독교 전통은 기독교 예배에서 두 가지 전통의 뿌리를 회복하고 풍부하게 하려는 시도를 해왔다. 하나는 성경을 기도와 함께 중심에 두는 유대 전통이며, 다른 하나는 떡과 잔을 나누는 예식을 중심으로 하는 독특한 기독교 전통이다. 신약에는 '주일'에 드리는 예배 순서가 나타나 있지는 않다. 그러나 우리는 몇몇 활동을 포함하고 있음을 추론해볼 수 있다. 이러한 활동에는 성경 독서, 시편 낭송 혹은 찬송, 가르침과 삶으로의 적용, 기도, 하나님을 향한 찬양과 감사, 거룩한 입맞춤, 떡과 잔을 나누는 예배가 있다.

순교자 유스티누스저스틴는 2세기 중반에 로마 시대의 그리스도인들이 드리는 예배를 구체적으로 묘사한다. 그러나 215년에 쓰인 '사도전승'이라 불리는 텍스트는 구조와 내용에 대한 가장 구체적인 증거를 보여준다. 제안된 형식의 단어들이 예배에 주어지긴 했으나, 예배는 그 단어에 고정되어 있지는 않다. 사람들은 즉흥적으로 기도를 드리고, 고정된 형식이 아닌 예배에 기여한다는 확신이 있었음이 분명하다. 사도전승은 20세기 모든 전통에서 일어난 예전 갱신에 영감을 주고 원형으로서의 역할을 했다.

1. 기독교 성찬식의 기본 설계

고대 그리스도 선례들에 뿌리를 둔 이 성찬식의 기본 설계는 20세기 예전 갱신에 영향을 받은 많은 교파들을-가톨릭, 성공회, 루터교, 감리교 그리고 자유교회들 사이에 형성된 광범위한 공감대를 반영한다.

두 부분으로 구성된 예식은 길거나 복잡할 필요가 없다. 형식화되거나 혹은 말을 장황히 늘어놓을 필요도 없다. 그러나 유대 전통과 기독교 양 측 모두의 선례를 의식하여 계획한 성찬 예전은 구별된 요소들을 포함한다. 성찬 예전은 말씀 예전에 이어진다. 행위는 항상 '식탁'을 중심으로 이뤄진다.

말씀 예전	성찬 예전
예배에의 부름	평화의 인사
개회	봉헌 : 예물 받아들임
기도송	봉헌 기도
죄의 고백	성찬문
자비의 확증	제정사
그 날의 짧은 기도	감사 기도
구약 독서	기념, 기원
시편 혹은 찬송	떡을 나눔
복음 봉독	성찬 분배
설교	떡과 포도주 배령
찬송	헌신 기도
중보기도	주기도문
예물 모음	찬송
성찬식 식탁에의 초대	파송1)
찬송성찬식 비참여자가 떠나는 동안	

2. 잉글랜드 침례교 형식형식이 고정되어 있지 않으며, 참여적인

예배로의 부름

찬양

경배 기도와 죄 고백

회중원이 성경을 읽도록 초대받는다.

예수의 탄생, 삶, 죽음 그리고 부활에 주목하는 노래와 찬송

구약과 신약 독서

조명을 위한 기도

설교

응답 기도

헌신 찬송

초대의 말

고린도전서 11:23-26

회중이 예수의 구원 행적에 감사를 드리는 짧은 기도를 바치도록 초대
　　받는다.

인도자가 분배자에게 떡을 주고, 회중은 다른 사람에게 떡을 건넨다.

주기도문

인도자가 포도주를 비슷한 방식으로 나눈다.

회중이 짧은 감사기도를 드리도록 초대 받거나 혹은 부활하시고 높임
　　받으신 주님에 주목하는 노래를 고른다.

　〈원한다면 신자들의 교제를 강조하는 내용을 선택한다.〉

　　-평화의 인사

　　-새신자 환영

　　-공동체 소식 나눔

　　-치유의 기도

-간증과 격려

-오지 않은 회중원, 다른 교회, 그리고 세계를 위한 기도

찬송

은혜의 기도 혹은 공동 축도 2) *

3. 형식이 고정되지 않은 떡을 떼는 예식

몇몇의 참석자들과 함께 하는, 좀 더 형식이 고정되어 있지 않은 성찬 기도의 접근 형식이 있다. 자연스러운 노래들과 추가적인 기도들을 이끌 수 있지만, 지정된 다섯 명은 각자의 순서와 일반적인 기도, 독서, 그리고 행동의 내용을 알고 있어야 한다. 이는 형식을 고정하지 않고 자유롭게 하되, 동시에 구조적인 틀과 강한 성경적 내용을 보증해준다.

고정되지 않은 노래를 부르고, 성경을 봉독하고, 설교 혹은 읽은 본문에 대한 '예언적 토의'를 마친 뒤, 회중은 식탁에 둘러 선다. 큰 덩어리의 떡이 하나 또는 여러 개가 나뉘지 않고 그대로 식탁에 올라간다. 한 잔은 채워넣고, 다른 잔은 비워 놓는다. 포도주로 채운 병을 식탁에 올린다.

맡은이 1:(떡을 들고, 감사를 드린 다음, 다시 내려놓는다.) 생명의 창조자이시며, 모든 생명을 지탱하는 분이신 하나님에 초점을 둔 기도를 인도한다.

맡은이 2:(잔을 들고, 감사를 드린 다음, 다시 내려놓는다.) 구세주이시며 악에 승리하신 예수님, 그리고 그의 삶, 사역, 죽음, 부활에 초점을 둔 기도를 인도한다.

맡은이 3:성령의 임재와 역사하심에 감사를 드린다.

맡은이 4:고린도인들에게 보낸 첫째 편지 2장 또는 복음서을 읽거나 혹은

---

* 고린도후서 13:13. 역주.

그 내용을 이야기한다.

맡은이 5 :(떡을 떼고, 남은 잔에 포도주를 부은 다음 잔과 떡접시를 하나씩
집어 든 후) 초대의 말을 한다.

떡과 잔은 형식을 고정하지 않고, 충분한 양을 나눈다. 사람들은 떡과
포도주를 나눌 때, 기도하거나 서로를 축복한다. 노래를 중간에 부를 수도
있고, 다른 음악이 정형화되지 않은 이 예식 중간에 따라 나올 수도 있다.
축도를 포함한 강렬한 노래가 마무리에 나올 수 있다.

4. 모임에서의 떡을 떼는 예배

이 예배는 사람들이 점심이나 음식을 싸와 나누는 자리에 적합한 접근
방식이다. 이는 '애찬'의 형태이다. 중심 식탁 위에 모든 음식을 충분히 내
어 놓는다. 떡 덩어리 여러 개와 포도주가 담긴 잔 여러 개를 올린 큰 쟁반이
식탁 중앙에 자리를 잡는다.

먼저, 인도자가 모든 순서를 설명한다.

목소리 담당 1과 목소리 담당 2가 '주님의 식탁으로의 초대'를 낭독한다.
인도자는 '주님의 초대'를 낭독한다.

모든 사람들을 6~10명의 보다 작은 소그룹으로 나눈다. 얼마나 많은 그
룹이 필요 한지를 결정해야 한다. 예정된 소그룹 인도자에게 미리 숫자카
드를 준다. 각 그룹의 인도자는 방 안의 지정한 공간으로 옮긴다. 사람들은
카드를 가진 사람을 주변으로 작은 원을 만들어 둘러싼다. 형식을 따로 정
하지 않아도 되고, 번호를 매기지 않는다.

그룹의 인도자들은 주 식탁으로 가서 각자 작은 덩어리의 떡을 가져온

다. 인도자들은 그룹으로 돌아와 감사의 기도를 인도한다. 다른 사람들도 기도를 드릴 수 있다. 인도자들이 떡을 떼고 이를 그룹원들과 나눈다. 그룹원은 모든 떡이 없어질 때까지 계속 떡을 떼고 나눈다. 그룹원 모두 떡을 다 먹는다.

모든 사람들이 이 나눔의 식사에 참여하며, 어쩌면 경축 분위기를 내기 위해 녹음한 음악을 동반할 수 있다.

식사를 마칠 때에는, 모든 사람은 번호를 매겼던 그룹으로 다시 돌아간다. 목소리 담당 1과 2 그리고 인도자가 초대의 말을 낭독한다.

그룹 인도자들은 포도주잔을 주 식탁에서 소그룹 사이로 가져오고 감사를 드린다. 다른 사람들은 떡을 뗄 때처럼 기도를 드릴 수 있다.

모든 사람들이 원형으로 잔을 돌아가며 나눈다. 잔에 담긴 포도주는 모두 마신다.

프로젝터에 마침의 말을 띄운다. 모든 그룹은 손을 맞잡아 하나의 큰 원을 만들 수 있다. 춤과 노래가 더 따라 나올 수 있고 식사의 마지막을 장식할 분위기를 설정하기 위해 녹음한 음악을 틀 수 있다.

다음은 모임에서 떡을 떼는 예배의 예배문이다.

함께 떡을 뗌으로 초대

목소리 담당 1 : 하나님께서 말씀하십니다. "너희 목마른 자들아, 오너라. 여기에 물이 있다. 너희 먹을 것 없는 자들아, 오너라. 돈 없이 양식을 사서 먹어라. 값없이 술과 젖을 사서 마셔라. 그런데 어찌하여 돈을 써가며 양식도 못되는 것을 얻으려 하느냐? 애써 번 돈을 배부르게도 못하는 데 써 버리느냐? 들어라, 나의 말을 들어보아라. 맛좋은 음식을 먹으며 기름진 것을 푸짐하게 먹으리라." 사55:1~2

목소리 담당 2 : 예수님께서 말씀하십니다. "들어라. 내가 문 밖에 서서 문을 두드리고 있다. 누구든지 내 음성을 듣고 문을 열면 나는 그 집에 들어가서 그와 함께 먹고, 그도 나와 함께 먹게 될 것이다." 계3:20

목소리 담당 1 : "하나님 나라에서 잔치 자리에 앉을 사람은 참으로 행복하겠습니다." (눅14:15)

목소리 담당 2 : "오늘 우리에게 필요한 양식을 주시고" 마6:11

선언 : (모두 함께) 예수님, 당신은 생명의 떡이십니다. 당신께로 가는 누구나 배고프지 아니할 것이며, 누구든지 당신을 믿는 이들은 결코 목마르지 아니할 것입니다. 당신께서는 하늘에서 내려온 떡이시니, 사람이 이를 먹으면 죽지 아니할 것입니다. 예수님, 당신께서는 하늘에서 내려온 살아있는 떡이십니다. 누구든지 이 떡을 먹는 이는 영원히 살 것이며, 세상의 생명을 위해 당신께서 주시는 이 떡은 곧 당신의 몸이십니다. 요6:35, 50~51에 근거

그룹에서 떡을 뗌
식사
잔을 나누기 위한 초대

목소리 담당 1 : 예수님께서 말씀하셨습니다. "목마른 사람은 다 나에게 와서 마셔라. 나를 믿는 사람은 성경의 말씀대로 그 속에서 생수가 강물처럼 흘러나올 것이다." 요7:37-38

목소리 담당 2 : 예수님, 당신께서는 생명의 샘이십니다. 이 잔은 당신의 피로 맺은 새로운 계약입니다. 이 피는 곧 저희를 위하여 저희 죄를 용서하시고자 흘리신 피입니다. 저희는 깊이 당신을 기억하며 마십니다. 그리고 저희는 우리 아버지의 나라에서 당

신과 함께 새로운 잔을 마시는 그 날을 간절히 고대합니다. 요
4:14

잔 나누기

마침기도 : (다함께) 주 예수님, 떡과 포도주를 나눔으로써, 당신은 저희
를 강하게 하셨나이다.

저희는 이를 먹음으로써, 저희는 미래를 바라보나이다.

마라나타! 오 주님, 당신의 오심을 고대합니다.

마라나타! 오 주님, 당신이 오심을 고대합니다.

마라나타! 우리는 당신 정의, 구원 그리고 평화가 오기를 기다
립니다!

아멘. 3)

부록 2. 예배를 위한 자료들

1. 안식일 식사

'안식일, 혹은 샤밧'은 유대 전통의 휴일이며, 일곱째 날, 토요일이다. 자정에서 자정으로 계산하는 지금의 하루와 다르게, 유대 전통의 하루는 항상 일몰에 시작한다. 이는 '샤밧'을 위한 축일 식사가 금요일 저녁에 이뤄지는 이유이다. 안식일에는 아무런 일을 해서도 안 되기 때문에, 금요일과 토요일에 먹을 음식은 미리 준비를 해야 한다. 집도 청소하고 식탁도 가장 좋은 천과 접시로 아름답게 차린다. 해가 지면, 식사를 위한 모든 것이 준비된다.

모두 식탁이 있는 자리에 선다. 어머니는 두 개의 높은 촛대에 불을 밝힌다. 몇몇 가정에서는 아이 하나 씩 초를 켜기도 한다. 어머니는 손바닥을 펴서 촛불 불꽃 위에 손을 올린다. 그리고 눈을 감고 안식일 초를 축복한다. 몇몇 가정에서는 아이가 이 축복을 하는 경우가 있다.

그리고 아버지의 역할이 시작된다. 먼저 그는 아이들을 축복하고, 다음에 그는 어머니에게 감사를 드리는 기도를 할 수 있다. 그는 '키두쉬' 잔예배를 위해 은으로 만든 포도주잔을 들어 이를 축복하고 한 모금 마신다. 마지막으로 그는 특별한 떡할라을 축복한다. 전통적으로, 작은 '할라' 두 덩어리가 접시에 올라간다. 이는 히브리인들이 광야에서 유랑하던 시절 안식일에 만나를 모을 필요가 없도록 금요일마다 두 배로 주어진 만나를 상기하게 한다.

그 다음 아버지는 각 사람이 먹도록 떡을 조각내어 자르고 뗀다. 이때 각 떡 조각 마다 소금을 뿌리며 기도하는데 이것은, "얼굴에 땀을 흘려야 먹을 것을 먹으리라.창3:19"는 말씀을 떠올리게 한다. 이제 모두 자리에 앉아 식사를 시작한다. 식사 도중과 마친 뒤에, 가족은 안식일 노래를 부른다. 식사의 마지막에는 축도로 마무리를 지으며, 하나님께서 풍성히 채워주심을 감사드린다. 모두 기쁘고 행복한 분위기 속에서, 모두는 서로에게 "샤밧 샬롬"평화로운 안식일을 축원한다.

어머니, 촛불을 켜면서

우리 주 하나님, 세상의 임금께서는 찬미 받으소서. 당신의 계명으로 우리를 거룩하게 하시고 이 안식일의 초를 켜도록 명하셨나이다.

아버지, 아이들을 축복하면서

(아들을 위해)　하나님께서 너를 에브라임과 므낫세처럼 자라게 하시길

(딸을 위해)　하나님께서 너를 사라, 리브가, 라헬, 그리고 레아처럼 자라게 하시길

(모두를 위해)　주님께서 네게 복을 주시고, 너를 지키시리라.
주님께서 그분의 얼굴을 네게 비추시고
네게 은혜를 베푸시고
주님께서 그분의 얼굴을 네게 드시어 네게 평화를
주시리라.

아버지, 포도주를 축복하면서

(키두쉬 포도주잔을 들고 축복하며, 한 모금 마신다)

우리 주 하나님, 온 누리의 임금께서는 찬미 받으소서. 당신께서는 포도나무의 열매를 창조하셨나이다.

아버지, 떡을 축복하면서

(떡을 향해 축복하며, 쪼개거나 자르고, 모두에게 나눠준다)

우리 주 하나님, 온 누리의 임금께서는 찬미 받으소서. 당신께서는 땅으로부터 이 떡을 내셨나이다.

　식사를 시작한다. 식사 도중과 후에, 노래를 부른다. 식사가 마무리 되는 시점에, 마치는 은혜가 있으며, 모두는 서로의 **"샤밧 샬롬"**을 축원한다.[1]

2. 세데르 예배

　어느 교회에서는 젊은이들이 '세데르'의 배경을 배우고, 유월절 축제에 수반된 특별한 음식, 가구, 놀이, 이야기, 그리고 음악에 대한 세부사항들을 구성하기 위한 특별한 프로젝트로서 이 세데르 의식을 활용했다. 축제는 36명의 사람들이 참여했는데 이 수치는 대가족이 모두 모인 정도의 규모이다. 세데르는 가정식으로 치르고 정형화되지 않은 기념식으로 그리 큰 규모로 치르지 않는다. 큰 집단을 가정을 바탕으로 나누거나, 혹은 교회 건물 안에서 좀 더 작은 식사 구역을 나누는 것이 좋다. 아이들이 편하고, 질문, 이야기, 노래 그리고 놀이에서 중요한 역할을 수행할 수 있도록 분위기를 조성해야한다.

　아이들에게 세데르에 관해 설명할 필요가 있다. 그러면 아이들은 장식, 음식, 그리고 즐길거리 준비를 도울 것이다. 아이들은 카드, 냅킨 고리, 장식한 잔과 각자가 사용할 '하가다'를 정리한다. '하가다' 겉면에는 각자의 이름이 쓰여 있고, 이집트 탈출의 이야기가 그려져 있으며, 세데르의 간략한 순서가 담겨있다.

　여기 특별한 단어들에 대한 설명들이 앞선 유대인 아이들이 파스카를 준비할 수 있도록 쓴 세데르에 대한 서술이 있다.

페사흐 : 유월절을 뜻하는 히브리어 단어. 히브리인들을 노예 상태에서 해
　　　　방할 때에 죽음의 천사가 유대인들의 집을 지나쳤다는 것을 의미.

엑소더스 : 그리스어 단어 : 노예의 삶을 살던 공간인 이집트로부터의 탈출.

하메츠 : '누룩이 든' 모든 음식, 시리얼, 스파게티 종류를 가리키는 히브리
　　　　어 단어. 유다인들은 파스카 축제 8일 동안 이러한 음식을 먹을 수
　　　　없었다.

하가다 : 유월절 식사를 설명한 소책자를 가리키는 히브리어 단어.

세데르 : 히브리어 단어로 '순서'를 의미하며, 유월절 식사의 이름.

키두쉬 : 히브리어 단어로 포도주 잔에 대한 '축복'을 의미.

마짜 : 히브리어 단어로 누룩 없는 떡을 의미하며, 바삭한 큰 크래커 같음.

세데르 이야기

　매년 우리는 8일 간의 유월절 축제 기간 중 세데르 밤의 저녁식사가 시작
할 때 유대인들이 이집트로부터 탈출한 이야기를 다시 되풀이하며 기념한
다. '세데르'는 순서를 의미한다. 이 저녁에 이뤄지는 모든 것은 정해진 순
서를 따라야 한다.

　'페사흐'의 기념은 봄에 치른다. 온 세상이 겨울잠에서 깨어나고 모든
것이 봄의 기운으로 가득 찰 때, 유대인들은 '페사흐'를 준비한다. 많은 이
들이 여러 주 전부터 집을 꼼꼼히 청소하거나, 창을 닦고 커튼을 빨거나, 페
인트칠 단장까지 한다. 축제가 다가 올 때, 사람들은 '페사흐' 동안 사용할
조리도구를 준비한다. 황동과 은식기의 윤을 내고, 접시와 식기, 솥과 팬을
데운다.

　이 모든 청소는 온 집안을 중요한 축제의 분위기를 내는 데에만 그치는

것이 아니라 지극히 작은 '하메츠누룩' 한 덩이라도 집안 어디에도 남기지를 않다는 사실을 드러내는 것이다. '하메츠'는 발효한 떡이나 시리얼이나 스파게티와 같은 음식으로 축제 기간 8일 동안 유대인들은 섭취가 금지된 음식이다.

'페사흐'가 시작되기 오래 전부터, 유대인들은 반드시 먹어야 할 혹은 먹어도 되는 음식들을 가게에서 산다. 이 중에서 가장 중요한 음식은 물론 '마짜'이다. 사람들은 갈은 '마짜'나 '마짜' 가루로 만든 케이크나 쿠키를 사거나 혹은 굽는다. 생일용 케이크 또한 '마짜' 가루로 만든다.

페사흐가 시작하기 전날 밤, 각 가정은 페사흐를 점검하기 위한 막바지에 접어든다. 성인과 아이들이 촛불, 깃털 그리고 쟁반을 들고 남은 '하메츠' 부스러기를 찾고 모은다. 발견한 '하메츠' 부스러기는 모두 다음날 아침 어른이 불에 태워 버린다.

매일 가족은 세데르 준비를 위한 요리와 식탁 정돈 그리고 다른 일들로 바쁘게 보낸다. 저녁에 모이는 순간, 가족들은 이것이 여느 저녁 때와 같지 않다는 것을 보게 된다.

각자의 접시 옆에는 '하가다'라는 작은 소책자가 놓여 있다. '하가다'는 정확하게 세데르를 어떻게 진행하는 지를 설명해준다. 또한 이는 '페사흐'의 이야기를 들려준다.

포도주나 포도주스 잔이 차려진 자리 옆에 놓여지며, 여분의 잔이 식탁 위에 올려진다. 이 잔은 예언자 엘리야를 위한 것이다. 엘리야는 하나님의 목소리를 듣고, 하나님께서 말씀하신 바와 미래에 무슨 일이 일어날지를 백성들에게 전한 이였다. 유대인들은 엘리야히브리어로는 '엘리야후'가 언젠가 세상에 평화를 가져오리라 믿는다. 매번 세데르 밤마다 유대인들은 그를 위해 포도주 잔을 채우고 문 밖에 이를 두는데, 이는 엘리야가 방문하여 평화를 가져오기를 소망하는 뜻에서이다. 세데르를 집전하는 이 앞에는 다른 음식들을 놓기 위해 구획이 나뉜 세데르 접시가 놓인다.

1. **카르파스** : 파슬리와 같은 푸른 잎 채소로 먹기 전에 미리 소금물에 절여 놓는다. 푸른 잎 채소는 봄의 새로운 성장을, 소금물은 이집트에서 노예들이 흘려야 했던 눈물을 상기하게 한다.
2. **마로르** : 양상추나 겨자무 같은 쓴 채소들을 가리키며, 노예생활의 고역을 상기하게 한다.
3. **구운 계란** : 예루살렘 성전의 날을 상기하는 것으로 매 휴일마다 동물이 하나님을 위해'태워지던'희생되던 것을 상징한다.
4. **고기 뼈** : 이집트를 떠나기 전 노예들이 구운 어린 양과 매년 페사흐마다 정기적인 희생에 더해 제물로 희생된 어린양을 상기한다.
5. **하로셋** : 갈은 호두, 잘게 썬 사과와 달콤한 붉은 포도주를 섞은 맛있는 혼합물이다. '하로셋'은 파라오의 도시를 세우기 위해 노예들이 사용한 진흙을 상기하게 한다.

세데르는 포도주 잔을 축복하는 '키두쉬'로 시작한다. 세데르를 집전하는 이는 손을 씻은 뒤 세데르 접시를 돌리며 모두에게 짠 '카르파스'를 맛보게 한다. 그는 다시 특별한 '페사흐' 천으로 덮어준 또 다른 접시로 향한다.

이 천 아래 접시에는 세 장의 '마짜'가 있다. 집전자는 가운의 마짜를 들고 두 개로 쪼갠 뒤 하나는 천으로 싸고 다른 하나는 한 쪽에 둔다. 식탁에 앉은 아이들은 이 마짜를 훔칠 수 있다. 훔치지 못하면 집전자가 식사 끝에 이를 숨긴다. 이것을 훔치거나 찾은 행운의 주인공은 선물을 받는다. 이 마짜 조각을 '아피코멘'이라 한다. 아피코멘을 찾으면, 이를 디저트로 여겨 먹는다.

집전자가 아피코멘을 숨긴 뒤, 그는 식탁에 앉은 가장 어린 사람에게 '네 가지 질문'을 던진다.

1. 오늘 밤은 다른 모든 밤과 어떻게 다른가? 다른 모든 밤에서는 떡 또는 마짜를 먹지만, 왜 오늘밤은 마짜만 먹는가?
2. 다른 모든 밤에 모든 종류의 채소를 먹을 수 있지만 왜 오늘 밤에 우리는 쓴 채소만을 먹는가?
3. 다른 모든 밤에 음식을 다른 음식에 담그지 않으나 왜 오늘 밤에 우리는 두 음식 곧, 푸른 잎 채소를 소금물에, 쓴 채소를 '하로셋'에 담그는가?
4. 다른 모든 밤에 우리는 바로 앉거나 혹은 기대어 앉는다. 왜 오늘밤에 우리는 기대어 앉기만 하는가?

아이들과 성인들이 '네가지 질문'에 이어지는 '하가다' 낭독을 귀 기울여 들을 때 그들은 이 질문에 대한 답을 듣는다. 사람들은 돌아가며 '하가다'를 읽거나 혹은 그 일부를 노래한다. 이 하가다 낭독과 노래는 중간에 세데르 음식을 먹거나 맛있는 음식을 먹느라 멈춰지기도 한다. 참석자들이 읽고, 듣고, 노래하고 그리고 먹는 동안, 그들은 편한 자세로 의자 위의 놓인 배게에 몸을 기댄다.

유다인들이 이집트를 탈출한 지 첫 해되는 때에, 그들은 세데르를 급하게 치렀다. 유다인 노예들은 이집트를 급하게 떠나야 했기 때문이다. 그러나 해를 거듭하면서 랍비들은 페사흐의 이야기가 급하게 넘어가기에는 매우 중요하다는 사실을 깨달았다. 더 많은 시간이 이 모든 것들을 이야기하고 설명하는 데에 필요했다. 그리하여 사람들은 좀 더 길고, 서둘지 않는 식사를 편안한 배게에 기대어 시작했다. 자신의 시간을 보낸다는 것은 또한 우리가 자유로운 백성이라는 점을 상기시킨다. 자유로운 백성만이 식사를 편안하게 할 수 있다. 우리는 우리가 자유로운 백성임에 감사하며, 오늘날 자유롭지 못한 백성들이 속히 자유로워지기를 희망하고 기도한다.[2]

3. 디다케 예배

이 예배는 기도와 그에 대한 응답으로 이뤄지는 간단한 형태로 구성되어 있다. 이 기도들은 '디다케가르침'이라 불리는 교회 인도자들의 소책자가 출전이다. 이 소책자는 1세기 시리아의 기독교 공동체의 일상과 예배를 반영하고 있다. 학자들은 이 내용이 성찬식인지 혹은 애찬 기도인지 논쟁한다. 초기 예배문 교차 구조가 나중에 구별되는 분리된 형태로 변모한 것이 논쟁의 요점이다. 이 기도들은 분명히 유대인들의 '베로카스'라는 식사 전후의 감사 기도를 모범으로 하고 있다.

"나라와 권세와 영광이 당신께 영원히 있사옵니다."라는 송영은 이 디다케 기도에서 나타난다. 몇몇 고대 성경 사본들은 마태복음 6:9-13에서 보이는 바와 같이 주기도문의 마지막 부분에 있는 이 구절을 포함한다. 위와 같은 증거와 그리고 다른 내적인 증거들은 이 시리아 기독교 공동체와 마태복음 간의 강한 상호관련성이 있음을 보여 준다.

주목할만한 점은 '잔 감사기도'가 '떡 감사기도'에 선행한다는 점이다. 이는 유대인 안식일 식사 축복과 같은 순서로 되어 있다.눅 22:17 참조 행복한 분위기가 만들어진다. 사람들이 입장할 때 그리고 아마 축복과 식사가 진행될 때에도 녹음한 반주가 들린다. 이 기도들 안에는 예수의 죽음 또는 그의 몸과 피에 대한 암시는 없다. 분위기는 낙관적이고 주님의 승리로써 '네 바람이 부는 방향으로부터 모이는' 주님의 왕국으로 복귀하리란 기대로 가득하다. 산들 위에 흩어진 쪼개진 떡의 은유는 수확을 암시한다. 흩어뿌리고 모으는 주제는 하나님의 통치가 인간의 시간 안으로 들어오고 그 통치 안에서 즐거워하는 전 지구적인 교회를 의미한다. "은혜가 임하시고"는 그리스도의 오심을 의미한다.

이 예배를 이끄는 이는 모든 예배문을 소지해야 하나, 참석자들은 단지 응답부만 확인하면 된다. '디다케'는 자유로운 예배 형식의 시대를 대표하며 그래서 기록된 예전은 잘못된 인상을 전달할 수 있다. 노래들, 독서들, 간증들과 기도들이 너무 짧아 보이면 그 형식을 늘렸다.

기쁜 노래가 바로 '마라나타' 마침 직후에 나온다는 점을 주목하라. 예를 들어 "나라와 권세와 영광이 영원토록 당신께 있사옵니다."것처럼 말이다. '샬롬 알레힘평화가 그대에게' 같은 히브리풍의 다른 노래들이 자유롭게 진행되는 이 예배에 적합할 것이다. 이러한 변형은 다른 사람들이 "자신들의 방식으로 감사할 수 있다"디다케 10:7라는 언급으로 끝맺어지는 본문과 완전히 일치한다.

초기에는 집전자들이 미리 쓰인 텍스트에 얽매이지 않았다. "성령이 말하게 하심을 따라"행 2:4 폭넓은 참여의 기회가 있었다. 아래는 이 본문에 기반한 찬송이다.

집전자를 위한 전체 예배

디다케 출전 식사기도

집전자 : (커다란 예배용 잔을 들어 올리며) 온누리의 임금이신 우리 주 하나님 찬미받으소서. 주님께서는 포도나무의 열매를 창조하셨나이다. 저희는 당신의 아들 예수님을 통하여 드러낸 당신의 아들 다윗 왕의 거룩한 포도나무로 인하여 우리 아버지 주님께 감사를 드리나이다.

회   중 : 주님께 영광이 영원히 있나이다.

집전자 : 떡 덩어리를 들어 올리며) 온누리의 임금이신 우리 주 하나님 찬미받으소서. 주님께서는 땅으로부터 이 떡을 내오셨나이다. 저희는

당신의 아들 예수를 통하여 드러낸 생명과 지식을 위하여 거룩하신 우리 아버지 주님께 감사를 드리나이다.

회 중 : 주님께 영광이 영원히 있나이다.

집전자 : (떡덩어리를 떼어 여러 조각으로 나누어 배분한다. 모두에게 이 조각을 받자마자 먹으라 말한다) 이 떡이 산들 위에 흩어졌다 모여 하나가 되었듯이, 당신의 교회도 세상의 끝으로부터 당신의 왕국으로 모이게 하소서.

회 중 : 주님께 나라와 권능과 영광이 영원히 있나이다!

집전자 : (최소한 본 식사가 제공된 뒤, 집전자는 일어나 기도한다) 거룩하신 아버지. 우리는 주님께서 당신의 아들 예수님을 통해 드러내어 우리 맘의 새겨주신 당신의 거룩하신 이름과 당신의 지식, 신앙, 그리고 불멸함에 감사를 드리나이다.

회 중 : 주님께 영광이 영원히 있나이다.

집전자 : 전능하신 주님, 주님께서는 당신의 이름으로 모든 것을 창조하셨고, 당신께 감사드릴 인간적인 양식과 음료를 주셨나이다. 하오나, 그뿐 아니라 주님께서는 영적인 양식과 음료와 영원한 생명을 당신의 아들, 예수님을 통하여 주셨나이다. 이 모든 것에 대하여 저희는 당신께~(즉흥적으로 기도를 계속한다)~감사드리나이다.

회 중 : 주님께 영광이 영원히 있나이다!

집전자 : 주님, 당신의 교회를 기억하시어, 교회가 모든 악에서 구원을 받고 당신의 사랑으로 완전하게 하소서. 교회를 거룩하게 하시어 당신께서 예비하신 당신의 나라에 네 바람의 방향으로부터 모아들이게 하소서.

회 중 : 주님께 나라와, 권능과, 영광이 영원히 있나이다!

집전자 : 당신의 은혜가 임하시고, 세상은 속히 지나가게 하소서!

회 중 : 다윗 왕의 하나님께, 호산나!

집전자 : 거룩한 자는 들어가게 하시고 그렇지 못한 자들은 회개하게 하소서.

회 중 : 오소서 주님! 마라나타! 아멘!(디다케 9:2-10:6)

디다케에 바탕을 둔 찬송

1. 아버지, 저희는 당신께 감사드리나니 당신의 거룩한 이름을 우리 마음에 새기셨나이다. 지식과 신앙 그리고 불멸의 삶을 당신 아들 예수님을 통해 우리에게 전하셨나이다.

2. 주님, 당신의 기쁨으로 모든 것을 만드셨고, 영원한 떡 그리스도를 통해 저희에게 먹고 살 양식을 주셨나이다. 주님께 권능이 있으니, 찬송하나이다.

3. 주님, 당신의 교회를 자비로이 보소서, 악에서 구원하시고, 평안히 지키시고, 당신 사랑 안에 하나되고, 완전케되고, 정결케되어 당신 뜻에 따르게 하소서.

4. 이 낱알이, 산들 위에 흩어졌다 떼어진 떡으로 하나 되듯이, 온누리에 퍼진 교회가 당신 아들로 인하여 당신 나라로 모이게 하시나이다.[3]

마지막 기도 후까지 후식을 예비할 수 있다. 후식과 티타임에서는 음악을 연주하거나 녹음된 음악을 틀 수 있다. 축제 분위기를 조성하라. 초기 그리스도교인들은 보통 아침 일찍 모였다는 것을 기억해라. 그래서 이 형식을 아침 모임용으로 손쉽게 적용할 수 있을 것이다.

디다케 예배 참여자의 화답송

다음은 '디다케' 예배에 참여자들을 위해 제안하는 화답송들이다. 이 문장들은 프로젝트 화면에 띄우거나 앞에 큰 전지에 써서 붙일 수 있다. 집전자를 돕는 보조자들은 유의미한 화답송을 짚어주고 큰 목소리로 이끌 수 있다. 또는 설명용 책자를 아래의 예시처럼 만들어 각 사람들에게 나눠줄 수 있다.

디다케 식사기도

회　중: (예배 시작 시, 집전자의 신호로) 주님께 영광이 영원히 있나이다!

집전자: (식사 후, 예배 종료 시) 주님, 당신의 교회를 기억하시어, 교회가 모든 악에서 구원을 받고 당신의 사랑으로 완전하게 하소서. 교회를 거룩하게 하시어 당신께서 예비하신 당신의 나라에 네 바람의 방향으로부터 모아들이게 하소서.

회　중: 주님께 나라와, 권능과, 영광이 영원히 있나이다!

집전자: 당신의 은혜가 임하시고, 세상은 속히 지나가게 하소서!

회　중: 다윗 왕의 자손께, 호산나!

집전자: 거룩한 자는 들어가게 하시고 그렇지 못한 자들은 회개하게 하소서.

회　중: 오소서 주님! 마라나타! 아멘! (디다케 9:2-10:6)

4. 초기 교회 애찬

이 예배는 3세기 '사도 전승'에 바탕을 둔 것이다. 애찬 예배는 개인 가정에서 열렸고, 부유한 신자가 주관하여 손님들을 초대하였다. 공동체 지도자들이 기도를 이끌고 가난한 이들이 남은 음식들을 나눠 받았다.

1. 사람들은 식탁에 앉는다.
2. 몇몇 사람들이 등을 가져오거나, 불을 켠 큰 촛불이 탁자에 놓인다. 음악 : "걸어라, 빛 속을 걸어라." 녹음한 음악이나 찬송 "은혜로운 빛이여" 모든 탁자 위에 놓인 촛불을 켠다.
3. 주교의 인사와 회중들의 응답
4. 기도 "등불을 켜면서"
5. 입구에 있는 '집사(부제)의 식탁'에 대한 설명
   집사의 식탁에는 다음 것을 올려둔다 : 기름, 요구르트, 치즈, 올리브, 과일그릇, 꽃, 포도주, 떡
6. 각각의 사물에 대한 축복 기도. 각 축복은 모두가 응답하는 화답송이 담긴 기도를 포함한다.

회 중 : 주님께 영광이 있나이다! 영광이 성부와 성자와 성령께, 지금도 그리고 영원히 있나이다.

7. 떡을 축복하는 순서는 가장 마지막에 온다. 떡을 뗀다. 손에서 손으로 떼어진 떡을 각 사람들이 전하여 받고 먹는다.
8. 식사가 제공된다.
9. 축복의 잔 : 감사 기도. 잔을 나눔.
10. 여흥의 시간
    − 노래, 춤, 시 낭송, 그림 그리기, 이야기
    − 그리스도인의 삶 또는 성경 교양에 관한 질문

– 성경 혹은 다른 저작물 읽기

– 가장 어린 참석자가 시편 103편 일부를 낭송

11. 독서 : 시편 111:1-5, "주님을 찬미합시다."로 마무리 짓기.

회 중 : 알렐루야

12. 시편 본문에 기반한 노래로 마무리 짓기.

집전자가 사용하기 위한 구체적인 애찬 예배 계획

1. 사람들은 움직일 수 있고 가운데에 놓인 음식을 나눌 수 있는 충분한 공간을 두고 U 형태로 탁자 주변에 앉는다.

2. 몇몇 사람들이 등불 여러 개를, 혹은 큰 촛불 하나를 가지고 와 상석에 놓는다. 음악 : "걸어라, 빛 안에서 걸어라", 녹음된 음악 또는 "오 기쁜 빛(은혜로운 빛이여)." 나머지 초들이 켜진다. 두 집사부제는 문 근처에서 탁자 주변에 선다.

3. 집전자는 화답송과 함께 인사 한다.(방이 밝아진 뒤)

집전자 : 주님께서 여러분과 함께!

회 중 : 또한 당신의 영과 함께!

집전자 : 우리 주님께 감사합시다.

회 중 : 마땅하고 옳은 일입니다.

위대하심과 찬미와 영광이 마땅히 그분께 있사옵니다!

4. 기도

집전자 : 주님, 모든 이를 사랑하시는 당신께서는 모든 선의 근원이시오니, 저희가 이 저녁에 바치는 감사를 자비로이 받아들이소서. 당신께서는 저희로 하여금 하루의 시간을 지내게 하셨으며, 저희로 하여금 이 밤의 시작을 지내게 하셨으며, 우리 주 그리스도를

통하여 우리가 보전하였나이다.

저희가 이 저녁을 평화로이 지낼 수 있게 하시며, 이 밤을 죄로부터 자유로이 지낼 수 있게 하소서. 영광과 영예와 찬미가 성령을 통하여 영원히 당신의 것이오니, 그리스도 예수께서 약속하신 영원한 생명을 얻게 하소서. 그리고 함께 응답하오니,

회 중 : 아멘!

5. 집사의 식탁. 3세기 로마에서, 그리스도인들은 예물을 가져와 집사(부제)들에게 넘겨주었고, 집사(부제)는 이를 문 앞의 탁자에 놓았다. 음식의 일부는 함께 하는 식사 자리에 쓰였고, 남은 것들은 공동체 안에 필요한 이들에게 나누어졌다. 탁자 위에는 과일 그릇, 기름, 떡, 치즈, 올리브, 꽃 등의 예물들이 놓인다. 집전자는 이것들을 하나씩 축복한다. 집사(부제)는 집전자가 요청할 때 이 예물들을 상석으로 가져간다. 각각의 축복이 끝나면 예물들을 상석에 두거나 혹은 다른 탁자에 옮긴다.

6. 집전자는 올리브 기름병을 축복한다.

집전자 : 이 기름을 성화시키시는 하나님, 당신께서는 기름을 바르는 이에게 건강을 회복시키셨나이다. 왕들과 사제들 그리고 예언자들에게 바르셨던 거와 같이 이 기름을 받으소서. 그리하여 이 기름을 맛보는 이에게 힘을 주시고, 이 기름을 바르는 이에게 건강을 회복시키소서.

회 중 : 주님께 영광이 있나이다. 영광이 성부와 성자와 성령께, 거룩한 교회 안에서, 이제와 항상 또 영원히 있나이다.

집전자는 상석에 기름을 놓는다.

집전자는 치즈 또는 요구르트를 축복한다.

집전자 : 하나님, 이 굳은 우유를 거룩하게 하시어, 우리로 당신 사랑 안

에서 굳세게 하소서.

회　중 : (위와 같이) 주님께 영광이 있나이다. 영광이 성부와 성자와 성령께, 거룩한 교회 안에서, 지금도 그리고 영원히 있나이다.

집전자는 축복한 치즈 또는 요구르트를 나눌 것을 지시한다. 이때, 요구르트를 찍어먹을 수 있게 하거나, 바삭한 크래커와 함께 먹을 수 있는 치즈 접시 형태로 나눈다.

집전자는 올리브를 축복한다.

집전자 : 하나님, 이 올리브나무의 과실들을 당신의 달콤함으로부터 멀어지지 않게 하소서. 이 올리브가 당신께 희망을 건 이들에게, 당신께서 생명나무에 부어주신 그 풍성함을 보이게 하소서.

회　중 : (위와 같이) 주님께 영광이 있나이다. 영광이 성부와 성자와 성령께, 거룩한 교회 안에서, 지금도 그리고 영원히 있나이다.

집전자는 축복한 올리브를 나눌 것을 지시한다.

집전자는 과일과 꽃을 축복한다.

집전자 : 하나님, 저희는 (과일과 꽃을 가지고 온 사람)로 인하여 감사드리나이다. 저희가 당신께서 선사하신 과일과 꽃을 바치오니, 당신은 말씀으로 우리를 기르시고, 당신께서 대지에게 명하여 모든 사람과 동물들을 기쁨과 양육의 열매를 맺게 하셨나이다. 이 모든 것에 대해 하나님, 당신께서 도우신 모든 것에 대해, 이 다양한 과일을 비롯한 모든 피조물을 우리에게 주심으로 인해 찬양을 드리나이다.

회　중 : (위와 같이) 주님께 영광이 있나이다. 영광이 성부와 성자와 성령께, 거룩한 교회 안에서, 지금도 그리고 영원히 있나이다.

집전자는 과일과 꽃을 여러 탁자에 놓을 것을 지시한다.

7. 집전자는 떡을 축복한다.

집전자 : (위와 같은 형식으로 즉흥적으로 기도한다)

회 중 : (위와 같이) 주님께 영광이 있나이다. 영광이 성부와 성자와 성령께, 거룩한 교회 안에서, 지금도 그리고 영원히 있나이다.

집전자는 떡을 떼어 나눈다. 사람들에게 떡을 떼어 조각을 내어, 다음 사람에게 건네고, 받으면 이를 먹는다는 것을 설명한다. 떡을 떼고 나누는 것은 방에서 4명에서 6명 규모의 소그룹으로 진행한다. 이는 모두에게 간단하면서도 즐거운 활동이다. 녹음된 음악을 축복이 진행되는 중에 틀 수 있다.

8. 식사

9. 축복의 잔

집전자는 잔을 채우고 들고, 즉흥적으로 기도한다.

집전자가 잔을 들면, 참석한 이들도 각자의 잔을 든다.

잔 나눔-모두가 동시에 잔을 마신다.

10. 여흥의 시간

　-『사도전승』28장이나, 터툴리안『변증』에서 따온 독서

　- 생각할 거리를 주는 질문 나눔, 공동체 활동 보고 또는 참석한 손님의 이야기 듣기

　- 노래, 춤, 시 낭송, 성경 또는 다른 독서, 기도

　- 재밌는 놀이, 이야기, 수수께끼

　- 가장 어린 참석차자가 시편 103편 일부를 낭송하며 순서 마무리 짓기

11. 시편 111:1-5를 낭송하기 위해 일어선다. 1절을 반복한다.

독서 끝맺음은 다음과 같이 한다.

집전자 : 주님을 찬미합시다! 그리고 모두 다 함께

회 중 : 아멘!

11. 폐회 노래.

"당신의 백성 사이에서"나 "당신의 생명이 사랑보다 나으니"[4]

애찬에 추천하는 읽기 자료

애찬

우리의 축제는 그 이름 안에 축제를 지내는 동기가 담겨 있습니다. 이는 그리스어로 '사랑'을 의미합니다. 얼마가 예상이 되든지, 경건의 이름으로 쓰이는 돈은 얻어지는 것이니, 이는 이 식사로, 우리가 필요한 것을 얻기 때문입니다.

하나님과 함께이기에, 더 낮은 이들을 위한 보다 더 많은 배려가 있어야 합니다. 애찬은 종교적 책무이기에, 사악함이나 자만을 허락지 않습니다.

우리는 하나님께 먼저 기도하기 전에 자리에 기대 눕지 않습니다. 우리는 우리의 배고픔을 충족시킬 만큼만 먹습니다. 우리는 평온함에 유익이 될 수 있을 만큼만 마십니다. 우리는 스스로 이 밤에도 하나님을 반드시 예배해야한다는 것을 기억하는 사람이라는 것에 만족합니다. 우리는 하나님께서 들으신다는 것을 아는 사람으로 이야기를 나눕니다.

손을 씻고 등불을 켠 뒤, 가능한 각 사람은 가운데로 불려와 성경에 따라, 혹은 그 자신이 가진 재능을 따라 하나님을 찬송합니다. 이는 얼마나 마셨는지를 알 수 있는 증거가 됩니다. 같은 방식으로 기도가 이뤄지고 식사가 마무리됩니다. 터툴리안, 『변증』39, 북아프리카, 2세기 말

남은 거룩한 음식

모두가 함께 먹기 위해 모인 뒤에, 충분히 먹었으나, 음식이 남을 때가 있다. 그러면 당신의 주최자는 남은 음식을 그가 원하는 이에게 '성도들의

풍성함'으로서 보내어, 이를 받은 이가 남은 음식으로 하여금 기쁘게 될 것이다. 『사도전승』, 로마, 3세기 초

성경 구절

시편, 마태복음 6:25, 로마서 15:7; 고린도서 8:9. 13; 9:8-12

5. 뉴질랜드의 성찬기도감사기도

온누리의 하나님, 예수 그리스도를 통하여
저희가 당신께 감사를 드림은 우리 구원의 기쁨입니다.
주님께서 "빛이 있으라" 하시자 빛이 생겨났고,
당신의 빛은 저희의 어둠을 밝게 비췄습니다.
주님으로 말미암아, 대지는 모든 형상 안에 생명을 가져오나이다.

주님께서는 저희를 창조하시어 당신 말씀을 들려주고자 하셨으며,
당신 뜻을 이루시고, 당신의 사랑 안에 저희를 채우고자 하셨으니,
주님께 감사드림이 합당합니다.
주님께서는 저희에게 당신의 아들을 보내시어 저희가 따라야할 길로,
저희가 알아야할 진리로 보이셨나이다.

주님께서는 저희에게 당신 성자를 보내시어 그분의 생명을 나누어 주사
저희를 저희 죄악으로부터 해방시키셨나이다.

주님께서는 저희에게 당신 성령을 보내시어 당신 교회를 굳세게 하고,
이끄시며, 권고하시고 소생시키셨나이다.
그러므로, 하늘의 별들과 같이 무수한 증인들이 우리를 둘러싸듯이,

저희도 사랑과 기쁨에 넘쳐 주님의 창조와 부르심을 찬미하나이다.

거룩하신 하나님, 거룩하고 자비로우신 하나님,

거룩하고 정의로우신 하나님,

영광과 선이 당신으로부터 내려오나이다.

가장 높으시고 은혜로우신 하나님께 영광이 있으리다.

성자께서는 복되시며, 가장 거룩하시나니, 제자들의 발을 씻기시며

"내가 너희 가운데에 섬기는 이로 있겠노라"고 말씀하셨나이다.

주님께서 돌아가시기 전날 밤,

주님께서는 떡을 들어 감사를 드리신 다음… 『뉴질랜드의 기도서』 5)

6. 16세기 아나뱁티스트 성찬식

(발타자르 후브마이어에 기초함)6)

모두가 모일 때, 보통의 떡과 포도주로 식탁을 차린다.

고백:(모두 무릎을 꿇거나, 적절한 예절이 담긴 자세를 취한다. 한 목소리로)

아버지, 저희는 하늘과 당신을 거역하여 죄를 지었나이다. 저희는 당신 자녀라 불릴 자격이 없사옵니다. 하오나 저희에게 위로의 말씀을 선포하시며, 저희 영혼이 완전케 되나이다. 하나님 저희 죄인들에게 자비를 베푸소서.

전능하시고, 영원하시며 자애로우신 하나님께서 저희 죄에 자비를 베푸시고 자애로이 저희를 용서하시기를 바라나이다. 또한 그분께서 우리를 용서하실 때, 흠과 티 없이 영원한 생명으로 들어가게 하소서.

우리 주 예수 그리스도를 통하여 기도하나이다. 아멘.(회중은 앉는다)

독서와 설명: 누가복음 24:13-35. 이를 대체할만한 본문은 다음과 같다: 집회서 2장, 고린도전서 10장 또는 11장, 요한복음 13, 14, 15, 16, 17장, 마태복음 3장, 누가복음, 3장.

간증과 독서 응답

기도: (한 목소리로) 그리스도시여, 저희와 함께 머무소서! 하루 날이 이제 거의 저물며 석양을 향해가나이다. 예수여, 저희와 함께 머무소서! 저희와 함께 머무소서! 당신께서 계시지 아니하면, 모든 것은 어둠과 밤과 그림자에 휩싸이나이다. 하오나 당신께서는 홀로 거룩하신 성자요, 빛이시며, 환히 빛나시옵니다. 당신께서 길을 비추시는 이들은 결코 길을 벗어나지 않나이다.

자기 성찰: (한 목소리로) 우리 스스로를 시험하고 성찰하여, 그리하여 우리가 떡과 포도주를 먹을 수 있도록 합시다.

우리 스스로에게 질문합시다.

- 나는 완전히 그리고 절대적으로 그리스도께서 십자가에서 우리를 위해 당신 몸을 내어주시고 그 붉은 피를 흘리셨음을 믿는가?
- 나는 하늘에서 내려온 떡을 열렬히 바라고 있는가?
- 나는 영원한 삶으로 흐르는 음료를 갈망하고 있는가?
- 나는 영과 믿음과 그리스도께서 우리에게 가르쳐주신 진리 안에서 먹고 마시기를 원하는가?
- 나는 말과 행실로 주님께서 우리 주 그리스도를 통하여 주신 풍성히 그리고 말할 수 없는 사랑과 선에 감사를 드리고 있는가?
- 나는 나의 동료 신자들을 위해 나의 몸과 피를 기꺼이 바칠 것을 공적으로 기꺼이 말할 수 있는가?

송영: (집전자) 율법으로는, 죄와 죽음을 피할 수 없습니다. 우리는 악을 버

릴 뿐 아니라 선을 행하도록 부름 받았습니다. 우리는 우리 이웃에게 선을 행하도록 부름 받았습니다. 그리스도께서는 떡을 떼셨을 뿐 아니라, 이를 제자들에게 나눠 주셨습니다. 또한 떡 뿐만 아니라 당신의 살과 피도 나눠주셨습니다. 그러므로 우리는 사랑의 언어를 말로만 할 것이 아니라, 듣고, 우리 스스로가 죄인임을 고백하며, 죄에 참여하지 말아야 합니다. 우리는 성경 모든 곳에서 가르치듯이 사랑을 행동으로 완수해야합니다. 요컨대, 하나님께서는 사랑의 뜻과 말과 행실을 요구하십니다. 하나님께서는 당신 말씀을 거두거나 폐하지 않으십니다.

주기도문, 그 후에 침묵과 명상(한 목소리로)

회중: 하늘에 계신 우리 아버지..

사랑의 선서

집전자: 이제 주님의 만찬에 떡과 포도주를 먹고자하는 이는, 모두 일어나 마음과 입으로 사랑의 선서에 대답합시다.(모두 일어선다)

형제자매 여러분. 모든 것에 대해, 그분의 거룩하고 살아계신 말씀의 능력 안에 하나님을 사랑하고자 한다면, 하나님을 섬기고 영예롭게 하며 사모하며, 그의 이름을 거룩하게 하고 싶다면, 그리고 하나님의 살아 있는 말씀을 여러분 안에 일하게 하는 하나님의 신성한 의지에 죄로 물든 여러분들의 의지를 복종시키고자 한다면, 각자 대답하십시오. "제가 그것을 원합니다."

회중: 제가 그것을 원합니다.

집전자: 여러분들이 각자의 삶을 내려 놓고 당신의 이웃을 사랑의 행실로 아끼고 섬기기 원한다면, 여러분들이 우리를 위해 당신의 살과 피를 내어 주신 그리스도의 우리 주 그리스도의 권능에 힘입어, 하나님의 뜻에 따라 부여된 아버지와 어머니 그리고 모든 권세에 대해 순종하

기를 원한다면, 각자 대답하십시오.

회중 : 참으로 원하나이다.

집전자 : 여러분들이 형제 자매들을 경고하고, 그들 사이에 평화와 일치를 가져오며, 여러분들이 잘못한 이들과 화해하기 원한다면, 여러분들이 다른 이들을 향한 모든 질투, 증오 그리고 악을 버리고, 기꺼이 이웃에게 해와 불이익과 공격을 멈추기를 원한다면, 여러분들이 원수를 사랑하고 선을 베풀기 원한다면, 각자 이렇게 대답하십시오. "제가 그것을 원합니다."

회중 : 제가 그것을 원합니다.

집전자 : 여러분들이 지금 사랑의 선서를 하고 있는 바를, 떡과 포도주를 먹는 주님의 만찬을 행함으로써 교회 앞에 공적으로 증명하고 우리 주 예수 그리스도의 수난과 죽음을 생생히 기억하는 권능 안에 증거 하고자 한다면, 각자 이렇게 대답하십시오. "저는 하나님의 능력으로 그렇게 하기를 원합니다."

회중 : 하나님의 능력으로 그렇게 하기를 원합니다.

집전자 : 그리하여 함께 성부와 성자와 성령의 이름으로 먹고 마십시다. 하나님께서 힘과 강건함을 주사 우리가 합당하게 이 선서를 행하고 생명을 살리는 결말을 맞게 하소서. 주 예수께서 당신 은총을 저희에게 주시기를 바라나이다. 아멘.

감사기도 : (회중은 일어선다. 집전자는 떡을 든다. 모든 회중은 눈을 들어 기도한다)

회중 : 주 하나님, 하늘과 땅의 창조주시여, 저희는 당신께서 베푸신 모든 선을 찬미하고 감사드리나이다. 특별히 저희를 신실히 사랑하시고 당신께서 가장 사랑하시는 성자를 저희에게 보내주시어 예수님을 믿는 이는 누구나 멸망하지 아니하고, 영생에 들게 하심에 감사드리나이

다. 주님께 영예와 찬미 그리고 존귀하심이 지금도 그리고 영원히 있나이다. 아멘.

떡을 떼고 나눔.

집전자 : (떡을 떼며) 주 예수님, 당신께서 배반당하시던 날 밤에, 떡을 들어 감사를 드리신 다음, 떼어 말씀하셨나이다. "받아먹으라, 이는 너희를 위하여 내어주는 내 몸이니, 나를 기억하여 이를 행하여라." 그러므로 사랑하는 형제자매 여러분, 이 떡을 또한 우리를 위하여 죽으신 우리 주 예수 그리스도의 몸으로 기념하며 받아먹으십시오.

　집전자는 떡을 손에 건네준다.

　회중은 떡 조각을 들고, 함께 먹는다.

잔을 나눔

집전자 : (잔을 들고 눈을 들어 올려 말한다) 하나님, 찬미 받으소서!
또한 이와 같이 만찬 후에 잔을 들어 말씀하셨나이다. "이는 새로운 계약을 맺는 내 피의 잔이니, 너희가 이를 마실 때마다, 나를 기억하여 이를 행하여라." 그러므로, 이 잔을 주 예수 그리스도께서 우리 죄를 용서하기 위해 흘리신 피로 기념하며 받아 마십시오.

　집전자는 사람들에게 잔을 돌리고, 모두 마신다.

회중 : 주님께서 오실 때까지, 이 떡과 잔을 먹고 마실 때마다, 주님의 죽으심을 선포하나이다. (회중은 앉는다)

마무리

집전자 : 우리 죄를 사하기 위해 주 예수 그리스도께서 수난받으심과 피 흘리심을 기념하며 떡과 포도주를 먹고 마셨으니, 우리는 서로 하나의 공동체가 됩니다. 주님을 기념하며 먹고 마셨으니 우리는 모두 한 덩이, 한 몸이 되었습니다. 우리의 머리는 그리스도이십니다. 우리는 우리의 머리 되신 이를 따르고, 그분을 따르는 제자로

부름을 받았습니다. 우리는 서로 사랑하고 선을 행하며, 조언하며 돕고, 각자의 살과 피를 다른 이들을 위해 바치도록 부름을 받았습니다.

그리하여, 그리스도 안에서 사랑하는 형제자매 여러분, 그리스도 예수의 식탁에 참여한 이들로서, 여러분들이 하나님과 사람들 앞에서 그리스도인의 길을 걷기를 권고하는 바입니다. 여러분이 세례 계약과 사랑의 선서를 기억하십시오. 세례와 그리스도의 만찬에 맞갖은 열매를 맺으십시오. 하나님의 권능 안에 여러분의 선서와 약속, 성례전과 계약을 충족할 수 있기를 바랍니다. 하나님께서는 여러분 마음 깊은 곳을 보고 알고 계십니다. 언제나 그리고 영원히 찬양받으실 우리 주 예수 그리스도께서 우리에게 같은 은총을 베푸시기를 기원합니다. 아멘.

형제자매 여러분. 뒤처지고 유혹에 빠지지 않도록 주의를 기울이고 기도합시다. 우리는 주님께서 오시어 우리가 어떻게 살았는지 물으실 날과 시간이 언제인지 모릅니다. 그러므로 주의를 기울이고 기도하십시오. 하나님의 이름으로 여러분께 권고합니다. 모두 외칩시다.

회중:찬미 받으소서,찬미 받으소서,영원토록 찬미 받으소서,주님!아멘

집전자:이제 모두 일어서십시오.(회중은 일어선다)

그리스도 예수 안에, 평화로이 가십시오.

회중:하나님의 은총이 우리 모두 안에.아멘.

7. 17세기 메노나이트 성찬식

(한스 드 리스의 예배에 기초함)[7]

예수께서는 유월절 어린양을 드신 뒤, 보통의, 성별되지 않은 무교병을

드셨습니다. 그 후 예수께서는 그때의 떡뿐 아니라, 세상 끝날까지의 떡을 축복하셨습니다. 거룩한 떡이 이런 이유로 쓰이기에, 우리는 진심 어린 감사를 드리지 않고 주님의 만찬에 참여해서는 안 된다고 가르칩니다. 우리가 보이지 않는 것은 쉬이 잊기에, 주님께서는 언제나 그분을 감사할 수 있도록 보이는 표징을 주시기 원하셨습니다. 떡과 포도주처럼 그리스도의 몸과 피를 상징하기에 더 적합한 유형은 없습니다.

떡을 먹어 육신에 힘을 주고 지탱하듯이, 믿음 안에서 그리스도의 몸을 먹는 것도 그러합니다. 이처럼 떡이 찢기듯, 그분의 몸 또한 떼어졌습니다. 같은 방식으로 포도주가 사람을 기쁘게 하고, 목마름을 해소하며, 씻고 정화하듯이, 그리스도의 피 또한 그러합니다.

침묵으로 드리는 감사기도

공동체 식사 그리고 또는 성경 독서, 설교 그리고 기도가 뒤이어 올 수 있다.

특별히 공동체 식사에서는 아래의 본문이 추천된다.: 창세기 18:1-14, 시편 133, 고린도전서 12장

성찬식

위대한 만찬이로다! 이는 단순히 먹고 마시는 것이 아닙니다. 오, 이 만찬의 주인은 하나님이십니다. 이 만찬을 주재하는 이는 그리스도이십니다. 모든 믿는 이들은 그분의 손님이십니다. 만찬의 음식은 그리스도의 권능을 담은 살과 그분이 흘리신 피입니다. 누가 참여하기에 합당합니까? 하나님의 사랑과 그분 말씀에 진심 어린 믿음을 가진 이들입니다. 자신의 죄를 통감하며 그리스도로 말미암아 하나님께서 죄인을 용서하셨다는 것을 마음

으로 믿는 이들입니다. 우리의 목자 예수 그리스도의 음성을 듣고, 정결히 사는 이들입니다.

침묵과 기도

그러므로 슬퍼하거나 지체하지 말고 주님의 식탁으로 와서, 우리 죄를 용서받고 영원한 생명을 약속받읍시다. 우리가 혼인 잔치에 들어가기 전, 우리의 무력함을 떨치고, 주님의 이름을 부르짖습니다.

"오 지극히 거룩하신 하나님이시며, 우리 주 예수 그리스도의 아버지, 저희는 구세주 예수 그리스도의 죽음을 기억하는 당신의 축제를 지내기 위해 모였습니다. 저희는 저희가 해야할 바를 다하지 못했습니다. 저희는 죄에 고통받고 있습니다. 저희는 생각과 말과 행동으로 당신의 거룩한 신비로부터 자주 벗어났으며 저희는 당신의 몸과 피를 먹을 수 없는 합당한 이유를 알고 있습니다. 아버지와 같은 온유하심으로 저희를 용서해주시기를 간구합니다. 당신의 은총으로 저희를 용서하소서. 저희 마음을 이끄시어, 저희가 먼저 그리고 우선 영혼에 영원한 생명을 주는 천상의 떡을 구하게 하소서. 아멘."

제정사

"내가 여러분에게 전해 준 것은 주님에게서 받은 것입니다. 곧 주 예수께서 잡히시던 날 밤에 떡을 손에 드시고 감사의 기도를 드리신 다음, 떡을 떼시고 "이것은 너희들을 위하여 주는 내 몸이니 나를 기억하여 이 예를 행하여라." 하고 말씀하셨습니다. 또 식후에 잔을 드시고 감사의 기도를 드리신 다음, "이것은 내 피로 맺는 새로운 계약의 잔이니 마실 때마다 나를 기억하여 이 예를 행하여라." 하고 말씀하셨습니다. 그러므로 여러분은 이 떡을 먹고 이 잔을 마실 때마다 주님의 죽음을 선포하고, 이것을 주님께서 다시 오

실 때까지 하십시오."고전 11:23-26

　"우리가 그 떡을 떼는 것은 그리스도의 몸을 나누어 먹는 것이 아니겠습니까?"고전 10:16 우리는 한 떡이며 한 몸이니 이는 우리가 한 떡에 참여하는 것이기 때문입니다. 떡이 많은 낱알이 하나가 되어 더는 나뉘지 않듯이, 우리도 그리스도 안에 하나임을 증언합니다.

　예수께서는 떡을 들고 떼시기 전 먼저 감사를 드리셨습니다. 그러므로 저희는 그리스도를 따라 감사를 드리나니, "오 영원하시고, 다정하시며, 저희 죄인들을 위해 십자가에 달리시고 그분을 기억하기 위해 이 만찬을 전하신 당신 성자를 주신 하나님, 저희를 위한 이 떡을 당신의 거룩한 힘으로 축복하시어, 당신 성자의 참된 표지가 되게 하소서. 저희가 이 떡을 먹음으로 말미암아 저희를 높이시니, 곧, 하늘의 떡이신 예수 그리스도께서 이제 저희 영혼을 먹이시고 영원한 생명으로 이끄시나이다. 아멘."

분배

　"모두 이것을 마셔라. 이는 너희의 죄사함을 위하여 흘려 새로운 계약을 맺는 내 피다."

　"주의 선하심을 맛보아 알지어다."

세족식 서문

　요한 복음 13:3-9, 12-15

세족식

기도

　주 예수님

당신께서 제자들 앞에 무릎 꿇으셨듯,

저희도 서로 앞에 무릎을 꿇고 앉아

서로의 발을 씻어주나이다.

저희는 말로 다 할 수 없는 것을 하고 있나이다.

이 사랑의 표시를

우리가 삶 속에서 살아야 할 바에 대한 맹세로 받아주소서.

당신께서 약속하셨듯이,

기쁨과 인내로 십자가의 길을 따를 수 있도록

저희를 축복하소서. 아멘.

감사 기도

내 영혼아, 주님을 찬미하여라. 속으로부터 그 거룩한 이름을 찬미하여라.

내 영혼아, 주님을 찬미하여라. 베푸신 모든 은덕 잊지 마라.

네 모든 죄를 용서하시고 네 모든 병을 고쳐주신다.

네 목숨을 구렁에서 건져주시고 사랑과 자비의 관을 씌워주신다.

네 인생에 복을 가득 채워주신다. 시편 103:1-5a

축복

부록 3. 세족식

고대 기독교 교회로부터 복원한 세족식이 교회와 개인에게 어떤 의미를 지니는가? 이 예식에 무지한 그리스도인들은 잠재적으로 가치 있는 무엇인 가를 놓치고 있는 것인가? 문자 그대로 세족식을 거행하는 것이 맞는지, 그리고 대신에 '역동적인' 적용을 시도할 수 있는가? 이것들은 고려해보아야 할 질문들이다.

초기 예전 몇 곳에서는, 예를 들어 암브로스Ambrose 암브로시우스가 밀라노에서 작성한 예전 같은 곳에서는 세족식이 세례와 연관되어 있고 의식적이고 성례전적인 정화의 부분으로 이해되었다. 고고학자들은 세례당 옆에서, 분명 위와 같은 목적으로 사용한 작은 수조를 발견했다.

16세기 이후 몇몇 아나뱁티스트 집단들이 주의 만찬과 연계하여 세족식을 거행했다. 이 형태에서 일반적인 지향점으로 성례전과 의식의 언어를 대신하여 그들은 행위가 지닌 윤리적 차원의 해석을 발전시켰다. 세기를 거치면서, 이 윤리적 의미들은 공동체가 처한 다양한 환경에 따라 전환된다. 그들은 정화, 겸손, 제자도, 화해, 친교와 봉사의 표현을 거쳐 형성된 강력한 정체성 감각을 세우기 위한 초기 역할들을 범위로 잡았다. 우리 시대에, 세족식을 거행하는 메노나이트 집단사이의 경향은 그들 스스로 화해하고, 교회 안에서 능동적으로 다른 이를 섬기는 것을 강조하는 데에 있다.[1]

제칠일안식일예수재림교인들은 세족식을 성찬과 결부시켜 포함한다. 이는 예수의 겸손한 행동을 기억하며 그분의 명령에 순종하는 것이다. 때로는 '최소한의 계명'이라 불리는 이 예식은, 정화의 예식물이 그 상징이다과 섬김의 선언수건이 그 상징이다을 결합한 예배라고 설명할 수 있다. 이 세족 예식은 자아 성찰, 죄의 고백 그리고 공동체 안에서 다른 이들과 화해하는 기회를 제공한다.

천주교와 성공회 교회들에서는 세족식을 성주간 목요일에 거행한다. 이 날은 '세족 목요일Maundy Thursday'이라 불리는데 이는 예수께서 명령한 '새로운 계명'을 의미하는 라틴어 단어 'Mandatum Novum'에서 유래한 것이다. "나는 너희에게 새 계명을 주겠다. 서로 사랑하여라. 내가 너희를 사랑한 것처럼 너희도 서로 사랑하여라."요 13:34 이 본문은 정교한 성 목요일 저녁 예식의 부분을 구성하는 세족식과 연관되어 있다.

현대 천주교 성 목요일 의식에서, 주교는 의식적으로 선택된 성가대 소년의 발을 씻어, 이로써 자기보다 낮은 위치인 제자들의 발을 씻기신 스승 예수를 본뜬다. 사실 이 예식은 "너희도 서로 발을 씻어주어야 한다."요 13:14는 예수의 계명을 성취시키는 것이 아니라, 그리스도께서 명령하신 상호 간 사랑의 섬김에 정면으로 배치되는 계급적 분리를 강조하는 것이다.

잉글랜드에서는 보다 사랑 가득한 성 목요일 전통으로, 여왕이 특별히 제작한 기념주화를 합당한 시민들에게 그들이 공동체에 베푼 가치 있는 봉사에 대한 인정과 보상으로 나눠준다. 세족 예식에 대한 이러한 역동적 해석이 예수의 원래 의도를 구현하고 전달하는 것일까?

빠르게 여러 그리스도인 공동체들의 세족 예식을 살펴보면서, 우리는 그의미와 실행의 범위를 보았다. 많은 그리스도인은 이에 강하게 부정적인 반응을 보였다. 예전학자 R.F 벅스턴은, 예배 표준 자료집에서 이렇게 기술하였다.

(세족식이) 겸손한 섬김을 보여주는 상징으로 적합한지는 의문시된다. 현대에는 주인은 손님들의 발을 씻기지 않으며, 손님들 또한 와서 발을

씻지도 않는다. 이 상징은 그러므로 더 이상 분명하지 않으며, 강요되고 인공적인 의고주의에 불과하다.[2]

그러나 갱신 모임, 기도 소모임, 또는 가정 교회에서 놀랍도록 위 견해에 대한 반박이 수면위에 올랐다. 북구 문화에서 먼지 묻은 발을 씻기는 관습이 없지만, 이 고대 예식에는 생각지 못했던 힘이 존재하는 것이다. 이 예식을 '차갑다'고 이해한 새로운 그리스도인들은 때로 이 예식이 큰 의미를 지니고 있다고 증언한다. 그들은 단지 '성경이 우리에게 증언하고 있기'에 이 예식을 실행한다. 이 예식은 큰 축복을 주며, 평화와 일치를 느낄 수 있게 한다.

그렇다. 발은 매우 사적인 신체 부위이다. 우리는 때로 해변이 아니라면 서로에게 발을 보이는 것을 부끄러워할 때가 있다. 또한, 우리의 어린 자녀나 나이든 부모가 아닌 이상, 누군가에게 무릎을 꿇는 것에 익숙하지 않은 것도 사실이다.

발을 씻거나, 신발 끈을 묶는 것은 충분히 쉬운 일이지만, 우리는 이를 다른 사람한테 하는 것을 거의 상상하지 못한다. '전문적인 서비스'를 제공하는 직업인들이 사람들의 발과 관련한 이런 일을 할 수 있겠지만, 종교적 예식으로는 기이해 보인다.

일본 메노나이트 공동체 같은 몇몇 그리스도인 집단에서는 겸손과 상호 섬김의 예식으로 서로의 손을 대신 씻어주고 있다. 다른 이들은 공동체 안에서 평소의 직무를 교환하는 것으로 대체한다. 각 직무는 별도의 쪽지에 적혀있으며, 성찬식의 준비 예식의 각 역할을 나눌 수 있게 했다. 이것들은 단지 그리스도께서 분명히 명하신 상호 간 섬김을 상징하는 예식을 적용한 시도 중 소수의 예시이다. 대부분의 그리스도인 집단은 예수께서 세 번

씩이나 명령한 것에 불편함을 느낄지라도 대체로 이 예식을 피한다.

　몇몇 교회들은 극적으로 재현을 통해 세족 예식을 다시 복구하려고 시도한다. 예를 들어, 요한복음 13장을 읽은 뒤, 몇몇 사람들이 그 장면을 재현한다. 독서자는 5절의 끝에서 잠시 멈추고 몇몇 사람들이 마치 정지화면처럼 각자의 자리에 위치해 장면을 연출한다. 이는 몇 분 동안 이어지며, 적합한 노래를 부를 수도 있다. 사람들은 이 장면을 보면서, 스스로를 이 장면에서 상상하며 찾는다. 더욱더 복잡한 재현은 읽은 구절을 따라 그 행동을 말없이 몸짓으로 표현하는 것이다.

　세족식의 주제를 예수 앞에 닥친 죽음의 상징으로 강조한다면, 이는 요한복음 안의 인접한 구절들에서 나온 다른 상징들, 예를 들어 베다니에서의 기름 부음, 예루살렘 입성, 최후의 만찬, 작별의 대화, 배반, 체포 그리고 십자가 이미지와 덧붙여 그려질 수 있다.

미주

1부. 수 세기 동안의 변천

1 ● 최후의 만찬에서 교회의 만찬으로

1. Paul Bradshaw, *The Search for the Origins of Christian Worship* (London, SPCK, 1992), 159160.
2. Dennis E. Smith and Hal E. Taussig, *Many Tables* (London: SCM, 1990), 5166.
3. Smith and Taussig, *Many Tables*, 6364.
4. Hermas, *Vision* 3.9.24.

2 ● 유대식 축복과 로마식 연회

1. Bradshaw, *Origins*, 1516.
2. Joachim Jeremias, *The Eucharistic Words of Jesus* (Philadelphia: Fortress Press, 1977), 250.
3. *Ibid.*, 109.
4. *Ibid.*, 110.
5. 유월절 제정: 출애굽기 12장, 무교절 축제: 출애굽기 13:38
6. E. H. van Olst, *The Bible and Liturgy* (Grand Rapids: Eerdmans, 1991), 3940.
7. Smith and Taussig, *Many Tables*, 3133.
8. See ibid., chapters 2 and 3, for a discussion of Christian transformation of banquet traditions.

3 ● 애찬

1. Geoffrey Wainwright, *Eucharist and Eschatology* (London: Epworth, 1963), 21; see also chapter 2.
2. Jeremias, *Eucharistic Words*, 118119.
3. Rom. 16:16; 1 Cor. 16:20; 2 Cor. 13:12; 1 Thess. 5:26; 1 Pet. 5:14.
4. Jeremias, *Eucharistic Words*, 115122.
5. I. Howard Marshall, *Last Supper and Lord's Supper*(Exeter: Paternoster, 1980), 5장. 『마지막 만찬과 주의 만찬』(솔로몬, 2010), 290쪽.
6. Smith and Taussig, *Many Tables*, 5863.
7. Pliny, *Letters* 10.96. These were addressed to Emperor Trajan.
8. Ignatius, *Letter to the Smyrnaeans* 8.
9. Tertullian, *Apology* 39.1619. The date is ca. A.D. 200.
10. Trevor Lloyd, *Agapes and Informal Eucharists* (Bramcote, Notts: Grove, 1973), 10.
11. Augustine, *Orations* 6.4.

12. Clement of Alexandria, *Instructor* 2.1.4; Tertullian, *On Fasting* 16.

4. 초기 교회의 성찬식

1. Christians met before work, throughout the week, for communal teaching and prayers.
2. Josef Jungmann, *The Early Liturgy* (London: Darton, Longman, & Todd, 1960), 44.
3. Ibid.
4. *Apology* 1.13.
5. Origen, *Contra Celsum* 8.57.『켈수스를 논박함 – 그리스 로마 세계에 대한 한 그리스도인의 답변』(새물결, 2005)
6. Justin, *Dialogue with Trypho* 110.23.
7. *Didache* 9.24.『디다케 – 12사도를 통해 주시는 주님의 가르침』(대장간, 2019)
8. Justin, *Dialogue with Trypho* 41.
9. Justin, *Apology* 1.65.
10. Many scholars no longer ascribe authorship of Apostolic Tradition, a composite document, to Hippolytus.
11. *Apostolic Tradition* 4.『사도 전승』(분도출판사, 1992)
12. Clement of Alexandria, quoted in Jungmann, *The Early Liturgy*, 44.
13. Justin, *Apology* 1.13.
14. Johann Franck, 1649; trans. Catherine Winkworth, 1863. Meter 88 88D (Trochaic). From United Reformed Church hymnal *Rejoice and Sing* (Grand Rapids: Eerdmans, 1985), 446.

5. 중세의 미사와 성찬예배(Divine Liturgy)

1. John Chrysostom, *In Eph. hom.* 3.4.
2. Josef Jungmann, *The Mass of the Roman Rite: Its Origins and Development* (Dublin: Four Courts, 1953), 2:362.
3. *Ibid.*, 363.
4. Peter of Blois (died ca. 1204), quoted in Jungmann, *Mass of the Roman Rite*, 2:364.
5. *Ibid.*, 362.
6. *Ibid.*, 362.
7. *Ibid.*, 365366.
8. J. G. Davies, ed., *The New Westminster Dictionary of Liturgy and Worship* (London: SCM, 1986), 139.
9. Jungmann, *The Mass of the Roman Rite* 1:179.
10. Jungmann, *The Early Liturgy*, 164166.
11. William H. Willimon, *Word, Water, Wine and Bread* (Valley Forge, Pa.: Judson Press, 1980), 52.
12. Jim Forest, "The Attractions of Orthodoxy," *De Herault* (a Dutch Jesuit magazine), 1990, 6.
13. *Ibid.*, 5.
14. Alexander Schmemann, *For the Life of the World* (Crestwood, N.Y.: St. Vladimir's Seminary Press, 1988), 29.
15. *The Orthodox Liturgy* (Oxford: Oxford Univ. Press, 1982), 35, 9394.

6. 종교개혁 - 성찬의 혁명

1. For further discussion of Reformation eucharistic views see Robert E. Webber, ed., *The Sacred Actions of Christian Worship*, *The Complete Library of Christian Worship*, vol. 6 (Nashville: Star Song, 1994), 211214, 234239.
2. Huldrich Zwingli, *The Latin Works of Huldreich Zwingli*, 2:49, cited in Webber, The Sacred Actions, 236.
3. John Calvin, *Calvin's Tracts*, 2:249.
4. James White, *Protestant Worship*: *Traditions in Transition* (Louisville: Westminster John Knox, 1989), 36.
5. Willimon, *Word, Water, Wine and Bread*, 6566.
6. *Ibid.*, 68.
7. Gregory Dix, *The Shape of the Liturgy* (Westminster: Dacre Press, 1945), 632.
8. Louis Bouyer, *Eucharist*: *Theology and Spirituality of the Eucharistic Prayer* (Notre Dame: Univ. of Notre Dame Press, 1968), 81.
9. C. W. Dugmore, *The Mass and the English Reformers* (London: Macmillan, 1958), 160.
10. H. Wayne Pipkin, *Zwingli*: *The Positive Value of His Eucharistic Writings* (Leeds: Yorkshire Baptist Association, 1984), 4.
11. Martin Luther, in Jaroslav Pelikan, ed., *Luther's Works* (St. Louis: Concordia, 195586), 53:6364.
12. John Rempel, *The Lord's Supper in Anabaptism* (Scottdale, Pa.: Herald Press, 1991).
13. John H. Yoder, trans. and ed., *The Legacy of Michael Sattler* (Scottdale, Pa.: Herald Press, 1973), 45.
14. "The Schleitheim Brotherly Union" (1527), in Yoder, ed., *The Legacy of Michael Sattler*, 3442.
15. Adapted by Eleanor Kreider from *Balthasar Hubmaier*: *Theologian of Anabaptism*, trans. and ed. H. Wayne Pipkin and John H. Yoder (Scottdale, Pa.: Herald Press, 1989), 403404, and used by permission.
16. "Orthodox Confession" (1678).

7. 근대의 발전 - 쇄신과 회복

1. White, *Protestant Worship*, 53. 『개신교 예배』(CLC, 2002).
2. Quoted in Geoffrey Wainwright, *Doxology* (Oxford: Oxford Univ. Press, 1980), 333.
3. Ibid., 334.
4. Friederich Heller, *The Spirit of Worship* (London: Hodder and Stoughton, 1926), 108.
5. Quoted in White, *Protestant Worship*, 107.
6. Horton Davies, *Worship and Theology in England*, 16901750 (London: Oxford Univ. Press, 1961), 5, 54.
7. Quoted in Davies, *Worship and Theology in England*, 3, 68.
8. For a brief description of another eighteenth-century rediscovery of the agape, see Graydon Snyder, "Love Feast," in *Brethren Encyclopedia* (Philadelphia: Brethren Encyclopedia, Inc., 198384), 1:762765. Also see essays on the Brethren heritage of the Lord's Supper in *The Lord's Supper*: *Believers Church Perspectives*, ed. Dale

Stoffer (Scottdale, Pa.: Herald Press, 1997), 148192.

9. Frank Baker, *Methodism and the Love Feast* (Epworth: Epworth Press, 1957), 15, 25.

10. For fascinating detail see Donald Durnbaugh, *The Believers' Church* (London: Macmillan, 1968; Scottdale, Pa.: Herald Press, 1985), chap. 6. 『신자들의 교회』(대장간, 2015).

11. Robert Haldane (17641842) and James Alexander Haldane (17681951).

12. Thomas Campbell (17631854), his son Alexander (17881866), and Barton Stone (17721844).

13. John Robinson at Delft Haven (1620), quoted in Daniel Wilson, *The Pilgrim Fathers* (1851), 358.

14. Quoted in White, *Protestant Worship*, 174. 『개신교 예배』(CLC, 2002).

15. Roy Coad, *A History of the Brethren Movement* (Exeter: Paternoster, 1968), 1821.

16. Anthony Groves, Memoir, 4849. See Coad, *Brethren Movement*, 24.

17. F. W. Newman, "Phases of Faith," 27, 33, 34. Quoted in Coad, *Brethren Movement*, 26.

18. Davies, *Worship and Theology in England*, 3, 243245.

19. White, *Protestant Worship*, 200. 『개신교 예배』(CLC, 2002).

20. Davies, *Worship and Theology in England*, 5, 14.

21. Robert E. Webber, ed., *Twenty Centuries of Christian of Christian Worship*, The Complete Library of Christian Worship, vol. 2 (Nashville: Star Song, 1994), 134140.

22. *Ibid.*, 136.

23. *Ibid.*, 137139.

24. Robert and Julia Banks, *The Home Church* (Tring, Hertfordshire: Lion, 1986), 1822.

2부. 성찬-주제의 변주

8. 역사적 주제들이 살아나다

1. Mark 14:24; Luke 22:20; 1 Cor. 11:25.

2. Deut. 12:57, 1718; 14:23, 26; 15:20; 27:7.

3. *Didache* 10.6. 『디다케 – 12사도를 통해 주시는 주님의 가르침』(대장간, 2019).

4. On the overlapping times, see 1 Cor. 10:11, ". . . to instruct us, on whom the ends of the ages have come." For further reading: Geoffrey Wainwright, *Eucharist and Eschatology* (London: Epworth, 1971), chap. 2; Thomas Finger, *Christian Theology: An Eschatological Approach*, vol. 2 (Scottdale, Pa.: Herald Press, 1989), chap. 13.

5. Wainwright, *Eucharist and Eschatology*, 6070.

6. *Ibid.*, 67.

7. Peter Lampe, "The Eucharist," Interpretation 48 (1994): 3649. Also see Finger, *Theology*, 2: 340341.

8. Lampe, "The Eucharist," 3649.

9. Rom. 16:16; 1 Cor. 16:20; 2 Cor. 13:12; 1 Thess. 5:26.

10. Eleanor Kreider, "Let the Faithful Greet Each Other: The Kiss of Peace," *Conrad Grebel Review* 5 (1987): 44.

9. 그리스도가 여기 계시니, 신비가 드러났다

1. John Meyendorff, *Byzantine Theology* (New York: Fordham Univ. Press, 1987), 29.
2. Alexander Schmemann, *Church, World, Mission* (Crestwood, N.Y.: St. Vladimir's Press, 1979), 60.
3. See Horton Davies, "The Eucharist as Mystery," in his *Bread of Life and Cup of Joy: Newer Ecumenical Perspectives on the Eucharist* (Grand Rapids: Eerdmans, 1993), 147179.
4. Raymond Brown, *The Gospel According to John*, XIIIXXI, The Anchor Bible (New York: Doubleday, 1970), 673674. 『앵커바이블 요한복음』(CLC, 2013).
5. William H. Willimon, *Word, Water, Wine and Bread* (Valley Forge: Judson Press, 1980), 58.
6. Kathy Carter et al., "Is the Church Aesthetically . . .?" *Regenerate* 5 (Nov. 1994), 10.
7. G. W. H. Lampe, "The Eucharist in the Thought of the Early Church," in R. E. Clements et al., *Eucharistic Theology Then and Now* (London: SPCK, 1958), 34.
8. Jean Lebon, *How to Understand the Liturgy* (London: SCM, 1987), 2.
9. Donald Baillie, *Theology of the Sacraments and Other Papers* (London: Faber and Faber, 1957), 54.

10. 회중의 삶을 위한 성찬식 주제들

1. John H. Yoder, *Christology and Theological Method: Preface to Theology* (Elkhart, Ind., Goshen Biblical Seminary, n.d.), 221.
2. *Pope John Sunday Missal* (Leigh−on−Sea, Essex: Kevin Mayhew, 1978), 508.
3. *Alternative Service Book* (Oxford: Oxford Univ. Press, 1980), 187.
4. Rowan Williams, *Eucharistic Sacrifice: The Roots of a Metaphor*, Grove Liturgical Study 31 (Braincote, Notts: Grove, 1982), 78.
5. *Ibid.*, 29.
6. Yoder, John H., Christology, 221.
7. *Didache* 4.8. 『디다케 – 12사도를 통해 주시는 주님의 가르침』(대장간, 2019).
8. Thomas Phelan, "Offertory," *New Westminster Dictionary of Liturgy and Worship* (Philadelphia: Westminster, 1986), 394395.

11. 선교를 위한 성찬식 주제들

1. See Gustaf Aulén, *Christus Victor* (New York: Macmillan, 1958); Walter Wink, Naming the Powers (Philadelphia: Fortress Press, 1984). 『승리자 그리스도』(정경사, 1992)
2. Matt. 10:38; Mark 8:34ff.; Mark 10:38ff.; Luke 14:27; John 15:20; 2 Cor. 1:5; 4:10; Phil. 1:29; 2:58; 3:10; Col. 1:24ff.; Heb. 12:14; 1 Pet. 2:21ff.; Rev. 12:11.
3. Yoder, *Christology*, 223.
4. Matt. 26:2629; Mark 14:2225; Luke 22:1920; 1 Cor. 11:2326.
5. In this section I have drawn from J. C. Thomas, *Foot Washing in John 13 and the Johannine Community*, (Sheffield: JSOT Press, 1991); and J. C. Thomas, "Footwashing within the Context of the Lord's Supper," in *The Lord's Supper*, ed. Dale R. Stoffer (Scottdale, Pa.: Herald Press, 1997), 169184. Cf. Brown, *The Gospel*

According to John_, XIIIXXI, The Anchor Bible. 『앵커바이블 요한복음』(CLC, 2013).

6. Monica Hellwig, *The Eucharist and the Hunger of the World* (New York, NY : Paulist, 1976), 10.

7. Ibid., 23.

8. "Birkat Ha Mazon" (Various blessing), in Chaim Raphael, ed., *A Jewish Book of Common Prayer* (London : Weidenfeld and Nicolson, 1985), 103.

9. Wainwright, *Eucharist and Eschatology*, 1921.

10. Ps. 23:5; Prov. 9:16; *Song of Songs* 5:1; Isa. 55:12; 25:69.

11. Wainwright, *Eucharist and Eschatology*, 1858.

12. Exod. 16:4, 15; Ps. 78:24f.; Neh. 9:15.

13. Second Baruch 29:8, in the Pseudepigrapha.

14. Matt. 14:1321; Mark 6:3244; Luke 9: 1017; John 6:113.

15. Isa. 2:24; 25:69; 55:4ff.; 56:68; 60; 66:1924; Hag. 2:69; Zech. 2:11; 8:2023; 14; Tobit 13:11; 14:57.

16. John Wesley called the eucharist a "converting ordinance," indicating his understanding of its missionary character. This theme can be traced in Wesleyan eucharistic hymnody.

17. Wainwright, *Eucharist and Eschatology*, 3035.

18. Joachim Jeremias, *The Lord's Prayer* (Philadelphia : Fortress, 1964), 2327.

19. Yoder, *Christology*, 207208.

20. John Driver, *Understanding the Atonement for the Mission of the Church* (Scottdale, Pa. : Herald Press, 1986), 71209.

21. Lampe, "Eucharist," 3649.

22. Paul Bradshaw, *The Search for the Origins of Christian Worship* (London : SPCK, 1992), 5355.

3부. 성품을 빚는 성찬

12. 예전의 언어

1. Matt 6:7 (KJV). NRSV : "Do not heap up empty phrases as the Gentiles do ; for they think that they will be heard because of their many words."

2. John Gordon, "With This String I Divorce You," *Independent*, 6 Sept., 1995, 4.

3. Steve Faimaru, "Life Amid Death," *The Boston Globe*, 1 Aug., 1994, 6.

4. Daniel Berrigan, *No Bars to Manhood* (New York : Bantam, 1970), 16.

5. Richard Rohr, "The Spirituality of Subtraction," tape 3.

6. Alan Kreider, *Worship and Evangelism in Pre-Christendom* (Cambridge : Grove, 1995), 3233. 『초기 기독교의 예배와 복음전도』(대장간, 2019).

13. 감사의 분위기로

1. 부록 2에 더 많은 안식일 식사, 축복문 양식, 세데르 예배 예문이 있다.

2. From the opening essay by Marc H. Ellis and Otto Maduro, eds., *Expanding the View : Gustavo Gutiérrez and the Future of Liberation Theology* (Maryknoll, N.Y. : Orbis

Books, 1989), 25.
3. A good example is *A Passover Haggadah as Commented Upon by Elie Wiesel* (New York: Touchstone, 1993).
4. Examples: Phil 2:511; Rev. 11:1516; 21:34; Luke 1:4655, 6879.

14. 열린 식탁?

1. Used by the Church of England in the 1662 and 1928 *Book of Common Prayer*, and also in the 1980 *Alternative Service Book*, but with the words "this holy sacrament" rather than "the supper of the Lord." Congregational and Mennonite service books also include this invitation, but Mennonites use the words in italics.
2. From a Methodist service book and also quoted by Paul Beasley–Murray in *Faith and Festivity* (Eastbourne: Monarch, 1991), 64, in which Beasley–Murray suggests adding the Hebrews reading.
3. Ibid., 6364. Beasley–Murray recognizes that the church should not ask more of people than Christ does, but surely believers should desire to obey Christ's command for baptism (Matt. 28:1920).
4. Words by John L. Bell and Graham Maule 1989 WGRG, Iona Community, Glasgow. Extract from the song "Jesus Calls Us," Metre 87 87D. Used by permission.
5. Used by permission of Hope Douglas J. Harle–Mould, Pastor and Teacher of Springboro (Ohio) Church of Christ.
6. Michael Forster, unpublished manuscript, "The Open Table," chap. 5, esp. 80.
7. *Ibid.*, 84.
8. See examples above, in chapter 16, "Words and Stories at the Table."
9. David Holeton, *Infant Communion Then and Now* (Bramcote: Notts: Grove, 1981), 8.
10. *Ibid.*, 15.
11. *Mediation Manual* (Akron, Pa.: Mennonite Central Committee).
12. Donald R. Steelberg, in a paper, "Children and Communion," written for a discussion conference on "Communion," 26 Jan. 1995, at Associated Mennonite Biblical Seminary, Elkhart, Ind.
13. In a conversation with Wood Green Mennonite Church, London, 12 Nov. 1991.
14. Marjorie Waybill, "Children," *Builder*, Aug. 1993.

15. 다양한 식탁을 가진 공동체

1. Hinton, Jeanne, *Communities* (Guildford: Eagle, 1993), 157.
2. Reta Halteman Finger, P*aul and the Roman House Churches* (Scottdale: Herald Press, 1993), 152.

16. 식탁에서의 말씀과 이야기

1. Jeremias, *Eucharistic Words*, 173.
2. *Alternative Service Book* (1980), 131132.
3. Markus Barth, *Rediscovering the Lord's Supper* (Atlanta: John Knox, 1988), 8895, supported by Heb. 8:5; Rom. 5:14; 1 Pet. 5:4; Rev. 8:3, 5; 11:19; 21:2.
4. *Ibid.*, 8895.

5. Rom. 8:1; John 6:35; Matt. 8:23; 1 John 1:3, 5, KJV.

17. 우리가 부르는 성찬 신학

1. Tertullian, *On the Soul* 9.4; Apology 39.18.
2. Joseph Gelineau, S.J., "Music and Singing in the Liturgy," in Cheslyn Jones et al., eds., *The Study of Liturgy*, rev. ed. (London: SPCK, 1992), 495.
3. Heb. 12:22; Rev. 5:9; 15:34; Heb. 13:15.

18 우리의 예물과 자신을 드림

1. Robert Webber, "The Lord's Supper: Is It to Be Solemn or Joyful?" *Worship Leader*, June/July, 1993, 10.

19. 감사를 위한 환경

1. See J. G. Davies, Temples, *Churches and Mosques*: *A Guide to the Appreciation of Religious Architecture* (Oxford: Oxford Univ. Press, 1982).
2. John Newport, "Space for Worship: A Baptist View," in Robert E. Webber, ed., *Music and the Arts in Christian Worship*, The Complete Library of Christian Worship, vol. 4, (Nashville: Star Song, 1994), 572.
3. Paul Beasley–Murray, *Faith and Festivity* (Eastbourne: MARC, 1991), 68.

20. 식탁 기도

1. Tertullian, *De oratione*.
2. *Apostolic Tradition* 37; 사도 전승』(분도출판사, 1992). also Cyprian, De lapsis 26.
3. *Martyrdom of Polycarp* 8.1.
4. *Didache* 8.4. 『디다케 – 12사도를 통해 주시는 주님의 가르침』(대장간, 2019).
5. Josef Jungmann, *The Mass of the Roman Rite*, 1:336337. The text is given in Latin.
6. Based on a prayer in *The Book of Common Prayer* (New York: Seabury, 1977), 456.
7. 부록2에 전체 텍스트가 있다.
8. Quoted in Horton Davies, *Bread of Life and Cup of Joy* (Grand Rapids, Mich.: Eerdmans, 1993), 34.
9. *The University of Notre Dame Sunday Missal* (London: Collins, 1979), 46.
10. *The Alternative Service Book* (Oxford: Oxford Univ. Press, 1980), 131, 194, 140, 191.
11. This prayer is part of "Additional Eucharistic Prayers" (GS 1138B), debated by the General Synod in February 1996, but not authorized for liturgical use in the Church of England. Extract from *Patterns for Worship*: *A Report by the Liturgical Commission of the General Synod of the Church of England* (London: Church House Publishing, 1989), copyright The Central Board of Finance of the Church of England, and reproduced by permission.
12. From *the Service Book*, 1989 The United Reformed Church in the United Kingdom, and used by permission of Oxford University Press, 1989.
13. Church of Scotland, *Committee on Public Worship and Aids to Devotion*, New Ways to Worship, ed. David Beckett et al. (New York: Overlook, 1980), 3536.

4부●성찬의 열매

21. 성품

1. "You are the body of Christ, and individually members of it" (1 Cor. 12:27); Alexander Schmemann, *The Eucharist* (New York: St. Vladimir's Press, 1988), 23.
2. Christopher Rowland, "A Response: Anglican Reflections," in Paul Fiddes, ed., *Reflections on the Water* (Oxford: Regent's Park Press and Smith and Helwys, 1996), 128.
3. Stanley Hauerwas, *The Peaceable Kingdom* (London: SCM, 1983), 110.
4. Vincent Donovan, *Christianity Rediscovered* (Maryknoll, N.Y.: Orbis, 1982), 1.25. 『선교사보다 앞서 가신다!』(가톨릭출판사, 2012)
5. Hauerwas, *Peaceable Kingdom*, 107.

22. 연합(일치)

1. Wainwright, *Doxology* (Oxford: Oxford Univ. Press, 1980), 298.
2. Ken Read, "A Restorationist View of the Lord's Supper," in Robert E. Webber, ed., *The Sacred Actions of Christian Worship*, The Complete Library of Christian Worship, vol. 6 (Nashville: Star Song, 1994), 242244.

23. 선교

1. Jürgen Moltmann, *The Church in the Power of the Spirit* (London: SCM, 1977), 244. 『성령의 능력 안에 있는 교회』(대한기독교서회, 2017).
2. Gen. 12:13. The Abrahamic covenant is reiterated four times in Genesis.
3. Luke 22:20b; 2427; 24:4648. Wilbert Shenk, *Write the Vision: The Church Renewed* (Leominster: Gracewing, 1995), 8184.
4. Moltmann, *The Church in the Power of the Spirit*, 246. 『성령의 능력 안에 있는 교회』(대한기독교서회, 2017).
5. 알파코스는 브롬튼 성삼위일체교회의 니키 검블 신부에 의해 시작되었다. 관련 정보와 자료들은 쉽게 구할 수 있다.
6. Moltmann, *The Church in the Power of the Spirit*, 249. 『성령의 능력 안에 있는 교회』(대한기독교서회, 2017).

부록 1. 성찬예배 계획하기

1. Stephen Winward, *Celebration and Order* (Didcot, Oxon: Baptist Union of Great Britain, 1981), 14.
2. "The Lord's Supper: The Third Pattern," from *Patterns and Prayers for Christian Worship*, 1991 *The Baptist Union of Great Britain* (1991), 7475; used by permission of Oxford University Press.
3. A type of agape service in the Workshop lay-training program as led by its director, Noel Moules.

부록 2. 예배를 위한 자료들

1. Prepared by Eleanor Kreider, October 1995.

2. Extract from *The Complete Family Guide to Jewish Holidays*, by Dalia Hardof Renberg (London: Robson, 1987), 139142; used by permission of Robeson Books.

3. Based on the *Didache*. Meter, 98 98f, Bland Tucker (d. 1984). From United Reformed Church hymnal *Rejoice and Sing* (Grand Rapids: Eerdmans, 1985), 444. Permission requested from Church Pension Fund, Church Hymnal Corporation, New York City.

4. Based on Apostolic Tradition 25, 3132, 56. 『사도 전승』(분도출판사, 1992).

5. From *A New Zealand Prayer Book* (London, 1989), 486487; permission requested from Collins Liturgical Publcations, Harper Collins, Hammersmith, London.

6. Prepared by Eleanor Kreider, based on Balthasar Hubmaier's *A Form for Christ's Supper* (1527), adapted from *Balthasar Hubmaier: Theologian of Anabaptism*, trans. and ed. H. Wayne Pipkin and John H. Yoder (Scottdale, Pa.: Herald Press, 1989), 393408, and used by permission.

후브마이어는 모라비아 미쿨로프(니콜스베르크)의 로마 가톨릭 사제로서, 순례의 영성과 마리아 공경에 헌신된 유명한 설교자였다. 그는 신학 교수였으며 후에 잉골슈타트 대학의 학장이 되었다. 그는 도시에서 가장 큰 규모의 지역교회에서 사제로 섬겼다. 후브마이어는 1525년에 다시 세례를 받고 아나뱁티스트(재세례파)가 되었으며 1528년 비엔나에서 기둥에 묶인 상태로 화형에 처해졌다. 이 예배 예식은 후브마이어의 지역교회를 위해 준비된 것으로 리더십, 공동체, 서로 사랑, 제자도에 대한 중요한 아나뱁티스트의 강조점을 보여준다.

7. By Hans de Ries, trans. Robert Sweetman; prepared by John Rempel; ed. and copyright by John Rempel, and used by his permission.

부록 3. 세족식

1. J. G. Davies, ed., *New Westminster Dictionary of Liturgy and Worship* (Philadelphia: Fortress, 1986), 367.

2. Keith Graber-Miller, "Mennonite Footwashing: Identity Reflections and Altered Meanings," *Worship* 66 (Mar. 1992): 148169.